현대 사회사상의 궤적

현대 사회사상의 궤적

초 판 1쇄 인쇄 1995년 4월 1일
개정판 3쇄 발행 2023년 5월 20일

지은이 한스 라이헨바흐
엮은이 비판사회학회
교 정 김 영 권
워 드 이 동 영
마케터 박 동 성
디자인 EG 디자인
CTP 세컴출력
인 쇄 세컴인쇄사
제 본 대명제책사
발행처 도서출판 **새길아카데미** | 판매처 도서출판 **중원문화**
발행인 황 세 연
주 소 서울시 마포구 서강로 11길 24(창전 2-33)
주문처 02-325-5534 FAX 02-324-6799

현대 사회사상의 궤적

비판사회학회 엮음

2023

도서출판 중원문화

The present day
the trajectory of social thought

◆서 문

한국산업사회연구회에서는 「탈현대 사회사상의 궤적 : 현대/탈현대의 지평 너머」라는 주제 아래 1995년 1월 16일부터 27일까지 모두 10회에 걸쳐 동계특별강좌를 개최하였다. 서울대학교 사회과학관 8동 건물에서 혹한 속에 진행된 이 강좌는 일반의 예상을 뒤엎고 300여 명의 수강생들로 대성황을 이룬 가운데 열띤 강의와 진지한 토론으로 일관되었다. 수강생은 대부분 학부생들이었는데, 이들은 학번으로 치면 대체로 92·93·94학번에 해당하는 '신세대'들이었다. 경박하고 반지성적인 사회분위기가 팽배한 가운데 무엇이 이들로 하여금 방학의 대부분을 차지하는 강좌에 등록하고 또 열심히 수강하게 만들었을까?

처음 강좌를 기획할 때의 문제의식은 이러했다. 많은 사람들이 1980년대를 '질풍노도의 시대' 또는 '논쟁의 시대'로 기억하고 있다. 최근 엄청난 시청률을 보이고 있는 『모래시계』라는 텔레비전 드라마에서 묘사된 1980년대의 편린들은, 이 시대를 살아온 살아 남은 자들의 기억 속에 과연 어떤 영상이 자리잡고 있는가를 잘 보여 준다. 아무리 거칠고 황량한 기억일지라도 추억은 소중한 법이다. 그때는 운동권/비운동권을 막론하고 모두가 '정치'에 휩쓸려 지냈다. 1980년 '광주'의 음영으로부터 결코 누구도 자유로울 수 없었다. 80년대에는 음울한 잿빛 포도에 피와 땀과 눈물로 '민족·민중·민주'의 역사를 '몸'으로 그려 가는 수밖에 다른 탈출구가 보이지 않았다. 특히 피 끓는 젊은 세대에게 그러했다. 공권력에 의한 성고문, 고문치사뿐 아니라, 수많은 열사들의 '분신(焚身)'이 잇따랐다. 도저히 기존의 사고틀로는 이해할 수 없는 현실의 전개는 새로운 문제틀을 요구했다. 이 시기 문제의식의 발본적 성격과 운동의 급진성은 한국사회를 이전과는 전혀 다른 관점에서 바라보고, 그것을 전혀 다른 질적 성격을 가진 사회구성체로 바꾸어 놓겠다는 열정으로 추동되었다. 이 시기에 격렬하게 진행된 '사회구성체 논쟁'은 이 땅의 지식인들이 자신의 현실을 자신의 머리로 진지하게, 그리고 집단적으로 고민한 '역사적 사건'이었다. 그런데 어느날 갑자기 그와 같은 분위기, 그러한 열정이 사그러졌다!

1980년대와 오늘 우리가 발을 담그고 있는 1990년대 사이에는 어떤 '단절'이 놓여 있는 것일까? 물론 그 사이에 '세계화'로 상징되는 지구 규모의 자본주의 재구조화를 비롯하여 엄청난 정치적 격변이 있었다. 그와 같은 구조적이고 역사적인 변화들이 우리 사회와 우리의 사고에도 커다란 영향을 끼쳤다고 충분히 설득력 있게 이야기할 수 있다. 1989년 베를린 장벽의 붕괴로 상징되는 탈냉전시대의 개막은 우리의 지적 지형에 큰 영향력을 끼쳤다. 한국전쟁 이후 거의 한 세대를 격해서 가까스로 '복권'될 기미를 보이던 맑스주의 패러다임은 미처 학문적 시민권을 얻기도 전에, 현존 사회주의 사회라는 체제의 붕괴와 더불어 산산히 흩어진 것처럼 보이게 되었다. 체제의 몰락은 이념과 운동조차 무덤 속으로 함께 안아 들이고 마는 것일까? 여기에 가세하여 맑스주의자를 자임하던 많은 '진보적' 지식인들의 탈(脫)맑스주의, 반(反)맑스주의로의 전향은 맑스주의 전체를 소진된 유토피아적 이데올로기로 치부되게 만들었다. 이제 지성계 내부에서 현실을 강력하게 규정하던 반주류담론으로서의 맑스주의는 과거의 위세를 잃어버렸다. 바로 이와 같은 사상적 빈터에 '탈현대'라는 담론이 맑스주의가 차지하던 비판 패러다임으로서의 위상을 계승인지 또는 단절인지 애매한 채로 대체하고 들어선 것이다.

오늘날의 다양한 철학적·미학적 논의들에서 나타나는 '탈현대'(post-modern)를 맑스주의에 대한 후기부르주아적 이데올로기의 도전으로 간주하고, '탈현대'를 둘러싼 제반 논의를 근본적으로 반(反)맑스주의 철학으로 규정짓고 이에 대응할 수도 있다(안드라스 게도외/김경연·윤종석 편역, 『포스트모더니즘의 도전』, 다민, 1992 참조). 또는 탈현대주의를 서구 세계 전반에 퍼진 1968년 이후의 환멸과, 상층 화이트칼라 계층이 레이건-대처 시대의 자본주의를 발판으로 '과소비적인' 생활양식을 누릴 수 있었던 기회가 조합되었던 매우 불안정한 경제 국면이라는 특정한 시기에만 들어맞는 특수한 것이라고 치부해 버릴 수도 있다(알렉스 캘리니코스/임상훈·이동연 역, 『포스트모더니즘 비판』, 성림, 1994). 우리는 "항상 '새로운 것'을 발굴하여 상품화하는 자본주의의 시장 논리가 탈현대주의를 무비판적으로 수용하는 데 크게 작용한 것은 사실이지만, 그렇다고 탈현대주의를 무조건 배척하는 태도는 지양되어야 한다"(「엮은이의 말」, 이진우 엮음, 『포스트모더니즘의 철학적 이해』, 서광사, 1993)는 지적에 동감을 표하고 싶다. 이미 탈현대를 둘러싼 논의와 그 징후라 일컬어지는 현상들이 우리 주변을 가득 메우고 있는 이상, 이러한 '사회현상'에 대한 점잖은 외면만이 지적 선명성의 표지일 수는 없어 보인다. 아무리 표피적인 변화에 불과할지라도 그것을 '변화'로서 인지하고, 그러한 변화를 보다 넓고 긴 시간의 흐름 속에 다시 위치시키려는 작업을 게을리하지 않아야 비로소 현실과의 팽팽한 긴장속에서 지적 성실성을 발휘했다고 할 수 있을 것이다. 찬성이냐 반대냐를 떠나서 일단 '탈현대'를 문제상황으로 설정하자는 것이 본 기획의 의도였다. 사실 '탈현대주의(포스트모더니즘)'라는 담론에는 대체로 다음과 같은 세 가지 조류가 한데 엉켜 있다. 먼저 지난 수십년에 걸쳐 예술분야(회화, 조각, 음악, 문학, 건축, 드라마 등)에서 일어난 변화를 통칭하는 '탈현대 예술'이다. 둘째로 주로 프랑스 이론가들(푸코, 들뢰즈, 데리다, 보드리야르, 료타르 등)에 의해 대표되는 새로운 철학 조류인 '탈구조주의'이다. 그리고 세째로는 사회학자들(다니엘 벨이나 알랭 뚜렝 같은)에 의해 개진된 '탈산업사회론'이다. 탈현대 사회사상의 궤적을 제대로 추적하기 위해서는 역사의 흐름과 철학의 변모, 그리고 사회이론의 변화를 같은 맥락에서 다루어야 한다. 그렇지만 본 기획에서는 어디까지나 사상의 측면에 한정해서 다루었다. 아직 우리의 현실이 '탈현대 사회론'을 본격적으로 논할 만큼 충분히 무르익지 않았다는 판단도 한편으로 있지만, 그것과는 별개로 '탈현대 담론'을 논할만한 지적인 분위기가 성숙하지 않았나 하는 잠정적인 판단에서이기도 하다.

1980년대 후반 이후 학계를 비롯한 지성계를 휩쓴 것은 '탈현대' 계열의 서적과 논의들이었다. 그 폭발적인 양적 증대는 극도로 짧은 기간에 맑스주의나 주체사상 계열의 서적을 아주 보잘것없는 미미한 존재로 전락시키기에 충분했다. 마치 이 땅의 지식인들은 모두 한마디씩 거들고 나선 형국이었다. 그런데 반추해 보건대, 그러한 이상 열기가 낳은 효과는 무엇인가? '탈현대' 논의는 우리에게 어떤 전망과 분석도구를 가져다 주었는가? 혹시 망원경의 렌즈를 흐리게 하거나 혹은 현미경의 초점을 흐트러뜨리는 데 일조하지는 않았는가? 왜 그토록 열광적인 '탈현대' 분위기가 조성되었는가? 혹 그것이 이 땅의 허약한 지식인들에게 현실과 대면하는 자기부정의 용기 대신 책과의 상면만을 통한 자기합리화의 기만을 가져다준 것은 아닐까? 사회적·지적 맥락(context)을 떠난 저작(text)의 이해는 무의미할 뿐 아니라 무모하기조차 하다. 그동안 그토록 수많은 '탈(post)-' 논의가 있었음에도 불구하고 그것들이 우리사회를 이해하고 변화시키는 데 어떤 기여를 했는지에 대해서는 극히 회의적이라 아니할 수 없다. 우리의 현대(Modernity)

는 식민지화(植民地化)와 전쟁과 종속적인 자본주의적 산업화를 떠나서는 생각할 수조차 없다. 우리는 현대의 기본적인 정치적 형상이라 할 수 있는 민족국가(nation-state)조차 아직 완성하지 못하였다. 세계가 바야흐로 지구촌시대를 맞아 '국경 없는 경제', '초국가연합', '지구시민사회'의 건설을 부르짖고 있는 지금 우리는 복고적으로 '분단국가의 뿌리 찾기' —— 통일국가의 뿌리 찾기가 아니라! —— 와 철 지난 '주사파' 빨갱이 사냥에 사회적 여력을 낭비하고 있다. 우리는 아직 깨부수어야 할 지적 전통을 가지고 있지 못하다. 있다면 무사상(無思想)의 사상이라고나 할까. 1980년대는 적어도 지성사적으로 볼 때 '맑스주의와의 지적 대결'이라는 명제를 제기했다고 볼 수 있다. 누구든 우리 사회와 역사를 논하면서 맑스가 제기한 문제틀로부터 자유로울 수 없다. 맑스주의 —— 스탈린주의적 형상을 한 —— 의 맹목적 수입과 열렬한 신봉도 문제였지만 이제 그것을 통째로 폐기처분해 버리기에는 시기상조라는 느낌이 든다. 예전이나 지금이나 우리 모두가 다 맑스주의자 또는 반맑스주의자가 될 필요는 없겠다. 마찬가지로 지금 이 시점에 와서 모든 과거의 '맑스주의자들'이 모두 '탈'맑스주의자가 되어야 할 이유도 불분명해 보인다. 맑스가 우리의 모든 문제를 해결해 주리라 기대했던 것이 과욕이었다면 말이다. '누가 아직도?'가 아니고 '우리가 지금 다시!'인 것이다. 사실은 '다시'라고 할 수 없는 것이, 언제나 저작(text)은 바뀐 상황(context) 아래서 다시 읽혀야 하기 때문이다. 지금 이미 고전이 된 현대 사상가를 '다시' 읽는 작업은 단순한 '반복'이 아니다. 끊임없는 해석학적 순환의 다른 마디일 따름이다. 우리가 탈현대 사상가뿐 아니라 현대 사상가도 동시에 다루고 있는 것은 이런 연유에서이다.

본문의 내용을 읽어 보면 알게 되겠지만, 본 기획에 참여한 필자가 어떤 하나의 통일된 입장을 가지고 있는 것은 아니다. 기실은 다양한 현대/탈현대 이론과 이론가가 있는 것이며, 그들 각각에 대한 평가가 동일한 척도에 의해 이루어질 수 있는 것도 아니다. 또 기획 의도상 각 사상가에 대한 엄밀한 학술적 논구보다는 그들을 우리가 어떻게 유용하게 이용할 수 있겠는가에 초점을 맞춰 그들의 현대/탈현대 사상을 적극적으로 소개하는 데 역점을 두었다. 그렇다고 일관된 집필원칙이 전혀 없었던 것은 아닌데, '탈현대 사회사상의 도전'이라는 맥락에서 현대/탈현대 사회사상을 다시금 되짚어 보는 방식을 취하였다. 즉 현대 사회사상의 어떤 측면들이 탈현대 사회사상들에 의해 공격받고 있는지, 탈현대 사회사상은 현대 사회사상을 과연 제대로 이해하고 또 그로부터 성공적으로 벗어나고 있는지, 탈현대 사회사상이 여전히 현대 사회사상에 빚지고 있는 점은 어떤 것들인지,. 현대 사회사상의 어떤 측면이 여전히 유용한지 등이 서술에 고려된 사항들이다.

현대 사회사상과 탈현대 사회사상을 관계 맺어 보려는 시도가 얼마나 성과를 거두었는지에 대해서는 독자여러분의 열린 판단을 구한다. 단지 대면시키는 것에 그치지 않았으면 하는 바람이지만, 그 관계의 양상이 어떻게 발전할지에 대해서는 장담할 수 없다. 현대 사회사상을 옹호하는 입장 —— 특히 맑스주의 패러다임의 유용성을 고수하는 —— 에서는 탈현대 사회사상의 도전이 일종의 사상적 '강간'처럼 느껴질 수 있겠고, 탈현대 사회사상을 펀드는 쪽에서 보면 그것은 '화간'이라고 주장할 수 있을 터이다. 우리는 양자가 한때의 지적 유희에서 벗어나 '정략결혼'보다는 '연애결혼'에 이르기를 바라지만, 당분간은 '계약결혼'을 통한 동거에 들어가도 무방하다고 생각한다. 현시기 한국사회의 분석과 사회운동의 진로에 새로운 전망을 열어 줄 2세를 분만할 수만 있다면 말이다. 가문의 배경이 상당히 다른 두 집안의 자녀를 맺어 준 것만은 분명하다. 하지만 누가 알겠는가, 서로가 스스로는 깨닫지 못하고 있던 각자의 잠재력을 북돋워 줄 수 있을지. 그리고 젊은이들이란 싸우면서 정들기도 하는 법이다. 서먹한 분위기에 마냥 사로잡혀 있는 것이 순진함의 징표는 아닐 것이다.

동계특강을 후원해 준 서울대학교 총학생회와 대학원 자치회에 감사드린다. 아울러 특강 때 허드렛일을 맡아 애써 준 서울대 대학원/학부 사회학과 학생들에게도 감사하다는 말을 전하고 싶다. 끝으로 본 기획을 처음 입안하고 강좌의 준비와 진행은 물론 본 교재의 최종원고 수집 및 교정에 이르기까지 헌신적으로 일해 준 서울대 사회학과 박사과정에 재학중인 정일준씨의 노고를 치하드리는 바이다.

1995년 2월 10일
한국산업사회연구회 부회장
한림대 사회학과 교수
유 팔 무

탈현대 사회사상의 궤적

차례

맑스와 근대성의 지평

이 기 홍

맑스와 근대성의 지평

이기홍

1. 세기말의 도래

지난 세기말에도 그러했듯, 세기말의 상황은 침울하다. '세기말'은 단순히 한 세기의 끝을 의미하는 데 그치지 않고, 한 시대의 끝 또는 세계의 끝으로서의 자포적이고 비극적인 상황을 함축한다. 이 세기가 기록한 물질적 번화에 압도되어 역사의 완성을 경탄하는 '역사의 종언' 운운의 이면에서는 환경파괴, 핵, 인구폭발 등 역사의 파국으로서의 또 다른 역사의 종언이 운운되면서 암울의 분위기와 함께 근심과 불안과 동요의 감정이 확산되어 가고 있다. 이 감정 위에서 19세기와 20세기는, 또는 '근대'는 '충분한 테러'의 시대로 인식된다.

이 인식에 따르면, '충분한 테러'는 전체성과 투명성의 추구에 지불된 대가이다. 근대, 좀더 정확히 말하여, 서구의 근대는 '인간에게서 공포를 없애고, 인간을 지배자에 놓는 것'을 기획하면서 시작되었다. 이 기획의 핵심은 '세계를 각성시킨다'는 계몽주의로 표현되었고, 자연 및 사회세계에 대한 인간의 정복으로 구체화되었다. 하지만 자연과 사회세계에 대한 인간의 지배는 인간자신에 대한 '전체주의적' 지배를 결과하였고, 이성은 지배의 장치가 되었다. 이성적 동기에 의해 추동되고 이성적 행위에 의해 창출된 것이 이성에 의해 지배될 수 없는 것으로 나타났다. 결국 '계몽주의는 전체주의적인 것'이며 '근대 계몽의 전통에는 합리주의적 독재의 경향이 내장되어 있는 것이다.'

계몽의 기획과 계몽주의는 '생각하는 자아(cogito)'라는 믿음에 정당화의 기초를 두고 있다. 그러나 이 믿음은 논증되지 않은 또는 논증될 수 없는 주장이다. '인간은 통일된 이성적 주체'라는 영상은 계몽주의가 주입시켜 온 신화로 이제는 더 이상 타당성과 설득력을 갖지 못한다. 이성이 거주하는 '전체'의 소재지로서의 주체는 통일적이고 동일적인 것이 아니다. 주체와 그 이성의 내부에는 이성과 다른 것이 자리하고 있으며 주체의 통일성과 동일성과 자기투시성은 허구로 입증된다. 또한 주체는 힘의 갈등이 펼쳐지는 현장에서 정치적·사회적 요인들에 의해 규정되고 변화되는 파편적·상대적·가변적 존재이다. 그러므로 계몽주의의 신화는 역사적으로 상대적인 특정 시대의 사회체제와 관념을 절대화하는 허구적 이데올로기에 지나지 않는다.

특히 이성은 역사에 대하여 특유의 '역사의 진보'라는 표상을 내세운다. 그렇지만 이성을 통한 역사의 진보라는 계몽주의의 환상은 인간의 삶의 의미를 선험적으로 규정된 역사의 끝으로 계속 유보하고, 그것에 의해 현재의 조건에서 가능한 인간해방을 오히려 억압하고 있다. 거짓 믿음을 타파하고 지식을 통해 망상을 깨뜨리고자 한 계몽주의 자체가 거짓 믿음에 빠져 든 것이며, 이성·과학·진리 등에 의존하는 계몽주의 자체가 망상에 지나지 않는다.

또한 계몽주의와 함께 시작된 특정한 사회적·정치적·지적 기획의 가치는 의문스럽다. 인류의 해방이나 이념의 구현 등 '큰 이야기'는 근거 없는 허구이다. 더 근본적으로는 도대체 그러한 가치가 의미와 유용성을 갖는다는 착상 자체가 계몽주의의 표현인 것이다. 결국 계몽주의는 '논증적 사유의 폭력', '로고스 중심주의의 허구', '기호의 테러' 등을 보여 줄 뿐이다.

이렇게 하여, 지난 세기말이 '문명이 퇴폐를 가져왔다'는 믿음의 확산 아래 계몽의 진전에 대한 반항과 사회질서의 비합리적 기초에 대한 추구를 특징적으로 보여 주었듯, 이번의 세기말은 탈근대라는 이름으로 범람하는, 역시 계몽주의 이성에 대한 충동적이고 냉소적인 반란의 언어들로 치장되고 있다. '혁명', '해방', '진보' 등 근대를 대변하는 희망의 언어는 어느덧 사라졌다. 계몽의 믿음은 이제 미망(迷妄)의 표상에 지나지 않는 것으로 조롱받는다.

> 세계 내의 모든 질서는 신의 것이다. 신은 존재하지 않는다. 그러므로 객관적 질서는 존재하지 않는다. 객관적 질서가 존재하지 않는 곳에서는 어떤 역사적 주체도 발전할 수 없다. 역사주체의 발전을 이론적으로 성찰하는 것은 오늘날 공허한 인식적 오류이거나 세력전술적 속임수에 불과하거나 또는 이 두 가지 모두이다.

주체는 '해체'되고 이성은 죽었다. 계몽의 기획은 종말을 맞았고, 이성과 계몽의 자식으로서 근대는 종언을 고한다. 이것은 '완성'이나 '파국'과는 다른 '상실'로서의 '역사의 종언'이다. '이성'에 기초한 역사(의 진보)는 그 자체가 성립불가능하며, '역사의 중심들이 다원화된다.' 따라서 사건들의 단일한 과정에 대한 단일의 특권적인 역사는 있을 수 없고, 단지 상이한 역사들 또는 집합의식과 영상 속에 과거를 재구성하는 상이한 수준들과 방식만 있다. 역사를 하나의 통일적인 체계로 구성할 수 있는 중심이 부재하기 때문에 역사는 서술할 수 없고, 시대의 구분도 불가능하며 사건 이외의 어떤 다른 집합적 개념도 인정되지 않는다. 인간의 경험은 '탈역사화된다.' 즉 인식가능한 일관성을 가진 역사 자체의 해소라는 의미에서도 '역사의 종언'이 도래하였다.

2. 맑스 : 계몽주의의 계승자?

맑스[주의]는 '이성을 통한 역사의 진보'라는 계몽주의의 미망과 오도의 가장 충실한 계승자라고, 또는 낡은 19세기의 유물이라고 경멸스럽게 지적된다. 물론 맑스가 계몽주의라는 망상의 표본이나 순진한 계승자로 낙인 찍힌 것은 어제 오늘의 일이 아니어서, 예컨대 19세기말을 살았던 뒤르켕 같은 논자들에게서도 찾아볼 수 있는 사실이다. 그들은 혐의를 뒷받침하기 위해 다음과 같은 증거들을 제시한다.

첫째, 사회세계에 대한 과학적 지식은 획득 가능하고, 또한 적절히 사용된다면 사회적이고 정신적인 해방을 가져올 수 있다고 맑스는 상정하고 있다. 이것은 생각하는 자아에 근거한 계몽주의의 인식론적 낙관주의를 그대로 보여 준다. 계몽주의는 자연세계와 역사의 기본적인 법칙이 결국에는 인간의 지적 활동에 의해 발견될 것이며, 인류는 자연의 과정을 통제하고 정복하듯, 그 자신의 집합적인 행위의 유형도 통제하고 정복할 수 있을 것이라고 믿는, 일종의 '과학 종교'이다.

둘째, 맑스는 사회세계와 인간역사에 대한 '객관적'이고 '과학적'인 지식으로서 '생산양식' 분석과 '계급'분석을 시도한다. 이러한 시도는 근대 사회의 실재적인 추동력을 감추는 여러 가지 이데올로기적 '왜곡'을 이성적으로 폭로할 수 있다는 계몽주의의 기획에 근거하고 있다. 그렇지만 생산양식과 같은 '큰 이야기'의 특권적 지위는 비독단적으로는 입증될 수 없다. 또한 실재의 객관적인 역사는 존재하지 않으며, 오직 역사철학만이 존재할 뿐이고, 따라서 이러한 탐구 작업은 탐구자의 이데올로기적 입장으로 환원된다.

셋째, 맑스는 역사가 그것을 앞으로 추진하는 내적 논리와 역학을 가진 것으로 본다. 맑스는 '지양'(이라는 개념)을 통하여 공산주의를 변증법적으로 기초짓는다. 그렇지만 자본주의에서 공산주의로의 이행은 사변적 비약, 공상적 도약, 강제적 연역에 지나지 않는다. 두 사회 사이의 관계는 역사적으로 뿐 아니라, 이론적으로도 모순적이고 미해결된 상태에 있다. 오히려 맑스가 자본주의로부터 공산주의로의 이행이라는 명제를 정식화할 때, 그것은 변증법적으로 해석된 필연성의 명제와, 인간역사의 종언이라는 명제로 표현되는 목적론적 · 종말론적 지향을 전제하고 있다. 즉 역사 속에는 역사를 어떤 선험적 목적에로 인도하는 논리(또는 이성)가 존재하며, 그것이 역사를 결정한다는 목적론적이고 결정론적인 역사철학을 표현하는 것이다. 또한 그 견해는 그 역사의 목적이 이성적인 인간의 역사적 행위를 통하여 실현될 수 있다고 믿는 진보 이데올로기로서 계몽주의의 특징을 그대로 보여 준다.

맑스 이론의 중핵의 하나인 맑스의 역사철학은 미래의 투명한 사회로서의 공산주의를 종말론적으로 그려 내고, 자본주의 사회를 인류사 속의 최후의 적대적 생산형태로 파악할 뿐 아니라 자본주의로부터 공산주의로의 이행을 적극적으로 예견할 수 있다고 주장한다. 역사의 전개를 필연적 법칙, '철의 필연성을 갖고 작용하며 자신을 관철해 가는 경향'으로 이해하고 인간은 이 필연적 법칙을 합리적으로 인식할 수 있다고 보는 맑스의 생각, 이성에 대한 극단적인 과신과 불신이 모순적으로 공존하고 있는 이 맑스의 생각은 크게 보면, 서구의 전통적인 형이상학에 그 뿌리를 두고 있다.

게다가 현실적으로 맑스의 이론은 공산주의라는 전체주의적 체계의 기획에 통합되어 그것의 지배 수행을 이러저러한 방식으로 돕고 있는데 기여하고 있다. 이것은, 단일하고 총체화된 진리를 추구하는 그 이론의 욕망이 체계 관리자들의 단일하고 총체화된 실천에 스스로를 넘겨 주기 때문이다. 따라서 계몽주의가 종말에 도달한 오늘날, 많은 전향 맑스주의자들이 '맑스주의와의 결별' 또는 '탈맑스주의'를 선언하는 것은 그다지 놀랄 일이 아니다.

그렇지만 맑스에 대한 이러한 '기소'와 '탈맑스'의 문제는 생각처럼 단순하지 않다. 이 논의들에는 몇 가지 사항들이 구분되지 않은 채 뒤섞여 있다. 무엇보다도 이러한 기소가 맑스 자체를 적절히 이해하고 있는가 하는 쟁점이 있다. 예컨대 라클라우와 무페 등과 같은 논자들은 '맑스주의가 전체성과 폐쇄성을 토대로 한다'며 거침없이 비난한다. 그렇지만 '맑스의 방법론의 특징은 그의 이론으로 하여금 개방된 구조를 갖게 만든다'는 주장도 있기 때문에 이러한 비난을 그대로 수용할 수는 없다.

'이성의 독재' 경향을 내장하고 있다는 것 등을 이유로 계몽주의를 기각하는 것은 맑스에 대한 정확한 이해 여부와는 전혀 상이한 지평에 속하는 문제로, 여러 가지 사항들에 대한 고려를 요청하고 있다. 또한 이 '기소'에서 초점이 되는 맑스와 계몽주의 사이의 관계의 문제는 복합적인 내용을 가진 또 다른 논의 영역에 속하는 것이다.

3. 맑스의 맑스

무엇이 정확한 맑스인가? 현실적으로도 수없이 많은 '맑스'들이 명멸해 갔던 것에서 알 수 있듯, 이것은 쉽게 답할 수 없는 질문이다. 그렇지만 이곳은 이 문제와 씨름할 장소가 아니다. 단지, 기소자들이 '맑스의 자기이해를 우리 자신의 것으로 삼을 필요는 없다'거나, '이론이란 그 이름으로 부당하게 행해지는 일들에 대해서도 책임져야 한다'는 편리한 발상으로 이 문제에 대한 진지한 논의를 회피한 채 그들 자신의 자의적인 독해를 정당화하고 있다는 사실은 지적해 둘 만하다.

그리고 맑스의 이론을 '과학'으로 취급할 때 대부분의 논자들이 과학에 대해서는 '실증주의적 과학관'을 그대로 답습하고 있다는 사실도 적어 둘 필요가 있다.[1] 이 과학관의 핵심은 '포괄법칙 모델'이라고 불리는 것인데, 이것에 따르면 과학이란 개별현상을 포괄법칙에 포섭시켜 설명하거나 예측하는 작업이다. 그러므로 맑스에 관해서라면 과학적 작업은 예컨대, 그가 제시하고 있는 '역사발전의 법칙'을 정식화하는 것과 그 법칙이 경험적 증거에 의해 입증되고 채택되는가 여부를 검증하는 것이 된다.

이 사항은, 근래의 탈근대론자들이 맑스의 이론을 '형이상학'이라고 경멸할 때 의미를 갖게 된다. 맑스의 이론에 대해 '형이상학'이라는 낙인을 찍은 대표적인 논자는 칼 포퍼인데, 그에 따르면 이른바 '반증가능성'이 과학과 형이상학을 구분하는 기준이 된다. 예컨대 위의 인용문에서 맑스가 '필연적 법칙'과 '합리적 인식'의 가능성을 승인한다는 점

1) 예컨대, "맑스는 …… 자신의 내부에 존재하는 두 개의 맑스주의 사이의 모순, 실천적·비판적 유물론과 실증주의적·과학적 유물론의 내적 모순을 해결하기 위해서 고투하였다. …… 맑스주의의 전역사는 맑스 자신의 내적 모순에서 유래하는 두 개의 맑스주의, 즉 과학적 맑스주의와 비판적 맑스주의가, 전자가 정통의 지위를 차지하면서 다원적 맑스주의로 분열·발전되어 온 역사이다"는 식의 독해(이병천·박형준, 『맑스주의의 위기와 포스트맑스주의』, 「책머리에」, 7쪽)는 전형적인 사례이다. 여기서 비판적인 것과 과학적인 것은 상호배타적인 것으로, 그리고 실증주의적인 것과 과학적인 것은 동일한 것으로 파악되고 있다. 이러한 파악이야말로 바로 실증주의적 과학관에 근거를 두고 있다.

을 들어, 그의 생각을 과학이 아닌 '형이상학'으로 규정짓는 것은 이것을 단적으로 보여 준다. 필연성이나 인식가능성 등은 경험적으로 확인 가능한 범주가 아니며, 따라서 과학이 아니라 형이상학의 영역에 속한다는 것이다. 이런 식으로 생산양식이나 사회구성체의 이행과 같은 '큰 이야기'는 경험적으로 반증할 수 없기 때문에 인식적으로 가치를 갖지 못하는 형이상학에 지나지 않는다.

따라서 탈근대론자들이 그들의 인식론적 근거를 쿤이나 파이어아벤트 등의 상대주의적 과학관에서 구하는 것은 우연이 아니다. 과학철학의 흐름을 살펴보면 실증주의적 과학관은 포퍼의 '반증가능성'을 매개로 이들의 협약주의적 또는 '탈(post)실증주의적 과학관'으로 탈바꿈하고 있다. 즉 포퍼의 논리에 따르면 모든 이론은 '반증'되기 전까지만 타당한 것으로 인정되는 불안정한 인지적 지위를 갖는다. 이것은 이론은 특정의 공동체 안에서만, 또는 특정의 목적에 합당한 한에서만 잠정적으로 참일 뿐이라고 하는 상대주의자들의 주장과 동일하다.

그러나 요즈음의 과학철학의 발전은 이 실증주의적 과학관 및 탈실증주의적 과학관이 과학활동의 특정 측면만을 확대 과장함으로써, 약간의 진리 요소만을 내포한 채 과학의 특징을 왜곡하고 있다는 것을 밝히고 있다. '비판적', '과학적', '선험적' 등의 수식어를 앞에 달고 있는 '실재론적 과학관'에 따르면, 이른바 '형이상학'은 과학에서 필수 불가결한 요소이다. 즉 어떤 현상에 대해 그 현상을 발생시킨 어떤 필연적인 인과연관의 존재와 그것의 인식가능성을 먼저 승인하지 않고서는, 과학적인 연구가 시작될 수 없다는 것이다. 이 '실재론적 과학관'은 과학의 실제에 좀더 부합하는 견해로 받아들여지고 있으며, 맑스 자신이 상정하는 '과학'도 이것과 동일하다고 지적되고 있다.

이것은 무엇보다도 맑스의 견해를 '부당하게' 읽을 것이 아니라, 맑스 자신에게 충실하게 읽을 것을 제안한다. 동시에 탈근대론자들의 '과학' 및 '형이상학' 운운이, 한편으로는 과학적 지식에 대해 인지적 지위를 인정하면서, 동시에 계몽의 자식으로서의 과학적 지식 자체를 부정하는 동요의 양상을 보이는 등, 과학과 형이상학에 대한 그들의 혼란스런 이해를 드러내는 것에 지나지 않는다는 것을 알려 준다. 또한 사회세계에 대한 과학적 지식의 획득가능성과 해방의 문제에 관한 맑스의 견해를 간단히 계몽주의의 인식론적 낙관주의와 동치시키는 것은 오히려 과학적 지식의 일반적 특성에 대한, 그리고 맑스가 상정하는 '과학적 지식'의 특성에 대한 무지를 스스로 폭로한다.

맑스를 기소하는 주장들이 맑스 자신의 것과 상이할 뿐 아니라 부적절한 인식론적 기초에서 출발한 것이라는 지적은, 그렇지만 그 자체로 맑스에 대한 그들의 주장을 무효화하지는 못한다. 맑스와 근대성의 지평의 문제와 관련된 논의에서는 대체로 두 가지 초점을 구별할 수 있다. 하나는 근대성과 이성의 연관이 맑스에게서 어떻게 개념화되고 있는가 하는 문제이며, 다른 하나는 맑스의 견해가 '역사철학적 논술구조'를 가지고 있는가 하는 문제이다. 이 두 쟁점을 차례로 살펴보자.

4. 근대성과 (합)이성

근대는 신앙과 지식의 대립 또는 계시와 이성의 대립에서, 이성의 승리로 파악된다. 근대화의 과정을 다수의 논자들은 곧 합리화의 과정과 동일시해 왔다. '현실적인 것은 이성적인 것'이라는 진술은 이러한 인식의 극치를 보여 준다. 이 경우 현실에서 관찰되는 '비합리성'은 우연적이고 일시적이며 미발전된 것으로 이성의 구조로부터 배제된다.

그렇지만 진지한 논자라면 이성과 역사적 현실 사이의 간극을 간과

할 수 없었다. 그러므로 일부의 논자는, 근대와 합리화 사이의 역사적 상관관계를 분리하여 근대화 과정을 더 이상 합리화 과정으로, 즉 이성적 구조가 역사적으로 객관화되는 과정으로 파악할 수 없다고 선언한다. 또는 예컨대 이성은 권력과 동일하며 이성을 은폐하는 전도된 권력의지에 불과하다고 파악하는 니체처럼 이성 전통을 넘어서서 이성 자체가 '비합리적인 것'이라고 규정하는 전략을 선택함으로써 여전히 근대성과 (합)이성을 동일시할 수도 있다. 이 전략은 탈근대론자들에게서 특징적으로 찾아볼 수 있다.

그런데 이 두 가지 전략은 근대 자체는 비합리적인 것이라는 우울한 비극적 결론을 벗어나기 어렵다. 따라서 한편으로는 근대의 또 한 가지 뚜렷한 특징인 (합)이성을 적절히 개념화하지 못한다는 약점과, 다른 한편으로는 비극적 파국의 계시로 귀결된다는 곤경에 처하게 된다. 그리고 이로부터 이성을 예컨대 '도구적 합리성'과 '의사소통적 합리성' 등과 같이 위계적으로 해체하여 근대화를 '하위'의 합리화와 동일시하는 방책 —— 그 방책의 성공가능성은 의문이지만 —— 도 고안된다.

이 쟁점을 맑스와 관련지어 본다면 맑스는 근대화와 합리화를 동일시하고 무비판적으로 찬양했거나 도구적 합리성의 수준에 만족할 뿐 그것보다 상위의 합리성에는 착목하지 못했다는 비판으로 요약된다. 물론 맑스가 근대의 풍요 이면의 억압과 착취, 빈곤과 소외에 특히 주목하였다는 사실은 늘 지적되지만, 그것은 언제나 더 확고한 이성의 지배를 정립하려는 의도의 것이라고 해석된다. 비판자들이라면, 이것이 다양한 지배와 통제의 도구들을 은폐하고 그것에 면책권을 부여하는 처사라는 고발을 덧붙이기도 한다. 그러나 맑스의 근대성과 이성의 문제를 이러한 단순 독법으로 적절히 읽어 내기는 어렵다. 이 문제를 충실히 논의하기 위해서는 그 배경으로 근대와 이성의 연관을 좀더 자세히 살펴볼 필요가 있다.

근대는 비판의 시대로 자신을 이해한다. 비판은 그것이 독단이나 회의에 그치지 않는 정당한 것이려면 비판대상과 비판주체 모두에 대해 정당한 근거를 갖는 것이어야 한다. 정당성의 근거는 '어떤' 비판의 원리를 그 대상과 주체 각각에게 적용하는 것으로부터 확보된다. 예컨대 종교적 세계에서는, 신의 섭리가 그 원리로 구실할 것이다. 계몽의 세계에서는 이성이 그 자리를 차지한다. 근대는 이성을 통한 비판을 자신의 특징으로 삼는다.

계몽의 초기에는 이성의 비판이 그 대상만을 겨냥하였을 뿐, 이성의 거처인 '생각하는 자아'로서의 비판주체에 대해서는 그것의 정당성을 의심하지 않았다. 물론 이 확실한 근거인 생각하는 자아에 도달하기까지는 모든 것에 대한 의심이라는 고통스런 경로가 있었다. 그렇지만 이성은 곧 검사되지 않은 이성의 사용에 대해서도 비판의 칼을 멈추지 않았다. '우리의 시대는 모든 것을 비판에 회부해야 하는 비판의 시대이다. 이성은 오직 자신의 자유롭고 공개적인 검사를 견뎌 낼 수 있는 것에 대해서만 거짓 없는 존경을 허용한다'는 칸트의 말은 이 상황을 정확히 표현하고 있다.

비판주체의 이성 자신도 이성의 비판의 대상이 되었다. 이제 비판주체의 정당성을 어떻게 확보할 것인가의 문제가 비판에서 관건이 되었다. 한 가지 경로는 이성에 대하여 총체적인 의심을 제기하는 것이다. 이 경로는 그렇지만 이성이라는 근거뿐 아니라 비판 자체의 정당성까지를 스스로 소멸시키는 자기모순적인 회의주의로 귀착되며, 이 점은 대부분의 탈근대론자들의 근대성 비판에서도 확인된다. 따라서 진지한 비판가라면 이 경로로 갈 수는 없다.

다른 한 경로는 여전히 이성의 정당성을 유지시키는 것이다. 예컨대 칸트는, 스스로를 객체로 설정하여 자신을 되돌아보는 주체의 자기관계의 구조라는 반성적 이성비판을 제안한다. 이것에 의해 검사되지 않은 이성의 사용을 거부하는 동시에 이성에 대한 총체적 부정, 또는 독단적 합리주의의 전제적 지식의 질서와 회의주의의 무정부주의적 지식의 질서 둘 모두를 거부할 수 있게 된다. 그러나 이 경로에는 또다시 절대적으로 정당화된 이성의 독재라는 함정이 자리잡고 있다.

그러므로 헤겔은 계몽주의가 가져온 자유와 해방이 곧 부자유로 전화되는 변증법적 상황을 통찰하면서 이성의 최종적인 승리에 대하여 이의를 제기한다. 보편성에 기초한 칸트적 이성의 판결은 그 보편성에 낯선 특수자에게는 폭력에 지나지 않는다는 것이다. 여기서 헤겔은, 어떤 원리를 외부로부터 대상에 부과하는 것이 아니라 대상 속에 이미 내재되어 있는 이성의 원리를 통해 그 대상을 비판하면, 그 비판은 독단적이지 않을 수 있다는 것을 지적한다. 이때 내재적 비판은, 대상 자신이 스스로를 비판하는 방식으로 전개되는 변증법적 형식을 취하게 된다. 즉 대상 속에 내재하는 이성의 원리와 그 원리의 실현을 가로막는 대상의 경직된 형태 사이의 모순을 드러냄으로써 비판은 자신의 임무를 수행한다. 그리고 이것에 의해 이성은 생각하는 자아로부터 대상의 운동 속으로 거처를 옮겼다. 말하자면 일종의 '주체의 해체'가 일어난 것이다. 이제 역사 속에 구체적으로 자리잡고 운동하는 대상으로부터 이성의 원리를 포착해야 한다는 과제가, 즉 '대상 속에 이미 내재되어 있는 이성의 원리'가 무엇이며 어떻게 포착해 낼 것인가 하는 문제가 제기된다.

헤겔 자신은 칸트적 이성 개념을 확장하여 특수자를 억압하는 배제적 이성 대신 특수자를 포괄하는 융합적 이성 개념을 제안함으로써, 이 과제를 수행하고자 하였다. 역사와 세계의 외부에서 이들과 대립하는 것이 아니라 세계의 안팎을 넘나드는 역동적인 형태로 존재하는, 몰역사적인 자기의식의 형식적 동일성으로 존재하는 것이 아니라 정신의 무한히 운동하는 역동적인 자기관계 속에 존립하는 절대자라는 이름의 이성이 그것이다. 그러므로 이 이성은 자신의 정당성을 독단적으로 강요하지 않고 역사의 운동에 열어 둠으로써 억압적 구조를 벗어나게 된다.

그렇지만 헤겔 역시 자기의식의 원초적 동일성을 상정함으로써 역사 속에서의 대립과 운동은 절대자의 자기실현 과정으로 이해된다. 이것에 의해 개별적인 것들은 절대자의 자기실현 과정의 계기로 해석되고, 절대지로 확장된 이성은 압도적인 형태를 띠고 개별자들을 억압하는 구조를 갖게 되었다. 또 이로부터 이성은 절대화된 목적합리성이며 탈인격화된 권력행사 형식이라는 니체류의 비판이 제출된다.

그리고 이러한 비판은 맑스에게도 그대로 겨냥된다. 사실 이성과 현실에 대한 맑스의 다음의 진술은 헤겔의 통찰의 합리적 핵심을 요약적으로 계승하고 있다.

> 이성은 언제나 존재하여 왔지만, 언제나 이성적 형태로 존재해 온 것은 아닙니다. 그러므로 비판가들은 이론적·실천적 의식의 모든 형태들을 논급할 수도 있고, 현존하는 현실의 고유한 형태들로부터 그 현실의 당위와 궁극 목적으로서의 진정한 현실을 발전시킬 수도 있습니다(MEW 1 : 345).

헤겔과 마찬가지로 비판의 정당성의 근거는 외부로부터 부여되는 것이 아니라, 비판받는 대상 자체로부터 획득된다. 그렇지만 맑스는 헤겔이 '사유를 대상으로부터 전개시키지 않고 반대로 대상을 자기완결적인 사유에 따라, 그리고 논리학의 추상적인 영역에서 끝나 버린 사유에 따라 발전시키기 때문에 잘못되었다'고 지적한다.

선험적으로 이성을 부여받은 주체, 또는 자기완결적인 사유는 정당화되지 않는다. 그러므로 이성이 항상 존재했다는 명제는 이제, 비판이 현실 속에 내재해 있는 이성이 무엇인가를 파악해 내야 하는 과제를 가지고 있음을 알려 준다. 그리고 이성이 항상 이성적인 형태로 존재한 것은 아니라는 명제는, 현실 속에 내재된 이성이 억압적 형식에 의해 억눌려 있음을 밝히고 또 이성과 그것을 억압하는 형식 사이의 모순의 힘을 통해 그 억압적 형식을 해체시키는 과제가 제기됨을 알려 준다. 여기서 맑스는 "시대의 투쟁과 소망에 대한 시대의 자기이해"를 자신의 임무로 받아들인다.

그리고 이러한 자기이해는, 새로운 원리를 독단적으로 제시하는 데 있는 것이 아니라 "세계가 오랫동안 가지고 있던 꿈"을 의식해 내는 데 있으며, 따라서 "과거와 미래 사이의 거대한 사상적 경계를 긋는 것이 문제가 아니라 과거 사상의 '완수'가 문제"이며, 또 "어떤 새로운 노동을 시작하는 것이 아니라 오히려 의식을 가지고 자신의 오래된 노동을 성립시킨다"는 성격을 갖는다. 결국 비판은 시대의 자기비판이라는 성격을 갖는다.

여기서도 헤겔과 마찬가지로 맑스는 내재적 비판의 방법을 사용한다. 즉 한 시대로 하여금 자신의 멜로디에 따라 해체의 춤을 추게 하는 것이다. 그 해체의 춤의 멜로디를 밝히는 것이 바로 시대의 자기이해 속에 내포되어 있는 역사적 이성의 원리와 시대의 실제적 현실 사이의 모순을 해명하는 작업이다. 맑스는 이 내재적 비판의 방법을 『헤겔 법철학 비판』에서 "자신의 대상과 투쟁을 일삼는 독단적 비판"에 대비시켜 좀더 명시적으로 제시한다.

> 참된 철학적 비판은 [대상에 대해] 모순이 존립한다는 것을 지적할 뿐 아니라 모순을 해명하고 모순의 생성, 모순의 필연성을 개념적으로 파악한다. 참된 철학적 비판은 모순들을 그 고유한 의미 속에서

이해한다. 그러나 이러한 개념적 파악은 헤겔이 생각하는 것처럼 논리적 개념의 규정들을 도처에서 재인식하는 데 있는 것이 아니라, 고유한 대상의 고유한 논리를 파악하는 데 있다(MEW 1 : 296).

'모순의 발생과 필연성을 보여 주는 것,' 즉 대상 자체에 내재되어 있는, 대상을 자기파괴 운동으로 이끄는 모순구조를 서술하는 것은, 외부로부터 어떤 원리를 부과하는 것이 아니라 대상을 스스로 비판하게 만드는 것이다. 이렇게 대상이 지닌 모순의 서술이라는 형식을 취하는 비판은 그것에 의해 '대상에 대한 실증적 이해 속에서 대상에 대한 부정적인 이해'를 포함하게 된다. 실증적 이해는 선험적으로 주어진 자명하거나 절대적인 어떤 것이 아니라 대상에 대한 실증적인 탐구를 통한 이해를 가리킨다.

이제 비로소 비판의 정당성은 그 주체로부터 완전히 분리된다. 그리고 이렇게 '유물론적 전도와 전복'을 겪음으로써 헤겔의 통찰은 그 의미를 완전히 획득하게 된다. 그런데 이 유물론적 전도와 전복에도 문제는 남아 있다. 현실 속에 불투명한 형태로 존재하는 역사적 이성, 또는 칸트적 용어로 '물 자체'를 어떻게 포착해 낼 것인가 하는 심각한 문제가 그것이다. 달리 말하면 유물론적인 전복, 그리고 그것에 의한 주체와 대상의 분리에도 불구하고 여전히 '주체'의 문제는 해결되지 않고 있다. 그렇지만 맑스는 이 분리로부터 물 자체에 대해서는 알 수 없다는 불가지론이나 모든 지식은 동일한 인지적 지위를 갖는다는 상대주의적 회의주의에 빠져 들지 않는다.

맑스는 여기서 노동과 실천을 매개로 하는 대상인식을, 불가지론을 벗어나는 길로 제시한다. 주체와 대상은 동일하지 않다. 그럼에도 불구하고 주체의 활동, 즉 실천에 의해 대상은 매개된다. 실천을 매개로 주체는 '고유한 대상의 고유한 논리', 또는 '현실 속에 내재해 있는 이성'을 파악함으로써 주체와 객체의 통일을 획득한다. 물론 주체와 대상의 통일의 정도는 언제나 역사적으로 규정되며, 그런 만큼 대상과 이성에 대한 파악도 역사적으로 가변적이다.

주체와 객체의 넘을 수 없는 차이 속에서 실천을 통한 이 둘의 통일성이 역사적으로 형성되며, 따라서 역사적으로 변화될 수 있는 통일성으로 존재한다고 개념화한다. 이 통일성은 경험적 인식과 실천으로부터 분리된 영역에 있는 것이 아니라 그들과 동일한 경험적 영역 속에 위치한다. 또한 그러므로 역사의 영역을 벗어나지 않는다. 그리고 이 통일성은 과학적 탐구의 방법에 의하여 확보된다. 그것은 소재에 대한 상세한 분석을 통하여, 또는 대상에 대한 경험적·분석적 또는 과학적 연구를 통하여 '소재의 영혼을 파악해 내는 것이다.'

물론 이렇게 파악해 낸 대상, 즉 서술된 대상과 대상자체는 동일하지 않다. 이 때문에 맑스는, 이론이나 서술에 대하여 '사유가 구체적인 것을 정신적인 구체로 재생산하는 방식'이지 '구체적인 것 자체의 형성 과정은 아니다'고 강조한다. 그리고 서술의 결과 등장한 '사유 총체성, 사유 속의 구체로서의 구체적 총체성'은 '직관과 표상을 개념에로 가공한 산물'이며, '머리 속에서 사유 상의 전체로 나타나는 전체는 사유하는 두뇌의 생산물이다'라고 지적한다. 그렇다 하더라도 주체와 대상 사이의 매개짓는 실천이라는 계기는 사유 속의 구체를 단지 환상에 그치지 않도록 단속하며, 이것에 의해 대상 자체의 이성과 주체의 사유 속의 이성은 적어도 부분적으로 일치되는 관계를 획득하며, 이 점에서 인식은 부분적 진리로서의 지위를 갖는다. 그리고 바로 이 때문에 그 인식은 절대적인 것이 아니라 상대적인 것이며 늘 비판에, 그리고 비판을 통한 성장에 개방되어 있게 된다. 달리 말하면, 맑스는 현실에 대한 서술과 그 현실 자체 사이의 불일치의 경험을 비판의 절차 속으로 반성적으로 끌어들이고 있는 것이다.

이것은 맑스에게서 이성의 자기비판을 봉쇄하면 그것은 곧 이성의 상대적 절대성을 부정하는 것으로 더 이상 맑스적일 수 없다는 것을 알려 준다. 이 점은 현실 사회주의에서의 '이성'의 경과에서도 확인되는 사안이며, '그 이름으로 부당하게 행해지는 일들에 대해서도' 맑스가 '책임져야' 하는가의 문제를 다시 검토하게 만든다.

헤겔에 대한 '유물론적 전도와 전복'은 그 대가로 절대성의 포기를 요구하였다. 그렇지만 절대성의 포기가 곧 상대주의로 귀착되는 것은 아니다. 절대적인 것은 상대적인 것 속에서 상대적인 것과 통일되어, 부분적인 절대성으로 존재한다. 이제 맑스는 의심의 격류 속에서 이성의 부분적 또는 상대적 절대성이라는 가냘픈 풋대로 비판의 정당성을 근거짓고 있는 것이다. 결국 맑스는 비판의 이성적 근거를 확보하면서 동시에 그 비판을 절대화하지 않는 외줄타기에 성공하고 있다.

여기서 대상의 모순성에 대한 맑스의 파악과 관련하여, 뒤의 논의를 위해 지적해 둘 점은 그 파악이 두 측면을 갖는다는 사실이다. 첫째는 대상자체의 객관적 모순을 파악하는 것이다. 예컨대 맑스는 『자본』에서 자본주의의 경제위기를 산출하는 모순구조를 파악하고자 한다. 동시에 대상의 모순성에 대한 해명은 대상의 모순성을 은폐하는 일상적 · 이론적 이해방식을 포착하는 것이기도 하다. 맑스가 『자본』에 정치경제학 '비판'이라는 부제를 달고 있는 까닭은 바로 이것이다. 왜곡된 인식에 대한 해명이라는 점에서 이것은 이데올로기 비판이라고 할 수 있다.

그리고 왜곡된 인식의 뿌리는 대체로 3가지를 들 수 있을 것이다. ① 유기적으로 결합된 전체의 총체적 연관으로부터 특정의 계기만을 분리시켜 자립적으로 파악하는 일면적 인식, ② 아직 다양한 규정들의 구조화된 총체로 발전되지 못한 미발전된 인식, 그리고 ③ 허위의 인식이 그것이다. 이 허위의 인식은 앞의 두 가지가 '아직 참이 아닌' 것과 달리 '거짓이다.' 그러므로 이 세 가지 또는 크게 보아 두 가지의 왜곡된 인식에 대한 이데올로기 비판은 상이한 구조를 보일 것이다.

일면적이거나 미발전된 인식에 대한 비판은, 그러한 인식을 표현하고 있는 범주들이 전체의 연관을 놓치고 특정의 계기를 고립적으로 또는 연관을 미발전된 상태로 파악함으로써 인식에 결함이 초래될 뿐 아니라, 현실의 모순을 은폐하기도 한다는 사실을 드러내게 된다. 예컨대 상품교환관계를 단순한 생산물교환으로 미발전적으로 파악할 경우 상품교환관계 속에 구조적으로 존재하게 되는 공황의 가능성이 포착되지 않을 것이다. 또 경제형식들을 상품유통과정에 기초하여 일면적으로 이해할 경우, 상품유통이 보여 주는 평등, 자유의 가상에 빠지게 될 것이다. 이러한 비판은 결국 추상적 인식에 대한 비판이며, 따라서 이 비판을 통하여 추상적 인식을 좀더 구체적인 인식으로 발전시켜 나가는 작업을 진전시키게 된다.

반면 전적으로 허위인 인식에 대한 비판은, 왜곡된 인식을 비판할 뿐 아니라 왜곡된 인식에 의해 사유 속에 재생산된 대상도 비판하게 된다. 예컨대 상품물신성에 대한 비판에서 맑스는 사회적 관계의 특성을 사물의 속성으로 간주하는 인식의 오류를 폭로하면서, 동시에 이러한 물신성이 구체적인 사회적 관계로부터 자립화되고 화폐를 매개로 추상화되는 사회연관의 발생을 밝혀 낸다. 이 경우 현상적인 수준의 가상과 그것을 발생시키는 사회연관 사이의 모순의 해명은 곧 가상에 대한 비판이 된다. 그리고 이 가상은 비판에 의해서 소멸되는 것이 아니라, 발생연관의 해체에 의해 소멸된다는 것이 유물론자 맑스의 견해이다. 물론 이 말이 가상에 대한 인식, 곧 비판은 쓸모 없는 것이라는 뜻은 아니다.

한편, 맑스의 이러한 '주체의 해체'에 대하여 하버마스는 그것이 사회적 노동범주에 입각한 것이라고 특징짓는다. 그리고 맑스의 사회적 노동범주로는 실천적 반성구조를 일관되게 설명하지 못하는 한계를 갖는다. 따라서 이것에 대해서는 사회적 노동범주로는 포괄되지 않는 의식개념을 통하여 설명하고 있다고 지적한다. 즉 이 범주로는 도구적(합)이성만을 포착해 낼 수밖에 없다는 것이며, 대안적으로 의사소통의 합리성을 도입한다. 여기서는 이 개념이, 상호주관적 동일성 등에서 알 수 있듯 여전히 주체(들)의 영역에 한정된, 따라서 그 대상에 대해서는 불가론적이거나 상대주의적인 함의를 내포하고 있다는 것을 지적하는 데 그치고자 한다. 이러한 결함은 이른바 사회적 노동 패러다임과 언술변증법적 패러다임이, 또는 도구성 합리성과 의사소통적 합리성이 구별되고 무매개적으로 병치되는 것에서도 입증된다. 간단히 말하면 이것은 맑스가 발전시킨 근대와 이성 사이의 연관을 무효화하고 후퇴시키는 것으로 생각된다.

5.이성과 역사

근대성과 관련하여 맑스에게 부과되는 또 하나의 혐의는 그가 역사철학적 사유구조에 갇혀 있다는 것이다. 아마도 우리는 다수의 역사적 사건들에 대하여 사유할 때 그것을 하나의 통일성 속에서 보고자 할 것이며, 따라서 이 통일성을 구성하는 것이 무엇인가 하는 질문을 제기할 것이다. 물론 이러한 사유조차도, 시간이 끊임없는 변화로 경험되는 근대에 이르러 비로소 가능해진 사유방식이라 하겠다. 그리고 이 질문에 대한 답으로 등장한 견해가, 모든 역사의 통일적 의미를 주장할 때 그 견해는 역사철학으로서의 성격을 갖게 된다.

흔히 역사철학은, 예컨대 역사를 유적 인간의 자기산출 과정으로 파악하는 식의 목적론적 논술구조를 갖는다. 그러므로 탈현대론자들은 역사철학적 사유에 대하여 '거대주체의 자기동일성이 선험적이고 정태적인 형태를 통해서이든(칸트) 변증법적이고 역동적인 형태를 통해서이든(헤겔) 모든 역사를 관통하는 목적으로 설정되고, 개인들이나 집단들의 작은 이야기는 선험적 목적을 추구해 가는 거대주체의 큰 이야기 속에 위치지어짐으로써 객관적 의미를 획득하게 되는 사유틀'로 특징짓는다. 이렇게 되면 역사시대들의 계열은 거대주체가 걸어가는 길로 파악되고, 사건들의 연관 그리고 역사적 시대들의 시간적 계열은 그 거대주체의 목적에 기초하여 체계적으로 연결되고 통합된다. 생산력발전이 혁명을 가져올 것이라는 제2인터내셔널의 자연사적 진화론의 관점이나, 역사과정을 거대주체로서의 프롤레타리아트의 자기반성 과정으로 파악하는 역사개념 등에서도, 이러한 역사철학적 사유구조를 찾아볼 수 있다. 그런데 '소외의 극복,' '유적 생활의 실현,' 또는 '임금노동/자본의 이중성의 폐지' 등의 표현이 보여 주듯, 맑스에게서도 유적활동이라는 초월적 원리가 과거와 미래에 투사되는 역사철학적 사유구조를 찾을 수 있다는 것이다.

그렇지만 맑스 자신은 원리가 역사를 만든다는, 또는 현실의 역사는 이념이나 목적의 구현이라는 견해에 대하여, '왜 특정의 원리가 다른 시기가 아닌 바로 그 시기에 표출되었는가를 자문할 것'을 권고한다. 그리고 이 자문은 당시의 '생존의 조건들을 만들어 낸 인간과 인간의 관계가 어떤 것이었는가'를 검토하는 것으로 이어진다고 지적한다.

> 역사는 개별세대들의 연속이다. 각 세대는 앞선 모든 세대로부터 물려받은 재료, 자본, 생산력을 이용하며, 따라서 한편으로는 물려받은 활동을 완전히 달라진 환경 밑에서 계속 수행해 나가고 다른 한편으로는 완전히 달라진 새로운 활동에 맞추어 기존의 환경을 변화시킨다. 그런데 이것을 사변적으로 왜곡시켜 버리면, 이를테면 아메리

카의 발견의 심층에는 프랑스 혁명의 발발을 돕기 위한 목표가 있다는 식으로 후대의 역사가 앞선 역사의 목표가 될 수 있다. 이때 역사는 자신의 독자적인 목적을 갖게 되고, '다른 사람들 곁에 나란히 서 있는 한 사람'(자기의식, 비판, 유일자 등등이 증명하고 있다시피)이 되어 버린다. 그러나 사람들이 앞선 역사의 '소명', '목적', '맹아', '이념'이라고 부르는 것들은 실은 후대의 역사의 추상에 다름없다. 앞선 역사가 뒤의 역사에 미치는 능동적인 영향력의 추상에 다름없다(MEW 3 : 45).

맑스는 목적론적 역사구성을 역사과정에 대한 '사변적 왜곡'으로 규정한다. 그리고 이러한 역사해석은 역사적 사실들 사이의 '경험적으로 확인가능하고 관찰될 수 있는 연관'을 추상하고 왜곡시키는 '환상적' 관점으로 명시적으로 비판하고 있다. 덧붙인다면 맑스는 이러한 환상적 관점의 '현실적' 근거에 대해서도 다음과 같이 해명할 것이다. 역사철학적 사유의 등장을 가져온 근대에는, 자본주의 시장기제의 도래와 더불어 인간의 상호작용의 산물이면서도 인간의 의식과 의지의 등뒤에서 인간을 지배하는 자립화된 사회적 관계가 출현한다. 이 관계는 낯선 권력으로 경험된다. 이 낯선 권력이 '독일의 이론가들에게는 그렇게도 신비스러운 권력'으로 파악되었고, 이 신비스런 권력이 주체철학의 틀 속에서 현실 속의 개인 및 개인들 사이의 관계로부터 분리되어 인간의 의지와 의식의 등뒤에서 관철되는 역사 밖의 거대주체로 서술된다. 또 세계사는 이 거대주체의 거대한 자기산출의 과정으로 간주됨으로써 역사철학적 논술구조가 발생하는 것이다. 줄여 말하면 이러저러한 형태로 관찰되는 역사철학적 사유 역시 자본주의 사회에 현실적 근거를 가지고 있다는 것이 맑스적인 파악이다.

그럼에도 불구하고 맑스에게 '역사철학적 사유구조'를 가지고 있다는 혐의를 씌우는 까닭은 무엇인가 ? 좀 구체적으로 이야기하자면, 이 혐의의 증거는 두 가지이다. 하나는 맑스가 공산주의 사회를 역사 내부의 목적(물론 부적절한)으로 설정하고 있다는 것이며, 다른 하나는 대상으로서의 역사적 현실에 대한 맑스의 비판이 단순히 대상 자체로부터 포착된 이성에 근거할 뿐 아니라 어떤 초월적이고 포괄적인(그러므로 사실상 외부로부터 부과된) 이성을 전제한다는 것이다. 각각을 검토해 보자.

맑스는 공산주의가 자기자신에게 도달하기 위하여 선행하는 단계로서 자본주의를 산출하였다는 식의 '사변적 왜곡'을 범하지 않는다. 맑스에게서

> 공산주의는 확립된 사태라든가 실재가 자신을 적응시켜야 할 이념도 아니다. 우리는 공산주의를 현재의 사물의 상태를 지양하려는 실재적 운동으로 부른다. 그 운동들의 조건들은 실존하는 현재의 전제들로부터 나온다(MEW 3 : 35).

즉 '공산주의는 우리 눈앞에서 진행되고 있는 역사적 운동을 일반적으로 표현한 것일 뿐이다.' 그러므로 역사적 필연성을 가진 것으로 선험적으로 설정된 원리가 아니라, 역사에 대한 경험적 관찰로부터 재구성된 통찰이다. 관찰에 의거하여 합리적으로 재구성된 통찰 속에 목적론적 논리가 도입될 수는 없다. 물론 이 통찰이 얼마나 정확한가 하는 것은 전혀 다른 논의지평에 속하는 문제이며, 맑스적인 관점에서는 역시 비판에 개방되어 있다.

또 하나의 증거는 비판의 준거와 관련된다. 우리는 역사적으로 이미 주어진 객관적 조건 아래서 생산적 및 재생산적 실천을 수행하며, 이미 존재하면서 실천을 규제하는 사회적 규칙 속에서 실천을 수행한다.

이 조건과 규칙은 실천 속에서, 그리고 실천을 통하여 재생산되고 변형된다. 이 조건과 규칙이 억압적 구조를 가진 것으로 파악될 때, 이 현실의 억압적 구조를 해체하려는 비판적 실천은 그것이 억압적 구조임을 드러내면서 억압 없는 사회구조에 대한 예감을 규범적 기초로 제시한다. 사실 이러한 해방된 사회에 대한 예감을 합리적 기초로 갖지 않는 현실 비판은, 억압으로부터의 해방이 어디를 지향하는가를 제시하지 못함으로써 맹목적인 것이 되며, 말하자면 이 때문에 맑스는 무정부주의를 비판한다. 맑스를 공격하는 사람들은 이것으로부터 맑스의 자본주의 비판에서도 이러한 예감을 찾을 수 있다고 지적한다. 그리고 이 예감은 대상자체의 이성을 넘어서는 어떤 초월적·포괄적 이성을 상정하는 것이며, 그런 점에서 역사철학적 사유구조를 내포하고 있다고 추론한다.

그러나 맑스에게서 이 억압 없는 사회의 예감은 예정된 미래의 진리가 아니다. 맑스는 '세계를 교리적으로 예측할 것이 아니라 기존 세계에 대한 비판으로부터 새로운 예견을 찾아낼 것'을 변함없이 권유하며, '교리적인 깃발을 드는 것에 반대한다.' 즉 해방된 사회의 예감은 어떤 교의에서 도출되거나 초월적 이성으로부터 출발하는 것이 아니라, 현존의 사회적 조건과 규칙에 내재되어 있는 (합)이성의 잠재태와 가능태로부터 출발한다. 현존 사회로부터 기획된다는 점에서 이 해방된 사회는 여전히 역사적 성격을 가지고 있으며, 또한 그런 점에서 절대적인 기획이 아니라 유한적이고 잠정적인 것이다. 그리고 '역사의 종언'으로 등장하는 것이 아니라, 비록 미래에 위치한다고 하더라도 역사를 벗어나지 않는다.

이와 관련하여 맑스는 '생산력이 해방과 새로운 사회의 형성에 필요한 물질적 조건들을 예견하게 할 정도로 충분히 발전되어 있지 않는 한, 공산주의 이론가들은 혁신적인 과학을 추구하는 공상가들에 지나지 않는다'고 인정한다. 그렇지만 '역사가 진전함에 따라 그들은 과학을 머리 속에서 찾을 필요가 없고 눈앞에서 진행되고 있는 것을 이해하고 대변하기만 하면 된다'고 강조한다.

여기서 미래 사회에 대한 맑스의 예감으로서의 '자유로운 생산자 연합' 또는 '자유의 왕국' 등을 살펴볼 수 있다. 말하자면 이것은 생산자가 억압되어 있는 현존의 구조에 내재된 이성의 잠재태로서 예감된 것이지 어떤 초월적인 원리로부터 도출된 것이 아니다. 이 미래 사회에 대하여 맑스는 단편적이고 따라서 피상적인 진술만을 남기고 있다. 이것을 빌미로 많은 논자들은 맑스의 견해가 '단선적'이라거나 '무규정적'이라고 결함을 찾아낸다. 또 그 결함이 맑스의 이론틀 자체의 한계로부터 비롯된 것이라고 지목하는 견해도 있다.

그렇지만 그들에게는, 맑스의 이론은 개방적인 구조를 갖는 것으로 그 자체로서 완결된 것이 아니라는 사실과, 역사적 운동이 충분히 발전되지 않은 한 이론은 공상에 불과할 수밖에 없다는 맑스 자신의 평범한 지적을 상기시키는 것으로 충분할 것이다. 또한 대상자체가 아직 미발달의 상태에 있으면 그것에 대한 인식 역시 미발달의 수준을 벗어나기 힘들다는 점과 아울러 대상이 발전하였다고 하더라도 인식발달의 요구가 충분히 성숙하지 않고서는, 그리고 인식능력의 발달이 준비되지 않고서는 인식이 미발달의 수준을 벗어나기 어렵다는 점도 상기시킬 수 있다(이미 맑스는, 그 시대는 그 시대가 해결할 수 있는 것만을 문제로 제기할 뿐이라는 통찰도 예비하고 있다).

그런데 맑스에게서 중요한 문제는 현재의 사회구성체의 자기해체의 논리를 증명하는 것이었고, 현재의 사회구성체 내부로부터 비판의 합리적 기초를 제시하는 것이었다. 따라서 맑스가 미래 사회에 대하여 단선적이고 무규정적이라는 비판은, 맑스가 모든 문제를 이미 포착하고 그에 대하여 진전된 답을 마련했어야 한다는 전혀 비현실적인 기대를 배경에 두었을 때에만 타당하다. 그들에게는 미래 사회에 대한 예감을 19세기를 산 맑스의 '미발달한 것'으로서의 추상적인 인식에서 찾을 것이 아니라, 그들의 '눈앞에서 진행되고 있는 것에 대한 이해'로부터 획득하라는 현실적인 권유가 필요할 것이다.

그러므로 물론 맑스는 이렇게 말하지 않지만 '역사에 이성이 있다'고 하더라도, 유물론적 전제를 갖는 맑스에게서 이것은 '역사는 이성적으로 이해 또는 파악할 수 있다. 즉 역사적 현상들을 이성을 통하여 인과적으로 이해 설명할 수 있다'는 인식가능성의 표현일 뿐, 역사에 대한 목적론적 구성일 수는 없다(그리고 우리는 이러한 인식에 기초하여 역사과정에 개입하고 그것의 전개에 일정한 영향을 미칠 수 있으며, 또 궁극적으로 역사인식의 목표는 그것이라고 할 것이다).

6. 맑스와 근대성

그렇다면 맑스가 이성으로 포착한 근대의 특징은 무엇인가? 근대라는 역사적 시기에 대한 맑스의 견해는 우선 그것을 자본주의의 시대로 파악하는 것이다. 그러므로 근대성은 자본주의적 생산양식의 발전과 자본주의적 생산양식이 전세계를 지배하게 됨에 따라 형성된 종류의 문명으로 이해된다. 그리고 맑스는 자본주의에 대하여 그것의 이중적 성격, 즉 자본주의가 포함하고 있는 인간능력의 잠재력의 팽창과 자본주의의 파괴적인 성격을 함께 지적한다. 부가 생산되는 바로 그 관계들 속에서 빈곤이 생산되고, 생산력의 발전이 일어나는 바로 그 관계들 속에서 억압을 생산하는 힘이 존재한다는 것이다.

자본주의 발전에 대한 맑스의 전반적인 이론이라는 맥락으로부터 이탈시켜 그것만을 놓고 본다면, 부단한 근대성의 확장에 대한 맑스의 강조는 전형적인 근대화 이론틀로 간주될 수 있다. 그러나 하나의 생산양식으로서의 자본주의의 역사적 시간에 대한 맑스의 이해는 복합적이고 차별화된 시간성을 의미한다는 점에서 근대화 이론과는 근본적으로 다르다. 사회에 대하여 맑스는 평면적인 발전과정과는 전혀 다른 궤도를 제시한다. 근대 세계의 진보적 특징은, 인류를 자연에 대한 필연적인 의존으로부터 해방시키고 교리적으로 뿌리내리고 있는 모든 전근대 사회적 형태의 제약을 제거한다는 점이다. 그렇지만 자본주의는 영주의 권위와 그의 정치적 정당성을, 생산영역으로부터 직접 발산되는 새로운 형태의 권위적 지배와 위계화로 대체한다. 이러한 양면성 때문에, '근대는 어떠한 만족도 주지 못하거나, 또는 근대가 그 자체로 만족스럽다고 하더라도 그것은 저속한 것으로 경험된다.' 그리고 근대적 자유는 모순적으로 구조지어진 '삶의 형식'이다. 자본가와 임금노동자 사이의 관계는 근본적으로 이성의 약속을 무시하고 회피하는 것이다. 이 때문에 맑스에게서 미래 사회는 이성과 자유의 융합으로 예감된다.

그런데 근대성은, 역동적인 사회경제적 변동의 역사적이고 지리적인 과정이나 실체로 경험될 뿐만 아니라 이 과정과 연계된 자연 및 사회에 대한 해석과 개념화 방식 또는 해석적 의미망으로 경험된다.

> 부르주아지는 생산도구를 끊임없이 변혁시키지 않고서는, 따라서 생산관계와 더 나아가 사회관계 전반을 혁신하지 않고서는 존재할 수 없다. 모든 사회관계의 끊임없는 교란, 항구적인 불안과 동요가 부르주아 시대를 그 이전의 모든 시대와 구별해 준다. 고정되고 녹슬어 버린 모든 관계는 그것에 수반된 부산물들 즉 아주 오래 전부터 존중되어 온 관념이나 견해와 함께 해체되며, 새로이 형성되는 모든

것조차 그것이 미리 자리잡기도 전에 낡은 것이 된다. 신분적 요소와 고정된 것은 모두 사라져 버리고, 모든 신성한 것들은 모욕당한다. 그리하여 인간은 마침내 자기의 생활상태와 상호관계를 냉정한 눈으로 바라볼 수밖에 없게 된다(MEW 3 : 465).

아마도 '끊임없는 혁신, 끊임없는 교란, 항구적인 불안과 동요, 새로 생겨나는 모든 것조차 미처 자리잡기도 전에 이미 낡은 것이 되고 마는' 가속화, 고정된 모든 것이 사라지는 급속한 해체 등은 근대성의 역사적 경험일 것이다. 현재가 불안과 희망의 교차의 시간으로, 미래가 끊임없는 새로운 출발의 시간으로 경험되는 것도 근대성의 특징일 것이다.[2)]

---

2) 『공산당 선언』의 이 귀절로부터 제목을 따고, 『공산당 선언』으로부터 주제를 뽑아 낸 버먼의 『단단한 것들은 모두 공기 속으로 사라진다』는 근대성의 특징을 잘 개괄하고 있다고 지적된다. 버먼에 대한 논평으로는 앤더슨의 「근대성과 혁명」, 『맑스주의와 포스트맑스주의』, 이론과 실천을 볼 것.

> 오늘날 전세계의 남녀들이 공유하는 중요하는 경험 —— 공간과 시간에 대한 경험, 자아와 타자들에 대한 경험, 삶의 가능성들과 위험들에 대한 경험 —— 양식이 있다. 나는 이러한 경험을 근대성이라고 부르고자 한다. 근대적이라는 것은 우리에게 모험과 힘과 기쁨과 성장 그리고 우리 자신과 세계의 변혁을 약속하며, 동시에 우리가 가진 모든 것과 우리가 아는 모든 것, 우리가 그것인 모든 것을 파괴하겠다고 위협하는 환경 속에 우리가 처해 있음을 깨닫는 것이다. 근대적인 환경들과 경험들은 지리와 인종의, 계급과 국적의, 종교와 이데올로기의 모든 경계를 가로지른다. 이런 의미에서 근대성은 인류 모두를 하나로 통일시킨다고 할 수 있다. 그러나 그것은 역설적인 통일, 즉 비통일의 통일이다. 그것은 우리를 영원한 분열과 갱신, 투쟁과 모순, 모호성과 고뇌의 소용돌이 속으로 몰고 간다. 근대적이게 되는 것은 맑스도 말했다시피 단단한 것이 모두 공기 속으로 사라지는 세계의 부분이 되는 것이다(M. Bermaan, *All That is Solid Melts into Air*, London, 1983).

그렇지만 버먼의 주장은 '근대성에 대한 맑스의 변증법은, 변증법 자체를 흔적도 없이 사라지게 하는 힘과 이념을 산출하면서 변증법이 묘사하고 있는 사회의 운명을 재연한다'라는 부정적인 것이다.

맑스는 자본주의 사회를, 시간을 상품화하고 노동을 공업화하는 대규모 공업생산의 역사적 '현재'로, 그리고 실질적인 공적 부의 장소이며 가능한 해방의 출발점으로 이해한다. 이러한 전망 속에서 맑스는 자본축적이나 시장을 통한 상품형태의 끝없는 확장으로부터 낡은 사회를 전면적으로 해체하는 '생산의 지속적인 혁명화, 부단한 혼란, 영속적인 불안과 동요'를 근대성의 특징으로 포착해 낸다. 지속적인, 부단한, 영속적인 등은 동질적인 역사적 시간을 지칭한다. 이 동질적인 역사적 시간 속에서 매순간은 시간적으로 다음에 온다는 점에서 항상 다른 순간과 다르지만, 동시에 같은 이유로 매순간은 무한히 반복되는 하나의 과정을 구성하는 서로 교체가능한 단위라는 점에서는 동일하다.

7. 맺는 말

근대 사회는 그 구조와 사회적 조건이 근본적으로 변화하였으며, 따라서 사회를 이해하기 위하여 사용하는 개념들과 범주들 또한 변화되어야 한다는 주장이 광범하게 퍼지고 있다. 이렇게 근대성의 위기, 또는 탈현대의 담론이 지배하는 현실에서, 근대성의 화신으로 즉 '해체'되어야 할 관습적인 사회세계 이해방식의 폐물로 지목되는 맑스를 옹호하는 것은 일견 시대 착오적인 듯 보인다.

사실 차연, 상징 등의 새로운 개념과 범주들을 주창하는 탈현대론자들은, 그것을 통해 그동안 주목되지 않았거나 불충분하게 반성된 '근대의 그늘'에 대한 각성을 일깨우고 있다. 이 점은 중요한 공헌이며 충분히 경청할 만한 일이다. 그리고 탈현대론자들의 탈역사와 비합리성에의 몰입은 현실의 비합리성을 반영하여 드러내는 사유라는 점에서 근대의 자기비판으로서의 가치를 갖는다. 그러나 그들의 공헌 및 가치와 별개로, 근대의 전반적인 성격에 대한 그들의 이해에서는 일면화·단순화의 경향이 지나치다는 점을 감지하게 된다. 근대 자체가 계몽의 빛과 어둠, 또는 해방과 억압의 이중적 면모를 가지고 전개되어 왔거니와 그들은 이 이중성을 단지 어둠과 억압만으로 환원시키고 있는 것이다. 따라서 그들은 빛과 어둠의 모순으로부터 획득해 낼 수 있는 운동의 역학을 놓치고, 그 비판의 정당한 근거와 전망을 확보하지 못한 채 어둠과 억압의 영겁회귀에 빠져 들고 있다.

이와 관련하여, '기존 상황의 합리성에 대한 18세기의 회의론을 이성의 존재에 대한 회의론으로 바꾸어 놓았다'는 구스타프 후고와 역사학파에 대한 맑스의 지적(MEW 1 : 99)을 상기하는 것은, 이들 탈현대론자들을 이해하는 데 도움이 될 것이다. 현실의 비이성적 형태를 폭로하는 것도 중요하다. 그러나 그 현실을 비이성적으로 만드는 구체적인 역사적 요인들을 해명하지 않은 채 예컨대 영원한 '계몽의 비극'으로 환원시키는 것 —— 따라서 맑스에 따르면 이것은 추상적인 인식이다 —— 은, 오히려 문제의 현실을 '해체'시킬 계기를 밝히기를 포기하고 따라서 압도적인 현실에 순응할 것을 유도하는 함의를 내포하게 된다. 여기서 다시 한번 '민족의 가장 훌륭하고 가장 탁월한 사람조차도 자국의 미래에 대한 모든 희망을 포기한' 비이성적 상황에서도 맑스는 그것의 당위와 궁극목표로서의 진정한 현실을 이끌어 내고자, 또는 '실증적 이해 속에서 부정의 계기를 찾고자' 분투하였다는 사실을 상기시키고자 한다.

이런 지적에 대하여 근대가 초래한 폭력과 허구를 강조하는 논자들은 이러한 변혁추구 행위에도 이데올로기적 허구와 폭력의 가능성이 내재되어 있음을 들어 반박할 것이다. 그렇지만 근대가 자유의 약속과 동시에 폭력과 허구를 전개하였다는 인식은 바로 맑스 자신의 것이기도 하다. 그렇지만 맑스는 이것에서 멈추지 않고 근대가 불러온 거대한 힘들을 폭력과 허구로부터 이탈시켜 자유에 복무하도록 이용하고 변화시키는 데까지 이성을 현실화해야 한다고 강조한다. 말하자면 이것은 '계몽의 급진화 또는 근본화'이며, 이미 맑스 자신이 이것의 범례를 보여 주고 있다. 물론 이용과 변화의 방편과 계기가 맑스에게서 충분하고 적절하게 개념화되고 있는 것은 아니며, 오히려 '후생'들에게 남겨진 과제인 셈이다. 그리고 개방적 구조를 특징으로 하는 맑스의 이론틀은 이러한 과제의 수행을 가능하게 하며, 맑스가 말하는 '가차없는 비판'의 원리는 이 이론틀에 조응한다. 그러므로 진정한 맑스주의자는 맑스의 이론에 커다란 공백이 있다는 등의 비판이나 맑스주의가 더 다층적이거나 다원적으로 되어야 한다는 충고를 기꺼이 경청할 것이다. 그리고 이런 맥락에서 '열린 맑스'나 '약한 맑스' 등을 표방하는 흐름들에 대해서도, 적어도 그것이 맑스 자신과는 다른 '새로운 것'이라고 강변하지 않는다면 수용할 것이다.

그렇지만 다수의 탈현대론자들의 맑스 해석은 이러한 '열린 맑스'를 전제적이라 부정하고, 맑스를 편협과 독단과 오류의 화신으로 형상화하고 있다. 그리고 이러한 해석은 맑스의 원문에 대한 단편적이고 일면적인 독해나 이론적 선입견의 투사에 적잖이 기초하고 있으며, 특히 해석자 자신의 천박하고 왜곡된 견해를 맑스에게 전가하는 측면이 크다는 점을 지적해 둘 필요가 있다. 게다가 그의 이름으로 사후에 행해진 것들까지도 그에게 귀책시켜야 한다는 괘변도 한몫을 거들고 있는 것으로 보인다. 이와 같은 '무지한 직업 성직자들'의 작업은 맑스를 곡해할 뿐 아니라, 세계에 대한 이해에도 기여하는 것이 많지 않은 불모스러운 것이다. 이런 논자들에게 맑스는 '모호한 추리, 거창한 문구, 자기도취적인 표현들을 삼가고, 확실성, 구체적 상황에의 몰두, 사실에 대한 전문적 지식 등을 추구할 것'(MEW 1 : 412)을 충고하고 있다.

8.문헌 소개

1980년대 후반의 '맑스 열풍'으로 이제 맑스의 원문의 상당 부분을 한글로 읽을 수 있게 되었다. 『자본』이나 『잉여가치 이론들』, 『정치경제학 비판』 등의 주요 저작은 물론, 『헤겔 법철학 비판』, 『신성가족』 등의 초기 저작으로부터 『프랑스 계급투쟁』, 『루이 보나파르트의 브뤼메르 18일』, 『프랑스 내전』 등의 정치분석(이 세 저작은 『프랑스 혁명 3부작』이라는 이름으로 묶여 출판되었다)에 이르기까지, 또 『자본에 관한 서간집』까지 번역되어 있다.

그렇지만 민족·민주운동의 급박한 요구라는 당시의 시대적 사정에 걸맞게 번역은 대체로 '실용적 동기'를 배경으로 하고 있다. 이 때문에 맑스 자신에 대한 좀더 진지하고 치밀한 이해를 겨냥한 번역은 간과될 수밖에 없었다. 예컨대 『자본』에 못하지 않게 중요한 저작인 『강요』(Grundrisse)는 아직도 한글로 볼 수 없다(그 일부가 『자본주의에 선행하는 제 형태』라는 이름으로 번역되어 있기는 하다). 『독일 이데올로기』는 예전에 번역되어 있던 ¼가량의 앞 부분만이 다시 출판되었다. 이러한 실용적 고려는 번역뿐 아니라 출판에서도 그대로 관철되어 『프랑스 혁명 3부작』보다 더 생생한 현실 분석인 맑스의 라인 신문 기사들과 이 시기의 맑스의 저작들(이 기사들 및 저작들은 흔히 MEW로 표기되는 40여권으로 이루어진 Marx-Engels Werke의 제1권 전반부에 실려 있다)은 한글로 번역되어 조판까지 마친 상태에서 90년대 이후의 맑스주의의 퇴조에 따른 시장의 몰락 때문에 간행되지 못하고 있다. 이러한 상황에서도 박종철 출판사에서 여러 저작들을 망라한 『맑스 · 엥겔스 저작 선집』의 간행을 지속하고 있는 것은 특기할 만하다.

그렇다고 이런 실용적 동기를 무조건 백안시할 것은 아니다. 그 '태생의 오류'에도 불구하고 번역서들이 맑스에 대한 접근을 용이하게 하고 이해를 심화시킬 계기를 마련했다는 것은 부인할 수 없는 사실이다.

맑스의 저작이 방대한 만큼 맑스에 대한 전체적인 이해에는 상당한 노력이 필요하다. 그렇다고 맑스의 저작들을 모두 읽을 필요는 — 적어도 '맑스학자'가 되려 하지 않는다면 — 없을 것이다. 그러므로 중요한 저작들을 빠뜨리지 않으면서 선택적으로 골라 읽는 절제된 맑스 읽기가 권할 만한 방법으로 생각된다. 절제된 접근에는 맑스 자신의 지적 발달의 궤적을 추적하는 방법과, 역으로 발전된 저작들로부터 출발하여 그것의 뿌리를 찾아 나아가는 방법이 있을 수 있다. 아마도 발전의 역방향을 추적하는 것이 경제적일 것이다. 해석자에 따라 구분에 다소간의 차이가 있지만, 맑스의 지적 발달의 경과는 『독일 이데올로기』를 경계로 '이데올로기적' 단계와 '과학적' 단계로 크게 나뉘거나, 철학비판 및 철학적 비판의 단계(학위 논문에서 『라인 신문』의 언론활동을 마칠 때까지), 정치비판의 단계(「유태인 문제」, 『헤겔 법철학 비판』, 「헤겔 법철학 비판 서문」 등의 시기)를 거쳐, 정치경제학 비판의 단계(「1844년 파리 초고」 이후)로 나아가 『자본』에서 완성된다고 지적된다. 어쨌든 『자본』을 읽지 않고서는 맑스를 알 수 없다. 번역서가 없어서 안타깝지만 『강요』도 빠뜨릴 수 없다. 『독일 이데올로기』 역시 맑스 이해에는 필수적이다. 이들 저작에 더하여 좀더 현실적인 사회분석을 내용으로, 저작들과 『공산당 선언』과 같은 강령들, 그리고 『철학의 빈곤』 등의 논쟁들로부터 맑스의 면모를 어느 정도는 총체적으로 그려볼 수 있겠다.

맑스에 대한 해설서는 맑스 자신이 쓴 저작의 백배가 넘을 것이라고 추측되고 있다. 그렇지만 한글로 번역된 해설서의 양은 그다지 많지 않다. 게다가 대부분이 '맑스 열풍' 속에서 번역되었기 때문에 이른바 '정통'의 관점(맑스 자신의 이미 그의 생전에 '나는 맑스주의자가 아니다'라고 말했다는 이야기가 있다)이나 또는 그것에 대립되는 선입견적인 '적대적' 평가를 전제하고 있다는 사실은 지적해 둘 만하다. 그러므로 해설서보다는 원문자체를 읽는 것이 경제적일 뿐 아니라 맑스에 대한 자신의 견해를 형성하는 데 유익하다고 생각된다.

물론 원문을 읽을 때에는 늘 그 저작이 어떤 성격을 갖는 것인가를 먼저 파악할 필요가 있다. 예컨대 『프랑스 내전』은 파리 코뮨을 제1인터내셔널 총회에 보고한 분석이다(맑스는 이 조직의 주요 활동가였다). 이 저작으로부터 미래 사회에 대한 맑스의 구상을 찾아내는 논자들도 있으나, 이 저작의 분석을 미래 사회에 일반화하여 투사하는 데에는 적지 않은 왜곡과 강변이 따르게 된다는 점도 염두에 두어야 할 것이다. 그리고 원문을 읽을 때 더 중요하게 관철되어야 할 교의는 맑스 자신이 말하는 '현실로부터 교과서로'라는 원칙이다. 맑스에 따르면 이론은 현실을 사유 속에 재생산한 것이며, 맑스 자신의 이론도 예외가 아니다. 따라서 맑스의 이론 역시 현실에 적용해서 시험해야 할 어떤 것 ── 폐물이 된 것이거나, 신성한 것이거나 ── 이 아니다. 오히려 맑스가 그 자신의 현실을 어떻게 개념화하고 있는가를 판별해 내고, 그것이 우리의 현실을 개념적으로 파악하는 데 어떤 도움을 줄 수 있는가를 포착하는 것이 맑스를 읽는 정확한 방법이라고 생각된다.

니체

망치를 들고 철학하는 법

백 승 욱

니체 : 망치를 들고 철학하는 법*)

백승욱

1.이단적 철학자 니체

19세기는 세 명의 위대한 이단을 탄생시켰는데, 바로 맑스와 니체, 프로이트다. 이들은 이전의 어느 사상 조류로도 분류하기 힘든 '아비 없는 자식'들이었고, 이들의 출현은 진정한 '비판'과 '과학'의 탄생을 알리는 것이었다.[1)]

이들은 그들의 새로움 때문에 항상 오해의 대상이었고, 동시에 두려움의 대상이었다. 맑스는 '인간'이 역사의 주체라는 신화와 이 신화에 입각한 고전파 정치경제학의 '경제적 인간(호모 에코노미쿠스)'이라는 관념을 깨고, 사회적 관계들에서 출발하는 역사과학의 시작을 알렸고, 프로이트는 '자아'로 상징되는 심리학적 주체의 관념에 근본적으로 반기를 들고서 무의식의 과학의 성립을 알렸으며, 니체는 불변의 출발점

* '망치를 들고 철학하는 법'은 『우상의 황혼』의 부제다.

1) 루이 알튀세르, 「프로이트와 라캉」, 김동수 역, 『아미엥에서의 주장』, 솔, 1991, 20~21쪽.

을 찾으려는 모든 형이상학들의 근원을 파헤치는 작업을 통해 과학적 도덕을 뒤집는 도덕의 과학의 시작을 알렸다. 맑스는 헤겔의 아들도, 고전파 정치경제학의 아들도, 블랑키의 아들도 아니었으며, 프로이트는 생물학이나 병리학의 후예도, 전통적 심리학이나 최면요법술의 후예도 아니었다. 마찬가지로 니체는 쇼펜하우어의 아들도, 칸트의 아들도, 바그너의 아들도 아니었다. 당시의 지배적 규범들과 지배적 이데올로기에 반하는 이들의 이단적 사상을 교과서적인 계보 속에 끼워 맞추어 이미 알고 있는 것들을 기반으로 이들을 해석하고, 이들과 화해하고, 이들을 무력화하려 시도한 결과 맑스는 단순한 경제결정론자나 헤겔적인 역사철학자로, 프로이트는 천박한 성환원론자로, 니체는 한 명의 낭만주의자로, 더 나아가 나치즘의 선구자로 자리를 잡게 되었다.

그렇다면 이들 세 이단자들에 대한 재조명이 1960년대 이후 인문과학의 부흥과 비판적 사유의 형성 속에서 유사한 맥락에서 동시에 이루어진 것도 우연은 아니다. 다른 사상들과의 접맥 속에서 자유로운 독해의 길이 열리면서 이들 세 사상가들은 근대의 지평에 도전하는 인물들로 다시 부각된다. 프랑스에 한정해 보더라도 알튀세르를 매개로 한 맑스의 재해석, 라캉을 매개로 한 프로이트의 재해석, 들뢰즈를 매개로 한 니체의 재해석은 비슷한 시기 근대 철학적 '주체'에 대한 비판이라는 비슷한 맥락 속에서 제기된다. 근대 철학의 지평에 근원적으로 도전하는 반인간주의라는 입장을 택하는 이런 재해석들을 통해서 지배적인 사유에 도전하는 세 사상가들의 비판적이고 혁신적인 측면들이 부각될 수 있었다. 그리고 또한 세 사상가들이 혁신적이면서도 상호공유할 수 있는 측면이 많은 만큼 서로를 통합하여 지평을 확장해 보려는 시도도 계속되고 있는데, 니체와 프로이트의 만남은 이미 영혼을 신체의 일부로 보면서 무의식에 대해 논의하고 있는 니체의 작업 자체에서 예고되었고, 맑스와 프로이트의 만남은 빌헬름 라이히 이래 프로이트

-맑스주의라는 조류를 형성하면서 여러 가지 형태의 시도로 나타나고 있으며, 만남의 쌍들 중 가장 어려운 부분이라고 할 수 있는[2] 맑스주의와 니체의 만남은 들뢰즈와 가타리의 작업을 통해서 진행된 바 있다. 이 만남들의 결과는 아직 열린 공간이지만, 이 세 사상가는 '비판'의 의미를 새롭게 살려 주면서 새롭게 출발할 수 있게 하는 베이스캠프가 되어 줄 것이다.

니체는 맑스가 「경제학·철학 초고」를 집필하면서 그의 사상발전의 새로운 단계로 나아가려 준비하고 있던 1844년에 태어났다. 맑스가 사망한 해에 기념비적 저작 『짜라투스트라는 이렇게 말했다』의 제1, 2부를 발표한 니체는 그 7년 뒤인 1890년에 타인의 보호 없이 살 수 없는 광인이 되었고, 새로운 세기가 시작하던 해에 사망하였다. 사망 후에 그의 사상이 걸어온 여정은 순탄치 않았다. 그가 모든 가치들을 전복하려 하였고 기존의 모든 사상들에 대해 도전적이었기 때문에 그의 사상이 수용되기는 쉽지 않았고 일정한 왜곡을 거치지 않을 수 없었다. 그에게는 늘 인종주의자, 나치즘의 옹호자라는 혐의가 붙어 다녔다. 물론 니체에게서 이 멍에를 벗기려 시도한 사람들이 있었는데 그의 사상이 소개되던 초기의 루돌프 슈타이너와 게오르크 짐멜이 그런 인물이었고, 야스퍼스, 뢰버트, 하이데거를 필두로 하는 1930년대의 니체의 실존주의적 해석이 그 뒤를 이었으며, 1950년 전후의 토마스 만, 아도르노, 바타유 등의 기여 또한 무시할 수 없다.[3] 니체 사상이 왜곡되어 특히 파시스트 사상가로 해석된 데는 니체 사후 그의 유고 편집을 담

---

2) 대부분의 맑스주의자에게 니체는 부르주아의 퇴폐적 세계관을 드러내는 것이거나 잘해야 전자본주의적 가치를 지니는 낭만주의적 반자본주의자 정도로 치부되었다. A. Callinicos, *Against Post-Modernism*, Polity Press, 1989, p.67.

3) 니체의 수용사에 대해서는 다음을 보라. 김정현, 「니체의 사회철학」, 표재명 외, 『헤겔에서 리오타르까지』, 지성의 샘, 1994.

당한 여동생 엘리자베트 푀르스터 니체의 영향이 컸다고 하는데, 니체가 새롭게 만들어 낸 범주와 개념들을 기존의 사고틀 속에서 이해하기 어려웠다는 이유도 적지 않았을 것이다. 니체를 허무주의자나 파시스트로 몰아붙이게 된 대표적인 잘못된 니체 독해방식에는 다음과 같은 것들이 있다.

첫째, 니체의 '노예'란 주인의 지배를 받는다고 자각하고 있고 그렇게 지배받을 만한 어떤 사람이라고 보는 것. 둘째, 권력의지를 권력을 원하고 추구하는 의지로 해석하는 것. 셋째, 영원회귀를 같은 것의 진부한 회귀로 생각하는 것. 넷째, 초인을 주어진 주인 인종으로 상상하는 것 등이다.[4] 첫번째 해석에 따르면 니체는 『정신현상학』의 헤겔이 될 것이며, 두번째 해석에 따르면 홉스가 될 것이고, 세번째 해석에 따르면 파르메니데스가 될 것이고, 네번째 해석에 따르면 유태적 예언자가 될 것이다. 그리하여 니체는 기존 철학전통에 포섭되어 새로움을 완전히 잃고 만다. 그러나 니체는 망치를 들고 철학하는 철학자다. 그는 철학사에 완전히 새로운 질문을 던진다. 그는 질문의 형식을 바꿈으로써 철학사를 뿌리부터 뒤흔들고, 비판을 극한까지 밀고 나가 가치를 전복한다. 그는 완전한 파괴가 없다면 새로운 가치는 탄생하지 않는다고 생각한 사람이다. 그를 우리가 알고 있는 것 속으로 포섭해 들이기보다는 우리가 알고 있던 것에 대립시켜 보는 전략이 훨씬 더 유용할 것이다.

니체는 철학사에서 크게 두 가지 상대를 극복하려 하였다. 하나는 데카르트의 합리주의적 전통이고, 다른 하나는 헤겔의 변증법적 전통

---

4) G. Deleuze, H. Tomlinson(tr.), *Nietzsche and Philosophy*(1962), New York : Columbia University Press, 1983, p.xii ; 신범순 · 조영복 역, 『니체 : 철학의 주사위』, 인간사랑, 1993, 16쪽.

이다. 그 외의 다른 흐름들도 비판하고 있지만 가장 중요한 의미를 두고서 상대하는 것이 이 둘이다. 데카르트는 근대적 과학정신을 상징하며, 헤겔은 기독교적 도덕(즉 노예의 도덕)을 상징한다. 데카르트적인 합리주의 전통은 이성을 지닌 '자아'를 인식의 주체로 설정하며, 이 자아는 진리를 추구한다고 본다. 이들은 사유에 대해서 세 가지 주장을 제시한다. 첫째, 사유의 목표는 진리로, 사유는 진리를 원하고 사랑한다는 것이고, 두번째로 사유가 진리에서 이탈하는 것, 즉 오류의 원인은 외적인 힘들 예를 들어 육체나 정념(passion) 때문이라는 것이며, 셋째로 진리를 사유하기 위해 필요한 것은 방법(데카르트적 회의의 방법)이라는 주장이다.[5] 이들은 사유를 시간과 공간, 해석과 가치평가의 맥락 밖의 추상적인 영원한 진리의 공간 속에 놓는다. 그것은 곧 사유를 힘들간의 관계를 벗어난 구체적이지 않고 보편적인 것으로 해석하는 것이다. 니체는 자명할 수 없는 것을 자명하다고 설정하는 이런 사고가 무엇을 원하고 있는지 파헤침으로써 그들이 주장하는 '객관성'을 뿌리에서부터 전복한다. 한편 헤겔의 변증법, 특히 주인과 노예의 변증법은 '부정의 부정'을 통한 인정투쟁을 주무기로 삼고 있는데, 니체가 보기에 변증법은 노예들의 원한(ressentiment)이며 모순의 지양이란, 초극이 아닌 기존 가치에 대한 화해일 뿐이다. 주인과 노예의 변증법이란 실제로 이 관계를 부정할 수 없는 상태에서 이를 잠재적으로 긍정하면서 관념적으로 부정하는 것이다. 여기서 권력은 인정의 대상이며 싸움의 끝에서 그것은 기존의 가치를 수용할 뿐이다. 니체가 보기에 변증법의 승리를 가져온 사람은 소크라테스다. 소크라테스의 대화법은 항상 부정에서 출발하여 자신의 우위를 수립하려는 비열한 정신으로 간주된다. 니체는 소크라테스에 와서 귀족적 취향이 패배하고 변증법

5) Deleuze, op. cit., p.103 ; 신범순 · 조영복 역, 179쪽.

과 함께 상민이 올라섰다고 주장한다(『우상의 황혼』, 「소크라테스의 문제」). 니체에게 변증법은 부정의 정신이고, 복수심, 원한이다. 그것은 악의 부정을 선으로 설정하는 도식이다. 니체의 변증법 비판은 헤겔에서 슈티르너에 이르는 헤겔주의 운동에 대한 철저한 비판이다. 이 변증법의 실제적 원동력은 소외와 억압, 소외와 그것의 재전유다. 변증법은 부정의 부정을 거쳐 동일성을 인정하기 위해서만 차이를 인정한다. 그것은 결국 소유주를 바꾸는 기술, 원한의 기술이다. 이 변증법의 핵심은 소외론적 문제설정이다.

이 비판작업에 착수하면서 니체는 칸트의 비판철학과 쇼펜하우어의 의지의 철학이 제기하는 질문들을 택하여 그것을 극한으로 몰고 간다. 칸트는 이성에 의해 안으로부터 이성을 비판하는 내재적 비판작업에 착수함으로써 비판의 역사를 바꾸어 놓았으나, 범주들 자체에 대해서는 비판을 수행하지 않고서 비판을 멈춘다. 니체는 칸트의 비판철학을 비판한다. 니체는 "어떻게 선험적 종합판단이 가능한가"라는 질문을 "어째서 그런 판단에 대한 믿음이 필요한가"라는 질문으로 바꿀 때가 왔다고 주장한다(『선악을 넘어서』 11)[6]. 칸트는 (순수)이성 안에 무엇이 버티고 있는지 비판하지 않았다. 한편 쇼펜하우어는 가치와 의지의 문제를 철학에 도입했으나, 그의 의지철학에서 의지는 보편의지였으며 그는 표상으로서의 의지론에서 벗어나지 못하고 의지를 모든 만물의 개체에 귀속함으로써 권력의지를 권력을 얻으려는 의지로 해석하고 의지는 억제되어야 하는 것으로 상정하게 되는 한계에 머물렀다. 그는 권력의지를 권력을 인정받으려는 의지로 해석한다는 점에서 홉스와 같은 결론에 이른다. 또한 니체가 자주 자신의 논의와 유사한 맥락에서

---

6) 인용된 니체 저서의 숫자는 항목을 가리킨다. 번역은 청하판 국역본을 따르되 오역된 부분은 수정했다.

전거로 끌어 오는 전통의 하나는 소크라테스 이전의 그리스 철학, 특히 소피스트들이다. 이들은 철학사가 소크라테스의 원한의 변증법에 의해 '금욕주의적'로 퇴락하기 이전의 철학자들로, 특히 중요한 인물은 대표적인 생성의 철학자인 헤라클레이토스다.[7]

니체 사상은 크게 세 시기로 나눌 수 있다. 첫번째 시기는 『비극의 탄생』과 『반시대적 고찰』을 집필한 1872~1876년 사이로, 이 시기 니체는 쇼펜하우어 철학의 영향하에 있으면서 그와 이질적인 사상의 요소들을 발전시켰다. 두번째 시기는 『인간적인, 너무나 인간적인』, 『서광』, 『즐거운 지식』 등을 집필한 1878~1882년 시기다. 첫번째 시기에 논문 형식의 서술이 지배적이었던 데 비해, 이 시기는 무정형의 아포리즘의 서술형식이 주도한다. 이 시기에 니체는 쇼펜하우어, 바그너와 결별하고 신의 죽음을 선포하고, 형이상학에 대해 전면적인 공격을 편다. 세번째 시기는 권력의지와 영원회귀, 초인사상이 중심에 놓이는 1883년 이후로, 이 시기는 『짜라투스트라는 이렇게 말했다』로 시작하며 그의 생전에 『선악을 넘어서』, 『도덕의 계보학』, 『바그너의 경우』, 『우상의 황혼』 등이 연이어 발표되었고 사후에 『반그리스도』, 『이 사람을 보라』, 『권력에의 의지』 등이 발표된다.

이 글은 후기 니체의 철학적 주장을 근대 철학의 주된 전통들과 대립하는 지점들을 중심으로 살펴볼 것이다. 따라서 니체 철학의 전면적 소개라기보다는 몇 가지 주제들을 중심적으로 다루는 글이 될 것이다.

우선 다음 절에서는 니체의 철학적 전략으로서 계보학을 살펴본 후, 3절에서는 니체가 철학사에 던져 주는 함의들을 항목별로 나누어 살펴

---

7) 니체는 헤라클레이토스의 장점으로 세 가지를 든다. ① 만물유전과 파괴를 긍정한 점 ② 대립과 투쟁을 긍정한 점 ③ '존재'라는 개념을 근본적으로 부정하는 '생성'을 제시한 점(『이 사람을 보라』, III 중 「비극의 탄생」 4).

보겠다.

2. 니체의 전략 : 계보학

기존 철학사에 대한 니체의 근본적 비판의 전략은 질문을 완전히 바꾸는 것이다. 이것이 계보학인데, 계보학은 전통적 의미에서의 철학과 달리 세계를 설명하기 위해 어떤 불변의 출발점을 찾아 거기에 기반을 두고 어떤 체계를 만들려는 것도, 기존의 철학을 좀더 보완해 한 걸음 더 나아가려는 것도 아니다. 계보학은 철학사에 거의 전례가 없는 새로운 철학적 실천이다.

계보학은 질문을 바꾸는 것이다. 지금까지의 철학의 질문은 '무엇인가?'였다. 그리고 특히 '가치란 무엇인가'였다. 그것은 곧 보편적 본질을 묻는 질문으로, 구체적으로 말하면 '선이란 무엇인가?' '악이란 무엇인가?'였다. 그리고 철학(형이상학)은 그것을 결정할 수 있는 독점권을 휘둘렀다. 그러나 니체의 계보학에서는 질문이 '어느 것인가?', 그리고 '누구인가?'로 바뀐다. 앞서 제시한 예를 따라가 보면 '어떤 것들을 선이라고 하는가?' '누가 그것을 선이라고 부르는가?' '선이란 무엇인가라고 질문하는 자는 무엇을 원하는가?' 등으로 바뀌는 것이다. 질문은 보편적인 것을 묻는 데서 구체적인 질문으로 바뀐다. '어느 것인가'라는 질문은 구체적 맥락 속에서만 제기되며, 따라서 철학은 시간과 공간, 그리고 해석과 가치평가의 구체적 장을 떠나서는 성립할 수 없다. 힘들의 관계가 구체적 맥락 속에서 바뀌기 때문이다. 지금까지 철학이 던진 질문은 선악을 가르는 올바른 보편적 기준은 무엇인가, 그것을 어떻게 올바르게 정할 수 있을까였다. 이제 질문은 바뀌어 지금까지 선악을 가르는 기준은 어떻게 정해져 왔는가, 그 의미는 무엇인가 그리고 누가 그 기준을 만들어 왔는가가 되었다. 이제 질문은 '가치란 무엇인가'가 아니라 '가치의 가치'는 무엇인가이다(『도덕의 계보』, 「저자 서문」 6). 특정한 가치는 누구에게 왜 필요한 것인가? 가치의 가치를 찾고 그 의미를 밝힘으로써 철학의 실천이 권력의지에 다름없다는 것, 특히 지금까지 대부분의 철학은 금욕주의적 이상에 매여 있는 부정적인 권력의지라는 것을 밝혀 내는 것, 그것이 바로 계보학이다. 계보학은 이전에는 부동이라고 고려되었던 바를 흔들어 놓고, 동질적이라고 상상되었던 것의 이질성을 보여 주며, 통일된 사고였던 것을 조각 낸다.[8)]

소크라테스에서 칸트에 이르기까지 서구 철학의 전통은 과학적 도덕, 보편적 윤리학을 수립하려는 노력에서 벗어날 수 없었다. 그러나 니체에 이르러 도덕은 보편적 토대 위에 설 수 없게 되어 버렸다. 이제 보편적인 과학적 도덕은 불가능하다. 가능한 것이 남았다면 도덕의 과학이며, 그것이 바로 계보학이다. 계보학은 도덕의 과학인 동시에 과학적 도덕보다 훨씬 더 '도덕적'이다. 왜냐하면 그것은 해석과 가치평가의 과학이기 때문이다. 니체는 이렇게 주장한다. "도덕적 현상이란 존재하지 않으며 현상에 대한 도덕적 해석만이 존재할 따름이다"(『선악을 넘어서』 108). "도덕적 사실이란 아무것도 없다. 도덕이란 어떤 특정한 현상에 대한 해석, 아니 좀더 정확하게 말해 하나의 그릇된 해석에 불과하다"(『우상의 황혼』, 「인류를 '개선하는 자들'」 1).[9)] 니체는 제3자

8) 미셸 푸코, 「니체, 계보학, 역사」, 이광래 역, 『미셸 푸코』, 민음사, 1989 수록, 338쪽.

9) 니체가 스피노자를 높이 평가하는 것도 이 지점이다. 스피노자는 "선과 악을 인간의 상상의 영역의 것으로 치부했다"(『도덕의 계보』, II 15). 소크라테스 이전 철학자들을 제외하면, 스피노자는 니체의 선구자로 들 수 있는 거의 유일한 철학자다. 1881년 7월 30일자 편지에서 니체는 자신과 스피노자의 의견이 일치하는 곳이 자유의지, 목적,

적 객관성을 신뢰하지 않는다. 이런 제3자적 객관성이 주장하는 '진리'를 말하는 자는 누구인가? 그들이 원하는 것은 무엇인가? 니체는 수동적 힘의 승리라고 말할 것이다.

대부분의 철학의 목표점은 윤리학이고 다른 말로 하면 사회질서다(그렇기 때문에 모든 철학은 정치적이다). "철학 전체 체계의 나무의 형성을 위한 생명의 싹이 되는 것은 사실상 그의 도덕적인(또는 비도덕적인) 의도였다"(『선악을 넘어서』 6). '무엇인가'라고 묻는 윤리학은 현상태와 당위적인 것을 구별하며, 따라서 결국 현상세계와 본질세계(이상세계)를 확연히 나눈다. '무엇인가'라고 묻는 철학은 항상 '배후세계'의 지지자다. 그것은 이상세계를 위해 현상세계, 즉 삶에 눈감고 인종할 것을 요구하고 설득하는 도덕이다. 그래서 니체는 이렇게 말한다. "현상세계가 유일한 세계다. 진정한 세계란 날조되어 온 것에 불과하다"(『우상의 황혼』, 「철학에 있어서의 '이성'」 2). 니체는 우리가 해석을 통하여, 인지할 수 없는 생성의 세계에 대해 만들어 낸 세계인 현상계만이 유일한 실재세계라고 본다. 윤리학은 역사에 대한 도덕적 해석을 동반하며, 궁극적으로는 목적론으로 귀결된다. 보편적 윤리학과 결별하고 도덕의 과학으로 옮아 가는 것, 그것은 항상 철학의 새로운 실천의 전제조건이다.

계보학의 성립을 위해 니체는 생리학과 심리학, 문헌학 같은 특별한 학문적 전통을 중시한다. 계보학의 질문인 '어떤 것인가', '누구인가'는

도덕적 세계질서, 자아중심주의, 악의 존재 등을 부정한다는 다섯 가지 중요한 점이라고 썼다고 한다(『우상의 황혼/반그리스도』의 영역자 홀링데일이 붙인 인명 주, 『우상의 황혼』, 216쪽). 그런데 스피노자에 대한 니체의 평가는 항상 긍정적이지는 않았다. 『선악을 넘어서』에서 니체는 스피노자를 비판하는데, 그 이유는 그가 자신의 철학을 무장하기 위해서 비정직하게 수학적 형식의 요술을 사용했기 때문이었다(『선악을 넘어서』 5).

현상이라는 징후를 포착하기 위한 질문이다. 계보학은 따라서 징후학이 된다. "도덕은 상징언어에 불과하며, 징후학에 불과하다"(『우상의 황혼』, 「인류를 '개선하는 자들'」 1). 철학은 자신이 던지는 질문 속에서 자신이 원하는 바를 드러내고 있다. 계보학자로서 철학자는 이 질문이 보여주는 징후를 통해서 그 뿌리까지 나아가야 한다. 이를 통해 계보학자는 만물을 가치들에 준거하여 살펴본다. 두번째 단계로 계보학자는 특정한 가치가 어떻게 발생했는지를 추적한다. 선과 악이라는 관념의 기원,[10] 진리와 오류라는 관념의 기원을 추적하면서 계보학자는 문헌학자가 되기도 한다. 가치의 가치를 추적하는 이 작업을 위해서 니체는 새로운 범주와 개념인 힘, 권력의지를 등장시킨다. 모든 사물은 힘들이 점령하고 있다. 유기체 이외의 것들도 마찬가지다. 힘들은 크기에서 양적인 차이만 있다. 그러나 힘들은 고립된 실체로서의 원자가 아니다. 니체는 원자론을 비판하는데(『선악을 넘어서』 12), 원자론이 고정불변의 존재를 상정한다고 보기 때문이다. 별개의 존재인 원자들이 어떻게 관계를 맺을 수 있겠는가? 힘은 다른 힘과의 관계를 통해서 그 양적 차이로서만 존재할 수 있는데, 이렇게 힘들이 서로 맺는 관계를 니체는 의지라고 부른다. 권력의지는 사물을 구성하는 본질이 아니라 사물들을 점령하고 있는 힘들간의 관계를 구성하는 '원리'다.[11] 권력의지를 통해 관계 맺고 있는 힘들은 이로써 양적 차이에 따라 그에 상응하는 질적인 특질을 얻게 된다. 힘들간의 관계는 그 크기의 상이함에 의해 지배/종속의 관계가 형성되며, 힘들의 특질은 작용적(또는 능동적 active) 힘과 반작용적(또는 반동적 reactive) 힘으로 나뉜다. 그것이 '차이'다. 차

10) 니체가 계보학에서 사용하는 기원이라는 용어는 '발생'을 뜻하며, 사물의 본질, 절대적 시초로서의 기원(Origin)과는 다르다.

11) 그런 점에서 권력의지는 맑스가 말하는 계급투쟁과 유사한 면을 지닌다.

이는 그저 다름이 아니라 긍정의 긍정을 통해 얻는 작용적 힘의 질적 규정과 그렇지 못한 반작용적 힘의 질적 구분이다. 차이는 거리의 파토스(pathos of distance)로서 가치를 창조한다. 권력의지 또한 힘들에 상응하는 특질을 얻게 되는데, 그것은 긍정적인 것과 부정적인 것으로 나뉜다. 긍정적인 권력의지란 작용적 힘이 반작용적 힘보다 우월하게 되어 가치를 창조하는 작용적 행위로 나타나는 것이며, 반면 부정적인 권력의지란 반작용적 힘이 작용적 힘의 능력을 분할하고 방해하게 되어 작용적 힘이 발휘될 수 없는 것을 말한다. 부정적인 권력의지는 따라서 무(無)에의 의지, 허무에의 의지를 지칭한다. 이런 질적 구분을 통해 니체의 계보학에는 이제 유형학이 추가된다.

이에 입각하여 선악이라는 가치의 기원을 추적해 보자. 선이라는 개념은 본래 긍정의 긍정에서 출발했다. 그것은 지배적인 집단 또는 주인이 자신의 덕을 긍정하고 자신의 차이를 긍정하여, 그것을 선이라고 규정한 데서 출발했고, 그에 대한 대개념은 '악'이 아니라 '열등함' 또는 '나쁨'이었다. 가치의 기원을 발견한 다음 계보학은 진화론적 단계를 밟아 가지는 않는다. 기원(발생)의 설명은 현재 현상을 설명해 주지 못한다. 계보학은 '기원'의 단선적 발전, '맹아'의 실현을 추적하는 학문이 아니다. 한 가치의 기원을 추적했다고 해서 그 개념이 지닌 현재의 의미를 밝힐 수 있는 것은 아니다. 중요한 것은 가치의 변형이 발생하는 과정이다. 그것은 우연이 지배하는 과정으로 힘들의 대결에 의해 가치의 찬탈, 변형, 역전이 발생하는 과정이다. 그것은 예정되어 있는 길이 아니며, 우연적이라는 의미에서만 필연적이다. 니체는 기원과 목적[12]의 구분을 역사적 방법론의 기본관점이라고 주장한다. 이제 계보학

12) 목적이란 어떤 권력의지가 권력이 더 약한 자를 지배하여 그에게 하나의 기능의 성질을 강제로 부과했다는 표시다. 『도덕의 계보』, I 12.

은 가치에 대한 역사학이다. 선(또는 좋음)과 열등함이라는 대쌍은 노예의 덕, 니체가 '원한'이라고 부른 것에 의해 변형된다. 노예들의 덕은 자기가 아닌 것, 지배자의 덕을 먼저 '악'이라 규정하고 그 반대물, 즉 부정의 부정을 '선'이라 부르게 되었다. 이제 작용적 힘이 아니라 반작용적 힘이 지배하고, 부정적인 권력의지가 지배하게 된 것이다. 이 노예의 덕은 현상세계와 그것을 부정한 초월적 세계를 구분했고, 삶보다 우월한 가치들을 만들어 냈으며 이로부터 책임, 죄와 벌, 양심의 가책 등의 개념들이 점점 생겨나게 된다. 이것이 니체가 비판하는 금욕주의적 이상의 계보다.

이 모든 작업이 해석과 가치평가의 '밖'에서 수행될 수는 없다. 해석과 가치평가는 권력의지 밖에 있지 않다. 그것은 곧 힘들간의 관계에 대한 해석이므로, 그 자체 힘으로써 투쟁이기 때문이다. 이것이 니체적인 다원주의이고, 그가 '관점주의(또는 원근법주의 perspectivism)'라고 부른 것이다. 이는 가치의 절대주의를 비판하는 것이지만 '상대주의'는 아니다. "선악의 피안은 결코 우와 열의 피안이 아니다"(『도덕의 계보』, I 17). 가치들의 파괴는 새로운 가치를 창조하는 전제조건이다. 계보학자는 가치의 창조자인 철학자다.

3.가치의 해체작업

계보학이라는 전략으로 니체는 기존의 철학적 전통이 쌓아 온 것들을 무너뜨리고 경우에 따라서는 자기방식으로 그것을 영유한다. 아래에서 몇 가지 항목들로 나누어 살펴보자.

1) 목적론 비판

앞서 계보학에서 보았듯이 계보학적 기원의 추적과 가치변천의 역사는 서로 다른 계열을 따르는 논리다. 목적은 기원(발생)에 들어 있지 않고 특정한 시기의 체계에 의해 구성된다. "목적이라는 개념을 만들어 낸 것은 바로 우리들이다. 실제로는 목적이란 없다"(『우상의 황혼』, 「네 가지 커다란 오류」 8). "유일한 근본 사실은 세계의 운동이 어떠한 목표상태도 갖고 있지 않다는 점이다"(『권력에의 의지』 708). 목적은 따라서 기원을 흐리게 만들며, 기원의 추적을 불가능하거나 어렵게 만들기도 한다. 목적에서부터 역추적해 가서 찾은 기원은 앞서 계보학이 다루는 가치의 '기원'과 달리 '맹아'[13]가 되어, 자기실현의 역사를 갖는 것처럼 보인다. 그랬을 때 과거는 그 목적이 실현되기 위한 준비기일 뿐이며 미래는 그 목적의 완전 실현의 장, 따라서 종말일 뿐이다. 이는 계보학이 아니라 신학이다. 그러나 '기원'은 '목적'과 다르고, 권력의지는 역사의 숨은 주체, 절대정신이 아니다.

> 한 사물의 발생 원인과, 그것의 궁극적인 효용, 실제적인 사용 및 목적체계에의 편입은 하늘과 땅만큼이나 동떨어진 것이다. …… 유기적인 세계에서 모든 사건은 하나의 제압, 하나의 지배이며, 그리고 모든 제압과 지배는 하나의 새로운 해석, 하나의 조정을 수반하는데, 이것에 의해서 종래의 의미와 목적이 필연적으로 불분명하게 되거나 심지어는 말살되어 버린다. …… 어떤 사물, 어떤 기관, 어떤 관습의 모든 역사도 꼭 같은 방식으로 항상 새로운 해석과 조정의 계속적인 기호의 연쇄일 수 있는 것이며, 그 해석과 조정의 원인들

13) 이것이 오히려 철학적 의미의 기원(Origin)이다.

은 서로 연관성을 지닐 필요는 없으며, 오히려 경우에 따라서는 단지 우연히 계속되고 교체될 뿐이다(『도덕의 계보』, II 12).

생성이라는 관점에서 볼 때 시간에는 시작도 끝도 없고 무한성만이 있다. 따라서 세계의 운동에 목적이 있었다면 그 무한성 속에서 이미 실현되었을 것이다. 절대적 시작과 끝이 없다면 목적은 설 자리가 없다. 목적론은 결과를 원인으로 옮겨 놓는다. 종교나 도덕은 대부분 이런 오류를 범한다. 또 최후의 것, 가장 공허한 것을 최초의 것으로 두는 오류도 마찬가지다. 이때 존재, 절대, 선, 완전 등의 지고한 가치는 자기원인이 되고, 가장 실제적인 것의 자리를 잡는다.

목적상태가 없다면 발전은 어떻게 되는가? 발전이란 하나의 목표를 향한 진보가 아니며, 더구나 최소한의 힘으로 최단 경로를 통해 도달하는 논리적 진보 같은 것도 아니다. 중요한 것은 저항, 투쟁, 반작용 같은 것들로, 이것은 예정되어 있는 것이 아니라 구체적인 역사적 과정 속에서 힘들간의 관계에 의해 형성되는 것이다. 그것은 오히려 "다소간 깊어지고 다소간 상호 독립적인 제압과정의 연속이며, 또한 한편으로 이러한 제압과정에서 부딪치는 저항이며, 방어와 반작용을 목적으로 하는 변형의 기도이며, 성공적인 반대활동의 성과이기도 한 것이다. 형식은 고정적인 것이 아니라 유동적이지만, 의미는 더더욱 그렇다"(『도덕의 계보』, II 12).

니체는 목적을 비판하면서 우연을 강조한다. 짜라투스트라는 어떤 우연이건 자신의 냄비에 넣고 끓인다(『짜라투스트라는 이렇게 말했다』, III, 「작게 만드는 덕에 대하여」 3). 니체는 이렇게 말한다.

모든 사물 위에는 우연의 하늘, 순진 무구함의 하늘, 우발의 하늘, 방자함의 하늘이 걸려 있다. …… 우발적으로 ── 그것이야말로 세계의 가장 오래된 귀족이고, 그것을 나는 모든 사물에게로 되돌려 주었던 것이며, 내가 모든 사물들을 목적에 예속된 노예 신세로부터 구원해 준 것이다. …… 하늘은 내겐 신성한 우연을 위한 무도장이며, 신성한 주사위 놀이와 주사위 놀이하는 자들을 위한 신들의 도박대다!(『짜라투스트라는 이렇게 말했다』, Ⅲ, 「해 뜨기 전」)

왜 우연이 지배하는가? 그것은 힘들의 다수성과 투쟁 때문이다. 세계는 본질적 기원이 없기 때문에 어떤 중심을 가지고 발전하지 않는다. 세계는 다수다. 어느 영혼이나 저마다의 다른 세계에 소속되어 있다. "어느 찰나에나 존재는 시작된다. 저기 있는 저 공은 여기저기 굴러 다닌다. 중심은 어느 곳에나 있다. 영원의 오솔길은 곡선이다"(『짜라투스트라는 이렇게 말했다』, Ⅲ, 「회복기의 환자에 대하여」). 여기에는 기원도 중심도 없다. 이 다수성과 투쟁을 묶어 주는 것은 권력의지지만, 권력의지는 동일하게 반복될 수 없고, 그 방향이 정해져 있지도 않다. 그러므로 우연은 동시에 필연이다. 그렇지만 그것은 미리 정해진 필연이 아니라, 결과로서 자신이 그 모든 결과들이 나타내는 효과의 한 부분일 뿐인 필연이다. 우연의 세계에는 목적이 없고 주체도 없다. 거기에 '자유의지'가 설 자리는 없다. 이것이 생성에 의해서 이루어지는 영원회귀의 의미다. 생성을 일으키는 '권력의지'는 역사의 목적도, 주체도, 역사의 의미도 아니다. 그것은 투쟁이고, 우연이며, 끊임없는 교체다. 따라서 예정되어 있는 것은 없고, 항상 새로운 생성이 있고, 그것이 영원회귀하는 것이다. 영원회귀에서는 다수성과 단일성, 생성과 존재, 우연성과 필연성의 구분이 사라지고 하나가 된다. 어떤 단일한 것, 존재가 영원회귀하는 것이 아니라, 반대로 존재란 영원회귀의 우연하고 일시적인 결과들일 뿐이다. 존재가 있는 것이 아니라 생성의 존재만 있다. 즉 어떤 본질을 유지하는 자기동일적 단위가 생성의 과정을 겪는 것이 아니다. 생성을 존재의 우위에 두고 사고하는 것은 힘들의 마주침이라는 우연들의 일시적 현재성을 강조하는 것이고, 그것을 자기동일성으로서의 '존재'가 맹아와 주체가 되어 이끌어 가는 과정으로 보지 않는 것이다. 플라톤과 달리 니체에게서는 '혼돈'과 '주기', 즉 생성과 영원회귀는 공존할 수 있다.[14)]

이 앞에 당당히 맞서는 것, 이 속에서 노니는 것이 바로 디오니소스다. "모험과 위험에 부닥치고, 죽음을 건 주사위 놀이를 하는 것, 그것이 가장 큰 자의 헌신이다"(『짜라투스트라는 이렇게 말했다』, III, 「자기초극에 관하여」). 니체는 이것을 운명애라고 부른다. 디오니소스는 염세주의자가 아니다. 디오니소스는 가치를 수동적으로 받아들이는 것도, '자유의지'라는 환상을 품는 것도 아니다. 그것은 자기고유의 무궁무진성에 환희를 느끼는 삶의 의지다(『우상의 황혼』, 「내가 옛 사람들에게 덕입고 있는 것」 5).

2) 주체 비판

니체의 사고는 힘과 권력의지를 중심으로 움직인다. 그런데 이 권력에의 의지는 '주체'의 의지가 아니다. 니체는 '주체'에 대한 환상이 나타나는 이유를 언어의 유혹 때문이라고 본다. 즉 한 문장 안에서 술어는 항상 주어를 전제로 하고 있으며, 이런 문장구조에 익숙해 있는 우리들은 어떤 현상을 볼 때, 항상 그 원인으로서 주체를 떠올리는 오류에 빠진다는 것이다. 그래서 모든 작용에는 작용자가 있어야 하는 것처럼 생각한다. 그렇게 되면 세계는 작용인으로서의 주체가 의지를 가지고 만들어 가는 것으로 해석되고, 역사란 주체의 의도의 실현 또는

---

14) Deleuze, op. cit., pp.28~29 ; 신범순 · 조영복 역, 64~65쪽.

실패의 의미로서 해석된다. 그러나 "활동, 작용, 생성의 배후에는 어떤 존재도 없다. 행위자(agent)란 활동에 덧붙여진 것일 뿐이다. …… 모든 과학은 그 모든 냉정성, 냉담성에도 불구하고 여전히 언어의 유혹에 사로잡혀 있으며, '주체'라는 기형아에 대한 미신에서 벗어나지 못하고 있다"(『도덕의 계보』, I 13). 주체는 결과를 원인으로 바꿔 놓는 환상이다. "주체란 마치 우리가 가진 많은 동등한 여러 상태는 유일한 기체(基體)의 결과이기라도 한 것처럼 간주하는 허구다"(『권력에의 의지』 485)

니체는 이런 주체라는 관점을 그릇된 원인의 오류로서 논박한다. 그것은 데카르트적인 코기토(cogito)를 논박하는 것으로, 앎의 추구의 바탕에 놓여 있는 당연시되는 것을 의심하는 것이다. 앎에 대한 믿음을 정당화해 주는 인간의 '내면적 소여(所與)들'의 영역에는 세 가지가 있다(『우상의 황혼』, 「네 가지 커다란 오류」 3). 세 가지 주장은 서로 긴밀하게 연결되어 있지만, 각각 고유한 내용을 지니고 있고 발생한 순서도 다르다. 첫째는 우리 자신이 우리의 의지작용의 원인이라는 주장이다. 이것은 권력의지를 논하는 니체의 주장과 정면으로 대치된다. 곧 다시 보겠지만 이 주장을 반박하는 과정에서 니체는 프로이트의 이드(id)를 예견한다. 두번째 주장은 행위의 원인을 그 선행조건인 의식 속에서 찾으려 한다는 것인데, 이는 곧 행위의 자유와 책임을 논하는 '동기'를 문제 삼으려는 것이다. 세번째 주장은 생각을 일으키는 것은 자아, 즉 주체란 잘못된 관념이라는 것이다. 이처럼 원인으로서의 의지, 원인으로서의 의식('정신'), 원인으로서의 자아('주체') 중에서 뒤의 두 가지는 원인작용이 의지의 토대 위에 기정사실로, 경험의 사실로 굳어진 다음에 생긴 부산물일 뿐이다.

니체는 이제 이 세 가지를 다음과 같이 비판한다.

내면세계란 온통 환영이나 도깨비불로 가득 차 있으며, 의지도 그 중 하나다. 의지는 이제 어떤 것에도 작용하지 않으며, 따라서 이제 더 이상 어떤 것도 설명해 주지 못한다. 의지는 다만 여러 현상에 부수적인 것일 뿐이며 전혀 개입되지 않을 수도 있는 것이다. 이른바 **동기**라는 것도 또 하나의 오류에 불과하다. 단지 의식의 한 표면 현상, 어떤 행위의 부수물일 뿐인 것이며 그래서 그것은 행위의 선행조건을 나타내기보다 오히려 그것을 숨긴다. **자아**는 또 어떤가! 그것은 우화와 허구와, 말장난이 되어 버렸다. 자아는 생각하고, 느끼고, 원하기를 깡그리 그쳐 버렸다(『우상의 황혼』, 「네 가지 커다란 오류」 3).

이런 신화는 왜 발생했는가? 니체는 그것을 경험의 오류 때문이라 본다. 이는 가장 낡은 심리학으로 여기서 세계는 원인의 세계, 의지의 세계, 정신의 세계가 되었다. 그러나 "정신적 원인이란 없다! 그런 것들을 긍정했던 경험이라는 것 따위는 악마한테나 잡혀 가라"(같은 곳). 니체는 사실 여기서 더 나아간다. **원인**이나 **결과**, 더 나아가 상호성, 상관성, 강제, 수, 법칙, 자유, 동기, 목적 따위를 만들어 낸 것은 바로 인간이다. 그러므로 "**원인**과 **결과**란 단지 순수 개념, 말하자면 이해를 쉽게 하고 의사소통을 원활하게 하기 위해 만들어 낸 인습적 허구로서 받아들여야지 사실의 규명에 사용해서는 안 된다"(『선악을 넘어서』 21). 인과론이란 인간이 생리학적 목적에서, 즉 우리의 생존이 가능하도록 세계를 우리를 위해 배열해 놓기 위해 만들어 낸 강제규칙에 불과하다. 그런데 이제 인간은 자신이 굳게 믿던 의지, 정신, 자아를 자기 밖으로 투영하여, 이제 사물이 그 개념에 따라 존재를 가지는 것으로 가정했다. "인간이 나중에 사물 속에서 늘 자기가 그 속에 넣어 두었던 것만을 발견하게 된 것은 놀랄 일이 아니다. …… 다시 말해 물(物)이라는 관념은 자아를 원인으로 믿고 있다는 생각을 반영한 것일 뿐이다"(『우상의 황혼』, 「네 가지 커다란 오류」 3).

그럼 의지와 사고의 '주체'가 내 자신이 아니라면, 무엇인가? 여기서 니체는 프로이트의 이드(id), '그것'을 예견한다. 다음과 같은 논의를 보자.

> 생각은 **내가**(I) 원해서 나오는 것이 아니라 **그것**(It)이 원해서 나온다. 따라서 나라는 주어가 **생각한다**는 서술어의 조건이라고 말하는 것은 사실의 왜곡이 된다(『선악을 넘어서』, 17).

그 무엇이 생각한다고 할 때, 그 무엇이 바로 **자아**라고 주장하는 것은 결코 자명하지 않은 것을 부당 전제하는 억설이며, 문법적 환상에 빠져 있는 것에 불과하다. 데카르트의 **코기토**는 결코 '명석' '판명'하지 않다. 니체는 그런 주장은 결코 입증 불가능한 무모한 주장들의 나열이라고 본다. 즉 그것이 자명하려면 생각하는 사람은 나라는 것, 생각하는 어떤 것이 필연적으로 존재해야 한다는 것, 생각이란 그것의 원인이 되는 존재 쪽에서의 작용이라는 것, **자아**(ego)가 존재한다는 것, 생각이 무엇인지 나는 안다는 것 등의 주장들이 이미 증명되어 있어야 제시 가능한 명제라는 것이다. 결국,

> **나는 생각한다**는 진술은 그것이 무엇인가를 결정하기 위해 현재 순간의 내 상태와 내가 알고 있는 나 자신의 다른 상태와의 비교를 전제하고 있다. 이처럼 다른 **지식**과의 소급적 관련성 때문에 어쨌든 내게 그 진술은 어떤 자명한 확실성도 갖고 있지 않다(『선악을 넘어서』 16).

니체는 앞서도 말한 것처럼 질문을 바꾼다. 문제가 되는 것은 **코기토**가 자명하다는 것을 어떻게 입증할 것인가가 아니라, 왜 그것을 입증하려고 하는가, 왜 그 믿음을 강조하는가다. 결국 **코기토**가 의미하는 바, 원하는 바는 무엇인가?

그것은 바로 '자유의지(libre arbitre)'다. 데카르트의 이원론은, 물질의 운동은 기계론의 세계에, 그리고 인간은 그 위의 자유의 세계에 배치한다. 인간만이 영혼을 가지고 있기 때문이다. 그런데 자유의지란 무엇인가. 그것은 곧바로 '책임'을 의미한다. 자유란 책임질 자유다. 맑스식으로 말하면 자유로운 책임의 법률적 주체로서의 추상적 개인이 등장한 것이다. "자유의지란 신학자들이 인류를 소위 **책임 질 수 있는** 존재로 만드는; 다시 말해 인류를 신학자들에게 의존하도록 만드는 데 사용하는 가장 못돼 먹은 기술이다"(『우상의 황혼』, 「네 가지 커다란 오류」 7). 책임에 필연적으로 따르는 개념들은 무엇인가. 그것은 죄와 벌, 그리고 심판이다. 의지에 관한 학설, 자유에 관한 학설은 죄지을 자유의 학설일 뿐이다. 인간은 죄지을 수 있도록 **자유로워야** 했고, 따라서 모든 행위는 의도가 있어서 행한 것이어야 했고, 모든 행위의 기원은 의식 속에 있다고 생각되어야 했다. 인식론적 주체는 도덕적 주체를 탄생시키기 위해 고안된 것일 뿐이다. 그래서 니체는 이를 바탕으로 설립된 기독교를 '교수형 집행인의 형이상학'이라고 불렀다(『우상의 황혼』, 「네 가지 커다란 오류」 7).

자유의지는 그 대개념으로 **예속의지**(unfree will)를 가진다. 그러나 니체에게 양자는 모두 신화다. 현실에는 단지 강한 의지와 약한 의지의 문제만 있을 뿐이다(『선악을 넘어서』 21). 강한 의지와 약한 의지의 차이는 단지 양적인 것일 뿐이며, 양적인 차이를 기원으로 해서 나타나는 질적인 차이일 뿐이다. 따라서 그 둘이 동시에 등장하면서 그 차이로 나타나는 것이 아닌 **자유의지** 따위는 등장할 수 없다. 니체의 권력의지는 한 신체, 하나의 주체를 대상으로 등장하는 개념이 아니다. 그것은 관계이며, 늘 생성 속에 있는 대립이다. 그러므로 그것은 어떤 '책임'의 주체를 가질 수 없다.

그러나 니체가 의지의 부자유를 적극적으로 주장하는 것은 아니다. 여기서도 또한 두 가지 부정적 결과만 나올 뿐이기 때문이다. 한 측에서 허영심이 강한 부류는 자신에 대한 믿음과 책임을 포기하지 않으며, 자신의 긍지를 계속 유지하려 한다. 이들은 여전히 자아의 환상에 얽매여 있는 부류다. 반면 다른 이들은 어떤 책임도 지려 하지 않고, 어떤 비난도 받고 싶어 하지 않고 은밀한 자기경멸로 자신에 대한 질책을 다른 것에 전가하려 한다(『선악을 넘어서』 21). 니체가 보기에 이 후자가 바로 사회주의와 기독교라는 데카당스다.

그럼 니체의 결론은 무엇인가. 출발은 숙명이다. 즉 그것은 우연=필연의 논리다. 누구도 자신이 지금의 상황과 환경 속에서 살고 있다는 것에 대해 책임질 수는 없다. "인간은 어떤 특별한 의도의, 어떤 의지의, 어떤 목적의 결과가 아니며, 인간은 '인간의 이상' 혹은 '행복의 이상' 혹은 '도덕의 이상'을 달성하려는 주체가 아니다"(『우상의 황혼』, 「네 가지 커다란 오류」 7). 니체는 원자론을 비판한다. 그처럼 고립된 존재는 형이상학적 가정이며, 생성을 부정한다. 중요한 것은 관계가 된다. 그런데 이 관계는 이중적이다. 우선 전체와 떨어져서 존재하는 것은 아무것도 없다. "우리는 전체의 부분을 이루며, 이 전체 속에서 존재한다." 그러나 동시에 두번째로 이 전체는 제1원인으로 환원될 수 없는 것이다. "세계는 감각중추로서든 정신으로서든 하나의 단일체가 아니다"(『우상의 황혼』, 「네 가지 커다란 오류」 7). 하나와 전체, 다수성을 철저하게 인정하는 통일성, 바로 이것이 생성의 순수성이다. 문제가 되는 것은 전체 속에서 생성 중에 있는 필연적 존재의 숙명이다. 그것은 '책임'의 영역이 아니다. 이 숙명과 당당하게 마주서는 것, 숙명의 주사위 놀이, 그것이 바로 위대한 해방으로서 디오니소스다. 니체는 이를 자유정신이라고 부른다.

한편 주체에 대한 비판은 곧바로 서구 철학의 정신/신체이원론에 대한 비판으로 직결된다. 니체는 영혼을 신체에 딸린 무엇인가를 이르는 말로 보았다. "신체는 하나의 큰 이성이며, '하나의' 의미를 가진 복합이고, 전쟁이며 평화고, 양떼며, 목자다. 자아보다 한결 위대한 것은 네 자신의 신체이며, 네 신체의 큰 이성이다. 그 큰 이성은 자아를 말하지 않고 자아를 행한다"(『짜라투스트라는 이렇게 말했다』, I, 「육체를 경멸하는 자들에 관하여」). 우리의 신체는 영혼이 지배하는 것이 아니다. "우리의 신체조직은 오히려 과두제적 조직이다"(『도덕의 계보』, II 66).

3) 진리, 이성, 과학

니체는 앞서 보았듯이 데카르트적 주체를 비판한다. 그는 주체에 대한 믿음, 자기원인에 대한 믿음이 결코 자명하지 않다는 것을 밝혔다. 그러면 그 주체의 능력이라고 생각되었던 이성은 어떻게 되는가. 먼저 니체는 경험과 감각을 중시하면서도 감각을 전적으로 신뢰하지는 않는다. 그런데 다른 철학자들은 감각이 다양성과 변화를 나타내 보인다는 이유 때문에 감각을 불신한 반면, 니체는 그 반대의 주장을 한다. 그는 감각의 증거를 곡해하는 원인이 되는 것은 다름아니라 바로 이성이라고 주장한다. 이성은 현상세계와 진정한 세계를 나누고 후자에 우위를 둔다(『우상의 황혼』, 「철학에 있어서의 '이성'」 2). 이처럼 이성의 형이상학에 말려드는 이유는 언어의 형이상학 때문이다. 니체는 언어가 오류를 지지하는 불변의 변호자임을 강조한다. 언어의 물신숭배를 통해 우리는 단일성, 동일성, 연속성, 실체, 인과성, 객관성, 존재 등을 부당하게 가정하는 오류에 빠져 들게 된다. 이성은 자아와 존재로서의 자아,

실체로서의 자아를 믿고, 자아라는 실체에 대한 믿음을 모든 것에 투사한다(『우상의 황혼』, 「철학에 있어서의 '이성'」 5). 이성은 존재의 편에서서 생성을 부정하며, 그 배후에는 바로 언어의 물신숭배가 놓여 있다. 니체는 알고자 하는 충동의 배후에 철학의 아버지로서 이성이 있다는 통상의 믿음을 신뢰하지 않는다. 그는 다른 경우와 마찬가지로 철학의 경우에도 그것과 전혀 별개의 충동이 오성(그리고 편견까지도)을 단순한 도구로 사용해 왔다고 본다(『선악을 넘어서』 6). 그 충동이 바로 권력의 의지일 것이다.

니체는 이성의 형이상학에 대해 네 가지 명제로 나누어 비판을 던지고 있다(『우상의 황혼』, 「철학에 있어서의 '이성'」 6).

① 이 세상을 현상적이라고 부르는 근거가 되었던 것들이 오히려 그 실재성을 입증해 준다. 다른 종류의 실재성은 절대 입증할 수 없기 때문이다.

② 사물의 진정한 존재에 부여해 온 특징들은 바로 비존재의, 무(無)의 특징이다.

③ 이 세상이 아닌 다른 세상에 대해서 이야기하는 것은 결국 삶에 대해 복수를 하는 셈이다.

④ 세계를 진정한 세계와 현상세계로 나누는 것은 퇴폐의 암시에 불과하다.

이성은 생성을 버리고 존재의 편에 서는 것이며, 결국 이 세계를 버리고 다른 세계의 편에 서는 것이다. 현실은 부정된다. 그리고 그 다른 세계는 진리의 이름으로 추구된다. 진리에의 의지는 이성의 이름으로 정당화된다. 진리에의 의지는 우연을 용납하지 않는다. 진리에의 의지는 결국 존재하는 모든 것을 사유가능한 것으로 만들려는 의지다(『짜라투스트라는 이렇게 말했다』, II, 「자기초극에 관하여」). 그리고 거기서 모든 것을 불변하는 것으로 파악하려는 의도가 숨어 있다. 그렇기 때문에 니체는 체계를 세우려는 자를 믿지 않는다. 체계를 세우려는 뜻에는 역설적으로 완전성이 결여되어 있기 때문이다(『우상의 황혼』, 「잠언과 화살」 26). 완전한 세계 그것은 오히려 열린 세계, 우연의 무도장, 디오니소스적 세계다.

실제로 세상에서 중요한 것은 진리보다는 진리의 믿음이었다(『반그리스도』 23). 니체는 이제 진리 대신 명확성의 정도, 즉 현상이라는 음영의 밝고 어두운 정도를 가정하는 것으로 충분하다고 말한다. 진리가 현상보다 가치 있다는 것이 증명되었는가? 니체에게 그것은 도덕적 편견일 뿐이다. 이제 진리는 더 이상 보편적 진리가 아니다. 앞서 언급한 것처럼 세계에는 단일의 중심이 있는 것이 아니라 무수한 중심들이 있다. 그렇다면 진리는 이제 만인의 진리가 아니다(『선악을 넘어서』 43). 그리고 진리는 어떤 한 사람은 가질 수 있고, 어느 다른 사람은 가질 수 없는 것이 아니다(『반그리스도』 53). 이렇게 진리의 의미가 새롭게 전환되고 나서 니체 자신, 그리고 짜라투스트라는 진리를 말하는 위치에 설 수 있다. "나의 입에서 나오는 말은 진리 그것이다. 그러나 나의 진리는 무서운 것이다. …… 나는 진리의 기준을 결정하는 최초의 인물이다. 그리하여 나는 그것을 판단하는 능력을 지닌 최초의 인물이 될 것이다"(『이 사람을 보라』, Ⅲ 중 『우상의 황혼』 2). 이제 진리의 기준은 이성의 판단이 아니라 오히려 권력감정의 앙양에 있다(『권력에의 의지』 534).

니체의 진리관은 차라리 예술적인 것이다. 진리란 새로운 가치의 창조다. 그의 미학의 예를 들어 보자. 니체는 이상화에 대한 통념을 반박한다. 이상화란 추상화가 아니다. 즉 사소하고 이차적인 것을 제거하고 남는 추상적인 것이 아니다. 오히려 그것은 긍정적인 것의 극이다. 그것은 근본적인 특징을 맹렬히 강조하는 것이고, 그 결과로 다른 것들이 희미해지는 것이다. 이런 상태의 사람은 사물을 변모시켜 사물이 그의 힘의 이미지를 반영하도록 하고, 그 결과 사물이 그의 완전성의 반영이 되게 된다. 그것이 바로 예술이다(『우상의 황혼』, 「어느 반시대적 인간의 탐험」 10). 예술적 진리란 오히려 허위 그 자체가 신성화되고, 거짓에의 의지가 양심이 되는 것이다(『도덕의 계보』, Ⅲ 25).

니체는 과학을 진리에의 의지라고 비판한다. 그것은 신이 죽은 자리를 대신 메운 근대적 허무주의일 뿐이다. "오늘날 과학은 모든 불안, 불신, 회한, 자기멸시, 양심의 가책의 피난처다. 과학은 이상상실 그 자체의 불안이며, 위대한 사랑의 결여에서 오는 고뇌며, 본의 아닌 만족 상태에 직면한 불만이다"(『도덕의 계보』, Ⅲ 23). 니체가 보기에 과학은 생리학적으로 삶의 빈곤화의 지표다. 과학자는 정신의 결핵환자로까지 비난받는다(같은 책, Ⅲ 25). 니체는 과학 자체를 부정하는 것은 아니다. 그보다는 오히려 지금까지의 모든 과학은 작용적 힘이 아니라 반작용적 힘을 보여 주는 과학이며, 적응, 조정, 조화를 목표로 하는 과학이었을 뿐이다. 공리주의적 과학관이나 평등주의적 과학관에서 엿보이듯이 힘들에 대한 진정한 이론을 결여했기 때문에 그것은 허무주의의 일부이고, 원한에서 출발하는 과학일 뿐이었다.[15] 과학의 제3자적 관점이 그것을 잘 드러내 준다. 니체는 반작용적 힘, 부정적인 권력에의 의지가 아니라 작용적 힘에서 출발하는 과학, 가치를 창조하는 과학의 예로 세 가지를 든다. 첫째는 현상을 징후로서 해석하는 징후학, 둘째로 그것을 작용적인 것과 반작용적인 것이라는 질이라는 관점에서 해석하는 유형학, 세번째로는 힘들의 기원을 권력의지라는 관점에서 가치평가하는 계보학이다. 이에 따라 이 작업을 맡는 철학자는 철학자-의사, 철학자-예술가, 철학자-입법가가 된다.[16]

15) Deleuze, op. cit., p.45 ; 신범순 · 조영복 역, 88쪽.
16) Deleuze, op. cit., p.75 ; 신범순 · 조영복 역, 135쪽.

4) 지배의 비대칭성, 이데올로기

헤겔이 변증법에서 모순의 두 항을 소외관계로 설정했을 때 지배의 대칭성이라는 사고에서 벗어날 수 없었던 데 비해, 니체는 힘들의 관계를 양적 차이로 보고, 그에 따라 작용적 힘과 반작용적 힘의 지배/종속관계가 형성된다고 하면서 지배의 비대칭성을 강조한다. 니체는 계약론적 전통(합의의 정치학)에 반대하는 마키아벨리와 스피노자의 '공포'의 정치학(무의식의 정치학)을 잇는다고 볼 수 있다.

그러므로 니체에게는 우선 인간사회란 결코 하나의 계약이 아니다(『짜라투스트라는 이렇게 말했다』, Ⅲ, 「낡은 표들과 새로운 표들에 관하여」 25). 계약이란 몽상이다. 니체는 『도덕의 계보』 제2장에서 국가에 대해 계보학적 분석을 하고 있다. 이 제2장은 죄, 정의, 책임(양심), 형벌, 법, 국가, 신들이라는 관념의 계보학적 분석을 다루는 곳인데, 여기서 니체는 국가의 탄생과 변천 그리고 동시에 인간의 탄생에 대해서 분석을 한다. 니체는 크게 세 시기로 나눈다.

① 습속(풍습)의 도덕성의 시대

국가 또는 사회 이전에 니체는 채권/채무관계에 기반을 둔 인간들의 상호관계가 형성되는 시기를 설정한다. 계약이 가능했던 시대가 있다면 이때가 유일하다. 먼저 인간들은 기억할 수 있는 인간, 약속할 수 있는 인간으로 탄생한다. 풍습의 도덕과 사회적 구속의 덕택으로 인간은 '계산 가능한(calculable)' ── "어느 정도까지 필연적인, 균일한, 서로 동등한, 규칙적인, 그리고 결과적으로 계산 가능한" ── 것이 되었다. 이런 결과로 탄생한 인간은 주권적 개인(sovereign individual)인데, 이는 '기억하는 인간'이며 여기서 정의감, 책임, 양심이 발생한다. 이 인간들은 동등한 권력을 가진 인간들이고, 이 인간들 사이의 관계는 채권/채무관계로 맺어진다. 이 채권/채무관계는 손해=고통이라는 등가 관계에 입각해 있다. 손해에 대한 등가물은 향락의 쾌감으로서의 잔인성이었다. 따라서 형벌의 발생에는 죄책감이라는 관념은 없으며, 조심성이나 공포만이 끼어들 뿐이다. 이런 잔인성으로서의 쾌감은 항상 축제와 결합한다. 그래서 형벌에는 축제의 요소가 매우 많이 들어 있다.[17] 죄, 양심, 의무, 의무의 신성함이라는 도덕적 개념들은 이런 채무법의 영역에서 발생했다.

② 국가의 형성과 민중으로서의 인간의 탄생

그 다음으로 국가가 발생한다. 국가의 형성에는 두 가지 요소가 결합하는데, 하나는 국가를 세우는 자의 작용적 힘이고 두번째는 피지배자의 반작용적 힘이다. 작용적 힘은 형태가 없던 민중을 하나의 확고한 틀 속에 폭력적으로 틀어박는 작업으로 시작되었다. 국가란 '금발의 야수'의 한 무리, 어떤 지배자, 정복자 종족이다. 이들은 전투적 체제로 편성되어 있고 조직력을 지니고 있기 때문에, 수적으로는 압도적이지만 형태를 이루지 못하고 유랑하는 주민들에게 무서운 발톱을 들이댈 수 있었다. 여기서 지배종족은 본능적으로 형식을 창조하여 새겨 넣는다. 그리고 법률의 제정은 최고의 권력이 우세한 반항이나 적의의 감정에 대해서 채용하고 실행하는 최후의 결정적인 수단으로, 법질서란 권력복합체들 사이의 투쟁의 수단일 뿐이고 법이란 반작용적 파토스가 지나치지 않도록 억제하고, 타협할 것을 강요하는 반작용적 감정과의 싸움이다. 법질서란 권력복합체들 사이의 투쟁의 수단일 뿐이며, 더 거대한 권력단위를 창조하기 위한 수단으로서 단지 예외적 상태일 뿐이다. 그래서 법의 특징은 폭력이다(『도덕의 계보』, Ⅲ 9). "국가는 무서운

17) 디오니소스의 신화를 참고하라.

폭정으로 사정없이 억압하는 기계장치다"(『도덕의 계보』, II 17).

이때 민중으로 형태를 갖춘 피지배자는 어떻게 되는가. 강제에 의해 잠재적으로 된 '자유의 본능'은 타인을 지배하지 못하여 내면화함으로써, 양심의 가책이라는 부정적 이상을 건설한다. 이것은 소진되지 않고 내면화한 권력의지다. 그러나 '기원, 발생'로서의 이런 양심의 가책은 작용적인 힘이어서, 그것은 '미(美)'를 긍정하는 결과를 가져올 수도 있다.

이렇게 국가가 형성되면 "국가의 지배체제 속에서 여러 부분과 기능은 그 한계가 정해지면서 조정되고, 또 전체와 관련해 의미를 갖지 않는 것은 이제 하나도 없게 된다"(『도덕의 계보』, II 17). 이 언급은 국가 밖에서는 어떤 것도 의미를 지닐 수 없다는 중요한 함의를 지닌다. 의미의 구성, 정체성의 구성은 국가 안에서만 일어난다. 시민권과 더불어 근대 국민국가의 형성은 근대 정치형식의 두 가지 중요한 틀인데, 근대 국민국가에서 어떠한 것도 국가의 규정성을 벗어나서 존재할 수는 없다. 스피노자는 국민은 자기권리 아래 있는 것이 아니라 국가의 권리 아래 있으며, 무엇이 정당한가, 무엇이 도덕적인가, 그리고 무엇이 죄가 되는가는 오직 국가 안에서만 존재한다고 주장한다.[18] 니체에게도 마찬가지다. 정의와 부정의는 오직 법률 제정 이후에야 나타난다.

③ 국가의 변천

피지배자들의 양심의 가책은 그 후 원한의 양심의 가책으로 바뀐다. 이 과정에서 피지배자들의 반작용적 힘 사이에 분화가 발생한다. 그것은 내면화한 작용적 힘인 금욕주의적 성직자와 반면에 반작용적 힘인 무리들로 나뉜다. 금욕주의적 성직자들은 인간에 대한 혐오를 인간에

---

18) 스피노자, 『국가론』, 김성근 역, 서문당, 35쪽, 46쪽.

대한 동정과 결합한 '원한'의 사제들인데, 그들은 고통의 원인으로서 죄책감을 부여하여 무리들의 원한의 방향을 전환시킨다. 그럼으로써 무리들의 원한이 축적되어 무정부상태나 해체로 가지 않도록 막는다.

이런 원한의 양심의 가책은 이제 국가 전체를 장악하게 된다. 그것은 피억압자를 양심의 가책이라는 타락으로 몰아넣을 뿐 아니라, 그 반작용적인 힘이 '선한 자'까지 물들이고 음독자로 만든다. 니체는 이렇게 주장한다. "타고난 대로 자란 인간, 산에서 혹은 바다의 모험에서 뛰어나온 인간이 필연적으로 하나의 범죄자로 퇴락하고 마는 것은 사회, 우리들의 길들여지고 범용하고, 거세된 사회[19]에서다"(『우상의 황혼』, 「어느 반시대적 인간의 탐험」 45). 국가는 새로운 우상이다. 니체가 보기에 "국가가 어떤 말을 하건 그것은 거짓말이며, 국가가 무엇을 가지고 있건 그것은 훔친 것이다. …… 선과 악에 대한 언어의 혼란이 국가의 표시다"(『짜라투스트라는 이렇게 말했다』, Ⅰ, 「새로운 우상에 관하여」).[20]

그럼 국가는 어떻게 유지될 수 있는가? 기독교는 믿음·소망(희망)·사랑이라는 핵심 교리를 통해서 그것을 탁월하게 보여 준다. 믿음이란 진리가 아니라 진실되다는 믿음이 중요하다는 것을 뜻한다. 다음 희망이 그리스 인이라면 악 중의 악으로 생각한 것인데(희망은 판도라 상자에서 가장 나중에 나왔다), 강한 희망은 실제 일어나는 한 가지 행복의 예보다 삶에 훨씬 강한 자극제가 된다. "괴로운 자들은 희망으로부터 격려를 받아야 한다. 어떠한 현실로도 논박당하지 않고 —— 실현됨으로써 없어질 가능성이 없는 희망으로부터, 즉 피안의 희망으로부

19) 니체에게 사회와 국가는 분리되지 않는다.

20) 니체의 국가의 계보 논의에서 국가의 발생과 국가의 변천은 구분해 보아야 할 것이다.

터 격려를 받아야 한다." 그리고 사랑이란 "인간으로 하여금 세상사를, 무엇보다도 사실과 달리 보게 만드는 상태다. 환상을 만들어 내는 힘은, 즐겁게 하고 변모시키는 힘과 마찬가지로, 사랑을 통해 정점에 달한다. 사람은 어떤 때보다도 사랑에 빠져 있을 때 더욱 잘 견디며, 만사를 너그럽게 받아들인다"(『반그리스도』 23). 이는 이데올로기로의 문제를 제기하는데, 니체가 말하는 가상적 원인의 오류에서 출발해 보자. 가상적 원인의 오류란 습관적으로 형성되는 인과관계에서 등장할 수 있는 오류다. 어떤 일이 반복되는 과정에서 중간에 어떤 표상이 등장하면 그것이 원인으로 오도되는 것이다. 즉 특정 조건에 의해 발생한 표상들이 지금까지 그 조건을 발생시킨 원인으로 오해되는 것이다. 우리는 어떤 느낌에 대해 이유를 갖기를 원하며, 이로 인해 어떤 특정한 원인 해석에 익숙해지는 습관이 형성된다(『우상의 황혼』, 「네 가지 커다란 오류」 4). 도덕과 종교의 모든 영역이 이런 가상적 원인의 개념에 속한다.[21] 니체는 (스피노자와 마찬가지로) 이것들은 유쾌, 불쾌의 감정을 엉터리 방언으로 번역해 놓은 데 불과하다고 본다. 어떤 상태를 느낀다고 해서 그 상태에 있는 것을 의미하지는 않는다(『도덕의 계보』, Ⅲ 16). 그것은 '어떤' 상태에 대한 해석이다.

그러면 이런 오류, 이런 가상이 발생하는 이유는 무엇인가? 여기서 다시 '공포'의 문제가 등장한다. 공포는 도덕의 어머니다(『선악을 넘어서』 201). 그것은 진리에의 의지를 만들어 내는 것과 동일한 근거다. 그 공포에서 벗어나기 위해서 인간은 아무것도 의지하지 않기보다 오히려 허무를 의지한다(『도덕의 계보』, Ⅲ 28). 이때 진리의 기준이 되는 것은 기쁨의 효력(힘)이다. 미지의 것에는 위험, 불안, 근심이 따른다.

---

21) 종교와 도덕에서는 이 가상적 원인의 오류와 함께 결과를 원인으로 잘못 보는 오류 또한 지배적이다(『우상의 황혼』, 「네 가지 커다란 오류」 1 참고).

최초의 본능은 이런 괴로운 상태를 제거하는 것으로, 무슨 설명이든 없는 것보다는 낫다(『우상의 황혼』, 「네 가지 커다란 오류」 4). 그의 말을 계속 따라가 보자.

> 왜?라는 물음은, 그것이 설령 가능하기나 하다면, 원인을 위한 원인을 제공하기보다는 어떤 특정한 종류의 원인을 제공할 것이다. 즉 마음을 달래 주고, 편하게 해 주며, 가볍게 해 주는 원인을 말이다. 이미 알고 있는 것, 체험한 것, 기억 속에 새겨져 있는 것을 원인으로 가정한다는 것, 그것이 이러한 욕구의 첫째 결과다. 새로운 것, 아직 체험해 보지 못한 것, 생소한 것은 원인으로서는 배제된다 —— 그리하여 원인으로서 탐구되는 것은 어떤 특정한 종류의 설명일 뿐 아니라 선택되고 선호된 종류의 설명이다. 즉 그 설명에 의하면 생소하고, 새롭고, 체험해 보지 못했다는 감정이 가장 재빠르고 가장 빈번히 말소되어 버리는 그런 종류의 설명이다. …… 그 결과는 이렇다. 즉, 어떤 특정한 원인 설정방식이 차츰차츰 우세하게 되어 하나의 체계로 모이게 되며 급기야는 나머지 방식을 지배하게 된다. 다시 말하면, 다른 원인들이나 설명들은 무턱대고 배척해 버리게 된다(『우상의 황혼』, 「네 가지 커다란 오류」 5).

인식의 첫 발전단계에서는 성급한 가설, 허구, 선량하나 어리석은 믿으려는 의지, 의혹의 결여와 인내의 결여 등이 나타난다. 우리의 감각은 새로운 것을 혐오하고 적대시한다(『선악을 넘어서』 192).

정리해 보면 이렇다. 사람들은 새로운 것에 부딪혔을 때, 자신이 가지고 있는 인식의 한계 속에서 자신이 보고 싶어 하는 것만을 본다. 현실로부터 눈을 감고, 고통으로부터 벗어나려 하면서도, 그것에 대한 특정한 이유를 달기 원한다. '현실을 직시할 수' 없게 만드는 것은 반작용적 힘이다. 따라서 "반박이 가능하다 해서 어떤 한 이론이 매력을 잃는 법은 없다"(『선악을 넘어서』 18). 그리고 이것을 지배하는 가장 중요한 요인은 왜?라는 질문과 더불어, 알 수 없음에 대한 공포다.

니체의 근대 비판은 독특한데, 그는 근대에 와서 노예적 도덕이 사회 전체를 지배하게 되었다고 비판한다. 노예의 도덕, 변증법, 선에 대한 긍정에서 출발하는 것이 아니라, 악에 대한 부정에서 출발하는 것, 이것이 지배적인 도덕이 되었다는 것인데, 여기서 사람들은 무엇을 보는가?

이와 관련해 『반그리스도』에서 예수에 대해서 들고 있는 예는 매우 의미 깊어 보인다. 니체가 해석하는 예수는 유일한 기독교도로서 위대한 데카당스다. 그는 석가, 노자, 에피쿠로스와 동급이다. 후에 그의 사도들이 그를 왜곡하면서 만들어 낸 『성경』과 달리 예수는 죄, 부활, 심판의 관념과는 전혀 무관한 인물이다. 그는 독특한 실천을 수행하였는데, 그것은 신의 나라는 어제에도 내일에도 없고, 천년이 지나도 오지 않는 것으로, 마음속의 한 체험에 지나지 않는다는 것, 따라서 유일한 진리는 내적 현실뿐이라는 것이었다. 천국은 구원의 심리적 현실이고, 새로운 생활방식이지 신앙은 아니었다. 예수는 "천국은 네 마음속에 있다"고 설파했다는 점에서 위대했으나 현실에 대한 본능적 증오감을 지니고 육체를 무시했다는 점에서 여전히 데카당스였다(『반그리스도』 32~35). 그러나 사도들은 이런 예수를 이해할 수 없었다. 그는 왜 죽어야 했는가? 여기서 니체가 소위 '유대적 본능'이라고 칭한 피압박자들의 저항이 삽입된다. 그것은 복수심이고, 사제들의 지배에 맞서 메시아를 바라는 민중의 기대다.

> 나사렛 예수라는 이름으로 명명된 그 작은 반항운동은 또 하나의 유대적 본능이며 —— 다시 말하면, 하나의 현실로서의 사제를 더 이

상 견디지 못하겠다는 사제적 본능이며 훨씬 더 추상적인 존재형식의 발명이고, 조직화된 교회에 의해 규정된 세계상보다 훨씬 더 비현실적인 세계상의 발명이다. 기독교는 교회를 부정하는 것이다. …… 그것은 선한 자와 올바른 자에 대한, 이스라엘의 성자들에 대한, 사회의 성직자 정치에 대한 반항이었으며 —— 그것들의 부패에 대해서가 아니고 계급, 특권, 위계, 사회형태에 대한 반항이었다. 그것은 높은 사람들에 대한 불신이었으며 성직과 신학자적인 모든 것에 대해 폭발시킨 하나의 거부행위였다(『반그리스도』 27).

예수는 앞서 자신이 내세웠던 독특한 실천과 무관하게 유대의 지배계급과 피지배계급 양쪽 모두에게 정치적 의미를 가진 것으로 받아들여졌다. "천한 자, 배척당한 자, 죄지은 자, 유대교 내의 찬다라를 선동하여 지배층에 대항케 한 이 거룩한 무정부주의자는 일종의 정치범이었다. …… 십자가 위에 붙여 놓은 명패가 그 증거다. 그는 자신의 죄과 때문에 죽었다"(『반그리스도』 27). 이처럼 사도들은 오직 자신이 그를 이해한 틀 내에서만 그를 이해할 수 있을 뿐이었다. 이해한다는 것은 단지 "낡고 친숙한 언어로 새로운 것을 표명할 수 있음을 뜻할 뿐"(『권력에의 의지』 479)이기 때문이다. 그래서 사도들은 그의 죽음을 결코 용서할 수 없었고, 그를 무덤에서 불러내 부활시켰고, 그에게 심판의 칼자루를 쥐어 주었다. 그러나 아이러니가 등장하는데 이런 정치범, 저항의 사상으로서의 기독교는 바울과 더불어 다시 한 번 뒤틀리게 된다. 이제 사제들의 권력에 저항한 유대적 본능의 반항운동은 새로운 사제권력을 수립하는 데 기여하는 것으로 끝맺는다. 이데올로기의 운명. 이 분석은 초기 기독교운동에 대한 엥겔스의 분석을 연상케 한다. 니체는 여기서 예수의 '새로움'을 받아들일 수 없는 감각의 보수성, 반작용적 힘에 대해 이야기하고 있지만, 그것은 역으로 기존 이데올로기 속에서 새로운 요소의 등장이 야기하는 이데올로기의 혁신, 혁명적 힘을 보여 주기도 한다.

니체는 종교의 기능에 대해 논의하면서 이데올로기의 기능에 대한 함의를 던져 주고 있다(『선악을 넘어서』 61). 종교는 각 계층에 따라서 그 기능이 상이한데, 그것을 세 가지로 나누어 볼 수 있다. 먼저 지배종족에게 종교는 저항을 억누르고 효과적으로 지배하는 수단이다. 그러나 그것은 단순한 억압이 아니라, **지배자와 피지배자를 연결시켜 주고 피지배자의 마음속에 은밀히 감추어진 지배받고 싶어 하지 않는 속마음을 지배자에게 누설하고 알려 주는 역할을 한다.** 두번째로 종교는 피지배자의 일부에게 장차 지배하고 복종하는 일에 대비할 수 있는 교육기회를 제공하는데, 금욕주의와 청교도주의가 그 대표적 예다. 세번째로는 평범한 사람들(피지배층)에게 종교는 삶과 고투하는 인간들에게 빛을 던져 주고 그들로 하여금 스스로의 모습을 보는 것을 견딜 수 있게 해준다. '이유'를 제공해 주는 것이다.

4.철학의 가면

니체의 사상은 근대 철학적 한계 ── 소위 이성을 지닌 '인식론적 주체'로 표상되는 ── 를 넘어서려는 여러 사상가들을 통해 20세기 후반에 다시 부흥하고 있다. 니체의 철학적 입장을 지반으로 삼아 자신의 논지를 펴 가는 대표적인 인물로 들뢰즈와 푸코를 들 수 있다. 들뢰즈는 앞서도 인용한 1962년에 발간된 그의 책 『니체와 철학』에서 반변증법 사상가로서의 니체를 긍정의 긍정과 차이의 사상을 중심으로 부각시킨 바 있다. 가타리와 함께 진행한 『반오이디푸스』나 『천 개의 고원』의 작업에서 라캉에 반대하여 결여로서의 욕망이 아닌 긍정하는 욕망의 주장을 펴는 것도 니체 철학을 출발점으로 삼은 것으로 볼 수 있을 것이다. 푸코에게 니체는 계보학적 전략과 권력, 특히 신체에 기입되는 권력이라는 점에서 영향을 주었다.

우리가 니체를 읽을 때 가장 잘못 읽는 방식은 권력의지란 '무엇인가'라고 질문을 던지는 방식이다. 이는 결국 니체를 소크라테스 식으로 읽는 것이 된다. '권력의지의 본질은 무엇인가'라고 묻는 이런 질문방식은 계보학적 질문이 아니다. 우리는 오히려 '어떤 것인가' '누구인가'라고 물어야 한다. 즉 '권력의지'를 말하는 자는 무엇을 원하는 것인가? 즉 권력의지의 본질이 아니라 권력의지라는 철학이 낳는 효과, 알튀세르 식으로 말하자면 철학-효과가 무엇인가를 질문해야 할 것이다. 모든 철학은 과학이 대상을 가진다는 의미에서의 대상을 지니지는 않지만 나름의 철학의 철학적 대상을 지닌다.[22] 철학의 목표는 철학적 대상자체에 대한 지식을 생산하는 외양 속에서 생산하는 철학적 효과, 그 철학이 철학과 철학 이외의 실천들에 열어 주는 공간이다. 그것이 바로 철학이 '원하는 것'이다. 니체의 작업은 바로 이런 철학의 효과에 주목한 것인데, 따라서 그는 데카르트의 코기토란 무엇인가, 플라톤의 이데아란 무엇인가라고 묻지 않고, 이데아를 말하는 것은 누구인가, 그가 원하는 것은 무엇인가라는 질문을 던졌다. 스피노자를 예로 들어 말한다면, 스피노자의 철학적 대상은 '신'이다. 그러나 스피노자에게 '신'이란 무엇인가라고 질문을 던지는 것은 무의미하다. 중요한 것은 스피노자 철학의 효과인데, 그것은 사유와 연장을 두 개의 실체의 세계로 보는 이원론적 사고를 전복하고, 선악의 이분법을 전복하고, 육체의 힘을 긍정하는 효과다. 스피노자는 헤겔과 니체 모두에게 중요한

22) 루이 알튀세르, 「철학의 전화」, 서관모 엮음, 『역사적 맑스주의』, 새길, 1993, 80쪽.

철학자였지만 각자 상이한 효과들을 중시했다. 철학사에서 철학들 사이에서 서로 영유하는 것은 그 '효과'이지 철학적 대상은 아니다. 따라서 이데아에 대해서 말하지 않으면서도 플라톤적인 철학이 가능하듯이,[23] 권력의지에 대해서는 말하지 않으면서도 니체적인 철학이 가능하다. 모든 철학은 출발에서 그가 나타나기 전에 세계를 지배했던 힘들의 자질을 빌려 오지 않는다면 살아 남을 수 없었다. 들뢰즈는 니체를 빌려 이를 '철학의 가면'이라고 불렀다.[24] 누구와 대립하는가에 따라 철학의 가면이 달라질 수 있지만 중요한 것은 그 가면 뒤에서 산출되는 철학의 효과다. 이런 철학-효과의 우위에서 철학적 대상에 대한 검토가 필요할 것이다. 그것은 이런 효과 아래서 배치되는 범주들과 개념들의 장치를 검토하는 것이다.

그랬을 때 한 예로 맑스와 니체의 만남이 의외로 가능할 수도 있다. 양자의 만남을 어렵게 한 중요한 논점 세 가지는 니체의 반변증법, 반과학, 반사회주의라고 할 수 있다. 그러나 그러한 니체의 비판이 반헤겔적인 맑스의 철학, 19세기적 패러다임으로 환원되지 않는 '정치경제학 비판'의 함의, 계획과 동정의 사회주의가 아닌 근대적 정치형태에 대한 근본적 비판을 되살려 냄으로써 '맑스를 넘어선 맑스'를 찾는데 중요한 기여를 할 수도 있을 것이다.

23) 화이트헤드가 말했고, 데리다가 다시 반복해 말했듯이 지금까지의 서양 철학사를 단순화하면 플라톤 철학에 대한 주석작업이었다고 할 수 있다.

24) "이미 대상을 점유하고 있는 힘들의 가면을 씀으로써 하나의 새로운 힘이 비로소 나타나서 대상을 영유할 수 있다." Deleuze, op. cit., p.5 ; 신범순·조영복 역, 28쪽, 『도덕의 계보』, Ⅲ 10도 참고할 것.

5.문헌 소개

본문과 관련되는 중요한 니체의 후기 저작들에 대해서 간략한 소개를 덧붙여 두겠다. 니체의 후기 저작들은 『짜라투스는 이렇게 말했다』를 저술한 1883년 이후 저작들을 칭하며, '권력의지'와 '영원회귀' 사상이 중심축을 이루는 시기의 것들이다. 니체 저작들에 대한 니체 자신의 평가는 『이 사람을 보라』에 수록되어 있다.

먼저 니체의 계보학적 전략을 탐색하기 위해서 『도덕의 계보』를 읽는 것이 좋을 것이다. 이 책은 니체가 논문형식으로 저술했기 때문에 다른 스타일의 저작보다 이해하기 쉽고, 설명이나 예들도 풍부하다. 이 책에서 니체는 가치의 발생과 그 변화을 계보학적으로 분석하고 있고, 근대의 허무주의인 금욕주의적 이상에 대해서도 분석하고 있다. 특히 금욕주의적 이상을 다루는 마지막 장은 하나의 아포리즘에 대한 주석의 예로서 제시되고 있다.

다음으로 형이상학을 해체하고 있는 작업으로 『우상의 황혼』과 『선악을 넘어서』를 읽어 보는 것이 좋다. 『우상의 황혼』은 논문적 스타일과 아포리즘적 스타일이 섞여 있는 글로 철학사에서 지배적으로 제시되어온 범주들과 (기독교적인) 도덕적 범주들에 대한 비판, 예술에 대한 견해, 근대적 정치에 대한 비판 등 광범위한 주제들에 대한 니체의 비판적 견해가 드러나고 있다. 철학사에 대한 비판적 검토는 『선악을 넘어서』를 통해서 진행된다. 이 책에서 우리는 원자론자, 형이상학, 데카르트, 칸트 철학 등에 대한 니체의 견해와 도덕에 대한 비판적 견해를 살펴볼 수 있다.

다음으로 이런 주제를 권력의지 사상 속에서 좀더 천착하고 있는 『권력에의 의지』 중 특히 제3부 1장 「인식으로서의 권력의지」와 2장

「장연에서의 권력의지」를 읽어 보는 것이 도움이 될 것이다.

『반그리스도』는 노예적 도덕의 사례로서 기독교도덕을 계보학적으로 분석하고 있는 저서인데, 특히 이데올로기론과 관련된 많은 함의가 담겨 있어서 흥미롭다. 니체의 '초인사상'을 이해할 수 있게 해 주는 내용들 또한 부분적으로 제시되고 있다.

그런 다음 그의 가장 중요한 저작이라 할 수 있는 『짜라투스트라는 이렇게 말했다』로 들어가 볼 수 있을 것이다.

니체의 저작들은 몇 가지만 빼고 국내에 거의 다 번역되어 나와 있다. 그렇지만 독일어에서 직접 번역한 책은 거의 없고 대부분 중역인 데다가, 오역이 적지 않으므로 가능한 대로 독어든 영어든 프랑스 어든 대조해 가면서 보는 것이 좋을 것이다.

국내에서 소개된 책 중 니체의 입문서로는 네하미스의 『니체 : 문학으로서의 삶』이 괜찮다. 최근까지 니체를 둘러싼 논의들을 소개해 주고, 니체 저서에서의 광범한 인용에 대해서는 김정현의 짧막한 글 「니체의 사회철학 —— 근대성 극복의 문제와 관련하여」(표재명 외, 『헤겔에서 리오타르까지』, 지성의 샘)가 있다. 니체의 연구서로 가장 정평 있는 책은 아무래도 들뢰즈의 『니체의 사회철학』(국역본 제목은 『니체 : 철학의 주사위』[25])이다. 이 책은 다른 철학자의 입을 빌어 자신의 주장을 펴는 들뢰즈의 스타일을 염두에 두고 읽어야 할 것이다.

---

25) 국역본에는 다소 오역이 있고, 더러 빠진 문장도 있다(예를 들어 30쪽에 두 문장이 빠졌다). 4장 마지막에서 실려 있는 들뢰즈의 논의를 한 페이지로 요약한 표도 국역본에는 실리지 않았다.

베버

현대 사회와 합리성

전 성 우

베버 : 현대 사회와 합리성

전성우

1. 막스 베버의 사회학 : 연구 현황 및 현대적 의의

1980년대 초 이래 '막스 베버 산업'이 전세계적으로 번창하고 있다. 줄을 잇는 대규모 베버 관련 학회들, 매년 쏟아져 나오는 막대한 양의 베버 연구서들 및 통계적으로 확인되는 높은 베버 인용빈도수 등이 그 가시적 징표들이다. 또한 현재 독일에서 진행되고 있는 새로운 베버 전집(30여 권)의 출간 준비도 이를 뒷받침한다. 사실 요즈음은 베버 연구 전반의 개관은 차치하고 그의 사회학의 특정 분야 —— 가령 방법론, 종교사회학, 정치사회학, 사회철학 등 —— 에 관한 논문들만 섭렵하기에도 벅찰 지경이다(예를 들어 『신교윤리와 자본주의 정신』에 관한 연구서만도 근 700권에 달하고 있다). 베버는 말하자면 사회이론가로서의 화려한 '르네상스'를 경험하고 있는 것이다.

물론 사회학자(내지 사회과학자)로서의 베버(1864~1920)의 명성은 이미 그의 생전에 굳혀졌고, 그의 사회사상이 경멸과 박해의 대상이었던 나치 시대라는 막간을 제외하면, 이 명성은 기실 끊이지 않고 현대 사회과학계에서 유지되어 왔다. 따라서 작금의 베버 연구 현황을 새삼스

레 '베버 르네상스'로 평가하는 것이 얼른 납득이 가지 않을 수도 있다. 그러나 근 90년에 달하는 베버 사회학의 수용사를 면밀히 검토해 보면, 이런 평가는 쉽게 이해될 수 있다. 왜냐하면 우리는 이 수용사에서 그의 '이름'이 발한 후광과 그의 사회학의 실질적 영향간에는 깊은 괴리가 있음을 확인할 수 있기 때문이다.

그의 사회사상가로서의 역정은 결코 평탄한 것이 아니었다. 베버는 오랫동안 대학교단을 떠나 있었기 때문에 제자를 양성할 수 있는 정상적인 길이 막혀 있었다. 그 유명한 '하이델베르크 서클'은 베버의 개성과 학문적 사고의 독창성에 이끌려 모여든 학자, 예술가, 청년들이 서로 정신적인 교류를 한 장소는 되었을지언정 결코 하나의 '학파'를 형성할 수 있는 장은 못 되었다(가령 이 서클에 속했던 루카치 G. Lukács 혹은 블로흐 E. Bloch 등은 학문적으로 베버와는 전혀 다른 길을 갔다. Zingerle, 1981, S.7). 다시 말하여, 가령 맑스와 뒤르켕의 사후 그들의 사상을 중심으로 형성되었던 그런 유의 '학파'는 베버의 경우 없었다. 그럼에도 불구하고 위에서도 언급했듯이, 베버의 이름은 현대 사회학의 발전과정과 불가분하게 연결되어 있는 것이다. 단지, 이 영향사의 주된 성격은 그의 저작 전반에 대한 체계적인 수용 혹은 비판이었다기보다는, 그의 사회학적 세계의 극히 일부분만이 —— 가령 신교윤리명제, 관료제론, 이념형론 등 —— 그 전체 맥락에서 유리되어 (그래서 항상 곡해의 가능성을 안고) 반복적으로 논의되는 데 그쳤으며, 거기다 특히 독일의 경우 그의 독특한 개성에 대한 거의 '신비적인' 차원으로까지 승화된 존경과 외경이 학문적 외경을 압도하는 경향까지 있었다. 미국의 경우, 베버는 1920~30년대에 파슨스(T. Parsons)에 의해 미국 사회과학계에 소개되어 베버 사회학의 '국제화'의 계기가 마련되기는 했지만, 다른 한편으로 파슨스는 베버를 자신의 구조기능주의 모델의 이론적 정당화 수단으로만 주로 활용하였는데, 그 결과 베버 사회학 그 자체가 아니라 '파슨스화'한 편파적 베버상이 영어권에 정착하게 되었다(아래 참조).

이런 상황에 변화가 오면서 베버 사회학의 실질적 내용에 대한 접근과 비판적 수용이 본격적으로 시작된 것은, 독일의 경우 1950년 말에 와서이며 그 시초는 몸젠의 베버 연구서인 『막스 베버와 독일정치』(Mommsen, 1959)이다. 이 연구서는 베버의 정치적 성향에 관한 격렬한 논쟁을 불러일으켰고 이와 연관하여 '가치자유명제'에 대한 활발한 토론이 벌어졌다(Albert, 1961). 그리고 이런 논쟁들이, 그때까지 독일의 특수한 상황들 때문에 안개에 가려져 있던 베버의 생애와 작품에 대한 객관적이고 학문적인 고찰의 길을 열기 시작했던 것이다.

그러나 베버 사회학에 대한 논의가 양적이고 질적인 면에서 일종의 이륙(take-off)의 단계에 들어서는 것은 60년대 중반에서 70년대 초에 걸쳐서이다. 말하자면 '제1차 베버 르네상스'라고 부를 수 있는 이 시기의 베버 수용은 어느 정도 양면성을 지니고 있는데, 이것은 베버 사회학을 단독주제로 하이델베르크에서 개최된 1964년도 독일 사회학대회에서 잘 드러난다. 그 한 면은, 프랑크푸르트 학파 내지 서구 맑시스트 진영이 주도하는 베버에 대한 비판적인 경향이다. 마르쿠제(H. Marcuse, 1965)에 의해 대표되는 이 경향은, 베버를 도구적 혹은 기술적 형식합리성 및 이에 바탕을 둔 자본주의 체제의 일방적 옹호자로 해석하며 그의 합리주의를 자본주의적 계급이해의 정당화 이데올로기로 낙인 찍는다. 이러한 낙인은 그 이후 상당 기간 서구 맑시즘의 부정적 베버관을 주도한다(물론 이것의 역사적 뿌리는 루카치의 베버 비판이지만)(Lukács, 1923, 1955).

이와는 상반되는 또 하나의 수용 경향을 보면, 아데나워 시대가 끝나 가던 시기에 베버는 근대화 이론가라는 모습으로 미국에서 대서양을 건너 독일 또는 유럽으로 '회귀'했다. 파슨스의 구조기능주의 학파에 의해 주도된 이 해석은 그 당시 소장 베버 연구세대를 거의 전적으로 지배했다. 이 진영에서 베버는, 교조주의적으로 경직되고 혁명 만능주의적이던 이 시기의 맑시즘에 대한 자유주의적인 대안으로 제시되었으며 많은 사회과학자들은 베버의 개념틀과 시각을 빌어 사회적 현상을 맑시즘에 못하지 않게 체계적으로 분석할 수 있다고 믿었다. 또한 베버의 가치자유명제 혹은 가치연관성 명제는 맑스주의자들의 이데올로기화 경향에 대한 저항무기로 사용될 수 있었다. 특히 미국의 경우 이러한 베버 해석은 1960년대의 학생운동과 밀접히 연관되어 있었다. 경험주의적이고 기능주의적인 기성의 사회학은 학생들에게 자신의 학문적 정당성을 설득력 있게 옹호할 능력이 없었고 이런 지적 그리고 (기성 사회과학계의 월남전의 용인과 관련된) 도덕적 파탄의 상황에서 이들은 베버를 조잡한 방법으로 '실증적·가치중립적 사회학'의 대부(代父)로 등장시켰던 것이다. 이 결과 베버는 '실증주의적' 사회학의 창시자 및 옹호자로 간주되고 맑스, 루카치, 그람시 등은 급진적·인문주의적 그리고 참여적 사회과학의 대변자로 치부되었다. 즉 베버는 급진사상을 격파하기 위한 무기로 사용되었던 것이다(Antonio und Glassman, 1985, S.2). 한국을 비롯하여, 미국의 영향권하에 있던 제3세계에 전파된 베버상은 바로 이러한 모습, 즉 근대화 이론가, 자본주의 옹호가, 실증주의자, 반맑스적 그래서 유심론적 내지 관념주의적 사상가였다.

지금까지의 서술에서 나타나듯, 1960년대의 '베버 르네상스'에서 확인할 수 있는 위의 두 가지 해석 경향은 공히 강한 이데올로기적 성격을 띠고 있었으며 따라서 이들의 베버관은 부득이 편파적이고 또 부분적으로는 왜곡된 성격을 가질 수밖에 없었다. 다시 말하여, 이 르네상스는 한편으로는 베버 사회학을 대중화화는 긍정적 결과를 낳으면서 동시에 다른 한편으로는 편파적이고 왜곡된 베버상을 정립함으로써 베버 사회학의 실질적 내용 전반 및 그의 사상의 다른 측면들에 관한 접근을 방해하고 차단하는 부정적 결과를 초래했던 것이다.

그러나 이렇게 근대화 이론가로 혹은 실증주의자로 치장된 베버는 (소위 '파슨스화'한 베버) 1970년대 말에 근대화론적인 진보낙관주의가 모든 영역에서 후퇴하기 시작하자 비로소 그때까지의 미국 식 구조기능주의적 해석의 족쇄에서 서서히 풀려 나게 된다(베버의 소위 '탈파슨스화'). 동시에 이미 1970년대 말부터 역력히 표출되기 시작한 사회주의체제의 위기 및 이에 상응하는 맑시즘 자체의 위기와 함께 맑시즘에 의해 베버에게 씌워졌던 또 하나의 이데올로기적 올가미도 점차 벗겨지기 시작한다.

그래서 1980년대에 우리가 경험하는, 말하자면 '제2의 베버 르네상스'는 1960~70년대의 그것과는 여러 가지 관점에서 성격을 전혀 달리한다. 우선 주목할 만한 것은, 서두에 언급한 베버 연구의 양적 방대함보다는 베버 해석의 질적 다양성과 개방성이다. 이 다양성은 해석의 대상이 되는 베버 사회학의 주제의 차원에서부터 나타난다. 지금까지 실질연구 면에서는 '신교윤리'명제 혹은 관료제론, 방법론 면에서는 이념형 등 매우 제한된 주제에만 베버 연구가 집중되어 왔으나 이제는 이런 한정성과 편파성이 극복되고 그의 사회학이 내포하고 있는 실질연구상의 그리고 이론상의 지극히 다양한 주제와 시각들이 포착되고 재구성되고 있는 것이다. 다시 말하여, 그의 저작이 그 전체적 구조, 복합성, 포괄성, 그리고 미완성성 그대로 우리의 시각에 들어오고 있는 것이다. 이를 통해 한편으로는 지금까지 상대적으로 무시되었던 그의 역사적 실질 연구의 제 영역들과 특히 그의 비교 문명론적인 종교사회학, 법사회학, 지배사회학(가령 관료제 이외의 지배유형들) 등도 체계적인 재구성의 대상이 되고 있으며, 다른 한편으로는 사회과학의 말하자면 '기초이론가'로서의 베버의 면모가 새로이 부각되고 있는데, 이것은 그의 방법론적인 기본시각과 전제들의 타당성에 대한 인식의 증대와 밀접히 연관되어 있다. 한마디로, 베버는 사적 유물론을 비롯한 '방법론적 전체주의'에서부터 '방법론적 개별주의'의 다양한 조류에 이르기까지 거의 모든 이론적·방법론적 진영에 의해 광범위하게 수용되고 있는 것이다. 가령 사회주의 진영의 경우 베를린 장벽 붕괴 훨씬 이전에 적어도 베버에 관한 한 이데올로기적 장벽은 붕괴 내지 균열되었으며 이것은 이미 1980년대 중반에 시작된, 맑스와 베버의 대화가능성에 대한 활발한 탐색에서 구체적으로 표출되고 있다(Antonio, 1985; Böckler, 1987).

베버 수용의 다양성이 표출되고 있는 또 하나의 차원을 지적하자면, 베버에 대한 관심이 이제 비단 사회학에 한정되지 않고 정치학, 경제학 등 다른 인접 사회과학 분야는 말할 것도 없고 역사학, 철학, 중국학, 인도학 등 인문과학 일반에까지 확산되고 있다는 점이다(가령 철학에서는 전통적 형이상학적 이성철학에 대한 대안으로서 베버의 합리성 이론에 대한 진지한 관심이 일고 있다. Schnädelbach, 1984). 뿐만 아니라 베버 연구의 지역적인 편중 역시 급속히 극복되고 있다. 즉 지금까지 거의 구미 및 일본에 한정되어 있던 베버 연구가 이제는 남미, 동남아 등등으로 확산되어 가고 있는 것이다.

그럼 여기서 베버 사회학의 어떤 속성이 이러한 광범위한 베버 수용의 근원인지를 살펴보자. 우선 지적될 수 있는 것은, 그의 사회학적 사고와 구도가 가진 포괄성, 복합성 및 이질성은 이데올로기를 뛰어넘는 대화의 가능성을 내포하고 있다는 사실이다. 방금 언급된 사회주의 진영 내의 베버 수용이 보여 주듯, 그의 방법론적 그리고 이론적 입장의 특이성은 가령 맑스주의자와 비맑스주의자가 각각의 서로 상충되는 역사관 및 사회관을 견지하면서도 상호 대화할 수 있도록 하는 것이다. 이러한 속성 덕분에 그는 지금까지의 수용 과정에서 어느 특정한 학파에 의해 지속적으로 독점되지 않았고 또 될 수도 없었으며, 그의 사회학 자체 역시 지금까지 '학파'를 형성한 적이 없고 또 최근의 '르네상스'에서도 하나의 새로운 '베버리즘'이 형성되고 있다는 징조는 보이지 않는다. 다시 말하여 그의 사회과학관은 이론적·방법론적 다원주의와 개방성, 다차원성을 단순히 '허용'할 뿐 아니라 바로 그것을 원칙적으로 '요구'하고 있다(이것이 요즈음 유행하는, 반합리주의에 근거를 둔 방법론적인 '무정부주의'나 이론적 자의성을 뜻하는 것이 아님은 아래에서 서술할 것이다). 베버 사회학의 이러한 성격은, "자기자신에 대해 무비판적인 모든 인식"(WL, S.167)에 대한 베버의 철저한 반감에 근거를 두고 있다.

베버의 저작들은 그 어느 다른 고전보다도 사회학의 메타 패러다임적(meta-paragigmatic)인 문제설정을 내포하고 있다고 볼 수 있다. 아마도 이런 이유에서, 사회학의 여러 다양한 분파들이 각자의 특수한 입장들에도 불구하고 사회학 전체의 지향점과 성격에 관해서는 그래도 베버를 통해 가장 쉽게 전반적 합의에 도달할 수 있게 되는 것인지도 모른다. 그래서 우리는 최근 베버를 중심으로 혹은 그를 매체로 하여, 얼마 전까지만 해도 격심한 논쟁의 대상이 되었던 몇 가지 중요한 사회과학적 기본문제들에 대해 괄목할 만한 합의가 이루어져 가고 있음을 확인할 수 있는데, 이 합의점은 대개 아래와 같이 요약될 수 있다(Weiß, 1989, S.14~15).

① 가치자유명제와 비판적이고 참여적인 사회과학은 서로 상충되는 것이 아니라, 오히려 전자가 후자의 전제조건이라는 인식. 베버의 가치자유명제의 핵심적 관점은, 모든 실천은 곧 가치연관적 행위라는 것이다. 따라서 그의 가치'자유'명제는 가치'구속성' 명제와 체계적으로 연관되어 있다.

② 사회학은 경험적 그리고 동시에 이론적인 학문이라는 인식. 베버 사회학은 '경험적' 바탕과 '이론적 분석'의 특이한 결합을 보여 주고 있

다. 즉 분석적이고 이론지향적이면서, 현실참여적이고 그러면서도 교조적 당파성을 배격하는 학문모델의 전형이다.

③ '개별적 사실' 혹은 '법칙적 일반화'가 양자택일적 문제가 아니며 따라서 '의미이해'와 '인과설명' 역시 상호배타적이 아니라는 인식.

④ '전체주의적 구조론'과 '개별주의적 행위론'간의 통상적인 대립이 가진 문제점의 인식. 베버는 통상적으로 후자의 대표자로 간주되고 또 바로 이런 입장이 최근 많은 관심을 끈 것도 사실이지만, 그러나 동시에 베버 사회학이 가진 구조주의적 관점과 차원이 재발견되면서 베버는 이 양 차원의 이념형적 수단성을 적시하고 이를 통해 바로 이들 차원의 결합의 가능성을 예시한 사회학자로 인식되기 시작하고 있다.

⑤ 한편으로는 사회학적 대상의 역사성 및 이 대상에 대한 자신의 이론과 개념이 가진 역사적 상대성을 인식하는 것.

⑥ '현대인'로서 자기모순을 각오하지 않고는 포기할 수 없는 일련의 규범적 기본가치들 ── 가령 '자유', '자기실현', '자율' 등 ── 에 대한 신념.

한마디로, 우리는 너무나 오랫동안 아래와 같은 비창조적인 상호배타적인 대립도식들에 집착해 왔다는 인식이 베버 수용의 확산과 함께 그 기반을 넓혀 가고 있는 것이다. 즉 '가치자유적' 아니면 '참여적', '설명적' 아니면 '이해적', '역사적' 아니면 '이론적', '경험적' 아니면 '철학적', '유물론적' 아니면 '관념주의적' 사회학이라는 대립도식들. 고전사회사상가 중 막스 베버야말로, 이러한 대립적 구도들이 이념형적 '허구'이며 방법론적인 수단들에 불과하다는 통찰을 제시하며, 그래서 진정한 사회학은 이들 대립적인 구도들의 어느 한 진영에 고착되지 않고 오히려 이들이 창출해 내는 긴장과 갈등의 '현실'에 뿌리내릴 때 비로소 시작된다는 인식을 제공해 준 학자였다. 이 갈등의 장에 위치 지어진 사회학은 항상 '살아 있는' 학문이고, 어느 한 구도에 안주하는 사회학은 '죽은' 사회학이 되는 것이다.

베버를 중심으로 혹은 매체로 형성되는 이러한 합의점들은 필자의 소견으로는 작금의 사회과학 일반이 처해 있는 일반적 상황과 무관하지 않다. 이 상황은 사회과학의 지적·사회적 정체성의 위기라는 말로 요약될 수 있다. 한편으로는 '사실(facts)'이, 만약 그것이 충분히 축적만 된다면, 진리를 말해 주리라는 실증주의의 소박한 '자료-신앙'이 가져다 준 실망 그리고 다른 한편으로는 '거대이론(grand theory)' 혹은 교조적 총체이론이 가져다 준 실망을 근거로 하여 사회과학, 특히 사회학이 존재위기를 맞고 있다는 주장이 흔히 제기된다. 이 두 가지 실망은 가령 1960년대 말에 학생운동과 함께 풍미했던 맑시즘에 대한 열광이 1970년대 초에 사그러드는 과정, 그리고 전후 서구 사회학계를 지배했던 구조기능주의적 패러다임이 1970년대 중반에 받기 시작한 중대한 도전 등에서 여실히 드러난다. 그러나 곰곰이 따져 보면, 사실 위기를 맞은 것은 사회학 그 자체라기보다는 우리가 사회학에 건 아래와 같은 기대들이라고 볼 수 있다. 즉 한편으로는 사회학이 지니고 있다고 믿었던 순수히 실증적·기술적 문제해결 능력에 대한 기대와 다른 한편으로는 사회학이 세계관 내지 '과학적 구원론'로 기능할 수 있다는 기대가 그것이다.

베버는 사회학에 대해 이 둘 중 어느 쪽에도 기대를 걸지 않았는데, 아마 이런 이유에서 그의 사회학이 지금 위기의식에 충만한 우리의 관심을 끌고 있다고 볼 수 있다. 달리 표현하면, 그의 열린 이론체계, 가치의 상대성의 인정이 상대주의적 편의와 나태로 전락하지 않게 하는 그의 사고, 자신의 '신'을 강요하지 않는 방법론적 관용과 다원성 등이 베버 르네상스의 원인일 수 있다는 것이다. 베버는 말하자면 자신의 그 유명한 탈주술화 명제를 사회학 자체에도 적용했던 것이다. 그의 사회학은 탈주술화한 학문으로서, 어떤 '주술적' 혹은 '예언적' 능력도 주장하지 않는다. 이와 연관하여 기실 작금의 베버 르네상스에 아마 가장 놀라는 이들 중의 하나는 바로 베버 자신일 것이라는 아이러니컬한 지적을 하지 않을 수 없다. 왜냐하면 베버에 의하면 사회학적 문제의식과 개념들은 필연적으로 그것이 생성된 시기의 문화가 던지는 '중대한 문제들'에 대한 지적인 대응이며, 따라서 한 문화의 축이 이동하면 그것이 던지는 문제들도 달라지고 이에 상응하여 사회과학적 개념과 시각 역시 변할 수밖에 없기 때문이다(WL, S.214). 그래서 베버는 자신의 개념들 역시 10, 20년 후면 낡은 것이 될 것이고 또 되어야만 한다고 주장한다. 이것이 어째서 사회과학은 '영원히 젊은 학문'(WL, S.205)으로 남을 수밖에 없는가 하는 이유이다.

어떻게 보면 베버 르네상스는 그의 시대의 문화의 축이 아직 유효하다는 증거일 수도 있다. 다시 말하여 우리가 피상적인 역사관찰에서 얻는 인상과는 달리 베버의 사후 지금까지 중요한 문화적 문제에서는 어떤 근본적인 변화가 없었으며, 따라서 사회과학적 연구를 주도하는 가치관점 및 범주들을 근원적으로 재정립해야 할 어떤 계기도 존재하지 않을 수도 있다는 것이다. 아니, 베버의 사고를 지배했던 문제들이 그 의미를 잃기는커녕 오히려 지금에 와서 비로소 그 전모가 드러나고 있다는 주장마저도 가능하다(가령 그의 관료화 명제를 우리는 지금에 와서야 비로소 적나라한 현실로 경험하고 있는 것이다). 베버가 근래에 다른 관점에서보다는 특히 서구의 합리화 내지 탈주술화 과정, 이 과정의 발생원인과 그것에 내재적인 모순들, 그리고 이 과정의 역진의 불가능성 및 이중성 등에 대한 이론가로 주목을 끈다는 사실은 바로 상기한 해석이 타당함을 증명하는 듯하다(Lash/Whimster, 1987).

서구 문명의 미래에 대한 낙관적인 생각의 쇠퇴, '계획사회'(사회주의 체제가 그 전형이다)의 가능성, '과학'의 가능성에 대한 회의 등은 베버가 서구적 발전모델에 대해 지녔던 양면적 입장에 대한 관심을 증대시켰다. 이렇게 볼 때, 베버가 다루고 있는 문제와 그의 방법론, 그의 개념들은 다른 많은 고전이론가들과는 달리 우리에게 역사적으로 소원한 느낌을 주는 것이 아니라 오히려 '우리'의 사회적 그리고 개인적 생존의 조건과 가능성을 탐색하고 학문적으로 이해하는 데 기여할 수 있는 살아 있는 이론 및 개념체계를 제공해 주고 있는 것이다. 가령 그가 묘사한 합리화 과정은(가치영역의 분화 및 세계상의 탈주술화라는 의미에서. 아래 참조) '우리'에게 다시 그리고 매우 긴박한 형태로 '문제'가 되고 있음을 뜻한다. 그리고 베버가 겪었던 역사적 경험과 그가 출발점으로 삼았던 문제상황은 아마도 오랫동안 '우리'의 경험과 문제상황으로 남아 있을 것이다.

그런데 여기서 이 경험과 문제의식의 주체로서의 '우리'를 '동양인'로 구체화할 경우에도 베버 사회학의 의의는 줄지 않는다. 왜냐하면 가령 그의 종교사회학에 집약되어 있는 문명비교론적 동양사회론은 세계의 문화들을 각각 고유의 가치를 가진 것으로 비교하면서 유럽 중심주의적인 협소한 시각들에 대해 이 문화들을 변호하고, 그러나 동시에 서구적 생활양식의 범세계적인 확산을 설명의 대상으로 삼는 시도이기 때문이다. 고전사회학사적 맥락에서 볼 때, 베버는 세계사에 대한 문제의식의 근본적인 전환을 시도했다고 볼 수 있는데 이 전환은 비서구적인 문화들의 세계사적인 후진성을 증명하려는 것이 아니라, 서구의 문명을 그것이 가진 일시적인 승리에도 불구하고 그리고 바로 이 승리 때문에 오히려 문제시하려고 하는 베버의 자세에서 표출된다. 그래서 베버는 서구적인 '인간상'의 특이성, 즉 칼뱅적인 '직업인간'의 현세적인 금욕주의에서 출발하여 자본주의적·관료적 '전문인간'으로의 발전의 길이 지닌 특이성을 준거점으로 삼아 다른 문명권의 생활양식과 인간유형들을 규명하고자 했다. 물론 베버가 비서구 문명들에서 '인간성'의 대안적인, 그러나 지금까지는 억압된 발전 가능성들의 체현을 확인하고자 했는지는 확실치 않다 그러나 분명한 것은 베버가 우리 동양 문명을 보는 눈은, 서구 문명이 인류가 도달할 수 있는 최고봉이라는 확신에 찬 눈이 아니라, 한편으로는 자신의 문명의 일그러진 자화상에 섬찟해 하면서도, 다른 한편으로는 또 비서구 문명들의 발전의 길이 가진 한계성을 냉철히 인식할 수밖에 없는 사람이 가진 '비극적' 눈이다.

지금까지 개괄한 베버 사회학의 의의는 한 베버 학도가 가진 편애와 편견에 의해 어느 정도 '과대 포장'되었을 가능성을 배제할 수는 없다. 뿐만 아니라 아래의 서술에서는 제한된 지면으로 인해 베버 사회학의 상기한 제 가능성들의 극히 일부분만이 거론될 수 있을 뿐이다. 또한 베버 학계 내에서도 이러한 가능성들은 아직까지 단지 그의 사회학의 '잠재력'으로 인식되고 있을 뿐, 구체적인 연구 성과로 표출되고 있지는 않다. 다시 말하여 베버 사회학은 아직 채광을 기다리는 거대한 광맥일 뿐이며, 그런 이상 베버 사회학은 우리 한국의 사회학도들에게도 매우 중요한 도전을 제공하고 있다

위의 논의에서 지적되었듯이 베버 사회학의 중심주제는 서구 근대성의 발생과 전개과정이었는데, 필자는 아래에서 이 문제를 중심으로 베버 사회학을 개괄해 보고자 한다.

우선 베버의 근대성 이론의 지적 배경을 살펴보고 연이어 그의 근대성 이론의 핵심인 합리화론을 재구성한 후, 이를 배경으로 베버의 동양사회론에 대한 간략한 평가로 글을 끝맺을 것이다.

2. 자유주의, 맑스, 니체 : 막스 베버의 근대성 이론의 지적 배경

1) '청산' 논쟁

지금 구미 사회과학계에서는 '청산'논쟁이 한창이다. 청산대상은, 17~18세기에 서유럽을 중심으로 구상되고 설계된 '근대'라는 이름의 기획이다. 최근 사회이론의 조류를 우리는 이 '기획'의 청산 여부 및 청산방법에 대한 입장을 기준으로 아래와 같이 나눌 수 있다.

첫째, '근대'라는 기획은 '실패작'이라는 입장 혹은 이 기획은 이제 그 시효를 상실했다는 입장이다. 이 입장에 의하면, 서구 근대 문명의 발전은 파행적·병리적 지배 현상 및 자기파괴력의 증대를 의미할 뿐이며 따라서 '근대'로부터의 '작별' 내지 근대의 기획원리의 파기를 요구한다. 따라서 이들은 18세기 이래 근대성 해석의 바탕을 이루어 온 '이성' 중심의 계몽주의적 기본개념틀의 '해체'를 시도한다. 소위 '탈현대주의' 혹은 '후기 구조주의'라고 불리는 조류들이 여기에 속하며 이들의 사상사적 대부로는 계몽주의적 이성비판의 최고봉을 이루었던 니체와 하이데거를 들 수 있다.

둘째, '근대'는 '성공작'이라는 입장이 있다. 이 입장에 의하면 '근대화'는 바로 이러한 성공적 측면 때문에 보편적 과정으로 간주되어야 하며 모든 사회가 조만간 따라야 할 모델이다. 이 입장을 더 세분화하면 비교적 소박한 역사낙관주의에 바탕을 두고 근대의 단순한 지속 및 보편화를 주장하는 소위 '근대화' 이론이 있는가 하면, '근대'를 탄생시킨 '문화적' 유산은 이미 탕진되었다고 보며 단지 '사회적' 근대화과정의(경제, 국가, 기술 등) 통제 불가능성에 대한 비관주의적 체념에서 근대를 긍정하는, 소위 '신보수주의적' 입장이 있다. 가령 독일의 신보수주의적 사회이론가인 아르놀트 겔렌(Arnold Gehlen)은 이 관점을 아래와 같이 압축시키고 있다. "계몽주의의 전제조건들은 이미 죽었고 단지 그 결과들만이 아직 계속 진행되고 있다." 이런 시각에서 보면, 자족적으로 계속 진행되는 '사회적' 근대화는 일견 이제 소멸해 버린 '문화적' 근대성의 추동력으로부터 분리되어 버린다(Habermas, 1985. p.6).

셋째, '근대'는 아직 '미완성 기획'이며 그것의 실현이 지금까지 야기해 온 수많은 파행적 결과들 및 파괴잠재력에도 불구하고 이 기획은 '비판적'으로 계승되어야 한다는 입장이다. 이 입장은 서구의 계몽주의적 합리성이 가진 '해방적' 관점과 '억압적' 요소를 엄밀히 구분하고, 전자의 포괄적인 실현을 요구하고 또 기대하면서 어느 정도 '비판적' 낙관주의를 견지한다. 이런 입장을 취하는 조류로는 하버마스를 중심으로 한 '신비판이론' 및 서구 맑시즘의 전통을 들 수 있으며 이들은 강한 실천철학적 기조를 가지고 있다(Habermas, 1981).

이 분류가 암시하듯, 심판대에 오른 '근대'의 기획원리의 중핵은 일단 계몽주의적 이성이라는 개념으로 요약될 수 있다. 즉 근대 사회란 인간의 이성적 잠재력을 전제로 기획된 사회모델이며 따라서 청산 논쟁의 중심적 대상은 곧 '이성'이라고 볼 수 있다. 그리고 바로 여기에 베버 사회학이 좁게는 상기한 '청산 논쟁' 내에서, 넓게는 현대 사회학 일반에서 가진 중요한 위치가 드러난다. 왜냐하면 근대적 이성의 문제를 그 원래의 발생지인 계몽주의적 '철학'의 차원에서 '사회과학'의 차원으로 전치시키고(Schnädelbach, 1984, S.8) 이를 통해 근대성에 대한 우리의 '사회학적' 이해에 하나의 중요한 개념적, 이론적 단서를 제공해 준 사상가가 바로 막스 베버이기 때문이다. 이렇게 '사회과학화'된 이성을 베버는, 주지하다시피 '합리성'이라고 부르며 이것을 자신의 사회학적 사고의 중심주제로 삼고 있다.

따라서 베버의 사회학적 명제들이 상기한 근대성 청산 논쟁의 모든 진영에게 공히 핵심적인 준거틀을 제공해 주고 있는 것은 결코 우연이 아니다. 가령 탈현대주의는 베버가 제시한 합리화의 역설에 대한 통찰을 수용하고 있으며, 신보수주의자들은 그의 근대화론적 요소와 역사비관주의에 주목하고 있으며, 무엇보다도 하버마스는 베버의 합리화론 일반 및 그의 행위론에 비판적으로 접목하고 있는 것이다. 그러나 동시에 베버는 어느 진영에 의해서도 그 사상적 대부로 독점되지 않으며 또 될 수도 없는 것이, 왜냐하면 베버는 근대성 및 근대화 과정이 가진 지극히 복합적이고 모순적인 요소들을 그의 사회학적 연구에 함께 포용하고 있기 때문이다. 그의 사회학은 이런 상충된 시각들과 관점들 및 이들이 빚어 내는 갈등과 '긴장'이 만나는 장인데, 왜냐하면 베버는 결코 이 긴장들을 몇 가지 기발한 '법칙적' 공식들로 해소하려는 시도를 하지 않은 사회학자이기 때문이다. 그의 사회학을 특징짓는 것은 이러한 긴장관계 내지 역설에 대한 일관된 역사적·비판적 문제의식이며 그래서 굳이 그의 사회학적 프로그램에 하나의 이름을 붙이자면 필자는 '비판적 역사사회학'이라고 부르는 것이 적합하다고 본다. 그리고 아래에서 밝히겠지만 이론적 지향의 차원에서는 필자는 그의 사회학을 '급진적 갈등이론'으로 해석한다. 물론 이것이 베버의 사회학적 사고가 전적으로 무정향적이었음을 뜻하는 것은 아니다. 앞으로의 서술에서 밝혀지겠지만, 베버는 근본적으로 근대적 합리성의 비판적 긍정이라는 입장을 취하고 있으며 따라서 만약 우리가 '편가름'을 꼭 베버에게도 적용하고자 한다면, 베버는 '비판이론적·실천적' 조류에 가장 근접해 있다고 필자는 판단한다.

아래에서 필자는 이러한 시각에서 베버의 근대성 이론의 몇 가지 핵심적인 관점들을 재구성하고자 하며 그 출발점으로 베버의 근대 진단의 지적 배경을 살펴보기로 한다.

2) 막스 베버의 근대 진단의 사상사적 배경

① 자유주의

막스 베버가 지적 활동을 시작할 당시 그는 근대 사회의 이념적, 사회적 구조와 규범적 이상에 대해서 대개 아래와 같은 세 가지 모형의 진단과 처방에 대면하게 된다. 자유주의적·맑스적 그리고 니체적 진단과 처방. 이 셋은 다 함께 계몽주의적 '해방'에 그 사상적 뿌리를 두고 있다. 우선 자유주의를 이념형적으로 살펴보면 다음과 같다.

봉건제와 절대왕조에 대항하면서 계몽주의 및 자연권사상을 기초로 17~18세기에 성립하는 자유주의 이념은 시민계급이 봉건귀족, 절대왕조 및 교조적 교회에 대한 이데올로기적 무기로 사용한 사상체계로 '근대성'에 대해 대개 아래와 같은 진단과 처방을 내리고 있다. 근대 사회는 1)봉건적 신분원리에서 해방되어 평등과 자유라는 개개인의 자연권에 바탕을 둔 사회이며(개인주의, 인권사상), 2)법의 지배가 실현되는 사회이며(법치사상), 3)개인의 복리에 대한 이기심에 바탕을 둔 자유경쟁과 '수요공급'의 기제를 통해 점진적으로 사회적 조화와 최대다수의 최대행복을 보장할 수 있는 사회이고(낙관적 진보사관, 시장주의, 자유방임주의), 4)국가간섭이 극소화되는, 즉 '사회'의 '국가'로부터의 해방 내지 우위성이 확보되며 국민주권주의가 지배하는 사회이다. 그러나 산업혁명과 정치적 혁명을 거친 영국과 프랑스의 조건하에서 생성된 상기한 자유주의 모델은 산업 및 정치 후진국이었던 독일에 와서는 쉽게 뿌리를 내릴 수 없었으며, 곧 독일적 변종으로 탈바꿈할 수밖에 없었다. 서유럽적 자유주의 이념은 독일에서는 이미 1860년대에 들어오자 상당 부분 사라지고 만다. 그 대신 자유주의는 보수주의와 사회주의가 취하고 남은 이념들을 주워 모은 것 같은 이념체가 되었다(Turner, 1984, p.17). 이런 일관성의 부족은 아래와 같은 구조적 원인을 가지고 있다. 자유주의가 주로 대변한 계급 즉 부르주아 계급이 독일의 경우는 국가의 보호하에서 성장했으며 따라서 국가에 대해서는 통제권을 가지지 못했던 것이다. 그 결과 이 계급은 아래와 같은 조건하에서 국가와 연대할 수밖에 없었다. 즉 한편으로는 자신들의 번영을 국가가 보장해 주고 다른 한편으로는 자신들의 정치적 무력성을 감수하는 것. 이런 상황에서 베버는 국가에 예속된, 정치적으로 무력한 부르주아 계급에 의해 왜곡된 독일적 변종으로서의 자유주의와는 비교적 일찍이 작별한다(Scaff, 1984, p.193). 단지, 그는 서유럽적 자유주의의 몇 가지 핵심적인 기본이념만은 자신의 가치관의 기초로 삼는다. 가령 개인의 자유 내지 자율이라는 이념과 절대왕조에 대한 반대로서의 법의 지배 즉 법치국가이념 및 정치제도상으로는 의회민주주의. 그래서 베버는 곧잘 '한계상황의 자유주의자'라고 불린다. 그리고 이것은 그의 경제관에도 적용된다. 즉 베버는 고전적 자유주의자들의 가정과는 달리, 자본주의적 경제체제에서 시장을 움직이는 것은 생산하고 소비하는 '개인들'이 아니라, 막강한 사회적 강제력을 가진 지배조직(그것이 사적 기업이든 공적 관료조직이든 간에)들이라고 보고 있기 때문이다. 이것이 그가 자본주의적 현대를 '거대한 쇠창살 우리'로 묘사하는 소이(所以)이기도 하다. 이렇게 볼 때 베버는 정치 및 경제이론적 관점에서 탈자유주의적(post-liberal)인 사상가였다.

상기한 자유주의에 반하여 맑스와 니체는 전혀 다른 해방이념에 바탕을 둔 근대성 이론을 제시한다. 이 두 거인의 정신 즉 '사회주의'와 '허무주의'(Scaff, 1984, p.193)는 분명 여러 가지 점에서 서로 상충한다. 전자가 계몽주의의 극단적 완성 즉 이성에 대한 극단적인 낙관적인 진단이요 처방이라면, 후자는 바로 계몽주의적 유산의 극단적 부인 즉 반이성적 생명주의이다. 동시에 이 두 사상가는 그 혁명적 급진성에서는 서로 상통하는 것이었다. 단지, 전자가 '정치·경제·사회적 혁명'을 지향했다면, 후자는 '가치혁명(Umwertung aller Werte)'을 요구하고 있는 것이다. 필자는, 베버의 학문적 발전이 이 두 가지 극단적인 근대성 이론을 비판적으로 수용하면서 동시에 근대성에 대한 자신의 독자적인 이론을 구축해 나가는 과정이라고 파악한다.

베버는 죽음을 몇 주 앞두고 가진 어느 한 대화에서 다음과 같이 말했다고 한다.

"오늘날의 학자, 특히 철학자의 정직성을 가늠하는 기준은 그가 니체와 맑스에 대해 어떤 평가를 내리는가 하는 것이다. 만약 그가 자신의 학문적 연구의 중요한 부분을 상기한 두 사람의 업적이 없이는 이룩해 내지 못했을 것이라는 점을 인정하지 않는다면, 그는 자기자신과 남을 속이고 있는 것이다. 오늘날 우리의 정신세계는 거의 전적으로 맑스와 니체에 의해 그 모습을 갖추게 된 것이다"(Baumgarten, 1964, S.554).

아래에서는, 이 두 사상가의 근대 진단이 던지는 '도전'에 베버가 어떤 방식으로 '응전'하며 자신의 사회학의 골격을 형성해 나갔는지를 살펴보기로 한다.

② 맑스의 노동-생산 패러다임

베버는 맑스의 근대 진단을 다음과 같이 평가하고 있다. "그가 만약 지금 무덤에서 나와 주위를 둘러본다면, 그의 예언에 어긋나는 몇 가지 중요한 현상이 있음에도 불구하고, 그는 아래와 같은 말을 할 충분한 근거를 가지고 있다. 진정코, 이것은 나의 살 중 살이요, 뼈 중 뼈이다"(Baumgarten, 1964, S.554). 이 인용문이 보여 주듯, 베버는 맑스가 내린 근대 진단의 핵심을 긍정하고 있다. 그럼 맑스의 근대 진단의 '살'과 '뼈'는 무엇인가? 그것은 한마디로 '노동'의 문제 —— 그것이 수탈의 관점에서든 '조직'의 관점에서든 —— 및 계급분화적 생산관계라고 볼 수 있다. 다시 말하여, 맑스는 근대 사회를 일차적으로 그것의 계급적 노동구조의 관점에서 파악하고 있으며 동시에 그는 이 관점을 하나의 일반적인 사회이론으로 확대하고 있다. 따라서 우리는 맑스의 이론적 구도를 하나의 '노동-생산 패러다임'으로 규정할 수 있다. 그런데 베버가 근대 사회에 대해 내리는 진단의 출발점 역시 바로 노동구조 내지 노동의 조직방식 문제이다. 즉 베버는 일단 맑스의 '노동 패러다임'(내지 '생산 패러다임')을 받아들이면서 이를 바탕으로 근대 사회를 "형식적으로 자유로운 노동"의 자본중심적 조직체제로 진단한다(RS I, S.7) 동시에 그는 —— 이 점에서도 맑스와 맥을 같이하면서 —— 바로 이 '형식적 자유노동'이 가진 역설적인 의미를 직시하고 있다(WG, S.77 ; RS I, S.35, S.54). 즉 봉건적 혹은 가부장적 시대의 경제외적 구속(정치적, 법적, 신분적)으로부터의 자유 내지 '해방'은 동시에 자본에의 예속(RS I, S.387) 및 '소외'라는 대가를 요구한다는 역설. 그래서 베버는 "기아의 채찍"(WG, S.59)에 쫓겨 자신의 노동력을 팔 수밖에 없는 자본주의 체제하의 노동자들을 "주인 없는 노예층"(WG, S.353, S.361, S.708)이라고 부르며 자본주의 체제는 '인간'이라는 주(主)와 '영리행위'라는 객(客)이 전도되어 있는 사회구조라고 파악한다(RS I, S.35, S.54). 그러나 베버는 예속과 소외를 동반하는 이러한 '형식적 자유노동'을 다른 한편으로는 "소유로부터의 노동의 해방"이라는 오래된 투쟁의 한 결과라고 본다. 그 최초의 투쟁은 고대 사회에서 일어났고 (베버는 가령 고대 노예제에서 중세 농노제로의 이행을 생산노동 담지자층의 "건강회복" 내지 "건강화" 과정이라고 서술하고 있다. 전성우, 1989) 이 투쟁은 새로운 상황하에서 새로운 모습으로 반복되어 왔다. 다시 말하여, 베버 역시 노동과 생산의 관점을 역사적 과정의 분석적 핵심 개념으로 확대하고 있으며 이것은 특히 그의 초기저작의 뼈대이기도 하다. 고대에서 중세 및 현대에 걸친 베버의 역사사회학적 및 종교사회학적 분석들을 개괄하면 우리는 그가 각 시대와 문명권에 특유한 사회적 계급분화와 계층구조의 밑에 깔린 생산노동의 조직 및 분배양식에 분석의 초점을 맞추고 있음을 확인할 수 있다. 따라서 베버에게는 사회적 계층구조란 곧 노동구조(Arbeitsverfassung)이다. 가령 『동엘베 지역 농업노동자 상황의 발전 경향들』(1894) 혹은 『고대 농업사』(1897, 1898) 등, 그의 초기 저작을 관통하는 문제의식은 '가부장적' 노동체제에서 '근대적' 노동체제로의 이행과정과 이의 결과로 야기되는 프롤레타리아트화 과정이다. 이 과정의 서술에서 베버는 농업사회 구조에서의 계급구성, 계급갈등의 역동적 과정에 초점을 맞추고 있으며 개념상으로도 가령 '상부구조', '하부구조' 등의 맑스적 개념을 원용하고 있는데, 따라서 베버의 분석시각은 명백히 '구조주의적' 틀에 바탕을 두고 있다. 그래서 특히 그의 초기 저작은 맑스적 색채가 강한 '노동의 계보학'을 그 주제로 하고 있다고 해도 과언이 아니다(Scaff, 1984, p.199). 그의 유명한 신교윤리 논문 혹은 더 나아가 그의 종교사회학적 연구 일반이 추적하고 있는 문제도 따지고 보면 '노동 내지 노동윤리'의 역사적·이념적 뿌리이다. 가령 그가 서양의 종교적 전통 즉 유대교와 기독교의 특이성으로 부각시키는 중요한 요소 중의 하나가 바로 이들의 신관 및 교리에 내재하는 '노동지향적 성향'이다. 예를 들어 여호와의 우주창조 행위가 이 전통에서는 일종의 '노동'로 간주되고 있는데, 그렇지 않으면 엿새 동안의 창조 후 '7일째의 안식'이라는 발상이 생겨날 수가 없는 것이다(베버는 이러한 신관의 뿌리는 바로 유대-기독교적 신은 '노동하는 자'들, 즉 천민들의 신이기 때문이라는 점을 밝히고 있다. WG, S.300 ; RS I, S.240). 이러한 노동지향적 성향의 극치가 바로 근대 자본주의 사회라고 볼 수 있는데, 여기서는 전통 사회에서는 '어쩔 수 없이' 수행해야 했던 힘겹고 고통스러운 '노동'이 이제 인간의 '본질' 그 자체로 둔갑 내지 승화되어 버린다. 신교윤리 논문의 주제 중의 하나는 바로 이러한 '가치전도적'(즉 우리의 '자연적' 성향에 반하는) 상황의 종교적 근원을 규명하자는 것이다. 그러나 바로 노동에 대한 이러한 종교사회학적, 문화적 접근이야말로 베버가 맑스에 의해 대변되고 있는 유물론적 노동-생산 패러다임의 한계를 넘어서고자 시도하고 있음을 예시하고 있는 것이다.

왜냐하면 상기한 모든 관점에서 베버가 맑스와 만난다면, 또 바로 이 모든 관점에서 베버는 맑스를 벗어나고 있기 때문이다(이러한 맑스 극복에서 결정적인 역할을 하는 것이 니체임은 나중에 서술하겠다. 물론 역으로 베버는 또 맑스의 힘을 빌어 니체를 극복하기도 하지만). 첫째, 베버의 구조주의는 어느 하나의 인과요인에 독점적 우위를 부여하지 않는다. 즉 그는 생산력, 생산관계 및 상부구조간의 결정론적인 관계에서 출발하지 않으며 따라서 베버는 일원론적인 그리고 일직선적인 인과론과 환원론(그것이 가령 유물론에서와 같이 '밑에서 위로' 올라가든, 혹은 유심론의 경우와 같이 '위에서 밑으로' 내려오든)을 거부한다. 오히려 베버는 인간의 행위동기와 행위가 전개되는 제 영역들을 규정하는 기제들 및 거기서 사용되는 수단들의 위상을 원칙적으로 대등한 것으로 간주하고 있다. 여기서 행위동기는 그 기본성격을 기준으로 '물질적 · 현실적 이해관계'라는 범주와 '규범적 · 이념적 가치추구'라는 범주로 대별할 수 있으며, 행위가 전개되는 제 영역들과 그 수단들은 크게 볼 때 세 가지 즉 '생산', '문화', '정치적 지배와 조직'의 영역 및 그에 상응하는 '생산수단', '해석수단' 그리고 '지배수단'으로 나눌 수 있다. 달리 표현하자면, 우리는 사회발전의 해석과 설명에서 상기 영역의 어느 특정한 기제나 어느 특정한 수단의 소유 및 분배구조가 선험적으로 인과적 우위성을 가지고 있다고 가정할 수는 없다는 것이다. 오히려 문명의 역사적 발전과정은 이 세 가지 기제들의 원칙적으로 대등한 상호작용, 더 정확히 말하자면 상호갈등작용에 의해 진행된다고 보아야 하며 이 세 가지 기제의 관계는 따라서 '역사적' 관계이지, '결정론적' 관계가 아니라는 것이 베버의 입장이다. 이런 관점에서 우리는 베버 사회학의 기본성격을 '역사사회학적 갈등이론'이라고 규정할 수 있다. 더 나아가 이러한 역사적 상호작용의 명제와 밀접히 연관되어 있으면서 동시에 이 명제를 보완하고 있는 것은, 개개의 기제가 가진 '상대적 자율성(Eigengesetzlichkeit)'에 대한 베버의 명제이다. 이 명제를 압축시켜 표현하자면, 베버는 한편으로는 소위 생산 내지 노동－기제, 문화－기제 및 지배－기제 간의 밀접하고 체계적인 상관관계와 상호작용을 출발점으로 삼고 있지만, 그러나 다른 한편으로는 이러한 상호작용의 논리적 그리고 이론적 전제조건으로서 이 세 가지 기제들의 상대적인 독자성, 자기 법칙성을 인정하며, 바로 그렇기 때문에 이 세 영역간에는 위에서도 언급했듯이 해소될 수 없는 근원적 갈등 내지 긴장관계가 존재한다고 본다. 그래서 베버는 여러 상이한 세분 영역들간의 상관관계를 엄밀한 '인과적' 관계로 보다는 오히려 "선택적 친화력(選擇的 親和力)"(WG, S.201, S.705, S.724)의 관계로 파악하고 있다. 이것이 베버가 왜 모든 종류의 환원론을 거부하는가에 대한 일반이론적인 근거이다(이러한 일반이론의 근대 사회에 대한 적용에 대해서는 아래 참조).

둘째, 베버의 '해방' 개념은 맑스의 경우에서와 같은 진보에 대한 낙관에 근거를 둔 것도, 혹은 '인간해방'이라는 추상적이고 보편적인 의미를 지닌 것도 아니라, '노동' 특히 '생산노동'의 경제외적 구속으로부터의 해방이라는 제한되고 역사적·경험적 의미를 지니고 있을 뿐이다. 베버는 소위 인간의 진정한 본성에 대한 모든 이념은 일단 철학적인 허구 내지 이데올로기라는 관점에서 출발하고 있다(여기서 니체의 영향이 나타난다. 아래 참조).

이 차이점은 상기한 노동의 '해방투쟁'에도 그대로 적용된다. 베버의 눈에는, 이 투쟁과정에서의 노동의 구성 및 재구성을 서술하는 데는 역사철학적 방식이 있는 것이 아니라 오히려 전체계층(및 생산)구조를 특징짓는 사회학적이고 논리적 '유형들'이 있을 뿐이다. 맑스와는 달리 베버는 이런 분석에서 노동의 존재론이나 목적론이 아니라 노동의 사회학 혹은 '발전사'를 지향할 뿐이다. 다시 말하여 베버는 좀바르트(Sombart) 혹은 그의 적지 않은 동시대인들과는 달리 맑스의 "변증법의 '젖'을 먹고" 자라지는 않았다(Scaff, 1984, p.202).

베버의 이러한 입장은 그의 역사관에 깔린 기본가정들과 밀접히 연관되어 있다. 베버는 역사적 사실들의 엄밀한 분석을 통해, 그리고 자신이 겪은 당대의 역사적 경험을 통해(그리고 아래에서 밝히겠지만, 무엇보다도 니체의 영향하에) 사회진화에 대한 계몽주의적 낙관론의 환상에서 철저히 벗어난 사람으로, '발전'의 개념 그 자체가 가진 이중성과 모호성을, 그리고 그것의 가치연관적 뿌리를 냉철히 분석해 냈다. 그는 말하자면, 장미빛 낙관론이 즐겨 입던 옷, 즉 인간의 역사가 하나의 보편적인 유토피아적인 목적을 향해 진보 내지 '발전'해 나간다는 소위 '역사목적론'에 대한 신뢰를 상실한 사상가이다. 이러한 보편적 역사목적론 내지 객관주의적 역사철학은 흔히 역사발전을 담당하는 하나의 일관된 준거주체를 상정하는데, 이 주체는 인간집단일 수도 있고 혹은 추상적 개체 내지 세력일 수도 있다. 전자의 예는 가령 '계급'(맑스), '인류' 혹은 종교창시자들이며 후자의 예는 가령 헤겔의 '절대정신' 혹은 '사회' 등이 될 수 있다. 역사목적론에 의하면, 모든 역사현상간의 연관성은 이 준거주체에 의해 정립되고 이 주체를 향해 혹은 그것을 준거로 진행된다. 역사목적론자들은, 말하자면 인류의 보편사를 하나의 주체를 중심으로 설명하고 이 주체 속에 인류역사의 기본구도가 결정되어 있다고 가정하며, 이 기본구도는 보편적·법칙적 단계를 통해 필연적으로 실현된다는 입장이다(베버 당시 이런 유의 각종 '진화론적 단계론들'이 창궐하고 있었다).

특히 진화론의 '자연주의적' 변형 즉 역사 및 사회현상 역시 자연현상과 같이 보편적인 법칙성의 관점에서 파악될 수 있고 따라서 폐쇄적인 이론체계로 표현될 수 있다고 믿는 '자연주의적 일원론'을 베버는 철저히 거부하고 있으며 이런 자연주의적 진화론들을 '낭만적 사기'로 혹은 매우 해로운 '상표사기'로 간주하고 있다. 왜냐하면 베버의 견해로는 이들은 현실에 대해 우리의 관념이 엮어 내는 논리를 현실 그 자체의 논리인 것으로 간주하기 때문이다. 세계사의 내적인 보편기제에 대한 인식주장이라는 의미에서의 역사적 진화이론은 말하자면 인식론적 '전체주의'를 결과하는데, 이것은 경험적 사실과의 무편견적인 교류를 방해하고 경쟁적인 세계상의 공존을 방해한다. 그래서 베버는 명시화된 가치이념을 바탕으로 엄밀히 한계지어진 인과연계의 범위를 벗어나 보편적인 진리주장을 내세우는 모든 진화이론은, 세속화된 신학에 불과하며 따라서 과학적 담론의 세계에서는 배제되어야만 한다고 역설한다(WL, S.518).

베버가 보는 인류사는 하나의 일관된 법칙에 의해 설명될 수 있는 역사가 아니며 따라서 단 하나만의 법칙실현주체가 있을 수도 없다. 이런 이유에서 그의 역사발전에 대한 설명은 다축적인 구조를 가지고 있으며 복합적인 요소들의 다차원적인 상호교섭이라는 이념에 바탕을 두고 있다. 물론 이러한 상호교섭의 결과가 상대적으로 안정되고 지속적인 체제와 발전방향을 창출하는 것은 사실이고, 그래서 우리가 이런 한정된 인식영역 내에서 부분적이고 개별적인 역사주체를 상정-확인할 수 있으며 이를 이론적으로 체계화할 수는 있다. 따라서 베버는 '발전'을 논할 때면, 역사적 변화과정을 이해하는 데 유용한 가설적 그리고 색출적 구조물이라는 의미에서만 '발전단계'라는 개념을 사용하고 있는 것이다. 그리고 이러한 색출적 의미에서의 발전론 혹은 발전단계론은 베버의 역사적 실질연구의 여러 곳에서 발견될 수 있으며 여기서 베버는 마치 '객관적인 운동법칙'의 확인작업을 하고 있는 듯이 보인다. 이것은 무엇보다도 그의 「고대 및 중세 사회론」에 명확히 드러난다(「고대 문명몰락의 사회적 요인」, 「고대 농업사」, 「도시유형론」 등). 이 연구들에서 베버는 고대 사회의 '조직의 제 단계'를 논하고 있으며 고대 사회의 발전 경향과 몰락과정에 대한 거시사회학적 진단을 서슴지 않고 있다(GASW, S.45).

그러나 역사발전을 하나의 보편적이고 총체적인 주체에서 역사철학적으로 연역해 낼 수 있는 인식능력은 우리에게 주어져 있지 않다는 것이 베버의 입장이다(WL, S.146). 다시 말하여, 베버는 진화론적이고 일직선적인 발전론을 다차원적인 역사적 분석틀로 해체시키고 있다. 베버가 "두 가지 길밖에 없다. 헤겔의 길 아니면 우리 자신의 접근방법"이라고 했을 때 의미한 바는 아마 이것일 것이다. 그러나 이것이 곧 베버가 객관주의적 역사철학 내지 자연주의적 진화단계론에 대한 다른 하나의 극단적 대안, 즉 역사주의적 대안을 취했음을 의미하지는 않는다. 특히 독일에 뿌리를 둔 '역사주의'는 낭만주의적 전통과 깊이 연관되어 있으며 따라서 반계몽주의적 성향이 강한 이념으로서, 인간 및 역사현상이 가진 합리성 내지 규칙성을 부인하고 그 대신 이들의 개별성 내지 유일성을 강조하며 이런 의미에서 반이론적이고 반개념적인 기본입장을 취하고 있다. 베버는 자연주의와 역사주의라는 두 모델 중 어느 하나도 사회현상의 특이성을 파악하지 못하고 있다는 관점에서 출발하면서, 사회 및 인간현상을 하나의 독특한 고유영역으로 간주한다. 즉 그는 자연주의적 일원론도, 역사주의적 반이론도 거부하며 일반법칙적 자연과학도, 일회적 사건의 '역사'도 아닌 독특한 '사회 내지 문화과학' 혹은 '현실과학'의 정립을 시도한다. 이런 입장에서 그는 한편으로는 엄밀한 개념구성, 이론적 시각, 일반적·경험적 규칙성의 발견과 상정을 문화과학의 정당한 과업이라고 주장하면서, 다른 한편으로는 인간 및 사회현상을 '자연현상'으로 함몰 내지 환원시키려는 모든 실증주의적 내지 자연주의적 시도에 저항한다. 이러한 양면전쟁의 결과로 태어나는 것이 이념형적 방법론을 중심으로 하는 그의 독특한 사회과학방법론이다. 이념형을 둘러싼 지극히 복잡한 논쟁은 여기서 일단 논외로 할 수밖에 없으며, 단지 지금까지의 서술을 종합하면서 베버의 이념형적 방법론에 깔린 기본 의도만을 아래와 같은 두 가지 관점으로 요약하고자 한다. 1)보편이론학파와 역사학파 사이의 방법론 논쟁(이것은 그 당시 특히 경제학 내에서 격렬히 진행되고 있었다)을 해결하려는 의도. 2)헤겔의 유산이고 맑스에 의해 계승된 객관주의적 역사철학을 극복하기 위한 전략. 즉 경험적 역사와는 구분되는 '이념형적 발전사'를 구성하려는 시도. 위에서 예를 든 베버의 다양한 발전론적 구도들의 기본성격 역시 이념형적인 것이며 또 이러한 발전사들을 하나의 체계적 틀로 묶는 그의 '합리화론'(다음 장 참조) 역시 같은 성격을 지니고 있다.

이런 관점에서 베버는 맑스의 역사적 일반화, 그의 개념과 발전법칙을 '필연적'이고 '실재적'인 기제들이 아니라, 거시적 '경향'에 대한 '이념형'으로 이해해야 한다고 주장하며(그리고 맑스 역시 자신의 개념들의 성격과 기능을 이렇게 이해하고 있었음을 우리는 그의 초기 저작 『독일 이데올로기』에서 발견할 수 있다. 특히 MEW 3 : 27) 또 이렇게 해석할 때에 한하여 맑스적인 구도와 발상은 '천재적'이라고 할 수 있다는 의견이다. 이러한 문화과학적 이념형은 본질적으로 항상 대체 가능하고 변화될 수 있으며 또 되어야만 한다(WL, S.184).

그러나 위에서도 서술했듯, 베버가 맑스의 근대 진단 및 이와 연관된 그의 사회이론에 대해 가하는 비판은 비단 방금 언급된 맑스의 역사관의 법칙적 발전론에 국한되는 것이 아니다. 그의 비판은 바로 이 발전론의 내용적 핵심인 경제적 생산노동의 절대화도 그 대상으로 하고 있다. 사실, 사회현상의 경제주의적 해석은 그 당시 맑시즘의 독점물이었다기보다는 오히려 매우 일반화된 시각이었다고 볼 수 있다. 베버의 말을 빌리면, "우리는 경제적 사고양식이 모든 영역에서 확산되고 있음을 관찰한다. '정치'의 자리에는 (경제적) 복지정책이, 법적 관계의 자리에는 경제적 권력관계가, 정치사의 자리에는 경제사가 들어섰다"(PS, S.15).

그리고 베버는 이런 경향을 일단은 학문적으로 매우 중요한 발전의 징표라고 보고 있다. 그러나 동시에 베버는 경제주의적 시각이 이룩한 업적의 중요성을 사람들이 너무 과대평가한 나머지, 마치 경제적 '이상'이라는 자율적이고, 자명한 영역이 따로 있는 것으로 상정하고, 이 이상에 따라 정치·사회적 영역이 결정되는 것으로 믿는 경향이 팽배하고 있음을 지적하면서, 이 경향이 내포하고 있는 위험을 엄중히 경고하고 있다. 이런 경향은, 마치 플라톤의 야심 즉 지식의 확실한 기반을 철학에서 다지자는 야심이 이제 경제학 내지는 좀더 넓게는 사회과학 일반에서 실현될 수 있다는 환상의 결과이다. 그러나 철학에서와 같이, 이 새로운 플라톤적 야심의 경제주의적 혹은 사회과학적 변형도 "가치기준의 혼란"로 치달을 것인데, 이 혼란은 경제고유의 수단으로는 해결될 수 없는 것이다(PS, S.16).

그러나 베버의 이러한 통찰은 단순히 그 당시 학계에서 관찰될 수 있었던 경제주의적 해석의 과대평가 현상에 대한 비판에서만 나온 것은 아니다. 이 통찰은 맑스에 버금가는 또 하나의 '혁명적' 근대 진단을 제시하고 있던 니체의 비판적 수용을 통해 그가 형성하는 근대성의 본질에 대한 또 하나의 인식에서 유래하는 것이다.

③ 니체의 '가치혁명' 내지 '니힐리즘'

니체가 서구 문명 발전의 종착점으로서의 근대 사회에 내리는 진단은 잘 알려져 있다시피, '신의 사망선고'로 시작된다(Nietzsche, 1980. 물론 종교비판 내지 종교부정의 경향은 니체 훨씬 전 계몽주의 시대에 이미 시작되었음은 주지의 사실이다). 이 사망선고를 베버는 아래와 같이 해석하고 있다. 즉 수천 년 동안 서구 문화를 지배해 왔던, 절대-유일신에 바탕을 둔 통일되고 총체적인 세계상은 '신의 사망'과 함께 와해되고 이제 또 한 번 고대와 같은 '다신교'의 시대가 도래했다는 것이다. 그러나 이렇게 해체된 유일신에서 태어나는 여러 신들은 여호와 같은 인격신도 고대와 같은 신화적 신도 아니라 비인격적 '가치'의 모습을 띠고 있으며, 그래서 이 새로운 다신교는 '가치의 다신교'(WL, S.507)이다. 베버는 이 이념을 '세계의 탈주술화'의 완료라는 명제로 표현하고 있다(RS I, S.941). "많은 옛 신들이, 탈주술화되고 그래서 이제는 비인격적인 힘의 형태를 띤 채, 그들의 무덤에서 기어 나와 우리의 삶을 지배하려고 시도하며 서로 그들의 영원한 투쟁을 다시 시작하고 있다"(WL, S.605).

그러나 니체의 사망선고는 신에게만 내려지는 것이 아니라, 그 전까지의 모든 가치들도 그 대상으로 하고 있으며 이런 의미에서 니체는 "모든 가치의 전도 즉 '가치혁명'"을 주창하고 있다. 그리고 이 '전도'의 핵심은, 계몽주의에 깔려 있던 믿음 즉 이성에 근거를 둔 '과학'은 곧 '진보'를 낳는다는 믿음의 와해이며 이는 곧 계몽주의적 '이성'의 사망선고라고 볼 수도 있다. 왜냐하면 계몽주의가 가진 역사적 진보에 대한 확신은 인간의 이성적 잠재력에 바탕을 두고 있었고, 이 잠재력의 극치는 곧 근대 과학이기 때문이다. 이 낙관주의적 확신이 암시하는 바는, 역사의 '진화' 및 과학의 발전 그 자체가 단순한 물질적 생존 조건의 개선뿐 아니라, '행복', '생의 의미'와 같은 인간의 근본문제들까지도 궁극적으로 해결해 줄 것이라는 것이었다. 니체가 소위 '이성' 뒤에 숨은 '권력의지'를 폭로하고 이성은 단지 '허구'에 불과함을 밝힘으로써 내리는 이성의 사망선고는 바로 이러한 확신 즉 역사와 과학의 발전이 '의미'의 문제까지도 풀어 주리라는 확신의 포기를 강요한다. 이와 함께 '역사'와 '과학' 그 자체는 '무의미'(물론 여기서는 '가치가 없다'라는 뜻에서가 아니라 단지 그 자체에 내재하는 의미가 없다는 뜻)하게 되는 것이다. 베버는 니체의 이러한 진단을 받아들이고 있다. "사람들이 소박한 낙관주의에서 과학 및 이에 바탕을 둔 삶의 통제기술을 행복에의 길이라고 찬양했다는 사실. 이런 소박한 낙관주의는, '행복'을 발명한 '마지막 인간들'에 대한 니체의 결정적인 비판이 있은 후 이제 더 이상 언급할 가치조차 없다고 보아도 무방하리라. 도대체 누가 아직도 그런 믿음을 가지고 있는가? 강단 위에 서 있는, 혹은 신문편집실에 있는 몇몇 '큰 아이들'을 제외하면"(WL, S.598).

니체의 이러한 '가치혁명'을 받아들일 경우, '의미'에 관한 한 이제 역사는 폐허화되어 버린다. 물론 현대는 그 어느 때보다도 많은 역사적 지식을 축적한 시대이나, 동시에 현대는 역사에 내재하는 의미에 대해서는 그 어느 때보다도 확실성을 결여하고 있는 시대인 것이다. 즉 역사에 대한 실증적 지식의 확대는 역설적으로 이 역사의 궁극적 '의미'에 대한 신념의 기반을 갉아먹으며 모든 사회 및 문화현상의 '역사성' 내지 상대성을 수용할 것을 요구하게 되는 것이다. 이것이 바로 베버가 봉착했던 —— 그리고 베버에 의하면 현대인 일반이 봉착하는 —— 딜레마이다. 모든 역사가 회의의 대상이 되었음에도 불구하고, 혹은 바로 그렇기 때문에 근대 사회 및 근대적 인간유형에 대해 우리는 종국에는 '역사적' 근거를 가진(즉 형이상학적 · 신학적 근거가 아니라) 진단을 내릴 수밖에 없다는 딜레마이다.

그럼 니체가 제시하는, 지금까지의 모든 역사적 확실성의 허무주의적 파괴 내지 해체가 야기하는 상기한 딜레마에 베버는 어떻게 대처하는가? 베버는 자신 앞에 놓인 이 '의미의 폐허'를 의식적으로 그리고 냉철히 자신의 영역으로 받아들임으로써 '그래도 혹은 그럼에도 불구하고 역사는 가능하다'는 입장을 취한다. 베버의 현대 사회 —— 이것은 곧 우리의 사회이기도 하다 —— 의 진단은 본질적으로 '역사적'이다. 그러나 그는 자신의 분석적 시각이 하나의 폐허 위를 조망하고 있음을 결코 잊지 않았고 또 우리로 하여금 잊지 않게 하고 있다. 이 폐허는 그 자체가 단편적이며 개괄할 수 없으며 또 무의미한 것이다(Peukert, 1989, S.17). 현대 사회에서 과거, 현재, 미래를 서로 연결해 주는 어떤 하나의 요소라도 있다면, 그것은 다름아니라 바로 이 혼란성 그 자체이다. 바로 그렇기 때문에 역사 혹은 근대 사회의 진단이 성립되는 유일한 길은, 우리가 '우리'의 가치이념을 바탕으로 이 역사에 혹은 근대에 '의미'를 부과할 때뿐이다. "역사(혹은 세계사(世界事)의 의미를 우리는 이 역사의(과학적 — 필자 주) 탐구에서는 —— 이 탐구가 아무리 철저하고 또 그 결과가 아무리 완벽하더라도 —— 읽어 낼 수 없으며, 우리 스스로가 이 의미를 창출할 수 있어야만 한다는 사실을 통찰하는 것, 이것이 인식의 열매를 따먹은 시대의 운명이다"(WL, S.154).

근대의 이러한 정신적 생존조건하에서 우리가 택할 수 있는 유일한 존재방식을 베버는 "신도, 예언자도 없는 시대"에서 좌절하지 않고 이겨 내는 것(WL, S.610)이라고 규정했다. 그리고 이 점에서 니체와 베버의 결정적인 차이점이 노정되는데, 베버는 동일한 근대 진단에서 니체와는 상이한 결론을 이끌어 내고 있기 때문이다. 베버는, 결국에는 예언자적인 것에 머무르고 마는 니체의 철학적 열정 대신에, '그럼에도 불구하고' 즉 이 '모든 무의미성에도 불구하고'를 주장한다. 이와 함께 베버는 두 가지 측면에서 니체의 도전에 응하고 있다. 한편으로 그는 니체의 신의 사망선고를 받아들이면서 이 명제를 문명 비판적·철학적 차원에서 '세계의 탈주술화' 내지 '합리화'라는 사회학적 차원의 명제로 전환시키고 있다. 다른 한편으로 베버는 신을 모르는 세계에 대한 니체의 처방제의를 거부하고 있다. 왜냐하면 베버는 니체의 '초인'의 대두에 대한 예언자적 열정을 택하지 않고 서구 합리화 과정에 대한 사회과학적 병리학자 내지 해부학자의 냉정함을 택하기 때문이다. 즉 베버는 니체의 심미주의적 과학해체를 끝까지 거부하며 자신의, 또 우리의 학문적 담론능력을 유지하려고 노력한다. 니체의 가치철학은 개인적으로도 비극적인 결말을 볼 뿐 아니라, 사상사적으로도 베버 당시 풍미하던 사조인, 소위 '신을 잃은 성자들'의 정치 및 과학으로부터의 반합리주의적 · 생명주의적 도피에 그 철학적 빌미를 제공해 주고 마는 것이다(이러한 사조가 후의 히틀러의 등장을 가능하게 한 하나의 정신사적 요인이다). 그에 반해 베버는, "모든 희망의 전적인 좌절도 견디어 낼 수 있는 마음의 견고성"을 정치에서나 학문에서나 요구하고 있는 것이다(PS, S.560).

이렇게 볼 때, 베버는 바로 위에서 언급한 것과 같은 근대의 딜레마적 상황에서 자신의 학문의 존재근거를 구한다. 만약 모든 객관적인 의미창출의 자원이 이제 소멸되었다면, 그래서 '가치의 절대적 다신교' 상황에서 '옛 신들이 자신들의 영원한 투쟁'을 이제 다시 전개해야만 한다면, 또 그럼에도 불구하고 이 갈등이 적나라한 '약육강식'으로 나락하지 않도록 하자면, 이 투쟁은 어디를 무대로 또 무엇을 기준으로 수행되어야 할 것인가? 베버는 이 무대와 기준을 일차적으로 근대 학문이 예시하는 방법론적 · 절차적 합리성에서 찾는다. 다시 말하여 학문의 내용적 · 규범적 보편성이 아니라 —— 이것은 가치다신교의 조건하에서는 불가능하다 —— 학문이 요구하는 담론적 규칙의 보편성. 베버에게는 학문은 상호경쟁하는 세계관과 그 궁극적 가치에서 화합할 수 없는 윤리들이 서로 만나고, 논리적 · 방법론적인 규칙의 준수라는 조건하에 서로의 공통점과 불일치점에 대해 이성적으로 명료해질 수 있는 유일한 담론의 무대인 것이다. 이런 입장에는, 인간의 인식은 근본적으로 "담론적, 개념적인 성격"(WL, S.195)을 가지고 있으며 이 담론능력의 포괄적인 구현이 곧 근대 학문이라는 명제가 깔려 있다. 그러나 근대의 가치다신교적 존재조건에 대한 베버의 입장이 보여 주듯, 절차적·과정적 합리성에 대한 베버의 이러한 신념은 소박한 '과학지상주의'와는 전혀 무관한 것임은 두말할 나위도 없다. 베버에 의하면, 한 학문적 연구가 도대체 "알 가치가 있다는 의미에서 중요한"지 여부를 결정하기 위한 기준 내지 근거는 학문 내적으로는 도출될 수 없고, "삶에 대한 자신의 궁극적인 입장"에 의해서만 결정될 수 있다(WL, S.171). 이러한 '가치연관'에 대한 명료성이 주어져야만 비로소 학문의 합리화적 역할이 가능해지는 것이다.

더 나아가 베버는 근대 과학도 그 근원에서는 결국 하나의 특정한 가치에 바탕을 두고 있음을 강조하고 있다. 이런 관점에서 베버는 많은 전문학자들간에 확산되어 있던 다음과 같은 견해를 강력히 비판하고 있다. 즉 과학과 세계관(내지 이데올로기)은 서로 엄격히 대립되는 두 가지 현상이라는 견해. 고전경제학을 예로 그는, 과학 자체가 하나의 특정한 '세계관'임을 보여 주고 있다. 왜냐하면, 과학은 "현실의 이론적 그리고 실천적 합리화 가능성에 대한 낙관적 믿음"(WL, S.185)이라는 형태의 세계관에 근거를 두고 있기 때문이다. 다시 말하여 사회적·종교적 혹은 정치적으로 강요된 사고 및 표현의 관습에서 스스로를 해방시킨 과학 그 자체도 종국에 가서는 하나의 궁극적인 '가치구속성'에 바탕을 둘 수밖에 없다. 과학을 구속하는 가장 보편적인 차원의 가치는 '진리의 가치'이며, 이 가치의 서구 근대 과학 특유의 표현양식은 '경험적 진리의 가치'라는 것이다. "모든 경험지식의 객관적인 타당성은, 경험지식만이 우리에게 제공해 줄 수 있는 그런 종류의 진리가 가치 있다라고 전제할 때 비로소 성립되는 것이다. 이런 (경험적)

진리가 충분한 가치가 있다고 여기지 않는 자에게는 —— 그리고 (경험)과학적 진리의 가치에 대한 믿음은 특정한 문화의 산물이지 결코 자연적인 속성은 아니다 —— 우리는 우리의 학문의 수단으로는 아무것도 제공할 수 없다"(WL, S.213).

이렇게 볼 때, 베버는 학문 그 자체를 특정한 가치설정에 근거를 둔 하나의 특수한 실천행위 유형으로 파악하고 있으며 이 실천형태는 극도로 '금욕적인, 자기절제적인' 행위이다. 그러나 이 '가치'를 받아들이고, 그래서 이 과학적 실천행위를 상호소통방식으로 선택하는 모든 이들 즉 과학자들은 이러한 '가치결단'에서 생겨나는 동일한 형식적, 논리적 그리고 방법론적 규범에 예속된다. 즉 "연구자는 여기서나 또 어디서나 우리의 사고의 규범에 구속받는다. 왜냐하면 진리를 원하는 모든 사람에게 타당하고자 하는 진리만이 과학적 진리이기 때문이다"(WL, S.184). 과학을 택하는 가치결단에서 필연적으로 파생하는 것은 "학문적 자기통제라는 기본적인 의무"(WL, S.200)이다. 이러한 입장에서 베버는 계몽주의적 과학신봉과 낭만주의적 · 역사주의적 과학기피를 동시에 겨냥하여, 이들은 공히 "개념과 현실간의 관계를 규명할" 능력이 없다고 비판한다(WL, S.145). 이들이 무능한 가장 중요한 이유는 이들이 바로 개념과 현실의 관계를 '문제가 없는 것으로' 간주하는데 놓여 있다. 이에 반하여 베버는 '개념'과 '현실'의 관계는 원천적인 갈등과 긴장의 관계라고 보며 따라서 학문이란 이 관계를 지속적으로 '문제 삼는' 작업이라고 파악한다. 이를 통해 베버는 한편으로는 학자들의 인식론적인 소박성을 파기하고 다른 한편으로는 '개념을 만드는 자들의 오만'을 폭로하고 배격하고자 한다. 이들의 오만 중의 하나는, '현실'이 자신들의 개념에 부합하도록 움직여야 한다는 믿음이다.

종합컨대, 베버는 그의 사회과학방법론에서(베버 방법론 전반의 엄밀한 분석에 관해서는 이순구 교수의 저서 참조) 아래와 같은 일견 역설적인 현상을 분석하고 있다. (부정적인 의미에서의) 주관적인 요소들이 학문에서 준동하는 경우는 역설적이게도 바로, 문화생활에 대한 절대적으로 객관적인 분석을 수행하고 있다고 주장되는 경우이다. 이러한 '절대적인 객관성'이란 문화과학에서는 있을 수 없는 것이, 왜냐하면 모든 사회·문화과학적 인식은 불가피하게 가치에 근거를 둔 "주관적인 전제조건들에 얽매여 있으며"(WL, S.182), 무엇이 '알 가치'가 있다는 것에 대한 결단을 전제로 하고 있기 때문이다. 그래서 베버가 의미하는 '가치자유'란 결코 '신념이 없는' 혹은 '전제가 없는' 학문을 뜻하는 것이 아니다(WL, S.157, S.175). 오히려 베버는 이 명제를, 순수정신의 자명성을 믿는 "전문학자들의 소박한 자기기만"(WL, S.181)을 비판하기 위한 근거로 삼고 있다. 이렇게 볼 때 그의 학문관은 일종의 '범비판주의적' 성격을 띠고 있으며, 그래서 베버는 호모 아카데미쿠스의 가장 중요한 자격요건을, '상상할 수 있는 가장 엄격한 객관적·학문적 비판'에 스스로를 항상 노정시킬 수 있는 능력에서 찾고 있다(WL, S.158).

지금까지 논의된, 맑스와 니체 사상에 대한 베버의 비판적 수용을 두고 볼 때, 베버는 근대를 일단 포스트맑스 및 포스트니체의 관점에서 진단하고 있다고 결론 내릴 수 있다. 아래에서 필자는 베버의 포스트맑스적 그리고 포스트니체적 근대 진단의 실질내용 및 그 이론적 구도를 간략히 살펴보겠다.

3.막스 베버의 합리화론

1) '문화적' 그리고 '사회적' 합리화 : 가치영역의 분화

근대 진단에서 맑스와 니체를 창조적으로 극복하려는 베버의 시도는 그의 유명한 '합리성' 개념 및 '합리화론'로 귀결된다. 베버는 한편으로는 합리성 개념을 새로이 정립하여 니체가 파괴한 계몽주의적 이성을 경험적 사회과학의 차원으로 '구해 내고' 있다. 이로써 그는 철학적 '이성' 패러다임을 사회과학적 '합리성' 패러다임으로 전환시키게 된다. 다른 한편으로 베버는 '합리화론'을 통해 역사의 '이성적' 의미를 부정하면서도 '역사'와 '이성'의 관계를 '경험적'인 것으로 파악할 수 있는 개념적 · 이론적 장치를 제공한다(Schnädelbach, 1987, S.9). 맑스와 관련해서, 베버는 한편으로는 맑스의 생산-노동 패러다임이 내포하고 있는 본질적 통찰들을 수용하여 자본주의 경제를 노동 및 계급구조를 중심으로 파악하고 있지만, 다른 한편으로 그는 생산-노동 패러다임을 발전적으로 수정-보완하고 있다. 왜냐하면 베버는 '노동-패러다임'을 '사회적 행위 패러다임'으로 확대하고, '물질적 생산' 패러다임을 '물질적 그리고 상징적 (규범적, 가치적) 생산' 패러다임으로 전환시키고 있기 때문이다. 다시 말하여, 맑스의 '사회적 노동'이라는 기본 개념을 베버는 '사회적 행위'라는 기본 개념을 통해 보완-수정하고 있다(Haberams, 1985, S.395).

요약컨대 베버의 합리화론은 크게 두 가지 의미 차원을 가지고 있다. 그 하나는 '문화적' 합리화로서, 여기서는 주로 니체와의 논쟁에서 형성된 세계상의 '탈주술화' 및 '가치의 다신교' 명제가 중심을 이루고 있다. 다른 하나는 '사회적' 합리화로서, 이 합리화 과정은 자본주의 경제구조(주로 맑스의 인식을 수용)와 관료적 근대 국가라는 두 가지 축을 중심으로 분석되고 있다.

베버가 시도한 일련의 패러다임 전환의 출발점은 —— 이미 앞 장에서 암시되었지만 —— 한마디로 생산－노동 패러다임이 가진 아래와 같은 문제점이라고 볼 수 있다. 이 패러다임은 행위 내지 실천의 개념을 너무 협소하게 잡고 있어서, '노동' 혹은 생산물의 창출이라는 단일 활동유형이 인간의 다른 모든 문화적인 표현양식의 총체를 일방적으로 규정하는 결과를 낳는다는 문제점. 다시 말하여, 사회적 실천 내지 행위의 준거점이 가진 다차원적 성격이 이 패러다임에서는 일차원화되어 버린다는 것이다. "행위의 뒤에는 인간이 있다"(WL, S.492)라는 베버의 말이 이 관점을 압축적으로 표현하고 있다. 베버 사회학은 바로 인간행위의 다차원적 규정성에서 출발하고 또 이를 중심으로 전개되고 있으며, 그의 유명한 행위론의 의미 역시 여기에 놓여 있다. 베버는, 주지하다시피 인간의 활동형태를 우선 '주관적 의미'의 부여 내지 의식여부에 따라 '행태'와 '행위'로 구분하고 있다. 이 구분을 통해 베버는 인간행위의 '주관성', 즉 '가치 및 의미지향적' 기본성격을 표현하고 있다. 이 구분은 동시에 인간행위의 실증주의적 그리고 행태주의적(혹은 자연주의적) 획일화 및 계량화에 대한 개념적 제동장치이기도 하다. 그 다음 단계로 베버는 이러한 주관적 행위를 '사회적 행위'와 구분하고 있는데, 이 구분의 기준은 타인지향성 혹은 '상호주관성'이다(여기서 '타인'이란 대자적 개인일 수도, 익명의 다수일 수도 있으며 또 시간적으로도 과거, 현재, 미래를 포용한다. 타인지향성을 베버는 '기대의 기대'상황이라고 부르기도 한다. 즉 나는 내 행위를, 타인의 특정한 행위의도를 '기대'하면서 수행하며 동시에 나는 타인이 나의 이러한 '기대'를 '기대'하고 있음을 알고 행동한다. 바로 이러한 '기대의 기대'상황이 '규범적' 구조를 형성한다). 이러한 기대상황이 상호적일 때 베버는 그 관계를 '사회적 관계'라고 부른다. 베버는 사회학의 출발점은 바로 이런 의미에서의 유의미하고 상호주관적인 '사회적 행위' 내지 '사회적 관계'라고 규정하고 있다(이에 반해 기계적·무의식적 반복활동은 베버에 의하면 가령 '실험심리학'의 주된 대상이다). 타인지향적·상호주관적 사회적 행위의 준거점으로 베버는, 잘 알려져 있다시피 아래 네 가지를 지적하고 있으며 이로써 베버는 행위의 다차원성에 대한 자신의 입장을 구체화하고 있다. 목적합리적·가치합리적·감성적 그리고 전통적 준거점(WG, S.1~13). 준거점의 이러한 이념형적 구분의 근거이자 기준이 곧 베버의 합리성 개념이다. 왜냐하면 베버는 이 유형화를 행위의 구성요소 가운데 '합리적'로 통제된, 즉 의식적이고 체계적으로 통제된 요소의 수에 따라 구성하고 있으며 따라서 이 유형들은 합리성 정도의 차등질서를 형성한다. 여기서 행위의 구성요소란 행위의 '수단', '목적', '가치' 및 '결과' 이 네 가지이며 이 중 어느 것이 합리적 통제의 대상이 되느냐에 따라 합리성의 수준이 결정되며, 이것은 다시 행위의 유형화와 연결된다(Schluchter, 1979, S.192 ; Döbert, 1989, S.213).

① '수단', '목적', '가치' 및 '결과' 네 가지 모두가 의식적·체계적 자기조정의 대상이 될 경우, 그것은 '목적합리적' 행위이며 따라서 이 유형은 합리성의 '사닥다리'의 정점을 차지한다.

② '수단', '목적', '가치', 이 세 가지만이 자기조정될 때, 그것은 '가치합리적' 행위이다.

③ '수단'과 '목적'만이 조정의 대상이 되면 그것은 '감성적' 행위이다.

④ '수단'만이 조정될 수 있을 때 그것은 '전통적' 행위이다.

여기서 볼 수 있듯이, 베버는 행위의 합리성을 일차적으로 행위에 대한 의식적·체계적 자기조정 능력 및, 추가하자면, 이 조정의 '일관성'(RS I, S.537)으로 규정하고 있으며 그런 이상 행위의 합리성은 불가분하게 행위의 '자율성'과 연계된다(졸고, 1986a, 9쪽 이하). 베버의 규범적 가치이념이라고 볼 수 있는 행위자율성은 '외적' 자율 즉 정치·사회적 자율과 동시에 '내적' 자율 즉 가치선택 및 실현의 자율을 포괄한다. 전자는 형식적·객관적 성격의 자유이며 후자는 실질적·주관적 자유인데, 이런 의미에서의 자율은 합리성 실현의 전제조건이 된다. 왜냐하면 행위에 대한 의식적·체계적 자기조정 능력은 행위에 대한 자기결정권이 보장될 때 비로소 주어지는 것이기 때문이다. 다시 말하여, 내·외적 자율성을 지닌 인간 내지 집단만이 합리적으로 행동할 수 있다.

이 맥락에서 우리가 또 하나 주목해야 할 관점은, 상기한 유형들은 '행위'의 준거점뿐 아니라 동시에 사회적 행위의 구조화의 결과로 형성되는 거시적 '가치영역'을 지칭하고 있다는 점이다. 우리는 이 가치영역을 크게 '인지적·기술적', '심미적·표현적', 그리고 '도덕적·실천적' 영역으로 가를 수 있으며(Habermas, 1985, S.9) 이를 상기한 행위의 준거점들과 연결시키면, 인지적·기술적 영역은 '목적합리적' 행위, 심미적·표현적 영역은 '감성적' 행위, 그리고 도덕적·실천적 영역은 '가치합리적' 그리고 '전통적' 행위와 상응한다. 행위의 이러한 총체적 구조를 기준으로 볼 때, 생산노동은 인간행위의 한 부분영역 및 부분유형으로 규정될 수 있으며, 이 유형은 곧 '목적합리적' 행위유형 내지 인지적·기술적 가치영역과 연관된 것이다. 이로써 노동-패러다임의 행위-패러다임으로의 전환의 단서가 마련된다.

막스 베버가 제시하는 서구 문화의 근대 합리화 과정론에 깔린 핵심적 명제는, 그의 합리성 개념이 암시하듯, 한편으로는 '행위'의 차원에서 상기한 행위의 제 구성요소들에 대한 자율적 조정력이 증대해 왔으며, 다른 한편으로 '구조'의 차원에서는 상기한 가치영역들이 상대적 자율성을 지닌 부분체제로 분화해 갔다는 시각이다. 이렇게 내부적으로 분화된 가치영역들은 그전까지 자신들이 함몰되어 있던 문화적 총체성에서 이제 각각 고유한 문제영역을 유리시켜 그것을 '전문적' 성찰의 대상으로 삼는다. 인지영역은 '진리의 문제'(과학의 전문분야), 심미적·표현적 영역은 '취향의 문제'(예술과 문예비평) 및 도덕적·실천적 영역은 '정의의 문제'(법과 윤리). 이 명제를 뒤집어서 풀면, 전근대적 전통 사회에서는 행위의 구성요소에 대한 자율적 통제력이 극히 제한되어 있었으며 또한 가치영역들은 미분화된 채 하나의 총체적 틀 속에 융합되어 있었다고 말 할 수 있다. 이 전통적 틀을 유지해 온 두 가지 기둥을 베버는 '문화'의 차원에서는 신학적·주술적 세계상의 논리에서, '사회'의 차원에서는(바로 신학적 세계상에서 그 정당성을 보장받은) 정치권력의 절대성의 논리에서 찾는다. 이렇게 볼 때, '근대'로의 이행은 이 두 가지 논리의 절대성의 붕괴로 해석될 수 있는데, 이 붕괴는 전자의 경우 세계상의 '탈주술화'를 통해, 후자의 경우는 무엇보다도 부르주아 계급의 부상을 통한 경제권력의 정치권력으로부터의 상대적 해방 즉 자본주의적 체제의 정착을 통해서 시작된다.

이 과정의 결과로 진행되는 상기한 가치영역 분화의 요체를 베버는 ── 이 점에서 칸트를 따르면서 ── "경험적으로 주어진 것과 규범적으로 타당한 것 간의 구분"(RS I, S.266)이라고 표현하고 있으며 이 구분은 다른 모든 분화과정의 기초이다. 다시 말하여, '당위'의 세계와 '존재'의 세계가 이제 각각 상대적 자율성을 얻게 된다(이것을 우리는 자연의 탈사회화, 사회의 탈자연화로 묘사할 수도 있다. 즉 전근대적 사고는, 자연을 자연 그 자체로가 아니라 인간의 관점에서 의인화했고, 사회는 사회 그 자체로서가 아니라 자연의 관점에서 ── 가령 정령, 신 등 ── 자연화했다).

이렇게 분화된 기능체계와 생활구조들은 '자기법칙성'의 지배하에 놓이게 되며 모든 특수기능적인 행위영역들은 각 영역의 고유법칙성에 바탕을 둔 합리화·자율화과정을 겪게 된다(RS I, S.571). 다시 말하여,

그전까지는 하나의 총체성 속에 용해되어 있던 사회의 제 구성영역들이 근대의 시작과 함께 이제 각각 상대적 자율성을 가진 부분영역으로 '분화'되어 나간다는 것이다. 이와 함께, 그전까지는 인간의 모든 문화적·창조적 잠재력이 단 하나의 개념 —— 가령 '신성' 혹은 '이성' —— 의 개념에 용해되어 있었다면, 이제 이 개념도 여러 개의 합리성들로 분해되기 시작하는 것이다. 즉 이성의 총체성이 와해되고 이제 인간이성의 '분열의 시대'가 시작되며, 따라서 우리는 '부분합리성'은 가지지만 이 부분합리성들을 포괄하는 단 하나의 총체적 합리성은 상정할 수 없는 것이다. 물론 이 과정은, 위에서도 언급했듯이 비단 경제영역에만 국한되는 것이 아니라 정치, 문화, 도덕, 예술("예술은 점차 독자적인 가치를 가진 …… 소우주로 구성된다." RS I, S.555) 혹은 성적인 영역에도 적용된다(에로틱이 하나의 '독자적인' 체험대상으로 인정되는 것은 근대에 와서야임은 주지의 사실이다). 우리는 가령 심미적 영역이 도덕적 영역에 대해 얻게 된 근대적 자율성을 아래와 같이 표현할 수 있다. 선하지 않은 것도 아름다울 수 있으며, 아니 더 나아가 바로 선하지 않기 때문에 아름다울 수도 있다. 이것이 우리에게 잘 알려진 베버의 방법론적 기본명제 즉 '개념'과 '현실'간의 메울 수 없는 괴리, '이론'과 '실천'의 분화 내지 '존재'와 '당위'의 구분과, 그의 역사철학적인 기본입장 즉 '진화'와 '역사'의 분화 내지 목적론적 역사관의 거부에 깔린 이론적 바탕이다.

이러한 분리와 함께 개개 가치영역은 비로소 자기성찰적 시각(reflexive Perspektive)를 얻게 되고 그 결과 도덕적·인지적 그리고 심미적 개별 가치영역은 자신이 그전까지 함몰되어 있던 총체적 '생활세계'와의 '자연스러운' 관계를 상실하고 이제 이 관계를 '의도적'로 정립해야 할 '문제'로 의식하게 된다. '자연스러웠던' 규범적 자명성과 타당성들이 이제는 말하자면 '의식적' 정당화의 대상이 되어 버리는 것이다. 즉 그전까지는 '담론'의 자명한 전제조건들이었던 것이, 이제는 담론의 '대상' 그 자체로 등장할 수 있게 된 것이다. 이러한 분화과정의 결과 중의 하나는, 이제 각각의 가치영역은 지속적으로 자신의 존재와 기능의 정당성을 증명해야 할 의무를 지니게 된다는 것이며, 동시에 이 정당성의 근거가 이제는 더 이상 '신적'인 것에도 또 '전통'에도 의존할 수 없이 '자기자신'에서 창출되어야 하는 것이다.

그런데 기능체계들의 자기법칙성 및 자기논리에 의한 합리화는 불가피하게 각 가치영역들간의 갈등과 긴장을 초래한다. 필자가 보기에 ── 이미 위에서 지적했듯이 ── , 가치영역들간의 이러한 갈등관계의 상정 ── 그것도 화해될 수 없는 근원적인 갈등관계의 상정 ── 은 베버 사회학 전반을 관통하는 일관된 이론적 시각이다. 이런 이유에서 필자는 베버 사회학의 기본성격을 일종의 급진적 갈등이론이라고 규정할 수 있다고 보는 것이다. 물론 가치영역간의 긴장관계가 가장 첨예하게 표출되는 역사적 시기는 바로 근대이다. 베버는 이 상황을 앞 장에서 이미 인용한 비유, 즉 옛 신들이 탈주술화되어 비인격적인 힘들의 형태로 '신들의 전쟁'을 다시 시작한다는 비유를 빌려 표현하고 있다. 그래서 근대에 와서는 비단 "계급이해간에만 투쟁이 있는 것이 아니라 세계관들 사이에도 투쟁이 있는 것이다"(WL, S.153).

그러나 바로 이 긴장관계가 근대 사회의 독특한 '역동성'의 근원이며 그래서 근대 문명은 인류역사상 그 전례가 없는 미래 개방적이고 또 끊임없는 '혁신-중독적인' 문화이다. 동시에, 바로 기능체계들의 발전역동력의 자기논리성으로 인해 체계 내적인 행위에 대한 체계 특유의 '중단규칙'이 존재하지 않는다. 가령 경제체계는 경제체계를 중단할 아무런 근거도 가지고 있지 않다. 즉 모든 체계는 '지속', '확대, 강화', '기능수행력의 개선'을 지향한다. 다시 말하여, 부분영역들의 내재적인 수행능력 강화는 그 자기논리성으로 인해 하나의 절대명제로 군림한다. 그러나 이를 통해 한 행위영역에서의 기능의 극대화는 다른 행위영역에서 해결하기 어려운 부수결과를 야기한다(Berger, 1989, S.229).

여기에 서구 근대 문명의 합리화 과정이 가진 역설적 성격이 드러나는 것이다. 그러나 역설의 문제는 또 다른 의미에서도 제기된다. 위에서도 보았듯, 가치영역의 자기논리적 발전의 전제조건은 전통사회에서 구속력 있는 내용적 규범체계로 전영역을 획일적으로 지배했던 종교적 세계상의 탈주술화였다. 이 결과 이제 각 부분영역을 '내용적'으로 규제할 수 있는 어떠한 상위 규범체계도 존재하지 않게 되며, 따라서 각각 특수가치를 실현하는 부분영역간의 대화와 교통의 유일한 길은 '형식'의 보편성 즉 형식합리성이다. 형식합리성은 '내용'을 대상으로 하고 있는 것이 아니라, '주어진' 내용에 대한 협상과 실현의 절차와 과정만을 대상으로 삼는다는 뜻에서 절차 내지 과정합리성이며 또 그런 이상 목적－수단 합리성과 연계된다. 다시 말하여 가치영역의 분화의 구조적 결과는, 역설적으로 모든 사회관계가 하나의 합리성 유형 즉 형식합리성에 의해 규제된다는 것이다. 베버는 이 과정을 모든 사회관계의 '객관화'(혹은 즉물화 내지 물상화. Versachlichung, RS I, S.552)라고 부른다. 그러나 부분영역 가운데서도 이런 의미에서의 사회관계의 객관화 혹은 형식 내지 목적합리화를 가장 필요로 하며 또 가장 조직적으로 실현하는 곳이 '시장'기제(즉 인간을 형식적으로 동등한 구매력단위로 환산하는 기제)에 의존하는 자본주의적 기업과 관료적 기제(즉 인간을 형식적으로 동등한 행정단위로 환산하는 기제)에 의존하는 근대 국가이다. 이제 이와 연관된 합리화의 역설적 성격에 대한 베버의 논의를 살펴보자.

2) 합리화의 역설적 성격 : 자유 상실, 의미 상실

서두에서도 지적했듯이, 베버는 서구 근대 사회의 합리화 과정 그 자체의 해부학적 분석에 못하지 않게 어느 고전 사상가보다도 냉철하고 예리하게 이 합리화의 '병리적' 그리고 역설적 성격을 관찰하고 비판한 사회학자이다. 이 비판적 시각의 요체는, 우리가 앞 장에서 확인한 합리화 과정의 두 가지 차원에 상응하여 아래와 같은 두 가지 관점으로 정리될 수 있다. 첫째, 세계상의 탈주술화를 그 핵으로 하는 문화적 합리화는 근대 인간으로 하여금 '의미 상실'이라는 실존적 위기에 봉착하게 한다. 둘째, 자본주의적 기업과 국가조직의 관료화를 주축으로 하는 사회적 합리화는 근대 인간으로 하여금 '자유 상실'이라는 정치적 그리고 문화적 위기에 봉착하게 한다. 이 두 현상이 역설적인 까닭은, 합리화가 이 두 가지 차원에서 모두 원래는 바로 '해방'을 뜻했기 때문이다. 우선 탈주술화의 경우, 수천 년 동안 인간정신을 지배하고 억압했던 '절대신'에서 '내적'으로 해방됨을 뜻했다. 또한 사회관계의 객관화 및 사회조직의 객관화라는 의미에서의 관료화는 전통 사회가 가졌던, '인간의 인간에 대한 직접적이고 자의적인 지배'로부터의 해방을 뜻했다. 이 두 가지의 근본적인 해방이 이제는 두 가지의 피할 수 없는 족쇄로 변모되는 것이다. 탈주술화와 가치영역의 분화로 야기되는 총체적 생활양식의 해체 및 이 해체의 결과로 이제 우리 각자가 지게 되는 자율적 의미 및 가치창출의 짐을 견디지 못하는 근대인은 다시 신비적·주술적 세계로 도피하거나 아니면 '감흥 없는 향락인간'(RS I, S.204)으로 전락하게 된다(베버는 바로 이런 현대 인간들이 "인간성의 최고봉에 도달했다"는 환상에 빠져 있음을 냉소적으로 지적하고 있다. RS I, S.204). 또한 사회적 행위의 관료적 조직형태의 일방적 관철을 통해, 생활양식 그 자체가 표준화되고 도식화되어(WG, S.561) '개인적 자율'의 폭은 감소되며, 근대인은 관료적 조직 속에서 부품으로 기능하는 '정신이 부재한 전문인'(RS I, S.204)으로 전락한다.

이 결과를 베버는 '새로운 예속의 쇠창살우리'(PS, S.63 ; RS I, S.203 ; GASS, S.502)라고 지칭하며, 근대적 합리화는 종국적으로 그 외양적인 '해방'의 성격에도 불구하고 '지배를 최소화'시키는 것이 아니라 오히려 지배의 강화를 가져올 것이라고 베버는 주장한다. 베버의 이러한 역설론은 한마디로 '행위의 의도와 그 결과간의 역설'로 요약될 수 있다(RS I, S.524). 여기서 베버는 말하자면 일종의 파국이론가적인 면모를 보이고 있다.

관료화 명제 내지 자유 상실 명제와 의미 상실 명제는 서로 밀접히 연관되어 있음이 분명하다. '인간기계'(SS, S.413) 즉 합리적으로 그리고 위계적으로 조직된 대기업, 관청 혹은 군대에서 노동하는 자는, 이 기계의 하나의 부속품으로 전락할 위험을 안고 있는 바, 여기서 이 기계가 사적으로 운영되든 혹은 국영이든, 그리고 그가 어떤 지위를 가지든 이 상황에는 큰 차이가 없는 것이다. 이러한 부속품화의 위험은, 이 기계화에 저항하기 위해 필수적으로 필요한 문화적 자원들이 고갈되면 될수록 더 커지기 마련이다.

베버는 관료화된 사회 즉 관료적 이상과 원칙만이 지배하는 사회는, '교수들로 가득찬' 사회만큼이나 위험하다고 보았는데 이 사회는 "자그마한 직위에 집착하고는 다시 또 조금 더 높은 직책을 얻기 위해 바둥대는 인간들로 가득 차 있게 될 것이기 때문이다." 이런 인간들은 개성을 형성할 능력을 상실한 자들이며 이들은 "기존의 질서가 한 순간이라도 동요하면 불안하고 비겁해지며, 이 질서에 대한 자신들의 절대적인 순응의 궤에서 밀려나면 어쩔 줄 몰라 하는" 인간들이다(SS, S.414). 역설적으로, 한 공동체의 완벽한 관료적 통제는 바로 이 공동체의 관리능력을 극도로 제한하는데, 왜냐하면 이 관료화는 인간들을 그 "내면으로부터" 동기화시키는(WG, S.658) 능력을 지니지 못하기 때문이다(동구 사회주의 체제의 운명은 이것을 웅변으로 보여 주고 있다). 관료화의 특징은, 사회적 행위를 공장식으로 조직하는 것이다. 따라서 근대 국가도, 관료들을 행정수단에서 분리시키는 순간부터 일종의 공장같이 기능한다(WG, S.825). 그러나 이러한 공장조직의 선봉이자 주역은 두말할 나위도 없이 바로 자본주의적 기업이었다. 생산자의 생산수단으로부터의 분리라는 과정은 여기서부터 시작되어 지배-행정수단, '해석수단'(문화-교육) 영역에까지 확대되어 갔으며(베버는 현대의 학자는 '노동자가 생산수단에서 유리된 것과 같이 연구수단에서 유리되고' 있음을 지적하고 있다. WL, S.584) 이것은 곧 모든 조직의 관료화를 초래했던 것이다(SS, S.499). 베버의 이러한 비판적 시각은 그 당시의 자본주의의 발전단계와 무관하지 않다. 베버가 경험한 자본주의는 오스트리아의 사회민주주의자인 루돌프 힐퍼딩(Rudolf Hilferding)이 소위 '조직화된 자본주의'라고 부른 것이었으며, 카르텔의 형성과 기업집중(콘체른), 대기업의 관료화, 강력한 중산층의 형성 및 국가개입의 증대 등이 이 '조직화된 자본주의'의 특징이다. 그래서 베버는 자본주의란 개인의 자유로운 경제행위가 창출하는 준(準)자연적인 평형상태에 기초를 둔다는 자유주의적 경제학의 가정을 비판하면서 자본주의는, 특히 조직화된 자본주의는 개인들의 '경제적 행위'에 근거를 두는 것이 아니라, 법인체로 조직된 '영리기업'들에 의해 지탱되는 것이며 소위 평형상태는 준자연적 상황이 아니라 인위적인 지배의 균형상태라고 주장한다.

3) 막스 베버의 '처방'

베버는 합리화 과정이 초래하는 이러한 역설적인 상황들을 결코 '비합리적인' 수단으로 혹은 비합리주의로 도피함으로써 해결하려고 하지는 않았다. 가령 베버는 톨스토이의 기독교적 평화주의 혹은 초기 루카치의 구원론적 사회주의 등의 열정적, 그리고 이런 의미에서 비합리적 윤리적인 모델들에 진지한 관심을 보였지만, 이 모델들을 탈주술화되고 물상화된 근대 사회에서는 이미 그 구속력이 없어진 구원종교의 형제애 윤리의 세속적 대용물들로 간주하고 거부한다. 오히려 베버는 합리화의 역설들에 대해 우리는 여전히 '합리적'인 수단만으로 대응할 수 있다고 믿었으며 이 합리적인 수단은 크게 '학문'과 '정치'이다. 주지하다시피 베버는 죽기 얼마 전인 1917~1919년 사이에 뮌헨 대학에서 바로 이 두 가지 영역에 대해 강연을 한 바 있다.

우선 '학문'의 경우를 살펴보면, 베버는 근대 학문이 자본주의적 문화에 비판적 거리를 유지하게 하는 거의 유일한 가치영역이라고 보는 듯하다. 동시에 학문은, 강철 같은 우리의 중압에 못 이겨 감성적 '주관적 체험'을 찾아 헤매는 비합리적인 경향(WL, S.605) 및 자신의 주관적 내면으로 망명하는 경향을 약화시킬 수 있는 힘이다. 왜냐하면 학문은 비판적·실험적 사고양식을 배양할 수 있으며 무엇보다도 '지적인 성실성'(RS I, S.569 ; WL, S.613)을 조장하기 때문이다.

정치의 경우에도 베버는 학문의 경우와 같이, "삶의 현실에 대한, 훈련된 냉철한 시각"(PS, S.558)을 요구하고 있다. 그리고 이 근대적 삶의 현실의 구조적 요체는, 바로 앞 장에서 논한 바 있는 가치영역들의 분화와 고유논리에 따른 발전이 야기하는 지속적인 긴장과 역동성이다. 이에 상응하여 베버가 제시하는 정치적·제도적 대응책은, 어떻게 이러한 긴장과 역동성의 틀 내에서 합리화의 역설적 현상들이 효과적으로 규제될 수 있느냐는 문제에 그 초점이 맞추어져 있다. 가령 고도산업화된 대중사회로 발전한 현대 문명이란 조건하에서 우리는 관료화의 철폐를 시도할 수도 기대할 수도 없으며, 단지 우리는 그것을 제도적으로 통제할 수 있을 뿐이다. 그중 특히 그 영향력이 막대하고 포괄적인 국가관료제의 통제를 위해서는 강력한 의회가 필요하다. 강력한 의회는 국민과, 정부관료와 의회간의 지속적인 대화를 강요하고 또 보장할 것이다. 특히 국정조사권의 강화와 확립을 통해 의회는 수시로 정부로 하여금 국민과 의회에 대해 자신들의 정책을 정당화하고 설명하게 해야 한다(PS, S.399, S.353). 이를 통해 베버는 말하자면 행정행위를 지속적인 '정당화'의 압력하에 예속시키고자 하는 것이다. 관료화에 대한 통제장치로서 제시된 그의 유명한 '카리스마적 지도자론'도 이러한 강력한 의회를 바탕으로 이해되어야만 하며 그렇게 할 때 비로소 우리는 이 명제를 전체주의적 혹은 독재적 지도자와 연계시키는 오류를 피할 수 있다. 베버가 요구하는 카리스마적 지도자는 말하자면 '의회주의적 카리스마'이지 결코 선동적 카리스마가 아니다. 이러한 지도자의 필요성은, 바로 의회 자체가 경우에 따라서는 관료 및 자본가계급과 연대하여 국민에 반하는 조직으로 전락할 수 있기 때문이다. 이런 맥락하에서 베버가 언론제도에 관해 가졌던 지대한 관심은 주목할 만하다(불행히도 베버는 이 중요한 대규모 연구계획을 수행할 기회를 갖지 못했다).

그러나 베버가 관료화 문제의 해결책으로 제시한 것은 비단 의회주의를 통한 정치적 리더십의 확보만이 아니다. 베버는 의회주의 못지않게 노동자의 자율조직을 관료제의 중요한 대항세력으로 간주했으며——이 관점은 잘 알려져 있지 않다——, 그래서 베버는 의회주의자이자 '노동조합주의자'가 된다. 베버는 거대조직들이 확산되고 모든 생활영역이 관료화해 가는 사회, 동시에 적대적이고 시장에 의해 조정되는 사회에서 어떻게 우리는 '개성'을 발전시키고 보존할 수 있는가라는 자신의 근본적인 문제제기에 대한 답으로 자율조직(Selbstorganisation)의 전반적인 관철을 제시하면서, 자율조직을 그 자체로서 하나의 지고 한 '문화적 가치'로 간주했다.

베버는 계급이해를 초월해 있다고 잘못 간주되는 국가에 의한 갈등 해결이 아니라 사회적 집단들이 법적으로 대등한 이익대변단체들로 조직되어 벌이는 투쟁을 통한 갈등해결을 지지한다. 그래서 베버는 노동조합의 강화와 이것의 경영자조직과의 법적 동등화를 강력히 요구했으며, 특히 노동자들의 자율적 결사권을 제한하고 있는 법조항들의 폐기를 지지했다(Mommsen, S.197, S.107~132). 이 맥락에서 주목할 것은 베버가 노동자의 자율조직문제를 '사회경제적' 관점에서 못하지 않게 또 '문화적' 관점에서 바라보고 있다는 점이다. 왜냐하면, 노동자층의 자율조직(베버는 '자발주의 Voluntarismus'라는 개념도 자주 쓴다)은 한편으로는 관료적으로 조직된 복지국가와 다른 한편으로는 점점 늘어나는 대기업이라는 이 두 가지 거대세력군에 대한 하나의 대항세력을 형성해야 한다는 것이 베버의 입장이지만, 그러나 베버는 이것을 반드시 물질적인 성공 전망과 연결시키지만은 않고 있기 때문이다. 되풀이해서 베버는 자신에게 노동조합은 그 자체로서 가치가 있는 것이라고 선언했다. "내 개인적으로는 솔직히, 노동조합이 공개적 투쟁에서 실제로 얼마나 많은 것을 성취하는지 여부를 떠나서, 노동조합은 그 자체로서 가치가 있는 것이라는 입장이다"(1905년 뮌헨에서 있은 '사회정책협회' 총회에서의 토론발언. *Schriften des Vereins für Sozialpolitik*, Bd. S.116, S.1906). 베버는 소위 노동자계급을 대변하고 있다는 사회민주주의당의 심각한 관료화 경향을 비판하면서 이 경향에 대한 대항세력으로서의 노동조합의 이러한 자체가치를 강조하고 있다. "사회민주주의 당 내에서 이상주의적 헌신과 이상주의적 신념의 유일한 저장고는, 독일적 상황하에서는 노동조합이며 또 앞으로도 그러할 것이다. 그래서 나는 노동조합의 본질을 위협하는 모든 시도를 거부한다. 설사 이런 시도가 노동자들의 물질적 이해증진이라는 명분을 내세우는 경우라도"(위의 책). 반관료주의적 베버의 성향이 여기서 또 한 번 분명히 드러난다.

그러나 이에 못하지 않게 베버는 권위주의국가적 색채를 띤 노동관련법과 공무원법이 인격구조에 미치는 영향에 대해 관심을 가졌다. 1912년 11월에 그가 배부한 사회정책 팜플렛에서 베버는 위의 문제에 대해 아래와 같이 비판하고 있다. "공기업 및 사기업의 온갖 종류의 준공무원적인 사무직 고용인들의 지속적인 증대로 인해 이미 수백만을 포용하는 하나의 계급이 탄생했는데, 이 계급은 그들의 생존조건으로 인해 자신들의 개성발전에서 부분적으로는 노동자계급의 상층부보다 더 심각하게 위협받고 있으며, 이들은 이러한 개성발전에 대한 하찮은 대용물들에 안주하여 특히 아래와 같은 위험에 처해 있다. 즉 가장 내면적인 의미에서의 문화가 부재할 뿐 아니라, 억압과 충족되지 않은 요구들이 혼합된 상태로 사육되어 가는, 정신적으로 비자주적인 인간들의 군집으로 나락할 위험". 베버에게 중요한 것은, 노동자들도 하나의 계급으로서 다른 사회적 계급들에 대비되는 하나의 독자적인 문화적인 자기정체성을 형성해야 한다는 것이다. 이런 의미에서 그는 "동료애와 계급의식"은 "그 자체로서 문화가치"라고 선언하고 있다. 이런 시각에서 베버는 관료화 내지 전문인간 유형의 탄생, 그리고 사회민주주의당의 경우, '당 봉록수령자층'의 탄생과정과 이들이 가진 '복지부동화'의 경향을 날카롭게 분석했다. 사회정책적으로 베버는 위에서도 언급했듯이, 이러한 부동화에 대한 저항세력으로 대등한 사회집단들이 자신들의 이해관계와 동시에 관료적 경직화와 '당보수주의적 전략'을 넘어서는 자신의 계급특유의 '이상들' —— 이 이상들은 역사적으로 변할 수 있다 —— 을 위해 자유로이 투쟁할 것을 요구하고 있는 것이다(AfSS 20(1905), S.551).

베버는 1912년 이러한 문화정책적 의도에서 자신과 같은 생각을 가진 일단의 경제학자와 사회학자를 조직하려고 시도했으며, 그 목적은 최고도의 자치와 자율조직의 관철을 위한 "가능한 한 포괄적인 사회정책적인 좌파의 기본지침들"을 작성하는 것이었다. 그가 접촉한 학자들 중에는 가령 자유주의적 사회개혁주의의 대부였던 브렌타노(L. Brentano), 뷔허(K. Bücher), 퇴니스(F. Tönnies) 등이 포함되어 있었다. 그러나 이 계획은 실패로 끝이 났다. 그 원인은, 가령 보호관세문제와 사회민주주의자들의 참여문제 등에 대한 의견차이뿐 아니라, 무엇보다도 도대체 이러한 구상이 얼마나 실현가능하며 또 현실 적합적인지라는 문제에 대한 이견이었다. 가령 브렌타노는 노동자의 자율조직보다는 오히려 국가의 감독하에 노동자 및 자본가의 조합주의적인 조직화를 선호했다. 다른 학자들은, "자유의 원칙과 개성의 발전을 경제생활에서 다시금 활성화"시키자는 시도 자체에는 찬성하지만 그것의 실현가능성에 대해서는 심각한 회의를 표명했다. 즉 "고도 자본주의의 상황하에서는 개성주의와 자유는 불가능하다"는 것이다. 심지어 가장 개성주의적이고 창조적인 인간들인 기업가와 예술가들마저도 온갖 종류의 조직, 협회, 기구들에 의해 전적으로 구속당하고 있는 판에 어떻게 노동자대중 다수가 개성주의와 자유를 구현할 수 있겠는가라는 것이다. 베버의 시도가 실패로 끝났다는 사실은 1900년대의 자유주의적 사회개혁가들이 처해 있던 딜레마 상황을 여실히 보여 주고 있다. 이들은 더 많은 자치와 자율조직의 필요성은 충분히 인식하고 있었지만, 동시에 '생디칼리슴', 국유화 등의 막강한 경향 앞에 결국 굴복하고 말았던 것이다.

그러나 베버 자신은 끝까지 이러한 체념적 패배주의에 동참하지 않았다고 보는 것이 옳을 것이다. 왜냐하면 베버가 노동조합주의를 지지한 것은 궁극적으로 그것이 시민의식과 시민적 행위양식에 대해 가진 교육효과와, 또한 그것이 다수 대중에게 어떻게 정치적으로 사고하고 행동하는가를 가르칠 수 있는 실제적인 효과에 대한 기대 때문이었다

(Lawrence A. Scaff, "Max Weber's politics and political Education", *American Political Science Review*, vol. 67 1973, pp.128~141). 베버는 말하자면 노동조합운동이 정치적 선택과 참여의 냉철하고도 열정적인 행동의 장(場)에 대중들을 노정시키고 단련시키는 과정이라고 믿었던 것이다(Scaff, 1974). 이러한 베버의 입장은 아래 인용문에 잘 표현되고 있다. "민주주의와 자유는 한 민족이 양떼 같이 지배당하지 않겠다는 확고히 정립된 의지를 가지고 있는 곳에서만 가능하다. 우리가 '개성주의자'이고 민주적 제도의 옹호자이고자 하는 것은 물질적 이해관계의 '발전 주류'가 이와는(즉 개성주의와 민주주의) 반대되는 방향으로 나아가고 있기 때문이다"(PS, S.61).

지금까지 서술된 모든 파행적이고 역설적인 합리화 과정의 결과에도 불구하고 베버는 합리화의 과정을 통해 가능해진 우리의 인지적 통찰력의 증가, 기술적인 발전, 행위 가능성의 확대 등을 정확히 감지하고 있으며, 그는 합리화 과정이 가져다 준 일련의 포기될 수 없는 유산들을 명확히 지적하고 근대 시민사회의 이상들이 지니고 있는 창조적 잠재력을 높이 평가한다.

그러나 베버는 무엇보다도 근대적 합리화가 내포하고 있는 한 가지 '가치'에 집착하고 있다. 즉, 자율적 인격체로서의 인간 개개인의 자유. 베버는 자율에 대한 욕구를 인간의 원초적인 욕구로 보며 자율은 인간에게 '마적인 힘'을 발휘하는 가치라고 간주한다. 베버는 자율성이라는 가치가 근대의 탈주술화된 가치다신교적 조건에도 불구하고 하나의 '보편적인' 판단기준을 제공하는 핵심적인 준거점이라고 믿는다. 그리고 자율성만이 탈주술화 시대에서의 실천의 아래와 같은 두 가지 차원, 즉 보편성과 다원성의 차원을 함께 허용하고 가능하게 하는 윤리적 기초이다. ① 원칙을 근거로 도덕적 판단을 내릴 수 있게 하면서, ② 동시에 자신들의 도덕적 통찰에 따라 행동할 수 있게 하는 '실천'.

그래서 베버는 단호히 선언하기를, "'인권'시대에 얻은 이 자유들이 없이도 오늘날 우리가 살 수 있으리라는 생각은 매우 조잡한 자기기만이다"(PS, S.333). 다시 말하여, 베버는 위에서 서술한 합리화의 역설이 자유에 대한 위협을 내장하고 있음을 보면서 동시에 이 합리화 과정에서 자유의 확대를 위한 절호의 기회도 전망했으며 특히 러시아와 미국에서의 변혁을 근거로 베버는 이 희망을 표명하고 있다(PS, S.66).

그러나 이 자유는, 이미 인용했듯이 "양떼 같이 지배당하지 않고 민주적 제도의 옹호를 위해 투쟁함으로써"(PS, S.61)만, 즉 '갈등'과 '투쟁'을 통해서만 보장될 수 있다. 그렇지 않고 만약 우리가 이 자유의 가치가 물질적 이해관계의 어떤 법칙적 발전의 결과로(가령 사회주의로의 이행) 우리에게 저절로 굴러 들어오기를 혹은 유지되기를 기다린다면 우리는 어김없이 바로 이 가치 자체를 잃어버릴 것이다. 왜냐하면 바로 이 물질적 이해관계의 발전 방향은 우리를 하나의 '새로운 예속의 쇠창살우리'로 몰아넣고 있기 때문이다(PS, S.63).

이러한 관점이 베버가 그 당시 자유주의 및 사회민주주의에 대해 가한 엄정한 비판의 근거이다. 베버의 눈에는 그 당시 지도급 엘리트들은 바로 이 '투쟁'을 거부하는 '정치적 속물들과 기술자들'(PS, S.557) 및 환상가로서의 극좌파들로 구성되어 있었다. 가령 사회민주당은 경직화되고 도식화된 맑스주의의 기계적 주입에만 급급하며 바로 이 과정에서 맑스 사상의 가장 중요한 가치기반인 사상의 자유 그 자체를 억압하고 있다는 것이다. 베버가 생각하는 정치교육의 핵심적 임무는 민중에게 '불가침의 인권사상'을 근대인의 가치로 주지시키는 것이다. 그러나 그 당시의 자유주의는 베버에 의하면 이 임무를 수행하지 못하고 있을 뿐 아니라(PS, S.65) 오히려 정반대되는 경향을 보이고 있었다. 즉 자유주의자들은 '너무 많은 민주주의와 개인주의'에 대한 불안에 사로잡혀 있다는 것이다.

자유를 위한 의식적, 적극적 투쟁에 대한 베버의 이러한 열정은 기실 하나의 역사적 인식에 바탕을 두고 있다. 즉 근대적 자유와 인권은 유일무이한 특수한 역사적 조건의 산물이었을 뿐, 어떤 필연적인 역사 발전의 결과는 아니라는 인식. 그래서 베버는 자본주의도 사회주의도 민주주의와 '선택적 친화력'을 가진 것으로 보지 않았다. 그러나 우리가 니체의 영향을 논하는 과정에서 보았듯이, 베버는 이 자유의 가치를 어떠한 신화적·형이상학적 혹은 종교적 초월체에도 근거짓지 않으며, 또 실체화하지도 않고 있다. 종교적 위안도 없이, 진보에 대한 낙관도 없이, 위대한 예언자도 없이, 즉 자신의 삶의 의미에 대한 아무런 확실성도 없이, 그럼에도 불구하고 자신의 삶의 설계를 고안해 내는 것. 이것이 탈주술화된 시대의 '운명'이며, 우리는 '시대의 운명을 직시하는' 용기를 가져야만 한다는 것이 베버의 요구이다(WL, S.605). 다시 말하여, 베버의 문화비판은 비관주의로 전락하지는 않는다. 어떤 비통, 처량함, 푸념도 우리는 그에게서 발견할 수 없다. 베버는 유토피아는 "어느 곳에도 없다"라는, 말하자면 '학문적 금욕주의'를 주장하면서 맑스도, 니체도 따르기를 거부한다. 이 금욕주의자의 과업은 과거, 현재, 미래가 보여 주는 폐허 더미에서, 그래도 '유의미'한 오솔길을 찾아내는 것이다. 이렇게 볼 때, 베버의 '직업으로서의 학문관'은 냉철함 즉 모든 정열 중 가장 차가운 정열인 냉철함에 대한 호소라고 볼 수 있다

바로 이런 냉철함을 가지고 자신의 문화를 해부했기 때문에 베버는, "인간성의 최고봉에 도달했다"는 (서구의) 근대인들의 이 "하잘것없는, 감흥을 잃은 향락인간 혹은 정신이 부재한 전문인간"들의 오만과 환상을 공유할 수 없었다. 베버는 오히려 근대가 낳은 자율이라는 가치를 다른 객관적인 구조와 제도의 공격으로부터 보호해야 한다는 절박감 속에 있었다. 즉 우리는 우리가 도달한 근대성의 바탕 위에서 바로 이 근대성의 결과에 대해 거의 절망적인 투쟁을 하지 않을 수 없으며, 이

투쟁에 대해 책임의식을 가져야 하고 그래서 정치적으로 행동해야 한다.

물론 이런 '행동주의적' 관점은 가령 맑스나 헤겔에서와 같이 모든 인류를 포용하는 어떤 보편적인 발전 혹은 이성이념에서 나오는 것도 아니고 또 어떤 더 나은 세계에 대한 유토피아적 희망에 근거하고 있지도 않다. 베버의 이런 자세는 오히려 하나의 비관적 열정, 역사의 막강한 흐름, 객관적인 강압구조들에 대한 하나의 개인적인 저항 및 경고의 색채를 띠고 있다. 즉 우리가 분명한 의식과 의지를 가지고 행동하지 않으면, 이 자유의 가치는 다시 함몰될 것이라는 경고. 이 경고의 대상은 필자가 보기에 시장에 의해 파편화되고 관료조직에 의해 무기력해진 '사적 개인'들이다. 이들은 객관적 구조의 강압에 무의식적으로 순응하면서 자신의 조그마한 사적 세계로 후퇴하여 삶을 마치 자연현상인양 그냥 흘러가듯 사는 것이다. 이들은 '정치'는 요구하지도 않으며 능률적 '행정'만으로 만족한다. 이에 대비하여 베버는 다른 하나의 '현대인' 상을 제시하는데, 필자는 이것을 일단 '공적 개인'이라고 부르고자 한다. 이 인간형은, 가령 자본주의 사회의 출현과 함께 진행되어 온 '공적 영역'과 '사적 영역'간의 구분을 구조적으로 극복하여 인간을 '사회적 · 공적' 존재로만 인정하려는 사회주의적 인간관과도 구분되며, 철저한 원자적 개인을 상정하는 경제적 자유주의자들의 '사적 개인'과도 구별된다. 베버가 공적 개인의 이념으로 의도하는 바는, 객관적인 구조의 중압에 밀려 사적인 영역으로 후퇴하고 안주하려는 현대인을 사적인 가치선택 및 가치실현의 자유의 포기 없이 다시 공적인 인간으로, 즉 공적인 정치적인 '책임'영역으로 끌어들이려는 것이다. 그리고 베버의 유명한 '책임윤리'와 '심정윤리'의 개념은 바로 이런 공적 개인의 행위원칙을 표현하고 있다는 것이 필자의 소견이다. 책임윤리의 핵심적 관점은, 자기행동의 목적과 수단을 단순히 사적인 조건이나 동기에서가 아니라 자기가 몸담고 있는 공동체의 객관적인 상황과의 연관하에 정립한다는 것이다. 그런 이상 책임윤리에 바탕을 둔 행위에서는 목적과 수단 및 그 행위의 객관적인 '결과'간의 관계에 대한 엄밀하고 '사실'에 근거를 둔 현실적인 숙고가 요구되며(즉 형식합리적인 사고) 무엇보다도 이 행위의 결과에 대한 철저하고 일관된 '책임의식'이 전제된다. 이 책임은 역사를, 국가를, 인류를 혹은 그 다음 세대를 대상으로 할 수 있다. 이에 반해 심정윤리는, 탈주술화된 현대 문명의 조건하에서는 여러 상이한 가치의 충돌이 불가피하다는 인식하에 자신의 '신'('데몬') 즉 스스로 타당하다고 믿는 궁극적 가치를 주관적으로 '선택'하여 그 실현을 추구하기를 요구한다(즉 가치합리적 사고). 이 두 가지 윤리적 행위원칙은 서로 상충되는 것이 아니라 오히려 상호보완적이며(PS, S.559), 이 둘의 결합만이 진정한 의미의 '현대인'의 윤리 즉 현대 특유의 합리주의적 문명조건에서 도피하려고 하지 않고 이 문명의 도전에 의연히 응하면서 '의식적으로' 살아가는 인간의 윤리를 구성하는 것이다.

그러나 과연 베버 자신이 '새로운 예속의 틀'이라고 부르지 않을 수 없었던 현대 사회의 억압적 구조에 대한 대응책으로 이러한 개인적 차원의 윤리와 열정 및 행동주의가 충분한가? 물론 그렇지 않고 베버 역시 윤리적 차원에서의 문제제기만으로 만족하고 있지는 않다는 점은 위에서 그의 제도적 저항방안을 논하면서 이미 언급한 바 있다. 그러나 제도에 대한 베버의 이러한 기대는 가령 헤겔류의 국가절대주의 혹은 제도의 윤리화 혹은 실체화 경향들과는 전혀 무관하며, 그의 관심은 주로 제도의 수단적·기술적 기능성에 집중되어 있다.

20세기가 저물어 가는 시점에 서 있는 우리는 그 동안 베버보다는 훨씬 다양한 체제와 제도들을 경험하고 '실험'해 볼 수 있었으나, 작금 거의 모든 체제가 각기 나름대로 '위기'에, '한계'에 봉착했다는 좌절감에 시달리고 있으며 이는 우리에게 구조적 변혁가능성에 대한 많은 순박한 환상들을 빼앗아 갔다. 이것이 우리로 하여금 체제적 혹은 제도적 대안에 대한 과학적 탐구를 포기하거나 경시하게 해서는 안 될 것임은 두말할 나위도 없다. 그러나 다른 한편으로, 우리는 이러한 경험을 통해 체제와 제도에 못하지 않게 중요한 것은 결국 그 뒤에 있는 '인간'들의 능동적이고 주체적이며 가치지향적인 행동잠재력이라는 지극히 범상한 진리를 다시 한 번 확인하게 된다. 이렇게 볼 때 위에서 약술한 베버적 시각의 의미는 결코 과소평가되어서는 안 될 것이다. 만약 상기한 뜻에서의 인간의 자율에 대한 열정과 이의 실현을 위한 광의에서의 정치적 행동을 우리 개개인이 하지 않는다면, 우리는 현대 문명의 끝에 가서 "'정신'이 부재한 전문가들", "'감홍'이 없는 향락가들"의 무리가 되고 말 것이다(RS I, S.204).

4.문헌 소개

막스 베버 저서의 국역작업은 아직 상대적으로 미흡한 상황이다(이에 대해서는 필자를 포함하여 베버를 전공으로 한 사람들의 자성과 노력이 요구된다). 가령 그의 주저인 『경제와 사회』는 극히 일부분만이 번역되어 있을 뿐이고, 그 외에 다른 주요저작들은 아직 번역을 기다리고 있다. 그러나 다른 한편으로는, 사회과학의 논쟁사에서 큰 족적을 남긴 그의 몇몇 유명저작들은 이미 여러 판으로 소개되어 있다. 물론 이 번역들의 다수는 독일어 원전으로부터의 직역이 아니라 중역들이기 때문에 그 정확성에 문제가 있을 수도 있다. 그러나 필자가 보기에 기존 번역서들의 대부분은 전반적으로 신뢰할 수 있으며, 난해하기로 악명 높은 베버 저작들을 중역의 방식으로나마 옮겨 낸 이들의 노고는 높이 평가되어야 한다.

아래에서는 국내에 번역된 막스 베버의 주요 저서들 가운데 본문에서 지적된 베버의 사회학적 세계의 핵심주제들과 시각들에 접할 수 있는 문헌들을 간략히 소개하고자 한다. 이 주제들을 요약하자면 크게 ① 근대 문명의 기본성격에 대한 진단과 처방, ② 근대 자본주의의 역사적 기원의 문제로 나누어지며, 베버 특유의 사회학적 분석시각은 ③ 종교 – 내지 문화사회학, ④ 지배사회학, ⑤ 문명비교론적 역사사회학 및 ⑥ 인식론 및 사회과학방법론으로 정리될 수 있다. 물론 아래에서 지적되는 개별 문헌들 속에는 이 주제들과 시각들이 서로 혼재되어 있음은 두말할 나위도 없다.

우선 읽기를 권하고 싶은 것은 『직업으로서의 학문』과 『직업으로서의 정치』이다. 이 두 문헌은 베버가 죽기 2~3년 전에 독일 남부의 뮌헨 대학 학생들을 상대로 행한 연속강연을 담고 있다. 이 두 강연에서 막스 베버는 자신의 근대 사회에 대한 진단과 처방을 요약하고 있다. 본문에서 거론된 베버의 근대 규정의 핵심개념들인 '탈주술화', 가치영역의 분화 등이 서술되고 있고, 근대 문명의 조건하에서 학자 및 정치가, 더 나아가 '문화인간' 일반이 취할 수 있는 윤리적 태도에 대한 베버의 처방이 제시되어 있다. 난해한 베버의 순수 학술저작들과는 달리 상기 두 문헌은 대중강연이라는 성격 때문에 상대적으로 평이하게 서술되어 있으며 이것은 베버의 문체에 익숙하지 못한 독자들에게는 무시할 수 없는 이점이다.

그 다음으로는 『신교윤리와 자본주의 정신』을 권한다. 아마 사회과학 논문들 중 가장 많은 논란의 대상이 된 문헌 중의 하나인 이 논문에서 베버는 자본주의의 기원에 대한 종교 및 문화사회학적 설명을 시도하고 있다. 즉 베버는 여기서 자본주의적 행위 및 사고양식(특히 노동윤리)의 역사적 형성과정에서 신교의 종교적 교리와 윤리적 성향들이 수행한 역할을 분석하고 있다. 『신교』 논문과 연관지어 읽기를 권하고 싶은 것은 그의 ── 국내에서는 거의 알려져 있지 않은 ── 『도시유형론』이다. 왜냐하면 이 논문은 신교 논문이 가진 일면적 문화 및 종교사회학적 시각을 서구의 '시민계급' 형성의 (고대와 중세의) 역사적 전제조건들에 대한 사회사적 그리고 구조사적 시각으로 보완하고 있기 때문이다. 이 저작을 읽으려면 도시사와 서양사에 대한 어느 정도의 전문지식이 필요하기는 하지만, 그러나 베버의 중심주제들이 역사사회학적 맥락 속에서 탁월하게 전개된 저서이다. 자본주의의 기원과 발전과정에 대한 경제 및 사회사적인 분석에 관심이 있는 사람들은 그의 『사회경제사』를 상기 두 논문과 함께 읽으면 좋을 것이다.

『신교』 논문 및 『도시유형론』에 연이어서 읽기를 권하고 싶은 것은 베버의 동양문화론이라고 부를 수 있는 『유교-도교』이다. 이 방대한 논문에서 베버는 근대 자본주의의 역사적 기원문제를 문명비교론적 시각에서 전개하고 있으며, 이 과정에서 그는 자신의 종교 내지 문화사회학적 분석틀과 지배사회학적 분석틀을 절묘하게 서로 연계시키고 있다.

그 다음, 근대 문명 진단과 처방 및 근대 자본주의의 기원에 대한 위의 문헌들에 일관되게 깔린 '지배의 문제'에 대한 베버의 관심이 개념적으로 체계적으로 전개되고 있는 그의 지배사회학 논문을 권하고자 한다.

물론, 베버 사회학에 깔린 인식론적 기본가정들을 먼저 알고 싶은 사람은 우선 「객관성」 논문부터 시작해야 할 것이다(그리고 저작연대로 보면 1904년에 발표된 이 논문이 위에서 열거된 실질연구들보다 앞선다). 그러나 필자는 베버의 강점은 인식론이나 방법론 영역보다는 오히려 역사현상에 대한 실질분석에 놓여 있다고 보기 때문에 이 논문을 베버 독해의 출발점으로 삼기를 권하고 싶지는 않다. 그러나 19세기 중엽부터 오늘날까지 지속되고 있는 사회과학의 방법론적 자기정체성 추구의 역사를 이해하기 위해서는 이 논문을 반드시 읽어야 한다는 것이 필자의 견해이며, 따라서 이 문제에 각별히 관심이 있는 자는 베버 여행을 「객관성」 논문에서 시작하도록 권한다.

번역된 베버 저작들 목록

『직업으로서의 학문』, 『직업으로서의 정치』, 이상률 역, 문예출판사, 1994.

『프로테스탄트 윤리와 자본주의 정신』, 양회수 역, 을유문화사, 1980.

「도시유형학」, 양회수 역, 『베버 : 사회과학논총』(을유문화사, 1983)에 수록.

『유교와 도교』, 이상률 역, 문예출판사, 1990.

『힌두교와 불교』, 홍윤기 역, 한국신학연구소, 1986.

『야훼의 사람들』(고대 유대교), 진영석 역, 백산, 1989.

『사회경제사』, 조기준 역, 삼성출판사, 1982.

『지배의 사회학』, 금종우/전남석 역, 한길사, 1981.

「사회과학적 그리고 사회정책적 인식의 '객관성'」, 임영일, 차명수, 이상률 편역, 『막스 베버 선집』(까치, 1991)에 수록.

인용된 베버 저서의 약자

*Agrarverhältnisse im Altertum : in : Handwörterbuch der Staatswissenschaften, Jena, 1897.

*GASS : *Gesammelte Aufsätze zur Soziologie und Sozialpolitik*, Tübingen, 1924.

*GASW : *Gesammelte Aufsätze zur Sozial-und Wirtschafts geschichte*, Tübingen, 1924.

*RS I, II, III : *Gesammelte Aufsätze zur Religionssoziologie*, Tübingen, 1924.

*WL : *Gesammelte Aufsätze zur Wissenschaftslehre*, Tübingen, 1922.

*WG : *Wirtschaft und Gesellschaft*, Tübingen, 1976.

*PS : *Gesammelte Politische Schriften*, Tübingen, 1921.

*SS : *Staatssoziologie. Soziologie des rationalen Staates und der modernen politischen Parteien und Parlamente,* Tübingen, 1956.

베버 연구문헌

Albert, H., *Makrosoziologie und Entscheidungslogik,* Neuwied, 1967.

Antonio, R. and Glassman, A.(eds.), *A Weber–Marx Dialogue,* Lawrence., 1985.

Bader, V-M., "Max Webers Begriff der Legitimität", in Weiß(ed.), *Max Weber Heute,* 1989, S.296~334.

Baumgarten, E., *Max Weber, Werk und Person,* Tübingen, 1964.

Berger, J., "Modernitätsbegriffe und Modernitätskritik in der Soziologie", in *Soziale Welt,* 1989.

Böckler, S. and Weiß, J.(eds.), *Marx oder Weber,* Opladen, 1987.

Bünger, K., "Das chinesische Rechtssystem und das Prinzip der Rechtsstaatlichkeit", in Schluchter(ed.), *Max Webers Studie über Konfuzianismus und Taoismus,* 1984.

Collins, R., *Weberian sociological theory,* Cambridge, 1986.

Döbert, R., *Max Webers Handlungstheorie und die Ebenen des*

Rationalitätskomplexes, in Weiß(ed.), *Max Weber Heute,* 1984, S. 210~249.

Eisenstadt, S. N., *Tradition, Wandel und Modernität,* Frankfurt, 1979.

Habermas, J., *Theorie des kommunikativen Handelns,* Frankfurt, 1981.

__________, *Der philosophische Diskurs der Moderne,* Frankfurt, 1985.

Hennis, W., *Max Webers Fragestellung,* Tübingen, 1987.

Käsler, D., *Einführung in das Studium Max Webers,* München, 1979.

Lash, S. and Whimster, S., *Max Weber, Rationality and Modernity,* London, 1987.

Lukács, G., *Geschichte und Klassenbewußtsein,* Berlin, 1923.

__________, *Die Zerstörung der Vernunft,* Neuwied, 1955.

Markuse, H., "Industrialisierung und Kapitalismus im Werk Max Webers", in : *Max Weber und die Soziologie Heute,* S.161~180, 1965.

Mommsen, W., *Max Weber und die deutsche Politik 1890~1920,* Tübingen, 1959.

Nietzsche, F., *Also sprach Zarathustra,* Vol. 4, Sämtliche Werke(ed. by G. Goli et al), 1980.

Parsons, T., *The Structure of Social Action,* New York, 1937.

Peukert, D., *Max Webers Diagnose der Moderne,* Göttingen, 1989.

Scaff, L., "Weber before Weberian sociology", in *BJS* Vol. 34, No. 2, S.190~215, 1984.

Schluchter, W., *Die Entwicklung des okzidentalen Rationalismus,*

Tübingen, 1979,

____________, *Max Webers Studie über Konfuzianismus und Taoismus*(ed.), Frankfurt, 1984.

____________, *Max Webers Studie über Hinduismus und Buddhismus*(ed.), Frankfurt, 1984.

____________, *Max Webers Sicht des antiken Christe- ntums*(ed.), Frankfurt, 1985,

____________, *Max Webers Sicht des Islam*(ed.), Frankfurt, 1988.

____________, *Religion und Lebensführung* 2 Vol, Frankfurt, 1988.

Schmidt-Glintzer, H., "Intellektueller Imperialismus?", in Gneuss/Kocka (eds.), *Max Weber. Ein Symposion,* München, 1988.

Schnädelbach, H.(ed.), *Rationalität,* Frankfurt, 1984.

________________, *Vernunft und Geschichte,* 1987.

Tenbruck, F., "Das Werk Max Webers", in KZfSS 27, S.663~702, 1975.

__________, "Max Webers Werk : Methodologie und Sozialwissenschaften", in KZfSS 38, no. 1, 1986.

Turner, S. P. and Factor, R. A., 1984, *Max Weber and the Dispute over Reason and Value,* London.

Weiß, J., *Das Werk Max Webers in der marxisitischen Rezeption und Kritik.* Opladen, 1981.

______, *Max Weber Heute*(ed.), Frankfurt, 1989.

Zingerle, A., *Max Webers historische Soziologie,* Sdarmstadt.1981.

루카치

이성의 파괴

전 태 국

루카치 : 이성의 파괴

전태국

1. 생애

루카치가 86세로 1971년 6월 4일 사망했을 때, 『프라우다』는 4면에 다섯 줄의 짤막한 기사를 내었고, 『노이에 도이취란트』는 11줄의 작은 기사로 보도하였는데 비해 서방의 신문들은 대대적으로 보도하였다. 프랑스의 『르 몽드』 지는 한 면 전체를 할애하였고, 서구의 독일어 신문들은 루카치 사망에 대해 전면 논설기사를 게재하였다(Raddatz, S.7 참조). 루카치는 동구로부터보다는 오히려 그가 종말을 가져오고자 원하였던 서구의 구세계로부터 찬사와 존경을 받았던 것이다. 그의 생은 한마디로 시대에 저항한 삶이었다고 말할 수 있다. "그의 삶은 이성의 파괴를 저지하려는 시도였고, 그리고 인간해방을 위한 수단을, 이와 함께 인류 역사의 진실한 시작을 위한 수단을 보급시키려는 시도였다"(Raddatz, S.132).

"맑스를 표시하는 것, 이것은 자신의 세계관을 해명하고, 사회발전을 취하고, 그 안에서 자신의 입장을 진지하게 표명하는 모든 지식인에게 있어서 진실한 시금석이다"라고 루카치는 50세의 나이에 그의 자전적 소묘인 『나의 맑스에의 길』에서 쓰고 있다. 그러나 이 길은 물론 전적으로 방해받고 있었다. 그리고 그가 86세의 나이로 사망하였던 1971년에도 여전히 이 길은 완성되지 않았다. 왜냐하면 맑스의 교리는 매일의 실천 속에서 "공식적 맑스주의"의 도그마에 굴복하지 않으면 안 되었기 때문이다.

1989/90년에 동구의 사회주의 체계가 몰락한 것을 계기로 그 동안 이론적 진리성을 정치적 권력에 의해 폭력적으로 담보하고 있었던 레닌주의가 몰락함으로써, 맑스주의는 자신을 억압하고 왜곡시켰던 이데올로기적 뇌옥으로부터 해방될 수 있게 되었고, 이와 아울러 맑스를 '레닌의 맑스'와는 다른 모습으로 이해하려는 시각도 현실적 장애를 만나지 않을 수 있게 되었다. 이러한 사상적 변화와 때를 맞추어 최근에 서구에서 보여지는 흥미있는 현상은 독일통일 후 『맑스, 우리는 너를 필요로 한다』라는 제목을 가진 책이 독일어권에서 매스컴을 통해 널리 소개될 정도로 인기를 얻고 있다는 점이다. 이데올로기적 뇌옥으로부터 해방된 맑스가 새로운 부흥을 맛보고 있는 것이다. 이러한 세계적 변화에 부응하여 우리나라에서도 맑스는 냉전주의적 시각에서 탈피하여 '레닌의 맑스'와는 다른 모습으로 이해되기 시작하고 있다.

루카치는 바로 이러한 '레닌의 맑스'와는 다른 모습의 맑스를, 즉 '헤겔화된 맑스주의'를 최초로 체계적으로 제시한 사람으로 인정된다. "그는 지난 반세기 동안 맑스의 입장을 분명히 했다. 그러나 그는 실질적으로는 레닌주의자들 사이에는 일반적으로 받아들여지지 않았던 헤겔적 접근방법을 고수하였다"(Lichtheim, vii).

루카치의 이러한 시각은 그가 1917년 이후 뛰어든 공산주의 운동의 실천적 궤적 안에서 확립되며, 여기에 20세기의 독특한 시대적 상황이 구성적 요인으로 작용한다. 노동운동과 헝가리 소비에트 혁명, 파시즘의 대두, 그리고 냉전과 스탈린주의는 루카치의 사회사상의 발전을 추진시킨 세 가지 중심적 경험들이었다. 특히 그는 파시즘과 반파시즘의 대결 그리고 냉전적 대결 속에서 모스크바의 스탈린주의에 굴복하는 곡절을 보여 주었고, 시대적 상황이 변화하면 이전의 자기비판을 철회하는 진지하지 못한 비틀린 책략을 되풀이하기도 하였다. “어떤 경우에는 그는 기회를 잡아 이전의 판단을 철회하거나 수정하기도 하였고, 또 어떤 경우에는 1930년대와 40년대의 동구에서 유행하였던 스탈린주의 정통파에 대한 순전히 전술적인 적응에 불과한 것이라고 거부하려는 목적에서 정치적 기후의 변화를 이용하였다.” 그리하여 루카치는 “소비에트 정통파와의 갈등”을 피하기 위하여 자신의 “이전의 레닌주의적 철학적 입장을 거부”하였으며, 그리고 “공산당으로부터 축출될 위험에 직면하여” 자신이 출판한 엄숙한 자기비판을 “단순히 전술적인 것, 진지하지 않은 것”이라고 명백히 진술한다(Lichtheim, viii).

1924년 레닌의 사망 후 러시아 공산주의는 독창적인 사상가나 세계적으로 중요한 사상가를 별로 배출하지 못했다. 결과적으로 루카치의 지적 이단은 처음에 갖지 못했던 중요성을 점차 누리게 되었다.

1) 형성기

루카치는 1885년 4월 13일 부다페스트에서 출생하였다. 그의 가족은 1901년에 합스부르크 왕가에 의해 귀족의 작위를 얻었다. 부친은 루카치가 출생하였을 당시 여전히 요제프 뢰빙거라고 불리웠는데, 1890년에 내무부의 결정에 의하여 루카치(Lukács)라는 이름을 얻었으며, 그동안 소기업 경영자로부터 헝가리의 굴지의 은행 「부다페스트 신용은행」의 은행장이 되었다. 루카치의 모친도 귀족가문 출신이었다. 이러한 귀족가문 출신의 루카치는 자신의 유년시절을 다음과 같이 회상한 바 있다. “부다페스트에는 당시 두 개의 언어를 사용하는 최고의 명문집안이 있었는데, 나의 집안이 그러했다. 왜냐하면 나의 어머니는 비인에서 출생한 비인 사람이었기 때문이다. …… 나의 청소년 시절의 불쾌한 기억에 속하는 것으로는, 나의 부모집에서 이루지는 극히 다양한 사회층 출신들의 교제였다. 그것은 나의 욕구에 비해 너무나 큰 교제였다"(1966년 4월, Der Monat, S.95, Raddatz S.7에서 재인용).

약관 17세에 처음으로 잡지에 문학테마의 논문을 쓴 루카치는 19세 때(1904년)에 샨도르 헤베쉬(Sándor Hevesi)와 라슬로 바노치(László Bánoczy)와 함께 공동으로 부다페스트에 베를린의 「자유극장」을 모범으로 하여 「탈리아 극장」(Thalia-Bühne)을 창립하였다. 그리고 같은 해에 「사회학회」(Soziologische Gesellschaft : 1901년에 법률가이자 사회학자인 귤라 피클러 Gyula Pikler 에 의해 창설됨)의 회원이 되었다. 이 사회학회는 『후서딕 사저드 Huszadik Század(20세기)』라고 하는 급진적 부르주아 지식인의 잡지를 발행하여 주로 정신적 및 현실정치적 삶의 문제들을 토론하였다. 루카치는 1906년부터 이 사회학회의 잡지에 특히 현대 극에 대한 글을 발표하였다. 그리고 『Nyugat(서구)』라고 하는 신문(1908년에 휴고 베이겔슈버그 Hugo Veigelsberg, 에르뇌 오슈바트 Ernö Osváth, 미슈카 펭괴 Miksa Fengö, 러요쉬 허트번 Lajos Hatvany 의 편집하에 창간됨. 급진적 신문으로서 헝가리의 문학혁신에 결정적 영향을 미쳤다)에도 글을 기고하였다. 이 시기 동안에 루카치는 부다페스트 대학에서의 공부와 병행하여, 현대 극의 발전사를 위한 광범위한 연구에 몰두하였다. 이러한 현대극에 대한 연구는 그 후 1908년에, 「키스팔루디 협회」로부터 「크리스티나」 상을 수여받았으며, 3년 후 책으로 출판되었다.

이미 김나지움 학생 때 맑스의 『공산당 선언』을 읽었던 루카치는 1908년에 『자본론』을 연구하였다. 그러나 그의 관심은, 1967년에 그가 회상한 바와 같이 그 당시는 '사회학자' 맑스에 대해서였다. 즉·짐멜과 베버에 의해 규정되었던 방법론적 안경을 통해서 맑스를 보았던 것이다(『역사와 계급의식』, 1968년 판의 「서문」).

1909년에 부다페스트 대학에서 철학박사 학위를 수여받은 후, 1909/10년 겨울학기부터 루카치는 베를린 대학에서 연구하였다. 그 후부터는 대체로 독일어로 저술하였고, 이름도 독일식 으로 표기하였다. 이를테면 1911년에 베를린의 에곤 프라이쉘이라는 출판사에서 『혼과 형식』이라는 제목의 책이 나왔을 때, 저자 이름은 게오르크 폰 루카치로 표기되었다. 이 책의 출판은 루카치의 창작의 제1단계를 종결짓는다. 베를린 대학에서 짐멜의 강의를 '개인적 제자'로서 청강하였으며, 이 청강은 루카치를 새로운 단계로 이끈다.

루카치는 철학자이자 사회학자인 짐멜에 몰두하면서 동시에 맑스도 연구한다. 그러나 짐멜의 영향이 절대적이었다. 1933년에 루카치가 공산주의 잡지인 『인터나찌오날 리테라투어』에 기고한 『나의 맑스에로의 길(Mein Weg zu Marx)』이라는 자전적 글에 의하면 젊은 루카치는 맑스의 정치적 팜플렛뿐만 아니라, 『자본론』 제1권에도 달려들어 몰두하였고, 그리고 잉여가치론과 계급투쟁 이론에 깊이 감명받았지만, 그러나 동시에 이러한 사회주의로의 전향도 그의 기본적 사고방식에 영향을 미치지 못했다고 한다.

"유물론 철학 —— 나는 그 당시 변증법적 유물론과 비변증법적 유물론을 구별하지 않았다 —— 을 나는 인식이론의 측면에서 완전히 낡은 것으로 간주하였다. '의식의 내재성'이라는 신칸트적 교리는 당시의 나의 계급입장과 세계관에 대단히 잘 일치하였다. 나는 그것을 비판적으로 음미해 보지도 않고 무문제적으로 나의 인식론적 탐구의 출발점으로 받아들였다. 나는 실로 극단적인 주관적 관념론(신칸트주의의 마르부르크 학파, 마하의 철학)에 대해 보류하고 있었다. 왜냐하면 나는 어떻게 현실의 문제가 단순히 의식의 내재적 범주로서 다루어질 수 있는

가를 알지 못했기 때문이다. 그러나 이것은 유물론적 결론으로 이끄는 것이 아니라, 이 문제를 비합리주의적·상대주의적 방식에서 풀어 보려는 그러한 철학 학파로, 때로는 신비주의(빈델반트, 리케르트, 짐멜, 딜타이)로 이끌었다. 당시 나는 짐멜의 개인적 학생이었는데, 이 짐멜의 영향은 내가 이 시기에 맑스로부터 습득하였던 것을 그 같은 세계관 안에 건축할 수 있는 가능성을 나에게 주었다. 짐멜의 『화폐철학』과 베버의 프로테스탄티즘 저술들은 나의 '문학사회학'을 위한 모범이었다. '문학사회학' 안에는 맑스로부터의 요소들이 희석되고 퇴색되긴 하였어도 분명히 들어 있지만, 그러나 거의 인식할 수 없다. 나는 짐멜의 모범에 따라 '사회학'을 한편에서는 극히 추상적으로 파악된 경제적 기초로부터 가능한 한 분리시키고, 다른 한편에서 나는 '사회학적 분석'을 오직 미학의 진정한 과학적 연구의 전(前)단계로서만 인식하였다(1909년의 「현대 극의 발전사」, 1910년의 「문학사의 방법론」; 이 두 개의 글은 모두 헝가리 어로 썼다). 1907년에서 1910년 사이에 나온 나의 글들은 이 방법과 신비적 주관주의 사이에서 변색하였다"(Georg Lukács, *Schriften zur Ideologie und Politik*, Ausgew. und eingel. von Peter Ludz, Neuwied-Berlin, 1967, S.323~325).

그리하여 독일 사회학에 대한 루카치의 가장 강렬한 수업시대가 시작되었다. 1910년 이래 독일, 이탈리아, 프랑스를 여행하였고, 플로렌츠와 베를린에 비교적 오랫동안 체재하였다. 1913년부터 그는 하이델베르크에서 살았다. 막스 베버와 강렬한 교제를 가졌으며, 에밀 라스크를 연구하고 독일 정신생활에서 지배적이었던 이념, 특히 리케르트(Rickert)와 빈델반트(Windelband)의 신칸트주의, 생철학 그리고 동시대의 사회학을 수용하였다.

독일 사회학의 수용은 그 후 독일 사회학의 안경을 통해 맑스를 보는 독특한 시각을 확립하게 하였다. 이 점은 그가 맑스주의자로서 자신의 탁월한 시각을 증명해 보인 1923년의 유명한 저서 『역사와 계급의식』에서 잘 나타나고 있다. 여기서 루카치는 라다츠가 지적한 바와 같이, 짐멜의 이론을 '연장'한다. 짐멜이 말하는 현실을 극복하는데 필요한 '힘'의 범주는 루카치의 '현실 속의 가능성', '객관적 가능성'의 개념에서 발견되며, 짐멜에서 '해방' —— 죄과와 고통의 극복과정 —— 이라 일컬어지는 것이 루카치에게 있어서는 계급투쟁의 결과로서의 프롤레타리아트의 자유를 의미하게 된다(Raddatz, S.19). 또한 루카치의 '계급의식'의 정의는 베버의 이념형에 의거하고 있다. "생산과정 안에서 한 특정한 전형적인 상황에 귀속되는 합리적으로 적합한 반응이 계급의식이다"(『역사와 계급의식』, 1923년 판, S.62).

2) 비인 시절 : 맑스에의 길

1914년의 전쟁발발은 루카치를 맑스주의와 공산주의 운동에 몰두케 하였다. 19세기 말 이래 많은 인텔리들이 계급의식에 사로잡혀 있었다. 전통적인 유럽 사회질서와 규범체계는 동요하고 불확실한 것으로 여겨졌고, 맑스주의와 노동운동은 한편에서는 도발과 위협으로 느껴졌고, 다른 한편에서는 희망으로 받아들여졌다. 종전에는 상상할 수 없었던 대량학살을 동반하였던 제1차 세계대전의 체험은 이러한 양극화를 강력하게 부추겼다. 한 조류가 대량학살을 생명투쟁의 최고의 실현인 것으로 찬양하였는데 비해, 다른 조류는 전쟁을 일으킨 사회질서에 단호하게 대항하였고, 전쟁을 준비하고 옹호하였던 정신태도에 대항하였다. 전유럽의 부르주아 질서를 뒤흔들었던 이러한 혁명의 파도가 루카치를 마침내 혁명적 좌파의 편으로 이끌었다. 전쟁의 경험 후에, 노동운동에 부르주아 출신의 많은 사람들이 희망을 걸었다. 블로흐(Ernst Bloch),

코르쉬(Karl Korsch), 제거스(Anna Seghers), 브레히트(Bert Brecht) 그리고 많은 다른 지식인들과 예술가들과 마찬가지로, 루카치도 역시 맑스주의와 공산주의 노동운동에 진력하였다.

그리하여 1914년 전쟁발발과 루카치의 "맑스에 대한 두번째 몰두"가 시기적으로 일치한다. "비록 내가 저 위대한 「정치경제학 비판 서문」도 열심히 연구하였지만, 이번에는 청년기의 철학적 저술들이 나의 관심의 전면에 섰다. 그렇지만 이번에는 맑스를 더 이상 짐멜의 안경을 통해서가 아니라, 헤겔의 안경을 통해서 보았다. 더 이상 맑스는 '탁월한 개별과학자'로서가 아니며, 경제학자나 사회학자로서가 아니다. 포괄적인 사상가, 위대한 변증법가임을 이미 나는 어렴풋이 깨닫게 되었다. 물론 그 당시에는 나는 구체화하고 통일화하는 데에 있어서, 변증법의 문제를 일관성 있게 만드는 데에 있어서 유물론의 의의를 아직 인식하지 못했다. 나는 오직 형식에 대한 내용의 우위를 인식하는 데에까지만 와 있었고, 본질적으로 헤겔의 기초 위에서 헤겔과 맑스를 '역사철학' 안에서 종합하고자 시도하였다(Mein Weg zu Marx, In : *Schriften zur Ideologie und Politik*, Neuwied, 1967, S.325~326).

1915년에 루카치는 부다페스트로 돌아왔다. 그는 전쟁복무에 부적합하다고 판정되었기 때문에, 처음에는 편지검열의 일을 하였고, 여러 번 하이델베르크와 부다페스트를 왔다갔다 여행하였다. 1917년에 그는 마침내 부다페스트에 머물었다. 거기서 사회학자 만하임(Karl Mannheim)과 하우저(Arnold Hauser) 그리고 나중에 그의 전우이자 적으로 된 스자보(Ervin Szabó)와 포가라시(Béla Fogarasi)에 의해 창설된 「정신과학 자유학원(Freischule der Geisteswissensch aften)」에서 강의를 맡았다.

헝가리 사회민주당 내의 분열운동은 긴 논쟁 속에서 진행되었다. 마침내 1918년 11월 21일에 쿤(Béla Kun)의 지도하에 헝가리 공산당이 결성되었다. 한 달 후 루카치는 이 공산당에 가입한다. 1919년 3월에 그는 쿤 지도하의 평의회 공화국에서 교육제도 담당 부인민위원, 여름부터는 혼자 책임지는 인민위원이 되었고, 또한 적군 제5사단의 정치위원이 되었다. 그리고 루다스(László Rudas)가 주필을 맡고 있는 『붉은 신문』의 정기적인 기고가로 되고, 부다페스트의 「사적 유물론 연구소(Forschungsinstitut für Historischen Materialsmus)」의 창립자의 한 사람이 된다. 그의 지적 성실성, 프롤레타리아 혁명의 과업을 위한 그의 비타협적 헌신은 그를 즉각 소비에트 공화국의 믿을 만한 지도자로 승인되게 하였던 것이다.

1919년 8월 헝가리에서 소비에트 독재가 전복되자, 루카치는 이전에 정치경찰의 총수였던 작가 코르빈(Otto Korvin)과 공동으로 비합법 행동을 하였다. 코르빈은 1919년 8월에 체포되어 1920년에 처형되었고, 루카치는 비인으로 도망하였다. 1920년에 소비에트 공화국은 끝났다. 5천명의 혁명가가 살해되었고, 7만5천명이 감금되고, 10만명 이상이 망명하였다. 루카치는 부재리에 사형선고를 받았고 오스트리아 관청은 헝가리 정부의 인도요청에 응해 루카치를 10월에 체포하였다. 루카치가 그 당시 이미 유럽의 정신세계에서 어떤 지위를 차지하고 있었는지는 무엇보다도 다음에서 증명된다. 11월에 수많은 독일 신문들은 "게오르크 루카치의 구출을 위하여"라는 호소를 실었다. 이 호소문에는 호프만(Richard Beer-Hofmann), 데멜(Richard Dehmel), 에른스트(Paul Ernst), 프랑크(Bruno Frank), 하르덴(Maximilian Harden), 케르(Alfred Kerr), 토마스만 부부(Heinrich und Thomas Mann), 블로흐 등이 서명하였다. 이미 이 시기에 루카치라는 이름은 중부 유럽의 좌파지식인들에게 있어서는 "자신의 육체를 투입하면서까지 우리들의 사상세계를 열정적으로 방어한 지식인"이라는 하나의 '전설'의 지위를 가졌다. 1919년 말 루카치는 마침내 석방되었다. 루카치는 이후 1929년까지 비인에서 살았다.

헝가리 공산당은 비인에 망명하여 계속되었고, 루카치는 1920년부터 이 당의 지도적 당원이 되었다. 그는 20년대에 헝가리 공산당 내의 무수한 논쟁에서 란들러파(Landler-Fraktion)에 속하여, "헝가리에서 조속한 재차의 혁명시도를 지향한 쿤의 전망을 단호히 거부"하였다(Kammler, S.142). 그는 아이슬러(Gerhard Eisler)가 이끄는 잡지 『공산주의(Kommunismus. Zeitschrift der Kommunistischen Internationale für die Länder Südosteuropas)』에 협력하였다. 여기서 루카치는 "코민테른의 강력한 좌익공산주의 조류를 위해 하나의 이론적 연단을 창설하고자 하는 시도에 가장 앞장서서 관여하였다. …… 이로 인해 그는 코민테른의 정책과 대립하게 되었다. 코민테른은 무엇보다도 제3차 인터내셔널 안에 있는 좌익공산주의 요소들에 단호히 반대하였고, 헝가리 공산당의 당내투쟁에서 결국은 쿤을 지지하고 있었던 것이다"(Kammler, S.142 이하).

비인 시절은 무엇보다도 정치적 논쟁의 시절이었다. 이 논쟁에서 루카치는 모스크바로부터 신랄한 공격을 받게 된다. 첫번째 공격은 1920년에 잡지 『공산주의』에 루카치가 발표한 논문 「의회주의의 문제」때문에 일어났다. 루카치는 직접 레닌으로부터 비판을 받는다. 12월에 비인에서 열린 공산주의 청년 인터내셔널의 제2차 남동(南東)회의에서 루카치는 「세계반동과 세계혁명」을 발표하였고, 1921년 —— 따라서 의회주의의 문제에 대한 논쟁이 있은지 1년 후 —— 에는 모스크바에서 열린 코민테른 제3차 세계대회에서 헝가리 공산당의 파견위원으로서 참석하여 레닌을 만난다. 그리고 1923년에 루카치는 그의 유명한 저서 『역사와 계급의식』을 발표한다.

두번째 공격은 1924년 6~7월, 공산주의 인터내셔널의 제5차 세계대회에서 일어났다. 이 대회에서 부하린이 그리고 특히 지노비예프가 그라찌아데이(Graziadei), 보르디가(Bordiga), 코르쉬, 보리스(Boris), 루카치에 대해 공격하여 '좌파일탈'을 비난하였다. 그 후 루다스(Rudas)와 데보린(Deborin)이 『노동자문학(Arbeiter-Literatut)』에서 『역사와 계급의식』을 공격한다. 이에 응하여 루카치는 1924년에 『레닌』을 발표함으로써, 자신을 레닌의 충실한 계승자로서 입증하고자 애쓴다. 리히트하임은 루카치가 이때부터 자격이 충분한 레닌주의자가 되었다고 본다. 레닌의 사망에 때 맞추어 나온 볼셰비즘의 창시자에 대한 이 간략한 개설서는 고립된 입장으로부터의 전술적 후퇴를 의미하였고, 이 책을 펴냄으로써 루카치는 국제 공산주의 운동에서 공식적 지위를 유지할 수 있었다(Lichtheim, p.14).

세번째 공격은 1928년 비합법 헝가리 공산당 제2차 대회를 위해 루카치가 그의 당원명 '블룸(Blum)'이란 이름으로 제출한 논문(헝가리의 정치적·경제적 상황에 대한 그리고 헝가리 공산당의 과업에 대한 테제)때문에 일어났다. 「블룸 테제」로서 널리 알려진 이 논문에서 루카치는 호르티(Horthy) 체제로부터 프롤레타리아트의 혁명적 독재로의 직접적 이행은 어림없는 일이라고 보고 '민주적 독재'의 개념을 처음으로 발전시킨다. 이에 대해 「공산주의 인터내셔널 집행위원회」는 헝가리 공산당의 당원에게 보낸 공개서한에서 루카치를 '우파일탈'이라고 비난하였다. 이에 루카치는 자기비판을 하고 일체의 능동적인 당사업에서 물러난다.

여기서 루카치에 대한 모스크바의 공격을 좀더 자세히 살펴보자. 먼저 루카치의 정치적 개념은 '민주적 독재'의 이론과 극좌적 입장의 독특한 혼합을 보여 주고 있다. 생디칼리슴, 무정부주의, 엘리트 이론의 요소들이 거의 풀 수 없을 정도로 뒤섞여 얽혀 있다. 당시 좌파사회민주주의의 이론적 두뇌는 스자보였다. 스자보는 루카치와 마찬가지로 유태인 부르주아 층 출신의 맑스주의자이며, 비인에서의 학생시절에

푸르동, 니체, 크로포트킨을 연구하였다. 맑스의 계급투쟁 사고와 혁명적 생디칼리슴의 도덕적 무정부주의, 이 두 개의 요소가 스자보의 사고를 형성하고 있었다. 부다페스트 사회학회에서 그리고 『20세기』라는 잡지에서 스자보와 루카치는 함께 일했다. 루카치가 일한 두번째 급진적 신문인 『오늘』의 발행인 카작(Lajos Kassák)은 당시의 루카치에 대해 다음과 같이 회상한다.

"그들은 철학자, 시인, 미학자이었다. 그들은 혁명의 신선한 폭풍우 속으로 자신을 내던졌지만, 그러나 그 후 계속되는 전투를 견디어 낼 수 없었다. 마침내 그들은 고집스럽게 그들의 교조적인 경직된 이념들의 고지식한 바닥 없는 수렁 안으로 빠져 들어갔다. 외부에 위험이 닥쳐왔지만, 그러나 그들은 소비에트의 집에 모여 끝없는, 성난 논쟁을 시작하였다. 거기에 모인 사람들로서는 하이델베르크 출신의 철학자 루카치, 이전에 은행원이었고 미학자인 레바이(Jósef Révai), 톨스토이적 기독교의 풍을 가진 청년작가 신코(Erwin Sinkó) 그리고 루카치의 러시아 부인 그라벤코(Elene Andrewna Grabenko) 등이었다. 그밖에도 몇 사람의 혼돈된 몽상가들도 있었다. 헤겔, 맑스, 키에르케고르, 피히테, 베버, 폴(Jean Paul), 횔더린(Hölderlin), 노발리스(Novalis)의 인용구가 공기를 가로지르며 붕붕 날았다"(Rudolf L. Tökés, *Béla Kun and the Hungarian Soviet Republic*, New York, 1967, p.197 ; Raddatz S.37 이하).

윤리적 엄격주의를 고수하는 루카치는 스자보와 많은 공통점을 갖고 있었다. 그것은 낡은 개량주의적 사회민주주의에 대항하는, 그리고 스자보가 정식화한 바와 같이 "계급을 삼켜 버린" 당관료제에 대항하는 하나의 전선설정이었다.

초기의 동료에는 루다스와 알패리(Gyula Alpári)가 있었다. 루다스는 후에 적으로 되었고, 알패리는 20년대에 독일 공산당 내의 '좌파일탈'

에 관한 신문 논쟁에 능동적으로 개입하였던 인물이다. '반란'과 '직접행동'의 이념은 스자보에게서만 중요한 역할을 한 것은 아니다. 이 시기의 루카치의 이론적 입장도 일체의 현실정치적 전술적 고찰에 대해 적대적이었다. 두 가지 점이 명백하다. 첫째로 루카치는 고전적 조화의 이상을 그의 정치적 개념에 전이시켜, 렝옐(Jósef Lengyel)이 이름한 바와 같이, "톨스토이류의 윤리적 사회주의"를 따른다. 둘째로 루카치는 다른 형태의 프롤레타리아트 조직을 생각하기 시작하여, 더욱더 의식의, '전위'의 역할을 강조하지만, 그러나 레닌의 조직화된 관료제-아방가르드의 의미에서가 아니라, 지식인 지도자층의 의미에서이다. 이 두 가지는 서로 섞여서 분간할 수 없다. 그가 자신을 언제나 소렐과 관계짓는 것은 우연이 아니다. 엘리트주의적인 자발성의 성향이 명백하게 인식될 수 있다(Raddaz, S.38 이하).

루카치는 1920년에 「공산당의 도덕적 사명」을 발표하였는데, 이 논문의 핵심명제는 다음과 같다. "공산당은 프롤레타리아트의 혁명적 의지의 조직적 표현이다"(*Schriften zur Ideologie und Politik*, Neuwied, 1967, S.138). 그리하여 이처럼 당을 프롤레타리아트의 의지에 종속시킴으로써, 루카치는 레닌보다는 오히려 로자 룩셈부르크의 편에 선다. 그는 한편에서는 대중의 의식과 지식인 전위의 의식의 독특한 변증법적 동일성을 변호하며, 다른 한편에서는 혁명적·프롤레타리아적 혁명 대신에 사회주의적·민주주의적 혁명을 변호한다. 사회주의적·민주주의적 혁명은 그에게는 덜 번쩍이고 느린 것이지만, 그러나 더 많이 뿌리에 파고들어 사회의 본질을 심층적으로 변화시키는 것으로 여겨진다. 이 점은 '우파일탈'처럼 들린다. 그러나 실천에 있어서는 루카치는 정반대를 행한다. 쿤이 감옥에 있는 동안에 그는 1919년의 첫 3개월 동안 몇 사람의 전우와 함께 소위 "제2의 중앙위원회"의 지도를 맡았는데(그는 쿤 아래에서는 중앙위원회 위원이 아니었다), 이때 루카치는 극좌

노선으로 나아갔으며 1919년 5월의 무장봉기를 준비하였다(이 봉기는 카롤리 정부의 퇴각으로 인해 무산되었다).

레닌의 반려자 발라바노프(Angelica Balabanoff)의 친구인 두친스카(Ilona Duczynska)는 1917년에서 1920년까지 "혁명의 전령사"였는데, 그녀는 로자 룩셈부르크의 투쟁동지였던 레비(Paul Levi)가 편집한 잡지 『우리들의 길』(1922년 3월)에서 "대표적 이론가이자 동시에 공산당의 정신적 지도자"(루카치)가 그녀에게 다음을 말했다고 보고하였다. "공산주의 윤리는 우리들에게 화를 감수하는 것을 최고의 의무로 설정한다. 그것은 혁명이 우리들에게 요구하는 최대의 희생이다. 이 변증법적 이론은 그 이론가에 의해 결코 발표되지는 않았지만, 그럼에도 불구하고 이 비밀교리는 만연되어, 마침내 그것이 진실한 공산주의의 반(半)공식적 정수로까지 되었다"(Lichtheim, p.46).

레닌에 대한 반대입장은 루카치가 레닌의 저서 『좌익급진주의, 공산주의에서 소아병』이 나오기 3개월 전에 발표한 「의회주의의 문제」에서 표현되었다. 반(反)레닌 입장은 후에 급히 수정되었지만, 루카치의 당 경력에 있어서 오랜 얼룩과 오명이 되었다. 이 논문은 루카치가 편집한 비인 신문 『공산주의』에 발표되었다. 이 글이 후에 60년대에 와서 특히 활력을 얻었다는 점은 우연이 아니다. 여기서도 루카치는 로자 룩셈부르크에 극히 가까운 입장에서 논증한다. 대중파업은 이미 혁명과정 그 자체이다라고 하는 룩셈부르크의 테제를 그는 수용한다(이 테제는 제4차 인터내셔널 —— 트로츠키파 —— 에 의해, 특히 그 이론적 두뇌인 만델 Ernst Mandel 에 의해 1960년대와 1970년대에 주장되었다). 루카치의 좌익급진주의는 이 논문의 반(反)의회주의적 몸짓에서 표현되었다. "되풀이하여 공산주의 전술의 커다란 유연성이 말해졌다면, 그렇다면 이 명제의 올바른 이해를 위해서 다음이 망각되어서는 안 된다. 즉 공산주의 전술의 비경직성은 공산주의의 원리의 경직성의 직접적 결과라는 점"("Zur Frage des Parlamentarismus". In : *Schriften zur Ideologie und Politik*, Neuwied, 1967, S.124).

루카치의 테제에 대한 레닌의 방어는 짧고, 날카롭고, 그리고 적대적인 것이었다. 루카치의 논문에 대한 쿤의 비판이 칭찬되었다. "루카치의 논문은 극히 급진적이고 극히 조악한 논문이다. 거기서 맑스주의는 순전히 말만의 맑스주의이다. '방어적' 전술과 '공격적' 전술의 구별은 순전히 머리를 짜 내 생각해 낸 것에 불과하다. 특정한 역사적 상황의 구체적 분석이 결여되어 있다. 가장 본질적인 것(부르주아지가 그것을 통해 대중에 대해 영향력을 행사하는 바의 모든 노동분야와 제도를 정복해야 하고 또 정복할 줄 알아야 할 필요성)이 고찰되고 있지 않다"(W. I. Lenin, "Kommunismus. Zeitschfift der Kommunistischschen Internationale für die Länder Südosteuropas." In : Werke, Bd. 31, Berlin, 1970, S.153~154).

논쟁은 결코 진실로 해결되지 않았다. 루카치는 철회하였고, 자신의 전체 삶을 통해 —— 1924년에 나온 레닌에 관한 소책자뿐만 아니라 —— 자신이 훌륭한 레닌주의자로서 그리고 레닌의 정치적 및 이데올로기적 유산의 충실한 수호자임을 증명하고자 하였다.

레닌과는 대립적으로 자발적 투쟁수단으로서, 계급의식의 세포로서 파업과 그리고 "위로부터의 혁명" —— 즉 두뇌를 통한 —— 의 두 개의 요소는 룩셈부르크와 루카치에게서 발견된다. 이러한 반(反)레닌적 입장은 십여 년이 지난 후 네덜란드 사회주의자인 파넨쾨크(Anton Pannenkoek)에 의해 더욱 첨예하게 정식화된다.

"볼셰비키 당은 맑스주의적이다는 견해가 널리 보급되고 있으며, 맑스주의의 위대한 대표자로서 레닌은 러시아의 실천적 필요성에 부응하여 그 곳에서 혁명 후에 서구에서 공산주의가 의미하는 것과는 다른 것을 실행하였고, 여기에 그의 분명하고 현실주의적이며 맑스주의적인 통찰이 보여진다는 견해가 널리 보급되어 있다. 그리하여 새로운 러시아의 전제적 국가실천을 구볼셰비즘의 좋은 맑스주의적 원리와 모순관계에 놓고자 하는 시도가 행해지고 있다.

그러나 이 의견은 옳지 않다. 레닌과 볼셰비키 당의 맑스주의는 하나의 전설에 불과하다. 레닌은 현실적 맑스주의를 결코 알지 못했다. …… 자본주의를 그는 오직 식민 자본주의로서만 알았고, 사회혁명을 오직 영주와 짜르 전제의 전복으로만 알았다. 러시아 볼셰비즘은 맑스주의의 길을 떠날 수 없었다. 왜냐하면 그것은 결코 맑스주의적이었던 적이 없었기 때문이다. 이 점을 레닌의 책의 모든 페이지가 증명한다. …… 물론 레닌은 맑스의 제자이다. 러시아 내의 투쟁을 수행하는데 없어서는 안 되는 중요한 견해들을 맑스의 저작에서 끌어 왔다는 의미에서이다. 마찬가지의 이유에서 사회민주주의자들도 맑스의 제자이다. 러시아 프롤레타리아트의 실천적 투쟁은 정치적 대중파업과 소비에트 조직에 있어서 현대 프롤레타리아 행동의 가장 교훈적인 모범이다라는 점은 여전히 옳다. 그러나 레닌이 맑스주의를 프롤레타리아 혁명의 이론으로서 이해하지 않았다는 점, 그가 자본주의의, 부르주아지의, 프롤레타리아트의 본질을 그 최고의 발전에서 이해하지 않았다는 점, 이 점은 1917년 후에 러시아로부터 제3차 인터내셔널을 통해 서구 프롤레타리아트는 '세계혁명'에로 이끌어져야 한다고 주장하고, 서구의 맑스주의자들의 경고를 무시하자마자 명백하게 드러난다. 오늘의 노동운동의 쇠약, 혼란을 낳은 이 빈틈없는 일련의 실패, 실수, 패배는 그러한 지도의 완전한 불충분성을 입증한다"(Anton Pannekoek, *Lenin als Philosoph. Kritische Studien zur Philosophie*. Frankfurt/M, 1969, S.113~114. 이 책은 1938년에 암스테르담에서 J. Harper라는 가명으로 출판되었다. Raddatz, S.50).

이러한 파넨쾨크의 레닌 비판에 대해 최초의 논평은 칼 코르쉬로부터 나온다(폰 메틱에 의해 시카고에서 영어로 발행되는 *Living Marxism* 이라는 잡지에 실림).

"이 오류는 다른 명백하게 적대적인 이론경향들을 쇠약화시키는 영향에 대하여 혁명적·유물론적 이론의 투쟁적 성격을 온갖 수단을 다해 관철할 수 있고 또 관철하지 않으면 안 된다 —— 계속적인 과학적 비판과 연구를 통해 불가피하게 되는 수정까지도 배제한다 —— 는 점에 있다. 이 허위적 생각은 레닌으로 하여금 이 혁명적 (반드시 프롤레타리아-혁명적이 아니라 하더라도) 유물론적 철학 —— 이 철학을 그의 맑스주의 당은 맑스와 엥겔스로부터 수취하기보다는 그들의 철학적 선생인 홀바하에서 포이에르바하에 이르는 부르주아 유물론자들로부터 그리고 그들의 관념론적 적대자, 변증법 철학자 헤겔로부터 수취하였다 —— 의 검증된 투쟁가치를 위태롭게 하는 것이라 판단되는 일체의 새로운 과학적 개념과 이론의 공적에 대한 토론을 회피하게 하였다. 그는 오히려 현존 이데올로기의 직접적인 실천적 유용성을 그것의 이론적 진리보다 우위에 놓음으로써, 자신의 허위적 생각에 머물기를 더 좋아 하였다. 레닌의 이러한 교조적 태도는 그밖에 그의 정치적 실천과 병행한다. 이 태도는 그의 확고한 자코뱅주의적 믿음과 일치한다. 즉 과거에 부르주아 혁명의 목표를 위해 유용하다고 여겨졌던 소여의 (당의, 독재의 혹은 국가의) 정치적 형태를 프롤레타리아 혁명의 목표에 관해서도 신뢰할 수 있다는 믿음이다. 이렇게 그의 혁명적·유물론적 철학과 그의 혁명적·자코뱅주의적 정치는 병행한다. 레닌은 러시아 혁명의 특수한 한계를 서구의 프롤레타리아 계급의 동시적인 혁명운동과 동맹하여 돌파하려는 일시적인 시도에도 불구하고, 현실에 있어서는 러시아 혁명이 과거의 대부르주아 혁명의 지각(遲刻)한 후예에 그치도록 선고 내려졌다고 하는 역사적 진리에 대해 눈을 감았다"(앞의 책, S.135~136 ; Raddatz, S.52).

이러한 코르쉬와 파넨쾨크의 의식상태와 비판적 고찰은 루카치와 동일하다. 「전술과 윤리」(1919)라는 제목을 가진 논문에서 루카치는 당과 계급간의 관계를 변증법적 대립으로 정의한다. 이 대립은 사회의 지배계급으로서 통일적 프롤레타리아트의 더 높은 통일에서 비로소 지양된다("Taktik und Ethik." In : *Schriften zur Ideologie und Politik*, 앞의 책, S.33). 이것은 다시 로자 룩셈부르크에 극히 가까운 조직이해이다. 룩셈부르크는 레닌과의 논쟁에서 다음의 견해를 주장하였다. 즉 조직은 혁명과정의 결과이지, 전제가 아니다. 프롤레타리아트는 혁명의 과정 안에서 그리고 혁명과정을 통해서 계급조직으로 자신을 형성한다(혁명의 도화선은 본질적으로 의식화된 층, 즉 지식인 엘리트로부터 나온다)고.

수많은 발표를 통해 루카치는 일체의 당관료제에 대해 경멸을 드러낸다. 그는 당관료제를 사멸하고 있는 자본주의의 부정적 상으로 간주한다. 그리고 당에 대해 두 가지 정의를 발전시킨다. 하나는 조직으로서, 다른 하나는 계급의식의 역사적 형상이자 행동하는 운반자로서(『역사와 계급의식』, Neuwied 1968, S.214). 이것은 그의 저서 『역사와 계급의식』의 중심적 정의이다. 이 책은 베를린의 말리크 출판사에서 1923년에 출간된 후 오늘까지 지속적인 영향을 미치고 있다.

무엇보다도 「맑스주의자로서 로자 룩셈부르크」라는 포괄적인 장은 언제나 프롤레타리아트의 윤리로서의 계급의식 그리고 도덕적 힘으로서의 당의 힘이라는 테제를 되풀이한다(앞의 책, S.215). 여기서 미학적 개념이 최종적으로 정치적 개념으로 전화되었다. 그러나 개념장치는 그대로 동일하게 남았다. 즉 총체성은 여전히 주된 말이다("총체성의 범주의 지배는 과학에 있어서 혁명적 원리의 운반자이다." 앞의 책, S.199). 루즈(Peter Ludz)는 다음과 같이 논평한다.

"루카치의 당과 계급의 견해는 혁명과정에서 '지도자'의 역할에 대한 생각과 일치한다. 이 견해는 제2차 세계대전의 시기에 빨치산의 개념에서 정점에 달한다. …… 루카치는 노동운동의 정치적 지도자에게 프롤레타리아트의 역동적 해방과정에서 부차적 역할을 할당하였다. '지도자(1919년의 헝가리에서 사회민주당과 공산당의 지도자)는 오직 이 통일적인, 통일을 향하고 있는 의지의 집행자이다. 지도자는 이 의지에 이론적 형태를 부여한다.' 이 생각은 명백히 레닌의 '전위' 개념에로 환원될 수 없다. 그것은 오히려 스자보의 테제, 즉 일체의 사회적 진보는 비판적으로 사고하는 인물들의 공적이다라는 테제를 강하게 지향하고 있다. 노동운동의 제도화에 대한 따라서 일체의 공고화된 정치지배에 대한 루카치의 생디칼리슴적·무정부주의적 혐오는 그의 윤리적·엄격주의적 견해를 통해 더욱 강화된다. 그러나 이 혐오는 엘리트의 거부와는 아무런 관계가 없다. 그에게 있어서 엘리트는 레닌에서처럼 당지도자, 따라서 정치 엘리트가 아니다. 혁명과정의 올바른 창조자, 운반자가 아니다. 왜냐하면 그들은 당관료제에 너무 밀접하게 결부되어 있고 따라서 혁명과정을 전체로서 인식할 수 없기 때문이다. 오히려 다음과 같은 정신적 엘리트가 혁명의 정상에 서 있어야 한다. 즉 이론적 의식의 도움에 의해 오직 자연발생적·혁명적인 대중을 그들의 단순한 자연발생성으로부터 구해 내어 의식적 행동에로, 이와 함께 사회과정의 집합적 통제에로 나아갈 수 있는 정신적 엘리트"(Peter Ludz, "Ethischer Rigorismus und politische Taktik." In : *Schriften zur Ideologie und Politik*, a. a. O., S. XLIV-XLNI ; Raddatz, S.54이하).

『역사와 계급의식』은 즉각 이단의 책으로 간주되었다. 헤겔의 범주를 가져온 것, 외적 객관적 사실과 주관적 성찰간의 대립을 하나의 집단, 계급을 통해 극복하는 것, 완전히 새로운 주체-객체 동일성의 개념 등은 이단적인 것이었다. 레닌의 제자와 정치적 전사들은 루카치가 계몽주의의 유물론을 부르주아 혁명의 이데올로기적 형태로 보는 견해(『역사와 계급의식』, S.390)를 수용할 수 없었고, 또한 그의 역사적 총체성의 개념도 수용할 수 없었다. 그의 역사이론은 도덕적 문제를 해결하려는 시도였다. '물상화'란 말은 이 맥락 안에서 루카치에 의해 맑스의 초기 저술이 발견되기 10년 전에 주조되었다.

레닌은 1924년 1월에 사망했다. 그의 유언집행자들의 눈에는 맑스주의의 유럽적 발전은 올바른 것일 수 없었다. 서구 공산주의자들은 노동자평의회가 단순히 당의 명령을 비준하는 목적을 위해서만 존재한다는 견해를 전혀 소화할 수 없었던 것이다. 직접적으로 임박해 있는 세계혁명이라는 허위이론에 따라 '일국 사회주의'의 테제가 더욱더 관철되었다. 환언하면 정치적 및 이데올로기적 지도가, 즉 유럽 공산당의 특히 규모가 가장 크고 영향력이 가장 큰 독일 공산당의 '볼셰비키화' —— 레닌주의자로의 전환 —— 가 시작되었다. 독자적인 이론가, 루카치, 코르쉬 등은 폄하되고, 제명되고, 처벌되지 않을 수 없었다. 레닌에 대한 경배감에 의해 결합되어 있던 레닌 계승자들의 입장에서 보면, 루카치와 독일 철학교수 칼 코르쉬, 그리고 이탈리아의 맑스주의자 안토니오 그라찌아데이와 같은 이론가들에 의해 대표되는 공산주의의 '서구' 학파의 갑작스러운 대두는 결코 환영할 수 없는 일이었다. 1923년과 1924년에 루카치에게 마구 퍼부어진 과도한 비난은 부분적으로는 당파적 증오의 면에서 설명될 수 있다. 그러나 이 히스테리의 주요한 근원은 레닌을 신성한 성상으로 받들던 러시아 공산주의자들의 심성이었다. 당시 '맑스-레닌주의'로 묘사되었던 것으로부터의 어떠한 '이탈'도 그들의 신념에 대한 모독을 의미하였고, 동시에 올바르게 볼셰비키화되지 않은 공산주의자들 사이에서 싹트고 있는 통제할 수 없는 이단의 무서운 유령들을 불러내는 것을 의미하였다(Lichtheim, p.53 이하).

그리하여 소비에트의 철학자들은 주요 임무로서 일탈자들에 대한 '철학적 전선에서의 투쟁'을 개시하였다. 레닌의 후계자로서 소련 공산당의 이론적 두뇌였던 부하린은 1924년 6월과 7월에 모스크바에서 열린 제5차 코민테른 대회에서 최근의 "낡은 헤겔주의에로의 복귀"를 한탄하는 짧은 연설을 하였으며, 쿤의 선생인 지노비예프는 동 대회에서 다음과 같은 경고적·위협적 연설을 하였다.

"우리는 극좌파가, 하나의 국제적 현상으로 만연되고 있는 이론적 수정주의가 번성하는 것을 원하지 않는다. 이탈리아에서 동지 그라찌아데이가 사회민주주의자요 수정주의자였던 시절에 쓴, 맑스주의에 반대한 낡은 논문들을 책으로 발표한다면, 이 이론적 수정주의는 우리들에게서는 처벌 없이 일어날 수는 없다. 헝가리의 동지 루카치가 이 동일한 것을 철학과 사회학 분야에서 행한다면, 우리는 그것을 참지 않을 것이다. 나는 루카치가 속하고 있는 정파의 지도자인 루다스 동지의 편지를 받았다. 그는 수정주의자 루카치에 대항하여 일어날 의도를 갖고 있음을 밝히고 있다. 당이 그에게 그것을 금지시켰을 때, 그는 맑스주의가 희석되는 것을 원하지 않기 때문에 당으로부터 탈퇴하였다. 부라보, 루다스! 우리는 독일의 당에서 이와 동일한 흐름을 갖고 있다. 동지 그라찌아데이는 교수이다. 코르쉬 역시 교수이다(사이에 고함 : 루카치도 마찬가지로 교수이다!). 만약 이러한 몇 교수들이 와서 그들의 맑스주의 이론을 이야기한다면, 사태는 나빠질 것이다. 그러한 이론적 수정주의를 우리는 우리의 공산주의 인터내셔널에서 처벌받음이 없이 허용할 수는 없다"(G. Sinowjew, "Der Kampf gegen die Ultralinken und den theoretischen Revisionismus." In : *Schriften zur Ideologie und Politik, a. a.* O., S.720~721 ; Raddatz, S.60).

그의 레닌 소책자와 그가 『역사와 계급의식』 때문에 행한 자기비판

(1933/34)에도 불구하고, 실로 이 책의 철회에도 불구하고 —— 이 책은 국제 서적시장에서 10년간 희귀본이었다 —— 곧 이어 당과의 날카로운 논쟁이 일어났다. 1928년에 비합법 헝가리 공산당 제2차 대회를 위해 루카치가 제출한 「블룸 테제」의 정치적 제안은 저자가 현명한 정치적 전술과 이론적 연구에서 비상하게 탁월한 입장을 세웠음을 보여 주었다. 그것은 란들러(Landler)의 이론적·정치적 견해에 밀접하게 의거한 것으로서, 지금까지의 루카치 자신의 좌익급진적 입장과 단절한다. 이 테제에서 그는 혁명의 실패로부터 정치적·전략적 귀결을 끌어내고자 시도한다. 그는 지금 "프롤레타리아트와 농민층의 민주적 독재"의 모습으로 사회주의 혁명을 위한 전제를 창출하기 위해서는 "혁명시대의 유토피아주의와는 반대로" 더 긴 과도단계가 필요하다고 보는 것이다.

당관료제 안에서 때때로 '교수'로서 웃음거리가 되었던 루카치는 호르티 체제로부터 혁명적 프롤레타리아트의 독재로의 직접적 이행이 가능하다는 쿤의 이론을 거부함으로써 그의 동료보다 더 깊고 넓은 정치적 오성을 갖고 있음을 증명하였다. 그러나 루카치에게 긴요했던 문제는 전술적인, 단명의 입장규정 이상의 것이었음이 분명하다. 「블룸 테제」는 그의 전체 이데올로기 건물의 중심적 범주로서 이해되지 않으면 안 된다. 마찬가지로 그의 정치적 개념에서도 중요성을 갖는다.

「블룸 테제」의 핵심은 민주적 독재의 강령, 미완성으로 남아 있는 부르주아 혁명의 필요성의 완수, 그리고 서민혁명의 가능성의 선취에 있다. 그것은 '인민민주주의'를 위한 전(前)단계이다. 그러나 또한 혁명적 발전의 종점이기도 하다. '민주적 독재'는 피억압계급의 실제적 의식상태에 상응하며 또한 자기자신을 실현할, 환언하면 해방할 가능성에 상응한다. 그것은 프롤레타리아트의 독재가 아니다. 이 점에서 루카치는 레닌보다는 룩셈부르크의 입장을 취한다. 이것에 의해 루카치는 사회주의적·민주주의적 혁명을 옹호할 뿐만 아니라, 또한 대중의 의식을 끌어 올리는 지적·도덕적 엘리트를 변호한다. 그러나 이 엘리트는 레닌적 의미에서 간부당(Kaderpartei)으로서 파악되는 것이 아니라, '계급의식의 행동하는 담지자'로서 파악된다. 이 경우 개별 혁명가들은 '빨치산(Partisan)'으로서 등장한다.

민주적 독재라는 표제를 붙인 「블룸 테제」의 중심적인 장에서는 루카치의 사유범주의 모든 주요 단어와 표제어가 발견된다.

"민주적 독재, 따라서 부르주아 민주주의의 완벽한 실현으로서 민주적 독재는 말의 엄격한 의미에서 전장이다. 즉 부르주아지와 프롤레타리아트간의 모든 것을 결정하는 투쟁의 장이다. 물론 그것은 동시에 투쟁의 가장 강력한 수단이기도 하며 가장 광범한 대중을 일깨우고, 자발적인 혁명행동에로 자극하고 이끌 수 있는 가능성이기도 하다. 그리고 부르주아지가 '정상적 상태'하에서 노동하는 인민의 광범한 대중을 해체시킬 때 도움을 빌리는 그러한 조직적 및 이데올로기적 형태를 느슨하게 할 수 있는 가능성이기도 하다. 민주적 독재는 노동자의 광범한 대중이 부르주아지에 대항하여 자신들의 이해관심을 주장할 때 도움을 빌리는 그러한 조직형태를 창조할 가능성이다. 민주적 독재는 현재의 발전단계에서는 원리적으로 부르주아지의 경제적 및 사회적 권력과 양립할 수 없다. 비록 그것의 구체적인 목표설정과 직접적으로 실현될 요구의 명백한 계급내용이 부르주아 사회의 틀을 넘어서지 않는다 하더라도, 실로 부르주아 민주주의의 완벽한 실현이라 하더라도" (『역사와 계급의식』. In : Frühschriften II, Neuwied, 1968, S.710~711 ; Raddatz, S.68 이하).

「공산주의 인터내셔널 집행위원회」는 헝가리 공산당의 당원에게 보내는 「공개서한」에서 루카치의 「블룸 테제」에 대해 반응을 보였다. 즉 "우파일탈"의 비난을 가하였다. 이 「공개서한」의 정책은 스탈린의 검증된 방법이었다. 이 방법은 역시 독일 공산당의 결정적 위기에서도 사용되었다. 그것은 의견교환의 의미에서의 편지가 아니고, 파문장이요, 칙령이었다. 「블룸 테제」, 그리고 그것이 프롤레타리아트의 독재 대신에 부르주아-민주주의 혁명의 코스를 가는 것은 '청산적'인 것이라고, 사회민주주의의 바탕 위에서 나온 환상이라고 공격되었다. "이 테제는 볼셰비즘과는 아무런 관계가 없다"("Offener Brief des Exekutivkommitees der Kommunistischen Internationale an die Mitglieder der Kommunistischen Partei Ungarns"(1928). In : *Schriften zur Ideologie und Politik,* a. a. O., S.734). 교황의 권리로 내린 칙령은 '삭제', '무자비한 파면', 그리고 '당에 대한 범죄'를 말하였다. 스탈린의 통치 4년째 되던 해에 그것은 하나의 분명한 선고였다. 그러나 그 후의 사태발전은 그에게 「블룸 테제」의 정당성을 증명해 주었다. 1935년에 공산주의 인터내셔널 —— 파시즘에 대한 노동운동의 심각한 패배에 직면하여 —— 은 인민전선(Volksfront)의 개념을 수용하지 않으면 안 되었다. 이 개념의 토대를 루카치는 이미 여기서 창조하였던 것이다.

루카치의 가장 강력한 동맹자인 란들러가 1928년에 사망하였고 루카치는 자기비판을 하였다. 헝가리에서의 비합법적인 몇 달간의 체재 후에 그는 1929년에 마침내 능동적인 당사업으로부터 물러났다. 그는 1929년 이래 더 이상 정치적 활동을 하지 않았다. 그러나 이 자기비판은 전술적 전향이었다. 루카치는 자기비판을 살아 남기 위한 거짓말 이외 다른 것으로 이해하지 않았다. 그는 후에 다시 그의 테제의 정당성을 지적하며 『역사와 계급의식』의 신판에 수록하였고, 언제나 그의 이론적 작업의 중심으로서 파악하였다.

3) 모스크바 시절 : '도덕적으로 좋은 시대'

그 후 1930년에 오스트리아에서 추방되어, 3개월 동안 헝가리에 불법 체류하였고, 1930~31년 모스크바에 체재하여 랴자노프(Rjazanov)하의 「맑스-엥겔스-레닌 연구소」에서 연구하였으며, 1931~33년에 베를린에 체재하여 「프롤레타리아-혁명적 작가 동맹」의 회원으로서 이 동맹의 기관지인 『좌파노선(Die Linkskurve)』에 수많은 글들을 발표하였다. 1933년 전기적 소묘 『나의 맑스에의 길』을 발표하였고, 이 글은 1955년에 출간되었다.

1933년에 파시스트 독재가 수립된 후에, 루카치는 다시 모스크바로 이민 간 이후 1944년 소비에트 군대에 의해 독일 파시즘이 패배할 때까지 모스크바에 거주하였다. 이 시기에 그는 정치적 기능은 갖지 않았지만, 그러나 그의 이론가로서의 영향력은 현저하였다. 그는 1933~34년에 『역사와 계급의식』 때문에 자기비판을 강요받는다. 이 자기비판은 부분적으로는 물론 그의 저술의 실제적 결함에 관계되지만 또한 부분적으로는 단순히 스탈린주의적 교조주의의 관철에 봉사하는 것이었다. 이와는 별도로 그는 거대한 문학사 저작에 몰두한다. 1933~38년 모스크바의 「소련 과학 아카데미 철학연구소」 연구원으로서 활동하였고, 1934년에 「소련 과학 아카데미」 회원이 되었다. 루카치는 그러나 그의 인생에서 비인에서의 체포에 이어 두번째 체포를 모스크바에서 경험하게 된다. 즉 그는 1941년에 모스크바에서 체포되었다. 파시즘을 피하여 소련으로 도망하였으나, 거기서 청산되었던 수백 명의 독일인 및 외국인 공산주의자들의 운명을 그는 모면할 수 있었다. 1942~44년 그는 모스크바에서 발행되는 여러 잡지들에 편집진의 일원으로서 일하였다.

스탈린 시대의 교조주의하에서 루카치는 몹시 시달렸다. 특히 스탈린주의 시대에 과학이 추악화되는 상황에서 루카치는 과학적으로 그리고 개인적으로 몹시 고통을 받았다. 그렇지만 그는 헤어짐의 길을 가지 않고, 오히려 이 운동에 참고 견디며 마음을 괴로워하며 동참하는 길을 갔다. 그는 여러 번 '자기비판'을 강요받았는데, 이 '자기비판'은 이 점에서 보면 자신의 입장의 포기가 아니었다. 그의 저작이 보여 주는 바와 같이 그는 자신의 입장을 결코 그러한 이유들에서 포기하지 않았다. 오히려 퀸(Reinhard Kühnl)이 지적한 바와 같이, 그것은 "새로운 돌진을 위한 가능성을 보존하기 위하여 잠정적인 그러나 필요한 후퇴" —— 브레히트, 제거스 그밖의 사람들이 비판적 상황에서 그렇게 했던 것처럼 —— 인 것으로 보인다. 그는 그의 과학적 작업을 일종의 "빨치산 투쟁(Partisanenkampf)"으로서 이해하였지만, 그러나 "세계사적 상황으로부터 벗어날" 필요성을, 그리고 파시즘이 사회주의에 대해 준비하였고 1941년 이후에는 실행에 옮겼던 "섬멸전쟁(Vernichtungskrieg)"에 대한 방어투쟁에서 소련을 지지할 필요성을 인식하였던 것이다(루카치가 이렇게 그의 1967년의 「추신(Postscriftum)」에서 말한다).

이 시기에 루카치는 급진적으로 소련과의 —— 따라서 현존의 사회주의와의 —— 관계를 철학적으로 중요한 도약점으로 삼았던 것으로 보인다. 소련에서 진행되고 있는 발전을 —— 전망으로서 —— 그의 사유세계에 수용한다. 그는 어떤 곳에서 다음을 말할 수 있었다. "사회주의를 사랑하지만, 그러나 소련을 거부하는 사람은 어머니의 사랑으로 불타고 있지만 그러나 자신의 아이를 귀가 크다고 돌보지 않는 그러한 어머니와 같다"(Istvan Hermann, *Die Gedankenwelt von Georg Lukács*, Akademiai Kiado, Budapest, 1978, S.261). 루카치가 후에 『부르주아 철학의 위기』라는 연구모음집에서 '구제된 세계상(erlöstes Weltbild)'이란 연구로 끝내고 있는 것은 결코 우연이 아니다. 이 연구의 종결은 다음과 같다.

“공적 활동의 사멸은, —— 제국주의적 자본주의를 통해 야기된 —— 동시에 개체의 절단을 의미한다는 것은 소련에서는 하나의 일반적으로 알려진 사실로 여겨지며, 이 사실은 소련의 경계선 밖에서는 지금 막 이해되고 체험되기 시작하고 있다. 집합적 삶은 결코 개인적 삶의 방해가 아니라 그것의 실현이다. …… 이 모든 경험은 소련의 밖에서 살고 있는 사람들을 오랫동안 단순히 방관자로 만들 수 있었다. 제2차 세계대전은 이 경험을 일상적인 생활 속에, 매일의 실천 속에 깊이 각인하였다. 사회주의가 존재하지 않는 곳에서도 역시 …… 우리는 소련에서 30년대 이래 건설 중에 있는 사회주의적 삶 속에서 변혁의 발전된 형태를 관찰할 기회를 가졌는데, 이 모든 변혁들은 민중의 삶이 진실로 민주적인 형태하에서 갱신되고 있는 곳에서는 삶의 형태로 되기 시작하고 있다. 1917년과 함께 세계는 그 뿌리에서 변화되었다. 이와 함께 우리들의 세계상도 변화되었다”(루카치, 『부르주아 철학의 위기』, 부다페스트, 1947, S.245).

루카치의 모스크바 시기는 토마스 만이 말했던 것처럼 ‘도덕적으로 좋은 시대(die sog. moralisch gute Zeit)’라고 부를 수 있다. 왜냐하면 파시즘과 반(反)파시즘이 그렇게 급진적인, 그리고 결정적인 분계선을 그렸으므로 이와 결합하여 어떠한 도덕적 모순도 나타날 수 없었기 때문이다. 소비에트의 발전이, 무엇보다도 사회주의 혁명이, 그리고 독일 파시즘을 이긴 소비에트적 사회주의적 사회질서가 이 시기의 루카치에게 있어서는 실로 그렇게 이상주의적으로 판단될 수 있었다. 이 시기의 루카치에게 있어서는 사회주의와 결합하여 행복한 쾌감이 특징적이었다(Istvan Hermann, *Die Gedankenelt von Georg Lukács,* Akademiai Kiado, Budapest 1978, S.261 이하).

이러한 ‘도덕적으로 좋은 시대’의 루카치를 아도르노는 스탈린주의에 대한 굴복으로 규정한다.

"루카치는 당서열체계가 자기자신에게 제기한 수준 낮은 이의들을 자기 것으로 수용하여, 10여년간 논문들과 저서들에서 그는 그 동안에 철학을 지배의 목적을 위한 단순한 수단으로 저하시켰던 소비에트적 사고의 황량한 수준에 그의 명백히 파괴할 수 없는 사고력을 통합시키고자 백방으로 노력하였다"(Adorno, Theodor W., *Noten zur Literatur II.* Frankfurt am Main 1961, S.152).

아메리카의 카우프만(Walter Kaufmann)도 이와 비슷한 견해를 갖고 있다.

"그러나 과소평가되어서는 안 될 또 하나의 요인이 있다. 루카치는 수백 명의 다른 맑스주의자들과 비슷하게 시국과는 독립적인 다른 과학을 생각할 수 없었다. 이들 35권의 저서들이 계급의식의 자발적 흐름을 지칠 줄 모르게 표현하고 있다고 가정하는 것은 틀린 일이다. … … 히틀러가 권력을 쥐었고 루카치가 소련에서 피난처를 발견하고 난 후에, 루카치는 '자기평가(Selbstschätzung)'의 가장 비열한 행동을 하였다. 그리고 그의 저서들은 스탈린주의에 대한 '지칠줄 모르는 찬사'로 가득찼다"(Kaufmann, Walter, *From Shakespeare to Existentialism*, New York, 1960, p.152 이하).

4) 부다페스트 시절 : 헝가리 봉기의 지적 지도자

1944년에 헝가리로 귀국한 후, 루카치는 헝가리 의회 의원, 헝가리 과학 아카데미의 의장단의 일원, 애국인민전선 주(州)평의회 의원, 그리고 세계평화회의 의원 등 공적 생활에 적극 참여하는 한편, 부다페스트 대학의 미학과 문화철학 정교수로서 연구와 교육에 몰두하였다. 그의 널리 알려진 문학과학적 연구물들이 여러 외국어로 출판되었다.

헝가리 해방 후 루카치의 귀향은 그의 사유세계의 연속성을 결코 끊지 않았다. 그는 여전히 파시즘의 철학적 및 사회학적 뿌리를 탐구하였다. 대학에서의 강연의 거의 대부분은 계속하여 비합리주의의 문제를 다루었다. 그리고 극히 많은 저널리즘적 글들이 이때 나왔다. 이 시기에 그의 추종자 서클이 형성되었다. 이 서클에는 스찌게티(Josef Szigeti), 키라리(Istvan Kiraly), 라짜르(György Lazar) 등이 속하였다. 그 후 얼마 되지 않아 그 당시 젊은 세대로부터 쫄타이(Denes Zoltai), 헬러(Agnes Heller), 메스자로스(Istvan Meszaros), 메스자로스(Vilma Meszaros), 그리고 헤르만(Istvan Hermann) 나아가서 알마시(Miklos Almasi), 브로디(Ferenc Brody) 그리고 크라소(Miklos Krasso) 등이 후계자의 서클에 가담하였다.

1946년 야스퍼스와의 토론에서 루카치는 공동의 적인 파시즘에 대항하여 사회주의와 민주주의의 동맹 테제를 정식화하였다. 이 테제는 일찌기 「블룸 테제」에서 함축되어 있었고, 1956년에 재수용된다. 그리고 겐프에서 「귀족적 세계관과 민주적 세계관」이란 제목으로 강연하였다. 이 강연은 평등개념의 발전을 중심 점에 놓고, 3개의 시대를 구분한다. "기독교는 신 앞에서 인간의 평등을 공포하였고, 프랑스 혁명은 법 앞에서 인간의 평등을 언명하였다. 사회주의는 이에 반해 현실적 삶 안에서 구체적 인간의 평등을 성취할 것이다"(Lukács, "Mein Weg zu Marx"). 따라서 발전은 처음에는 추상적으로 인간의 원칙적 평등을 설정하였다. 더구나 초월적 평면에서였다. 두번째로는 형식적으로 프랑스 혁명에서였다. 그리고 진보의 마지막 길은 구체적·내용적 평등이다라는 것이다. 이 생각은 루카치에게 있어서 형식적, 즉 부르주아적 민주주의를 내용적 민주주의로부터 구별하는 것을 성취한다.

1947년 루카치는 헝가리 인민민주주의의 문화의 상태를 연구하여, 사회주의적·공산주의적 문화의 실현에 이르기까지에는 아직도 길이 멀다는 테제를 주장하였다. 1948년에 『청년 헤겔』을 출간하였으며, 1949년에는 파리에서 열린 헤겔 대회에 참여하였다. 다시 루카치에 대한 공격이 과거보다 더 맹렬하게 시작되었다. 당시 당대학의 학장이었던 루다스, 당시 헝가리 근로자당(PUW)의 정치국원이고 문화부 장관이며 『자유인민(Szabad Nép)』의 주필인 레바이(J. Révai), 문화부 차관이며 『자유인민』의 편집인인 호르바트(Márton Horváth)가 다시 루카치를 공격하여 "우파일탈"을 비난하였다. 이에 루카치는 자기비판을 하였다.

1951년 헝가리 작가 제1차 대회에서 인민교육부 장관 겸 헝가리 작가동맹 의장 다르바스(József Darvas)가 루카치를 공격하였다. 이에 루카치는 정치적 생활에서 물러나도록 강요받고 완전히 은퇴하였다. 헝가리의 신문, 잡지, 회의는 논쟁에서 루카치의 영향력을 몰아내려고 하는 데 비해, 동독에서는 모스크바 이주 이래 동지였던 베허(아우프바우 출판사의 설립자)의 후원 아래 루카치의 책이 판을 거듭하며 출간되었다. 동독에서 젊은 전후세대에게 끼친 그의 영향력은 철학자이든 문예학자이든 작가이든 간에 과대평가될 수 없다. 어떤 세미나도, 어떤 큰 논문도, 어떤 문학사적 분석도 루카치를 인용하지 않은 것이 없었다. 루카치의 이데올로기 비판적인 저서와 철학사에 대한 논문도 마찬가지로 커다란 영향을 발휘하였다.

그리하여 루카치에 대해서는 세 가지 상이한 수용이 교차되고 있었다. 헝가리와 소비에트의 스탈린주의자들로부터는 부르주아 민주주의자・헤겔주의자로 비방을 받고, 동독의 맑스주의적 문예학으로부터는 유물론적 문학이론의 방향을 제시한 스승으로서 수용되었고, 또한 지식인 반체제운동으로부터는 방향을 찾는 데 도움을 주는 자, 그리고 '독단 없는 변증법'을 위한 투쟁에서 도움을 주는 자로서 존경되었다.

1954년에 『이성의 파괴』가 헝가리(헝가리 어)와 베를린(독일어)에서 출판되었다. 1955년 루카치 탄생 70주년을 기념하여 『자유인민』에서 스찌게티가 경의를 표하였다. 『게오르크 루카치 70주년 탄생』 기념논문집이 베를린의 아우프바우 출판사에서 출판되었으며, 루카치는 베를린의 독일 과학 아카데미 해외회원(Korrespondierendes Mitglied)이 되었다. 1956년 3월에 예술가와 과학자의 느슨한 연합체인 「페퇴피 서클(Petöfi-Kreis)」[1]이 창설되었다. 「페퇴피 서클」은 본질적으로 데리(Tibor Déry)와 헤이(Julius Hay) 그리고 루카치에 의해 주도되었다. 6월 15일 「페퇴피 서클」의 철학논쟁이 루카치의 주재하에 개최되었는데, 이 논쟁에서 문학과학의 문제와 대학에서 철학교육의 문제가 논의되었으며, 루카치의 토론연설은 스탈린주의에 대한 그의 최초의 공개적인 대결이며, 소련 공산당 제20차 당대회가 발발시킨 논쟁에 처음으로 공개적으로 개입하였다. 6월 28일 유명하게 된 강연 「오늘의 문화에서 진보와 반동의 투쟁」을 '헝가리 근로자당'의 정치 아카데미에서 행하였다. 이 강연의 텍스트는 동독에서 처음으로 인쇄되었다. 6월 말 「블룸 테제」가 처음으로 공식적으로 출판되었고 헝가리 공산당(헝가리 근로자당)의 당사(黨史)연구소에서 토론 후에 본질적인 점에서 「헝가리 근로자당」에 의해 승인되었다. 루카치는 그의 이전의 자기비판의 일부와 취소를 취소하였다. 그는 수많은 논문, 강연, 라디오 방송 그리고 공개토론회에 의해 헝가리 '봉기'의 지적 지도자로 되었다.

1956년 10월에 그는 나지(Nagy) 정부에 인민교육부 장관으로 입각하였다. 정확하게 꼭 37년 후에 두번째로 이 직무를 맡은 셈이다. 그러나 이것은 그를 다시 국외로 추방하게 한다. 정부가 공식적으로 선언한 바르샤바 조약체계로부터의 탈퇴를 그가 불운한 것이라고 반대하였기

---

1) 1849년에 쉐스부르크 전투에서 전사한 헝가리 혁명시인 샨도르 페퇴피(Sándor Petöfi)의 이름을 딴 서클이다.

때문에, 루카치는 소비에트의 간섭의 전야에 나지 정부로부터 쫓겨났지만, 그는 소비에트에 의해 나지를 포함한 여타 정치가들과 함께 체포되었다. 루카치는 비인에서, 모스크바에서 그리고 마지막 세번째로 부다페스트에서 체포를 경험하였다. 그는 루마니아로 추방되었다. 나지는 살해되고, 루카치는 1957년 4월 10일에 부다페스트로 귀환할 수 있었다. 루카치는 금후 은둔하여 무엇보다도 미학과 윤리학 연구에 몰두한다. 그는 교수직을 비롯하여 일체의 직위로부터 내쫓겼고, 게다가 당에서 제명된 사학자(私學者)로 되었다(1969년에 다시 헝가리 공산당에 수용된다). 그의 저술들은 사회주의 국가들 안에서 "수정주의적"인 것으로 낙인 찍혔다.

1957/58년 그의 이전의 제자이며 당시 문화부 차관이었던 스찌게티가 다시 루카치를 공격하여, "우파일탈"을 비난하였다. 1958년 10~11월 헝가리 과학 아카데미 철학연구소에서 루카치의 철학저술과 "수정주의"에 대해 토론이 일어났다. 이 토론에는 포가라시(Béla Fogarasi), 에르데이(László Erdei), 타마스(Georg Tamas), 셀메르찌(József Selmerczi), 소스(Wilhelm Sós), 마르쿠스(Georg Márkus), 마카이(Maria Makai)가 참여하였다. 발로(E. Balogh, 당시 부다페스트 당대학의 철학강좌장)는 루카치의 1954년에 나온 『이성의 파괴』를 비판하였다. 루카치는 『나의 맑스에의 길』에 대한 발문을 발표하여, 스탈린과의 단절을 명백히 한다. 스탈린과의 단절은 1962년 2월 8일 『신논쟁』의 발행인인 카로찌(Alberto Carocci)에게 보낸 편지에서 재차 명백히 표명된다.

1962년에 전집의 첫 권으로서 제9권(『이성의 파괴』)이 루흐터한트 출판사에서 나왔다. 1963년 『미학』의 제1부가 루흐터한트 출판사에서 전집의 틀 안에서 나왔다. 1964년 1월 18일 프라하의 문학토론과 관련하여 프라하의 잡지 「신문학(Literarni Noviny)」과 인터뷰를 가졌고, 여기서 루카치는 그의 이전의 견해, 즉 위대한 문학은 사실주의적이다라는 견해를 고수하였다. 1965년 2월 이탈리아 당신문 『리나시타』(통권 22, 제9호)와 인터뷰(부분번역이 'Express-International,' Frankfurt a. M., 1965년 4월 17일)를 가졌다.

1965년 4월 13일 서구에서 그리고 일부 동구에서 루카치의 80주년 생신을 축하하였으며, 독일의 루흐터한트 출판사에서 『루카치 탄생 80주년 기념논문집』(프랑크 벤젤러 Frank Benseler 편)을 출판하였다. 1966년 6월 페이티쉬(Branko Peitsch)와 인터뷰하였으며, 이 인터뷰는 헝가리 신문 『Hid』에 발표되었고, 부분번역이 『세계』 1966년 6월 23일자에 게재되었다. 동년 9월에 부다페스트에서 독일의 저명한 사회학자 홀쯔(Hans Heiz Holz), 코플러(Leo Kofler), 아벤드로쓰(Wolfgang Abendroth)가 루카치와 대담을 가졌다. 『미학』이 스페인 어로 4권으로 나왔으며, 루카치의 문학과 사회학 저술의 스페인 판이 나왔다. 1967년에 루카치의 『미학의 범주로서의 특수성에 대하여(Über die Besonderheit als Kategorie der Ästhetik)』의 일본어 판이 나왔다.

1969년에 자그레브 대학에서 명예박사학위를 수여받았으며, 1970년 3월에는 겐트 대학에서 명예박사학위 수여받았고, 동년 8월에는 서독의 프랑크푸르트 시로부터 '괴테 상'을 수여받았다. 특히 이 프랑크푸르트 시의 '괴테 상' 수여는 동구에서는 성난 침묵 속에서, 서구에서는 성난 비난 가운데서 행해졌다.

1971년 6월 4일 루카치는 사망하였고, 6월 11일 부다페스트의 케레페시 묘지에 안장되었다. 여기에 헝가리 노동당의 중앙위원회가 참여하였다. 프리스(Istvan Friss, 헝가리 과학 아카데미)와 데리의 조사는 다음을 말하고 있다. "끊임없이 그리고 지칠 줄 모르게 그는 그의 모든 능력을 다하여 인간을 변호하고자 노력하였다"(Raddatz, S.133).

루카치에 대한 평가는 부다페스트에서는 70년대에 여전히 레닌주의의 틀 안에서 행해지고 있었다. 이를테면 헤르만은 무엇보다도 루카치를 프랑크푸르트 학파와 연결짓는 것에 반대하였다.

"세계의 도처에서 루카치의 필생의 저작을 부르주아 세계를 위해 몰수하려는 시도들이 행해지고 있다. 루카치의 철학을 프랑크푸르트 학파의 한 특수한 종류로 간주하는 것도 이 시도의 핵심의 일부분이다. 그러나 루카치의 필생의 저작은 프랑크푸르트 방향의 한 특수한 부분으로 간주될 수 없다. 오늘날의 독점자본주의에 의해 통합될 수 있는 그러한 철학을 그의 저작에서 구성하기를 소망하는 노력들에 반대한다. 그의 전체 삶의 가장 중요한 가르침과 주 노선은 맑스, 맑스주의 그리고 레닌주의에의 길을 개척한 것이었다. 루카치가 이 노력에서 부분적으로 성공한 까닭은 그가 20년대 이래 다음을 확신하고 있었기 때문이다. 즉 세계는 오직 레닌의 길에서만, 소련의 발전가능성의 도움에 의해서만, 그리고 사회주의 세계체계에 의해 창조된 조건의 도움에 의해서만, 새로운 인간적 시대로 진입할 수 있다고. 따라서 만약 우리가 루카치의 사상을 정경화(正經化)하거나 교조화한다면, 혹은 레닌과 레닌 당의 사업이 그에게 주었던 그러한 강력한 실천적·정신적 동인을 부인한다면, 그것은 맞지 않은 것이고, 또 루카치의 정신에 철저히 모순하는 방법일 것이다"(Istvan Hermann, *Die Gedankenelt von Georg Lukács*, Akademiai Kiado, Budapest, 1978, S.9 이하).

이에 비해 콜라코프스키(Leszek Kolakowski)는 루카치가 레닌의 맑스와는 다른 맑스를 회복시켰다는 점을 높이 평가하였다.

"루카치는 아마도 그의 (그리고 그에 앞서 간) 세대 중에서 맑스의 구세론적 이념을 진실로 이해한 유일한 철학자이었다. 그는 자기(그리고 또한 그보다 앞선) 세대의 맑스주의자들 중에서 고유한 철학적 문제를 철학의 언어로 표현 —— 카우츠키, 레닌, 플레하노프, 라브리올라 등과는 반대로 —— 할 수 있었던 유일한 철학자였다. …… 그러나 그가 맑스의 철학의 핵심을 발견하고 카우츠키의 맑스나 레닌의 맑스와는 다른 맑스를 회복시켰을 때 그는 지당하였다"(Kolakowski, Leszek "The other Marx Lukács's," In : *Cambridge Review*, 1972/1, S.90)(Istvan Hermann, *Die Gedankenelt von Georg Lukács*, AkademiaiKiado, Budapest, 1978, S.11에서 인용).

1985년에 루카치 탄생 100주년을 기념하는 학술대회가 세계의 주요 국가들에서 열렸다. 그중에서 동독과 헝가리에서 개최된 것을 간단히 소개한다. 동독에서는 1985년 6월 13일에 할레-비텐베르크에 위치하고 있는 있는 마르틴 루터 대학의 맑스-레닌주의 철학과가 「게오르크 루카치 —— 탄생 100주년에서 그의 철학적 창조의 실제적 문제(Georg Lukács-aktuelle Fragen seines philosophischen Schaffens im 100. Jahr der Wiederkehr seines Geburtstages)」라는 주제의 학술대회를 개최하였다. 동구 사회주의 국가의 학자들도 참석한 이 대회에서 루카치의 저작과 평가의 문제가 토론되었다. 대회의 보고서는 1986년에 『게오르크 루카치 1885~1971. 1985년 루카치 탄생 100주년 기념 할레 대회(Georg Lukács 1885~1971. Hallesche Tagung 1985 anläßlich der 100. Wiederkehr des Geburtstages von Georg Lukács)』라는 제목의 책(Gerlach, Hans-Martin/Mocek, Sabine/Sailer, Joachim 편, 마르틴 루터 대학 과학출판부)으로 출판되었다. 그리고 헝가리에서는 1985년 4월 17일부터 19일까지 부다페스트에서 헝가리 과학 아카데미와 교육부 그리고 헝가리 노동당 중앙위원회부설 당사연구소에 의해 "20세기 맑스주의 이론의 발전에 있어서 루카치의 위치와 기능(Ort und Funktion von Georg Lukács in der Entwicklung der marxistischen Theorie im 20. Jahrhunderet)"이라는 제목의 국제 학술대회가 개최되었다. 이 회의에는 사회주의 국가들의 과학 아카데미와 대학의 파견자들, 그리고 서구 국가의 학자들도 참여하였다. 회의의 보고서는 1989년에 *Lukács-aktuell*(Sziklai, Laszlo 편, Akademiai Kiado, Budapest)로 출판되었다.

1995년 올해는 루카치 탄생 110주년이 되는 해이고, 특히 동구 공산권이 몰락한지 5년이 되는 해이므로, 세계의 주요국들에서 루카치에 대한 평가가 새로운 시각에서 활발히 논의될 것이라 예상된다. 우리나라에서도 활발한 논의가 일어나기를 기대한다.

2.『이성의 파괴』[2)]

루카치가 모스크바 망명생활을 마친 후 해방된 고국 헝가리에 돌아와서 1954년에 발표한 『이성의 파괴』는 귀국 후의 루카치의 대표적인 철학저작으로서, 5백 수십 명에 달하는 인물들을 언급하며, "철학의 영역에서 독일이 히틀러에 이르기까지 걸어온 도정"(「이성의 파괴」, 제1권, 20쪽)을 분석하고 있다. "이성의 파괴"를 자신의 깃발에 새겨 놓은 비합리주의는 그 전사(前史)에서는 19세기 전반부에까지 소급되며, 우리들의 시대에까지 계속하여 운동하고 있다. 이 비합리주의를 루카치는 처음으로 일관성 있게 후기 부르주아 철학의 발전의 "붉은 실마리"로서 맑스주의적 관점에서 추적하였다. 20세기의 50년대에 이르기까지의 후기 부르주아 '독일 이데올로기'를 포괄적으로 분석한 이 책은 겔

2) 이 절에서는 전3권으로 되어 있는 루카치의 저작 *Die Zerstörung der Vernunft* (Darmstadt und Neuwied Luchterhand Verlag, 1981, 제3판)의 제1권 *Irrationalismus* zwischen den Revolutionen을 주로 취급한다. 텍스트로 삼은 것은 한글 번역본, 『이성의 파괴 I : 혁명들 사이의 비합리주의』(전태국 역, 열음사, 1993년)이다. 그밖에 제2권과 3권의 인용은 한글 번역본이 나오지 않았으므로 독일어 본을 텍스트로 삼았다.

라하의 말처럼(Gerlach, S.6), 즉각 맑스주의적 이데올로기 비판의 하나의 "고전"로 되었다.

독일 파시즘의 정신적 전제들에 대한 포괄적인 분석이며 동시에 그의 지금까지의 사회과학적 분석들의 이론적 결실이라 할 수 있는 이 책을 루카치는 이미 파시스트 지배 동안에 망명국의 압제적인 억압하에서 구상하고 준비하였다. 독소 불가침조약이 체결된 후의 시기인 1939년 8월부터 1941년 6월까지의 기간에는 파시즘에 대한 공개적이고 직접적인 비판은 ―― 전술적 이유에서 ―― 소비에트 언론에서는 가능하지 않았다. 그러다가 히틀러 독일이 소련을 공격하였을 때, 파시즘은 비로소 중심적으로 비판할 수 있는 현상으로 되었다.

히틀러 독재의 종식 후 7년이 지나서 비합리주의의 길을 변화된 조건하에서 (바로 냉전의 조건하에서) 계속 추적한 루카치의 이 저작은 헝가리의 루카치 연구가 헤르만이 지적하는 것처럼, 하나의 연속성을 보인다. 이전에 나타났던 많은 생각들이 십 수년 후 직접적 혹은 비판적으로 계속되고 있다. 이를테면 루카치가 전쟁 동안에 발표한 논문 「독일 파시즘과 니체」(1943년)는 이전에 쓴 「파시스트 미학의 선구자로서의 니체」(1935년)에 의거한 것이었다. 그 당시 오직 니체의 미학에만 몰두하였던 그는 이 연구를 통해 비합리주의 미학과 철학사에 첫걸음을 내디딘 것이다. 1943년에 나온 이 니체 논문에는 후의 비합리주의 분석(『이성의 파괴』)에 동기로서 작용한 생각들이 나타나고 있다. 그 생각들이란 니체의 비판이 갖는 가상적 성격(Schein-Charakter) 그리고 니체에게서 극단으로까지 치달은 사회적 다윈주의(Darwinismus)이다. 여기서 루카치는 비판적 확대경 밑에서 인간본능의 "야만화(Barbarisieren)"라는 생각을 발전시킨다. 니체의 철학은 챔벌린(Chamberlain)을 거쳐 로젠버그(Rosenberg)에까지 발전되고, 니체에게서 유래한 신화는 가장 조야한 방식으로 "거리"에 만연되었다는 생각이다(Hermann, S.254

이하).

이 책이 독일 철학에 집중하고 있다고 해서, 한 사람의 망명학자가 젊은 시절에 수학하였던 나라에 대해 저술한 단순한 철학 전문서로 보아서는 안 된다. 사회주의 국가에 대한 위협이 가중되고, 실제 무력공격이 가해지는 절박한 정세하에서 루카치는 히틀러의 데마고기를 포함하여 최근 150년의 독일의 비합리주의의 사상의 전개를 밝힘에 의해, 독일 파시즘을 정면에서 적극적으로 대항하고자 한 것이다. 그러나 다른 한편, 『이성의 파괴』는 냉전의 분위기에 상응하고 있다. 루카치는 40년대 말과 50년대 초를 언제나 '도덕적으로 좋은 시대'의 사고세계에 기초하여 파악하였다. 『이성의 파괴』에서 제출되고 있는 각개의 정식화들은 이 책이 '냉전의 정신병' 안에서 발생하였다는 점을 명백히 보여 준다(Hermann, S.266).

『이성의 파괴』의 직접적인 테마는 제국주의 시대의 부르주아 철학을 구성하고 있지만, 후기 부르주아 철학의 전체를 다루지는 않는다. 그는 후기 부르주아 독일 철학의 전형적인 발전노선에 집중한다. 그것의 계속적인 발전은 마침내 독일 파시즘에서 가장 도착된 세계관 형태에 이르렀다. 루카치는 이 발전노선을 강령적으로 "셸링에서 히틀러에 이르는 발전노선"이라고 이름한다. 그리하여 저자는 그의 광범한 연구의 상당한 부분을 전(前)독점적 자본주의의 조건하에서 이미 등장하였던 철학경향들에 대한 상세한 분석에 바치고 있다. 이때 비판적 분석을 루카치는 주로 철학적 비합리주의의 고찰에 한정한다. 왜냐하면 그는 후기 부르주아 철학과 이데올로기의 발전의 기본방향을 무엇보다도 "이성의 파괴"를 도모하는 비합리주의의 발전으로 파악하기 때문이다.

여기서 루카치의 기본시각은 "비합리주의가 부르주아 철학의 지배적인 방향으로 만연되었다"는 점, 그리고 "비합리주의의 발전의 주된 노선은 최근 1세기 반 동안에 일어난 여러 가지 커다란 시대적 문제들에 대한 반동적 대답의 가장 특징적이며 영향력 있는 방식"(『이성의 파괴』, 제1권, 19쪽)이라고 해석되어야 한다는 점이다. 루카치에 있어서 "비합리주의는 단순히 반동적 철학적 이론만이 아니다. 그것은 말하자면 파시스트 독재의 정신적·관념적 준비이다. 히틀러의 이데올로기는 자신의 기본적인 세계관적 태도를 비합리주의의 이론적 무기고에서 조달하였다"(Oiserman, S.45). 따라서 비합리주의 비판은 제국주의적 반동에 대한 이데올로기적 투쟁의 철학적 표현으로 이해된다.

그렇지만 그가 모든 현대적 관념론 교리를 비합리주의 철학으로 환원하는 것은 아니다. 루카치는 일면적인 접근을 경고하여 다음을 강조한다. 비합리주의는 "반동적·부르주아 철학의 중요한 경향들 중의 하나에 불과하다. 특정한 비합리주의적 가미가 없는 반동적 철학은 거의 존재하지 않지만, 반동적 부르주아 철학의 범위는 그러나 진정한, 엄격한 의미에서의 비합리주의 철학의 그것보다 훨씬 더 넓다"(『이성의 파괴』, 제1권, 19쪽).

『이성의 파괴』에는 실로 지금까지 쓰여지지 않았던 맑스주의 관점에서의 철학사가 처음으로 제출된다고 하는 자부가 부가된다. "기존의 역사연구들에 거의 의지할 수 없다. 맑스주의적 철학사는 아직 존재하지 않으며, 부르주아적 서술들은 우리의 문제설정의 관점에서 볼 때 전혀 쓸모 없는 것들이다"(앞의 책, 30쪽). 『독일 사회민주주의 역사』의 저자 프란츠 메링도 루카치에 의하면, "독일 고전철학에 대해 아는 바가 너무 적고, 다른 한편에서는 우리의 문제를 위해 지침을 줄 수 있을 정도로 제국주의 시대의 특징들에 대해 충분히 인식하고 있지 못"하며(같은 쪽), 뢰비트는 "주요 방향을 오직 헤겔로부터 나오는 길에서만 보기 때문에 헤겔에 대한 우파와 좌파의 비판가들, 특히 키에르케고르와 맑스는 그에게 있어서는 동일한 평면 위에 있게 되고, 모든 문제에 있어서 그들의 대립성은 단지 문제설정의 상이성으로서만 나타날 뿐, 근본방향은 본질적으로 친화성을 갖는 것으로 나타난다. 그는 해체시대의 헤겔주의자들(루게, 바우어)과 포이에르바하 그리고 맑스 사이에는 유사한 경향 내에서의 뉘앙스의 차이만을 볼 뿐, 하등의 질적인 대립을 보지 못한다"(같은 쪽). 따라서 뢰비트의 결론은 말하자면 "모든 소가 검은 색으로 보이는 어두운 밤에 지나지 않는다"(앞의 책, 31쪽).

이 책은 모두 7개의 장과 긴 서론과 후기에 의해 우아하게 구성되어 있다. 서론에서는 독일에서 파시즘이 이처럼 부끄럽게도 급속하게 그리고 더 부끄럽게도 지속적으로 승승장구하는 것을 가능케 하였던 그러한 사회적 및 이데올로기적 특징을 간략히 묘사하는 것을 중요한 과제로 삼고 있다. 그리하여 파시즘이 독일의 지금까지의 발전으로부터 어떻게 성장하여 나왔는가, 이와 동시에 파시즘 특유의 새로운 성질은 무엇인가, 그리고 왜 이 새로운 점은 이전에 이미 존재하였던 경향들의 질적인 강화를 의미하는 것에 불과한가 하는 점이 중점적으로 논의된다. 그리고 루카치는 독일에 대해 희망을 표시하는 것으로 서론을 끝낸다. "뒤러와 토마스 뮌쩌의 민족, 괴테와 칼 맑스의 민족은 자신의 과거에 대해서 대단히 커다란 전망을 갖고 있기 때문에, 위험한 과거와 그것의 유해한, 위협적인 유산에 대한 가차없는 청산이 두려워 주춤거릴 이유는 하나도 갖고 있지 않다"(앞의 책, 49쪽).

제1장에서는 독일을 비합리주의가 자라는 데에 특히 적합한 토양으로 되게 하였던 특수한 사회적 조건들을 묘사하고자 시도한다. 그리하여 루카치는 후기 부르주아 비합리주의의 최고로 발전된 형태는 "독일의 역사발전의 독특성"에 의존한 것이었음을 증명한다.

그 다음의 장들에서는 사례연구의 형태에서 "이성의 파괴"로서의 비합리주의의 발전의 정신적 교차점을 비판적 분석에 놓는다. 그리하여 제2장에서 제4장까지에서는 좁은 의미에서의 비합리주의 철학의 영역에서 셸링에서 키에르케고르, 니체 그리고 제국주의 시기의 독일 생철학(딜타이, 짐멜, 슈펭글러, 셸러, 하이데거, 야스퍼스)을 거쳐 파시스트 로젠버그와 히틀러에 이르는 발전노선을 명확하게 밝혀 보고자 시도한다. 그리고 제5장에서는 이 시대의 주요한 반동경향인 비합리주의가 어떻게 전체 부르주아 철학을 자신에게 종속시킬 수 있었는가 하는 점을 하나의 중요한 사례, 즉 신헤겔주의에서 제시하고자 노력한다.

제6장에서는 앞에서 철학적으로 이미 분석되었던 이 동일한 발전을 독일 사회학의 영역에서도 서술한다. 슈몰러, 바그너에서 퇴니스, 막스 베버, 알프레드 베버, 만하임을 거쳐 슈판, 프라이어, 그리고 칼 슈미트의 파시스트 사회학에 이르는 도정이 분석된다. 마지막으로 제7장에서 인종이론의 역사적 선구자들이 마찬가지로 서술된다. 챔벌린과 같은 극히 평범한 절충주의자가 독일 파시즘에서 중심적 의의를 획득한 까닭이 여기서 파악된다. 챔벌린은 제국주의 시대의 철학적 비합리주의, 즉 생철학을 인종이론 및 사회적 다윈주의의 성과와 '종합'시킨 사람으로서 평가되며, 그리하여 히틀러와 로젠버그의 직접적인 선구자로, 나치즘의 철학적 고전가로 간주된다.

루카치가 1953년에 쓴 후기는 (그 당시 시간적으로 제약된 원인에도 불구하고) 오늘날에도 절실성을 갖는다. 그는 이렇게 쓰고 있다

> "그것(50년대의 평화운동)은 6억의 행진과 함께 이 원정을 개시하였으며, 바야흐로 또 수억의 인구를 동원하려 하고 있다. 그것은 제국주의적 비합리(Irratio)의 광기에 대항한 최초의 거대한 대중봉기이다. 대중은 이성을 위해 싸우면서 자신의 권리를, 세계운명의 공동결정자라는 권리를 거리에서 선포하였다. 대중은 더 이상 이 권리를 포기하지 않을 것이며, 그 자신의 문제에 대해, 인류의 문제에 대해 이성을 사용할 것을 포기하지 않을 것이며, 전쟁 광기의 카오스 안

에서가 아니라 이성적으로 이끌어진 세계 안에서 살 권리를 포기하지 않을 것이다"(『이성의 파괴』, 제3권, 271쪽).

1) 비합리주의의 '고전적인' 나라

루카치가 분석을 주로 독일 철학에 한정한 것은 "19세기와 20세기의 독일이 비합리주의의 '고전적인' 나라이며, 비합리주의가 가장 다면적이고 포괄적으로 전개되었던 땅"(앞의 책, 49쪽)이었기 때문이다. 물론 다른 나라들에서도 사회적·정치적 반동가들이 나타났다. 프랑스 혁명의 시기 동안에 영국에서는 버크가 그러하며, 프랑스에서는 조금 후에 보날과 드 메스트르 그리고 그밖의 사람들이 그러하다. 이들은 프랑스 혁명의 이데올로기를 공격하고 있지만, 그러나 독일에서 행해졌던 바와 같이 이 목적을 위해 특수한 새로운 방법을 만들어 내지는 못하였다. 물론 그러한 시도가 없었던 것은 아니었다. 이를테면 메느 드 비랑 같은 사람을 들 수 있다. 그렇지만 이 사람도 역시 셸링이나 쇼펜하우어처럼 국제적인 지속적 영향력을 불러일으키는 것과는 거리가 멀었으며, 후자처럼 새로운 비합리주의의 기초를 그렇게 단호하게 원리적으로 만들어 내지도 못하였다.

물론 독일에서와 꼭 마찬가지로 비합리주의는 제국주의 시기의 거의 모든 주도적인 국가들에서 고도로 발전된 형태를 취하고 있다. 이를테면 앵글로-색슨 국가들의 프라그마티즘에서 그러하며, 프랑스에서는 부트로, 베르그송 등에 의해, 그리고 이탈리아에서는 크로체에 의해 그러하였다. 이러한 형태들은 궁극적인 사상적 기초에서는 깊은 친화성이 있음에도 불구하고 극히 다채로운 차이를 보여 주고 있다. 이 차이는 일차적으로 해당 국가에 있어서 계급투쟁의 성질, 정도, 그리고 치열함에 의해 규정되며 그밖에 전승된 철학적 유산에 의해, 직접적인 사상적 적대관계에 의해 규정된다. 제국주의적 경제에 의해 유사하게 결정된 유사한 이데올로기적 욕구는 상이한 구체적인 사회적 사정하에서 극히 상이한, 피상적으로 고찰하면 대립적인 것으로 보이는 비합리주의의 변종들을 발생시킨다(앞의 책, 33쪽 이하).

비합리주의의 제국주의적 비약은 이 분야에서 독일의 지도적 역할을 명백하게 보여 준다. 물론 여기서는 일차적으로 니체를 의미한다. 그는 미국으로부터 제정 러시아에 이르기까지 비합리주의적·철학적 반동의 내용적 및 방법론적 모범으로 되었다. 그의 영향력에 근사적으로나마 필적할 수 있었거나 있었던 반동의 이데올로그는 한 사람도 없다. 독일에서는 일관성 있게 끝까지 진전되는 '고전적'인 형태를 취하였지만, 다른 나라들에서는 대체로 중도에 그치고 말았던 것이다. 비합리주의는 독일에서처럼 하나의 일반적인 지배적 방향으로 되었다는 점에서 독일적 발전의 헤게모니가 존재한다(앞의 책, 32쪽 이하).

비록 비합리주의가 당연히 "하나의 국제적 현상이고, 더구나 부르주아 진보개념에 대한 그것의 투쟁에서 그리고 사회주의의 진보개념에 대한 투쟁에서" 하나의 국제적 현상이지만, 그것은 그러나 독일에서 가장 극단적인 형태를 체험하였고 "국제적인 지속적 영향"을 초래하였다. 개인적 및 사회적 생활의 모든 부문에 총체적인 결과를 미친 일관성 있는 "이성의 파괴"의 길은 독일 이외의 다른 곳에서는 어떤 곳에서도 그러한 극단적이고 끝까지 일관성 있게 나아간 형태로 진척되지 않았다. 제국주의의 다른 나라들에서는 물론 이런 유의 경향이 인식될 수 있다. "이성의 파괴"의 과정은 프랑스 혁명에 대한 봉건적·복고적·반동적·낭만적 투쟁에서 그 발단을 찾을 수 있고, 자본주의의 제국주의적 시대에서 첨예화되었다. 따라서 "이성의 파괴"의 과정은 결코 독일의 경우에만 국한되지 않는다. "이 과정의 근원도, 또한 그것의 히틀러적 현상형태도 그리고 금일에도 그것이 계속 명맥을 유지하고 있는 것도 경제적·사회적으로 국제적인 뿌리를 갖고 있다. 그리고 비합리주의 철학은 그렇기 때문에 마찬가지로 국제적인 현상으로 나타난다"(앞의 책, 103쪽). 그러나 그것은 다른 곳에서는 대체로 절반의 도정에 그치고 있었다. "무솔리니의 경우"조차도 그리고 이와 함께 이탈리아 파시즘의 이데올로기는 "이성의 파괴"의 모든 전형적인 요소들을 히틀러 파시즘과 그것의 독일적 철학적·세계관적 전통이 그랬던 것처럼 명백하게 보여 주지 않았다. 그런 점에서 "독일적 발전의 헤게모니"가 존재하였다.

칸트로부터 헤겔, 포이에르바하에 이르는, 렛싱으로부터 하이네에 이르는 독일 민주혁명의 사상적 준비가 맑스-엥겔스에 의한 프롤레타리아 혁명이론의 고전적 총괄에서 가장 정점에 달한 것은 세계의 모든 민족이 경탄하는 진보적·이성적 도정인 것이지만, 독일사의 실제의 발전을 보면 16세기 농민전쟁의 패배를 기점으로 하여 나타난 정체와 후퇴가 그 후의 계급투쟁의 경과에 의해서도 만회되지 않음으로써 19세기 이후 히틀러에 이르는 1세기 반의 독일은 비합리주의가 수미일관하게 끝까지 완벽한 형태로 전개된, 실로 비합리주의의 '고전적' 나라가 되었다는 것이다. 여기서 루카치는 인간의 해부가 원숭이의 해부를 위한 열쇠이다라고 하는 맑스의 방법적 어법을 따른다. "따라서 이 땅은 맑스가 영국에서 자본주의를 연구하였던 바와 같이, 가장 교훈적인 방식으로 연구될 수 있다"(앞의 책, 49쪽). 그리하여 루카치는 "독일을 반(反)이성의 고향으로, 반(反)이성의 중심으로 되게 한 그러한 사회적·역사적 경향들"(앞의 책, 103쪽)을 분석한다.

루카치가 『이성의 파괴』에서 증명하고자 한 점은 무엇보다도 ① 여하히 부르주아 철학, 정신과학 그리고 사회학이 19세기의 경과 속에서 ── 증가하고 있는 계급대립과 제국주의적 이해관계의 결과로서 ── 휴머니즘을 점차로 포기하였는가, ② 여하히 그것들이 특히 계몽의 이성개념과 절연하고 그것을 마침내 생에 적대적인 것(lebensfeindlich)으로서 고발하였는가, ③ 독일에서 이 경향들은 여하히 쇼펜하우어와 니체이래 이데올로기적으로 헤게모니를 달성하였는가, 그리고 ④ 그 후 여하히 겔렌(Gehlen), 칼 슈미트(Carl Schmitt)와 하이데거, 슈펭글러와 로젠버그가 이 "이성의 파괴"로부터 직접적인 정치적 귀결을 끌어내었는가이다.

2) '순결한' 세계관이란 존재하지 않는다

루카치는 '순결한' 세계관이란 존재하지 않는다는 테제에서 출발한다. "어떠한 관계에서도 그러한 순결한 세계관은 존재하지 않으며, 특히 우리의 문제와 관련하여 더구나 바로 철학적 의미에 있어서 그러한 세계관이란 존재하지 않는다(앞의 책, 21쪽). 실현된 '민족사회주의'가 슈펭글러나 슈테판 게오르게의 개인적 취미와 완전히 일치하지 않았다고 해서 이들이 히틀러의 이데올로기적 선구자로서 책임이 면제되는 것을 의미하는 것은 아니다. "비합리주의의 모든 철학적 움직임 안에는 파시스트 이데올로기의 가능성이, 공격적・반동적 이데올로기의 가능성이 사물적으로 포함되어 있다"(앞의 책, 49쪽). 파시즘적 데마고기와 폭정은 "당초에 '책임이 없는 것'처럼 보여졌던 '이성의 파괴'의 오랜 과정이 극도로 첨예화한 것에 불과하다"(앞의 책, 103쪽). 그리하여 루카치는 '민족사회주의 세계관'에 이르는 모든 사상적 준비작업들 —— 그것들이 외견상 히틀러주의와 멀리 떨어져 있다 하더라도, 또한 주관적으로는 그러한 의도를 별로 갖고 있지 않다 하더라도 —— 을 폭로하는 것을 자신의 과제로 설정한다.

루카치의 이 책이 높이 평가되는 까닭은 맑스주의적 시각에서 후기 부르주아 철학 및 이데올로기와 대결하는 기본적인 모델을 제시했다는 데 있다. 루카치는 이 책에서 프랑스 혁명에 대한 봉건·복고적, 반동적·낭만적 투쟁으로부터 파시스트적 데마고기와 전제에서 절정에 달하기까지의 '이성의 파괴'의 과정을 이데올로기 비판적 방식으로 추적하였다. 이 '이성의 파괴'의 과정이 시작되었을 때의 형태와 그리고 그 후에 나타난 현상형태들은 흔히 "전문철학적 순결"의 형태로 등장하였고 따라서 히틀러 파시즘의 세계관적 신화와는 별로 외적인 유사성을 갖지 않았던 것이다. 루카치는 다음에 도달했다(Gerlach, S.7). ① 철학적·세계관적 비합리주의의 가장 극악한 형태는 악마적·병리적 두뇌의 작품으로서 갑작스럽게 무에서 출현한 것이 아니라, 이전 세기에까지 소급되는 발생을 체험하였다. ② 아카데미적 철학의 혹은 사회이론적 사고의 "철학적 순결"은 자신의 치부를 가리는 무화과 잎을 박탈당한다. 왜냐하면 "철학적 순결"이 이성을 파괴하는 바로 이 과정에 공범했다는 점이 가차없이 드러나기 때문이다. 그리하여 ③ 제국주의적 부르주아 층이 그 자신의 진보적 전통을 배반하고 금후에 보수적 내지 반동적 노선을 지향하기 시작했다.

그리하여 『이성의 파괴』는 단순히 독일 파시즘을 고발하는 것에 그치지 않는다. 히틀러조차 이와 비교해 보면 우스운 것으로 보일지 모르는, 세계를 불태우는 새로운 악마가 금후에 다시 나타나지 않는다는 보장은 없는 것이기 때문에, 독일 파시즘의 사례에서 보듯이 사상가가 이성에 찬성하는가 아니면 반대하는가라는 태도결정의 문제의 중요성에 주의가 환기되지 않으면 안 된다. '순결한', 순전히 아카데믹한 철학이라는 것은 존재하지 않기에 그는 "누군가 세계방화자가 '순결한' 살롱의 대화, 다방에서의 환담, 강단에서의 강의, 문예물, 에세이 등에서의 철학적 내용으로부터 다시 히틀러 식으로 모든 것을 태워 버리는 불을 지를지도 모른다"고 경고하는 것이다(앞의 책, 104쪽 이하). 이런 점에서 독일 비합리주의의 역사를 서술하는 것에 한정하는 것이 결코 국제성을 약화시키는 것이 아니다. 그것은 루카치의 말대로 "모든 민족의 생각하는 사람들에게 '경고를 배우라'는 하나의 구호인 것이다(앞의 책, 103쪽).

3) 맑스주의적 이데올로기 비판

① 계급구속성

루카치는 먼저 이념이나 사상과 같은 이른바 상부구조에 대한 맑스주의적 분석시각을 확립한다. 그에 의하면, 철학의 역사는 예술과 문학의 역사와 마찬가지로 단순히 철학적 이념의 역사, 혹은 철학적 인물들의 역사가 결코 아니다. 철학에 있어서 문제와 해결방향은 "생산력의 발전에 의해, 사회적 발전에 의해, 계급투쟁의 전개에 의해" 규정된다. 그때 그때의 철학의 결정적인 기본노선은 바로 이 "기본적 동력"의 인식에 기초하지 않고서는 달리 밝혀질 수 없다. 이에 반하여 철학적 문제연관을 철학의 이른바 내재적 발전에서 설정하고 해결하려는 시도가 행해지는 경우에는 가장 중요한 연관들에 대한 관념론적 왜곡이 필연적으로 발생할 수밖에 없다(『이성의 파괴』, 제1권, 19쪽 이하).

그러나 철학사가 일반적으로 사회적 발전, 계급투쟁을 반영하고, 그것에 조응하는 것이라는 것만으로는 충분하지 않다. 각각의 시대의 계급투쟁, 사회생활 안에서 한 사람 한 사람의 철학자의 사상이 사회의 객관적인 진보적(=이성적) 방향에 어떻게 관여하고 있는가, 이 방향에 찬성하는가 아니면 반대하는가의 태도결정이 구체적으로 추적되지 않으면 안 된다. 이성에 찬성하는 태도를 취하는가, 반대하는 태도를 취하는가가 철학의 본질을, 사회발전 안에서의 철학의 역할을 규정한다. 그러나 이성과 비이성 가운데 어느 것을 선택하는가는 결코 '내재적인' 철학적 문제가 아니다. 어떤 사상가가 새로운 것과 낡은 것 가운데 어느 것을 선택할 것인가를 결정하는 것은 루카치에 의하면 원래 사상적인, 철학적인 숙고가 아니라, 계급상황과 계급구속성이다.

그리하여 루카치는 '계급구속성'을 여러 차원에서 확정한다. 중요한 사상가들이 거의 해결된 문제의 문턱에서 정지하였고, 실로 되돌아갔으며 그리고 해결을 목전에 두고 반대방향으로 도망하였던 이유도 그들의 계급적 성격에서 찾아질 수 있다. 또한 사회적 조건은 루카치에 의하면 해당 사상가들을 그들의 가장 고유한 확신, 그들의 사유방식, 그들의 문제제기의 방식 등에 이르기까지 지배한다. 철학자들은 언제나 내면적으로도 —— 의식하든 의식하지 않든, 원하든 원하지 않든 간에 —— 그들의 사회와, 그 안에서의 한 특정한 계급과, 이 계급의 전진적 혹은 후퇴적 노력과 결합되어 있다(앞의 책, 114쪽 이하). 이 점에서 루카치는 '고급의' 반동 이데올로기와 '보통의' 반동 이데올로기간의 사회적 친화성이 그리고 이와 함께 정신적 병행성이 명백하게 파악될 수 있다고 주장한다. 이를테면 쇼펜하우어의 불교적 정적주의는 1848년 혁명의 패배 후 소부르주아적 무감각과 병행하는 것이고, 자본가와 노동자의 관계를 장교와 병사의 관계로 변화시킬 것을 요구하는 니체의 주장은 제국주의 시기의 특정한 자본주의적 군국주의적 소망과 병행한다는 것이다(앞의 책, 87쪽).

그러므로 사상가가 순수하고 중요한 사람일수록, 더욱더 그는 그의 시대의, 그의 나라의, 그의 계급의 아들이다. 왜냐하면 풍부한 열매를 맺는 철학적인 모든 문제제기는 내용과 형식에 있어서 그 시대의 사회적 · 과학적 · 예술적 등의 필요와 노력에 의해 규정되고 있고, 또 스스로 전진적 혹은 후퇴적, 새로운 것을 향한 혹은 낡은 것을 향한 구체적인 경향을 포함하고 있기 때문이다. 이 경우 해당 철학자가 이 연관을 의식하고 있는가 아닌가, 의식하고 있다면 얼마만큼 의식하고 있는가는 이차적인 문제이다.

모든 시대는 그리고 각 시대 안에서 철학의 영역에서 서로 투쟁하고 있는 각 계급은 문제를 상이한 형태로 제기한다. 그리고 이 문제가 그때 그때 나타나는 방식, 그것의 해결이 착수되는 방식, 혹은 그 해결을 회피하여 도주하는 방식은 역사적 상황에 따라, 계급투쟁의 역사적 전개에 따라 질적으로 상이하다(앞의 책, 117쪽).

② 내재적 비판

어떤 개별적 현상이나 어떤 방향을 반동적인 것으로 올바르게 낙인찍는 기준으로는 말할 나위도 없이 진보의 객관성으로 충분하다. 그러나 반동적 철학에 대한 진실한 맑스주의적 비판은 루카치에 의하면 여기서 멈추어서는 안 된다. 오히려 그것은 철학의 허위, 철학의 근본문제의 왜곡, 철학의 성과의 파괴 등을 그러한 입장의 필연적인, 사물적 철학적 귀결로서 구체적으로 철학적 소재 자체 안에서 제시하지 않으면 안 된다. 그런 한에 있어서 내재적 비판은 철학에 있어서 반동적 경향들을 서술하고 폭로하기 위한 하나의 정당하고도 불가결한 요소이다. 고전적 맑스주의자들도 언제나 이 내재적 비판을 사용하였다. 내재적 비판은 사회적 발생과 기능, 계급적 성격, 사회적 폭로 등을 동시에 포괄하는 종합적 서술의 계기이다.

이 내재적 비판을 거부하면 필연적으로 철학에 있어서 '종파주의'로 나아가지 않을 수 없다. 여기서 종파주의란 "의식화된 맑스주의자에게는 자명한 것으로 이해되는 것이 마치 그 독자들에게도 증명할 필요 없이 명백한 것인 것처럼 생각하는 그러한 태도"(앞의 책, 22쪽)를 가리킨다. 여기서 루카치는 레닌이 공산주의자들의 정치적 태도에 관하여 말한 것이 맑스주의적 철학서술에 대해서도 완전히 타당하다고 본다. "그러나 실로 중요한 것은 우리에게는 시대에 뒤떨어진 진부한 것이 특정한 계급에게 있어서나 대중에게 있어서는 시대에 뒤떨어진 것으로 간주되지 않는다."

③ 직접적 변호론과 간접적 변호론

이 책의 하나의 주된 방법적 동기는 헤르만이 올바르게 보았듯이, 자본주의의 '직접적 변호론'과 '간접적 변호론'을 구별하는 것이다 (Hermann, S.267 이하). 전자의 경우에 의미하는 것은 자본주의가 최선의 가능한 세계로서 반석 위에 단단히 세워진다는 것이다. 간접적, 즉 중재된 변호론은 이에 반해 철학이 자본주의를 어떤 객관적으로 악마적인 것으로서 주장하지만, 그러나 이 악마적인 것을 범비극적인 것으로 고양시켜 인간의 유일한 불변적인 존재조건으로까지 양식화하는 것을 의미한다. 따라서 자본주의보다 더 좋은 내용, 풍부한 어떤 것을 제시할 수 있을 전망은 어떠한 것도 자본주의 사회의 피안에서는 존재하지 않게 된다.

19세기의 부르주아 변호론자들은 모든 사회적 궁핍은 자본주의의 불충분한 발전에 의해 발생하였고, 그런 점에서 향후의 계속적인 자본주의 발전의 길에서 제거될 것이라는 점을 증명하려고 노력했다면, 국가독점자본주의의 현재의 비합리주의적 변호론은 통상적으로 다음을 주장한다. 즉 사회악(社會惡)은 기원적으로 극복될 수 없다. 더 좋은 미래에 대한 일체의 희망은 자기기만 이외 다른 것이 아니라고. 현대 비합리주의의 대표자들은 사회생활을 합리적으로 조직할 수 있다는 이념을 근거 없는 몽상이라고 배척한다. 이 몽상은 가공할 파국으로 이끌 수 있으며, 더구나 인간의 삶에 관한, 인간의 본성에 관한 냉정하고 환상 없는 견해에 대한 은폐된 불안을 의미한다는 것이다. 자본주의의 철학적 변호론의 이러한 비합리주의적 변형은, 제국주의적 부르주아지의 철학과 사회학에 대한 루카치의 비판적 분석이 보여 주는 바와 같이, 완전히 합법칙적이다. 오늘의 비합리주의는 이전의 철학적 교리와는 달리, 부르주아 사회에서 이미 공개적으로 나타나고 있는 사회적 대참사의 존재를 부정하지 않는다. 자본주의에 내적인 고유한 모순에 대해 그것의 비합리주의적 신비화가 대립된다. 자본주의 체계의 위기는 "기술적 문명(technischen Zivilisation)"의 위기로서, 인간이성의 무책임한 독재의 숙명적인 결과로서 묘사된다.

루카치는 제국주의 시대의 부르주아 철학의 비판에서 무엇보다도 이 철학의 이데올로기적 기능을, 소여의 역사적 시대와 그것의 불가분의 관계를 그리고 그것의 내적 모순을 밝혀 내었다. 제국주의 시대의 모순의 분석은 현재의 부르주아 변호론이 무엇 때문에 그러한 패러독스적 형태를 취하는가, 그 중에서도 낭만적 반(反)자본주의의 기치 아래 등장하는가에 대한 이해를 허락한다(Oiserman, S.43).

④ 인식의 근사성(近似性)

루카치에 의하면 인식은 대상을 오직 근사적으로만 반영하고 모사하기 때문에, 모사와 모사된 것 사이에, 반영과 반영되어 있는 것 사이에 불일치, 모순이 존재한다. 이 모순은 인식의 진보의 길에서 극복된다. 그렇지만 그 과정에서 새로운 지식과 객관적 현실 사이에 새로운 모순이 발생한다. "객관적 현실은 우리들의 사고의 가장 발전된 개념들이 그럴 수 있는 것보다도 원리적으로 더 풍부하고 더 다양하고 더 착종되어 있기 때문에, 사고와 존재간에 여기서 묘사된 종류의 충돌은 불가피하다. 또한 사회의 객관적 발전과 그것에 의해 초래된 새로운 자연현상의 발견이 격렬하게 전진하고 있는 시대에는, 비합리주의가 이러한 진보를 신비화의 도움을 빌려 퇴보적 운동으로 전화시킬 수 있는 커다란 가능성이 나타난다"(『이성의 파괴』, 제1권, 113쪽).

루카치가 인식하고 있는 바처럼, 사고와 그 대상간에는 실로 "불일치"가 존재한다. 바로 이 불일치에 비합리주의의 발생기반이 있다. 비합리주의는 현실을 그것의 정신적 반영상(모사)으로부터 분리시키는 심연을 메우지 못한다는 점에 자신의 궁극적인 원천을 갖고 있다. 비합리주의는 존재로부터 사유를 급진적으로 분리할 것을 주장한다. 인간발달의 모든 단계에는 외견상 풀 수 없는 것으로 보이는 논리적 수수께끼를 발생시키는 이론적 문제들이 있기 때문에, 비합리주의자들은 존재의 진정한 본성은 이성적 추리로서는 전혀 꿰뚫을 수 없다는 결론에 도달한다. 그리하여 "이성의 무력, 지식의 헛됨과 무용(無用)이라는 반(反)변증법적 수다"(Oiserman, S.44)가 풀어 놓아진다. 그러나 루카치에 의하면, 현상과 본질의 헤겔적 변증법에 대해 확실한 파악을 갖고 있다면, 문제가 풀 수 없는 것이 아님을 알게 된다. 세계의 진리는 이성에 의해 접근될 수 있는 것이다.

그러나 만일 그렇다면, 왜 비합리주의 같은 것이 도대체 존재하며, 왜 그것이 때로는 개별적 사상가뿐만 아니라, 전체 문화까지도 혼란시키는 힘을 갖는 것인가? 루카치에 의하면, 현실의 구조를 더욱 깊이 관통하려는 작업이 성공하지 못하고 실패하고 마는 것은 그 작업이 단순히 이론적 장애물에 봉착하기 때문만이 아니라 실천적 장애물에도 봉착하기 때문이다. 사회는 갈등에 의해 분열되었고, 사상가의 (혹은 학파의) 사회적 위치(계급상황)는 이성의 편이냐 비합리성의 편이냐를 결정한다. 특수한 통찰로부터 뒷걸음치며 물러서는 사람들은 —— 왜냐하면 그들은 진리를 배겨 낼 수 없기 때문이다 —— 사상이란 일반적으로 무력하다는 것을 믿고 싶어 하는 경향을 갖고 있다. 간단히 말해서 합리주의와 비합리주의간의 갈등은 루카치에 의하면 계급투쟁과 결합되어 있다(Lichtheim, p.118).

4) 비합리주의 분석

① 근대적 비합리주의의 발전

루카치는 계급구속성의 시각에서 근대적 비합리주의의 발생을 설명한다. 그에 의하면 근대적 비합리주의는 유물론 및 변증법적 방법과의 끊임없는 투쟁 속에서 발생하였고, 또 효력을 갖게 된다. 바로 이 점에서도 역시 이 철학적 투쟁은 계급투쟁의 반영이다. 관념론적 변증법의 최후의 가장 발전된 형태는 프랑스 혁명과의 관련 속에서, 그리고 특히 프랑스 혁명의 사회적 귀결과의 관련 속에서 전개되었다. 비코와 헤르더를 위대한 선구자로 갖고 있는 이 관념론적 변증법의 역사적 성격은 프랑스 혁명 후에 처음으로, 무엇보다도 헤겔의 변증법에서 방법론적으로 의식화된 그리고 논리적으로 단련된 표현을 얻게 된다. 헤겔의 관념론적 변증법은 인류발전의 이성적 진보성을 최초로 철학적으로 정초하고 옹호하였다. 근대적 비합리주의는 이에 상응하여 관념론적 변증법의 역사적 진보개념에 대항하는 투쟁에서 발생한다. 그것은 셸링에서 키에르케고르까지 이르는 길이며, 동시에 프랑스 혁명에 대한 봉건적 반동으로부터 부르주아적 반(反)진보주의까지 이르는 길이기도 하다(『이성의 파괴』, 제1권, 22쪽 이하). 이 단계의 비합리주의에서는 관념론적 변증법의 실제적인 결함과 한계를 지적하는, 사실적 지식에 근거한 비교적 정당한 비판이 아직 가능하다. 그것의 주요 경향은 이성에는 현실을 취할 수 있는 힘이 없다고 하여 신앙과 직관 등 “고차적인” 인식능력을 제출하거나, 또는 헤겔 변증법의 관념론적 약점을 비판하면서 결과적으로는 변증법을 포기하든가, 주관주의적 사이비 변증법에 도달한다.

그 시대의 최고의 철학적 진보개념과의 투쟁에서 발생한 비합리주의는 루카치에 의하면 파리의 프롤레타리아트의 6월 전투, 그리고 특히 파리 코뮨과 함께 상이한 발전단계에 돌입한다. 상황이 근본적으로 변화되었다. 이제부터 적은 프롤레타리아트의 세계관 —— 변증법적 및 역사적 유물론 —— 이다. 이 적의 본질적 특징이 비합리주의의 계속적 발전을 규정한다. 그리하여 루카치는 비합리주의의 두 개의 단계를 확인한다. 적이 부르주아적 관념론적 변증법인가, 아니면 유물론적 변증법, 프롤레타리아트의 세계관, 사회주의인가에 따라 질적인 차이가 발생한다. 부르주아 혁명에 대한 반동으로서 발생한 근대의 비합리주의의 그 후의 발전은 자본주의 사회의 적대적 모순의 심화에 의해 조건지어진다(Oiserman, S.41). 자본주의 체계의 존립을 위협하는 독자적인 정치세력으로서 프롤레타리아트의 등장에 의해, 그리고 진보적 부르주아 철학의 성취물을 비판적으로 수용하고 과학적으로 가공한 과학적·사회주의적 이데올로기의 발생에 의해 근대 비합리주의는 새로운 단계에 진입한다는 것이다. 이 새로운 단계에서는 부르주아 철학자들이 이미 적을 실제로 연구하고 또 적을 진지하게 반박하는 시도를 행할 능력도 의지도 완전히 상실하게 된다. 이 새로운 시대는 니체에게서 자신의 최초의 가장 중요한 대표자를 가지며 짐멜, 슈펭글러 등을 거쳐 하이데거에 이르는 제국주의 시기의 생철학의 비합리주의가 대두한다.

이 단계에 오면 실제적인, 그리고 올바로 인식된 적에 대해 알맞은 사상적 무기를 가지고 투쟁하려는 의지와 능력은 그만큼 더 낮은 수준의 것으로 저하되며 성실한 과학적 논쟁 대신에 왜곡, 중상, 데마고기 등이 그만큼 더 강력하게 나타난다. 이를테면 니체 철학의 본질은 쇼펜하우어의 교리를 계승하여 새로운 종류의 "생철학"을 창조한 데 있는 것이 아니다. 니체의 비합리주의 생철학은 "반동적인, 반(反)민주적인, 반(反)사회주의적인, 제국주의적 활동을 위한 하나의 공개적인 호소"이었다. 그리하여 루카치는 최근의 비합리주의의 역사를 순수한 이론적·철학적 과정으로서 해석하는 것에 단호히 반대한다. 여기서도 첨예화된 계급투쟁의 반영을 명확하게 보고 있는 것이다(『이성의 파괴』, 제1권, 23쪽).

그러므로 비합리주의의 발전은 루카치에 의하면 어떠한 단계에서도 '내재적' 성질을, 이를테면 어떤 하나의 문제설정 혹은 문제해결로부터, 철학적 사상운동의 내적 변증법에 의해 추진되어, 다른 문제설정과 해답이 생겨난다고 하는 '내재적'인 성질을 보여 주지 않는다. 반대로 "비합리주의의 다양한 단계들은 계급투쟁의 문제들에 대한 반동적 해답으로서 생겨났다. 사회의 진보에 대한 비합리주의의 반응의 내용, 형식, 방법, 어조 등은 따라서 이 비합리주의에 고유한 내적 변증법에 의해 규정되는 것이 아니라, 오히려 적대자에 의해 규정되며, 반동적 부르주아에게 강요되는 투쟁조건에 의해 규정되는 것이다. 이것이 비합리주의의 발전의 근본원리로서 확인되지 않으면 안 된다"(앞의 책, 25쪽 이하).

여기서 우리는 루카치의 기본관점을 읽는다. 비합리주의는 이성의 입장(합리주의)과 대등하게 어깨를 나란히 하여 역사 안에서 뿌리를 둔 독립적인 사상이 아니며, 따라서 비합리주의에는 철학사상으로서의 독자적인 내재적 발전이라는 것은 없다고 하는 관점이다. 객관적인 것으로서의 역사의 진보적 방향과 연계하여 철학의 이성적 도정이라는 것은 존재하지만, 비합리주의는 언제나 각각의 시대의 계급투쟁, 사회적 진보에 대한 반동으로서만, 철학의 이성적 도정에 적대적으로 관계하는 방식에서만 나올 수 있는 것이다.

따라서 비합리주의 철학의 발전을 올바르게 이해하려고 한다면, 우리는 다음과 같은 계기들을 확정하지 않으면 안 된다. 비합리주의의 발전은 독일과 전세계에서 결정적인 계급투쟁에 의존하고 있다는 점이다. 이 점은 물론 '내재적' 발전을 거부하는 것을 자신 안에 포함한다. 이와 함께 현실적인 철학적 전개를 위한 활동공간이 끊임없이 협소화되어 가면서 내용과 방법이 통일을 이룸으로써, 변호론적 경향과 데마고기적 경향의 증대를 촉진시키지 않을 수 없다. 그 결과 철학적 수준이 필연적으로, 끊임없이, 급속하게 저하한다는 점이다. 결정적인 철학적 반동의 모든 사상적 모티브의 데마고기적 통속화가, 비합리주의의 발전의 이데올로기적 및 정치적 '대관식'이 어떻게 하여 히틀러에게서 완성되었는가 하는 점이 오직 이렇게 하여서만 이해될 수 있다(앞의 책, 27쪽).

여기서 비합리주의의 발전은 '철학적 수준의 저하'에 의해 그 특징을 말할 수 있다. 말하자면, 1848년 혁명 후에 맑스가 "부르주아지의 역량이 쇠퇴하고 있다"고 확정하였던 점이 그 후의 비합리주의의 발전에서 점차로 명백하게 나타난다. 그리하여 자의성, 모순성, 기초박약, 소피스트적 논증 등이 후에 나타날 비합리주의 철학을 더욱 날카롭게 특징짓는다. '철학적 수준'의 저하는 따라서 비합리주의의 발전의 하나의 본질적 표시이다. 이 경향은 '민족사회주의 세계관'에서 가장 구체적으로 그리고 가장 명백하게 나타난다(앞의 책, 24쪽).

봉건적 잔재의 대표자들과 부르주아의 대표자들이 사회적 진보에 대해 보였던 철학적 반동은 사정에 따라서는 개인적으로 재능을 가진 이 방향의 개별 대표자들에게서 재치 있는 현란한 형태를 취할 수 있다. 그러나 발전 전체를 관통하고 있는 철학적 내용은 극히 단조롭고 빈곤하다. 또한 앞에서 지적한 바와 같이, 논박의 정신적 활동공간, 즉 비록 왜곡된 형태에서이긴 하지만 적어도 현실의 일정한 반영을 사상체계 안에 수용할 수 있는 가능성이 사회적으로 필연적으로 끊임없이 수축되어 가기 때문에, 철학적 수준의 저하는 특정한 결정적인 사상적 모티브가 여전히 변하지 않고 있다 하더라도 불가피하다(앞의 책, 26쪽).

한 이데올로그의 철학적 수준은 궁극적으로 그가 그의 시대의 문제에 대해 얼마나 깊이 정통하고 있는가, 그가 이 문제를 철학적 추상의 최고의 정점으로까지 어떻게 고양시킬 수 있는가, 그리고 그가 기반으로 하고 있는 계급의 입장이 이 문제에 대해 깊이 있게 그리고 종국에까지 파고드는 것을 얼마만큼 허락하는가에 의해 규정되기 때문이다. 니체의 '천재적'인 자의성과 천박성이 고전철학과 비교하여 열등함을 면하지 못하는 것은 사회적인 제약 때문이고, 또한 슈펭글러의 훨씬 더 경박스럽고 공허한 구성물들과 비교하여 혹은 로젠버그의 공허한 데마고기와 비교하여 고급성을 갖는 것도 마찬가지로 사회적으로 제약되기 때문이다(앞의 책, 25쪽).

물론, '철학적 수준의 저하'라고 하는 단순한 확정만으로는 결코 비합리주의의 역사를 특징짓는 데 충분치 못하다. 이러한 확정은 히틀러에 대항하는 부르주아의 투쟁에서 되풀이하여 행해졌다. 그렇지만 이 확정의 목적은 종종 반혁명적인 것이었으며, 심지어는 파시즘 자체의 변호를 목적으로 하였다. 즉 로젠버그를 포기하는 것은 독일의 독점자본주의의 '본질'을, 그 가장 반동적인 형태를, 새로운 공격적 독일 제국주의의 장래를 이데올로기적으로 구출하기 위한 것이었다. '저수준'의 히틀러로부터 '고수준'의 슈펭글러, 하이데거 혹은 니체에로의 후퇴는 따라서 철학적으로도 정치적으로도 하나의 전술적 후퇴이며, 반동의 대열을 정렬하고, —— 보다 유리한 조건하에서 —— 극단적 반동의 새로운, 방법론적으로 '개선된' 공격을 불러일으키기 위해 적의 추격으로부터 벗어나려는 것이다(앞의 책, 24쪽).

② 비합리주의의 특징

오성과 이성에 대한 경멸, 직관의 찬미, 인식론적 귀족주의, 사회적 역사적 진보의 거부, 신화의 창조 등이 모든 비합리주의자에게서 발견되는 모티브이지만(앞의 책, 26쪽), 그러나 첫번째로 지적할 중요한 특징은 일상적 평균인의 세계관적 욕구를 만족시키는 '안락'의 제공에 있다. 반동적인 부르주아지에게 있어서 그들의 가장 중요한 사회적 과제의 하나는 다름아니라 세계관의 영역에서 사람들에게 '안락'을 제공하는 것, 완전한 자유의 환상, 개인적 자립과 도덕적·지적 우월의 환상을 제공하는 것에 있다. 그리하여 사람들은 실제적인 행동에서 부단히 자신을 반동적 부르주아지와 결부시키며, 반동적 부르주아지에게 무조건 봉사할 수 있게 하는 그러한 태도를 갖게 된다. 이 '안락'은 이를테면 쇼펜하우어나 키에르케고르에서처럼 비합리주의 철학의 '가장 숭고한' 금욕주의의 근저에 있다(앞의 책, 38쪽 이하).

두번째로 지적할 수 있는 것은 결정적인 철학적·방법론적·세계관적 문제제기 앞에서 퇴각하여(앞의 책, 118쪽), 해답을 회피한다는 점이다. 비합리주의는 인간사유의 변증법적 발전에 대한 하나의 단순한 반동형식이다. 비합리주의의 역사는 따라서 과학과 철학의 발전에 의존한다. 과학과 철학의 발전에서 제기되는 새로운 문제에 대해 비합리주의는 문제의 이른바 원칙적 해결불능을 세계파악의 보다 고차적인 형식으로서 선언함으로써, 과학과 철학의 발전문제의 "선언된 해결불능"을 새로운 문제에 대한 최종적 해답으로서 양식화하는 데 있다. 이것은 나중에 원리적으로 "더 높은 형태의 세계파악으로서 선언"(앞의 책, 83쪽)된다. 이러한 해답의 회피와 해답으로부터의 도주 안에는 하나의 실증적 해답이, 현실의 '진실한' 획득이 포함되어 있다고 자부하는 주제넘은 독단, 이것이 비합리주의의 결정적인 특징이다(앞의 책, 118쪽 이하).

세번째로 지적할 수 있는 특징은 사회비관주의이다. 과학적·기술적 진보와는 달리 사회적 진보는 자본주의적 생산관계로부터 사회주의로의 이행(객관적·경제적으로 제약된)의 길에서만 실현될 수 있다는 점은 우리들의 시대에서는 이미 부인하기가 불가능하다(Oiserman, S.41 이하). 이 연관에서 특색적인 것은 오늘의 비합리주의가 과학적·기술적 진보를 부인하지 않는다는 점이다. 비합리주의적 부정의 대상은 사회의 발전, 사회관계의 이성적 변형의 가능성, 혹은 간단히 표현하면 인간의 객관적인 사회적 생활조건의 개선의 가능성이다. 따라서 오늘의 비합리주의는 사회비관주의와 결합되어 있다(Oiserman, S.42). 사회비관주의는 제국주의적 부르주아지의 이데올로기의 한 구성부분으로 된다. 루카치가 지적하는 바와 같이 사회비관주의는 "따라서 무엇보다도 일체의 정치적 행동의 무의미성의 철학적 창시를 의미한다. 그것은 간접적 변호론의 이 단계의 사회적 기능이다. 이 추론에 도달하기 위해서는 무엇보다도 사회와 역사가 철학적으로 무가치화되어야 한다"(『이성의 파괴』, 제1권, 165쪽).

네번째로 지적할 수 있는 점은 비합리주의가 진보의 대변인 것 같은 외양을 취하고 있다는 점이다. 비합리주의 사상가들 중 일부는 보수적 제도와 입장을 극히 효과적으로 현명하게 재치있게 비판하였다. 그들은 자신의 일반적인 반동적 부르주아적 계급토대와는 독립적으로 교회와 종교적 견해들을 날카롭게 비판하였다. 따라서 쇼펜하우어와 니체는 종교적 세계관을 지지하고 있는 보수적 반동적 견해에 대하여 무엇보다도 진보의 대변인인 것 같은 외양을, 그리고 그들의 비합리주의적 견해는 하나의 부차적인 현상에 불과한 것 같은 외양을 불러일으킨다. 루카치에 의하면 구체적 종교들의 비판은 동시에 하나의 무신론을 낳는데, 이 무신론의 심층에는 일종의 종교와 동등한 신비적 확신이 놓여 있다. 따라서 이 경우에도 신화의 옛 유형과 새로운 유형의 대결이 확인될 수 있다. 종교적 무신론의 범주는 현대가 어느 정도로 피상에서는 진보적인, 그러나 전체 연관에서는 후퇴적인 사상을 두둔하고 있는가를 지적한다(Hermann, S.271).

다섯번째로 지적할 수 있는 것은 최고의 실재를 추구한다는 점이다.

비합리주의자들은 자신의 시대적 소명을 최고의 실재를 발견하고 파악하는 데 있다고 본다. 이 최고의 실재는 언필칭 과학으로서는, 이성으로서는 접근될 수 없다는 것이다. 이러한 언필칭 기원적 실재는 바로 비합리적인 것, 즉 전능한 자연력이다. 스스로 영리하게 행동하는 "지적", "지성적" 이성은 이 자연력에게 법칙 혹은 행동규칙을 규정하고자 시도한다. 그렇지만 비합리주의자들의 주장에 의하면 법칙은 복종과 순종을 강요받는 그러한 자들에게만 존속한다. 그러나 진정한 현실인 것으로 선포되는 비합리적인 것 안에는 하등의 법칙성이나 제한도 존재하지 않는다. 그 안에는 무제한적으로 무법칙성이, 존재론적 자의가, 어떠한 예견이나 통제도 받지 않는 운명이 지배한다(Oiserman, S.40).

③ 반(反)자본주의와 비합리주의

1918년의 여러 사회화의 약속과 결부되어 있었던 희망, 그 후의 계속되는 수년 동안에 모든 운동이 실패로 끝났다고 하는 환멸, 더욱더 공공연하게 독점자본의 지도하에 서 있는 바이마르 공화국으로부터의 광범한 노동자대중의 점차적인 소외, 1929년 이후의 공황과 결부된 대중실업상태의 자극적 작용 등은 반(反)자본주의적 기분을 발생케 하였고, 이 기분이 파급된 반경은 노동자계급을 훨씬 넘어서는 것이었다. 그리하여 독점자본의 반동에게 새로운 과제가 발생하였다. 즉 대중의 바로 이러한 반자본주의적 기분을 자신의 지배권을 공고화하는 데 이용하는 과제이고, 정치적·사회적 생활의 모든 영역에서 독점자본주의의 절대적인 지도적 역할이 끝까지 보장되는 새로운 유형의 반동적 체제를 이 기분에 의지하여 건설한다는 과제이다(『이성의 파괴』, 제1권, 93쪽).

대중의 반자본주의적 사조를, 아니 대중운동을, 독점자본주의의 절대적 지배로 전환시킨다는 과제(이와 긴밀하게 결부된 것으로서, 베르사이유의 제국주의적 강화조약에 대한 광범한 대중의 정당한 격분을 일종의 공격적·제국주의적인 쇼비니즘으로 전환시킨다는 과제가 제기되고 있다)를 고찰해 보는 것만으로도, 이러한 상호반대되는 경향들을 순전히 선동적으로 '통일'하는 데에 적합한 것은 오직 철저히 비합리적인 세계관뿐이라는 점은 명확하다. 여기에 비합리주의가 요청되었고, 이 비합리주의는 오랫동안 준비되었고, 마침내 '민족사회주의적 세계관'에서 완성된다(같은 쪽).

④ 절망 이데올로기

인텔리와 소부르주아 층에 있어서 파시즘적 비합리주의를 수용하는 데에 가장 중요한 작용을 한 요인은 루카치에 의하면 무엇보다도 '대중적 기분으로서의 절망'이다. 독일에 있어서 절망 이데올로기(Vezwe-ifelungsideologie)의 일반적 보급은 의심할 것 없이 일차적으로는 패전과 베르사이유 강화가 가져온, 독일 제국주의의 승리와 결합되어 있었던 국민적·정치적 전망의 상실의 결과이다. 철학에 관심을 가진 자의 범위를 훨씬 넘어선 슈펭글러의 엄청난 성공은 절망 기분의 명확한 징표이다. 복고를 기대한 우익에게서도, 독일의 민주적, 아니 사회주의적 혁신을 기대한 보다 많은 좌익의 사람들에게서도 바이마르 공화국 시대의 여러 가지 환멸들은 이 절망 기분을 한층 더 강화시키지 않을 수 없었으며, 이 기분은 1929년의 경제 대공황에서 정점에 달하였다. 이 기분의 객관적 기초는 따라서 경제적·정치적·사회적인 성격의 것이다(앞의 책, 96쪽).

그렇지만 그것의 맹렬한, 무저항적 만연을 연구하려면, 제1차 세계대전에 이르기까지 이데올로기적 발전이 거기서 담당한 중요한 역할을 놓쳐서는 안 된다. 그것도 적극적 및 소극적 견지에서 그러한 것이다.

소극적으로는, '권위주의 국가'의 분위기에서 자란 독일인들의 사회적 무원(無援) 및 비자주(非自主) 이데올로기(die soziale Hilflosigkeits - und Unselbständigkeitsideologie)가 극히 중요한 역할을 연출한다. 평균적 독일인은 —— 그의 전문분야에서 아무리 유능하고 또 걸출하다 하더라도 —— 그의 생존의 중대한 결정도 포함하여 모든 결정을 '위'로부터, 즉 군대, 정치, 과학의 '천직의 지도자(die berufene Führer)'로부터 기대하고 있었고, 그리고 그들의 시야에서는 자기자신의 입장표명을 정치적·경제적, 그밖의 생활을 결정하는 데에 공동으로 작용하는 모멘트로 간주하는 것은 생각조차 할 수 없는 일이었다(같은 쪽 이하).

따라서 평균적 독일인은 호엔쫄레른 체제의 붕괴 후에 무원과 방향상실의 상태에 빠져 있었고, 이 상태의 개선을 부분적으로는 언제나 '예전의 검증된 지도자(die alten, bewährten Führer)'로부터 기대하였고, 또 부분적으로는 새로이 발생한 '지도자 세트'로부터 기대하였다. 그리고 그 전부가 거절되는 것이 점차로 명백하게 되자, 평균적 독일인에게 남겨진 것은 완전한 절망 상태였다. 그렇지만 이 절망은 '새로운 지도자'의 기대와 결부되었다. 이 절망은 —— 평균적으로 말하면 —— 이 상태의 자주적인 고려라든가, 자주적인 행동에의 지향을 하나도 발생시키지 않았다(앞의 책, 97쪽).

다음에 적극적으로는 파시즘의 대중기만을 가능하게 한 이러한 기분들을 자극한 것은 불가지론적·비관주의적 세계관 경향들의 작용이다. 이 경향들의 공통의 징표는 비관주의, 절망이 현대의 문제들에 대한 정상적인 도덕적 태도라고 하는 것이다. 물론 이것은 정신적 '엘리트'에게서만 보여지는 현상이다. 서민은 진보를 믿고 있지만 그들의 그러한 낙관주의는 열등한 것이고, 이미 쇼펜하우어가 규정한 바와 같이 '방탕한(ruchlos)' 것이다(같은 쪽).

제국주의 시기의 독일의 세계관은 니체로부터 슈펭글러에 이르기까지, 그리고 후에 바이마르 시대에는 슈펭글러로부터 파시즘에 이르기까지 이러한 관계 안에서 운동하고 있다.

민족사회주의 세계관의 대중심리학적 출발점은 바로 이러한 절망이고, 이 절망에서 발생한 대중의 경신성과 기적기대이다. 절망이 민족사회주의와 광범한 대중 사이를 결합시키는 사회심리학적 연결고리였다는 점은 이 운동의 실제적 약진, 대중 안으로의 실제적인 침투가 1929년의 경제공황과 함께 시작되었다는 사실에서 분명해진다. 즉 이 경제공황의 시기는 처음에는 일반적인 세계관적 절망이었던 것이 점차로 더욱 구체적인 사회적 형태를 취하게 되어 개개인의 생존의 실질적인 위협으로 전환되는 시점이고, 따라서 그 이전에 확립되어 있었던 실천에의 지향은 이 세계관적 절망을 자포자기한 모험적 정치에 봉사하도록 하는 가능성을 발생시키는 시점이다(앞의 책, 99쪽).

이러한 정치는 지금 바이마르 민주주의가 거의 손대지 못했던 독일인의 '당국에 순종적인' 오랜 노예본능을 이용한다. 그러나 복종시키는 방법은 새로운 것이 아니면 안 된다. 왜냐하면 지금 독일 역사에서 처음으로 조상전래의 정당한 권력에 대한 순종이 다루어지거나 혹은 그러한 권력의 단순한 복고가 다루어지는 것이 아니라, 급진적인 전복과의 관련이, 민족사회주의가 특히 처음에 그리고 후의 위기시대에도 자신을 칭할 때 즐겨 사용한 말로 표현하면 '혁명'과의 관련이 다루어지기 때문이다. 파시스트 권력의 이러한 정당하지 않은 '혁명적' 성격은 방법론적으로 민족사회주의가 이전 형태의 반동적 이데올로기보다는 오히려 니체류의 세계관 유형과의 관련을 추구하지 않을 수 없었던 여러 모티브 중의 하나이다. 물론 파시스트의 데마고기는 극히 다양하다. 그것은 자신의 '혁명적' 성격을 맹세함과 동시에 또한 가능한 한 정당성의 본능에도 호소하고자 한다(같은 쪽 이하).

절망은 다른 한편 경신성과 구원기적의 대망을 발생시킨다. 사태가 절망적인 것일 수도 있지만, 그러나 '신의 은혜를 받은 천재'(비스마르크, 빌헬름 2세, 히틀러)는 '창조적 직관'을 통해 '기어코' 탈출로를 찾아낼 것이라는 믿음이 절망과 긴밀하게 결합된다. '보장'이 위협받으면 받을수록, 개개인의 생존 자체가 더욱 직접적으로 위험에 처할수록, 이 경신성과 기적기대는 더욱 강렬해진다(앞의 책, 100쪽).

독일 민족의 위대한 대중이 어떻게 히틀러와 로젠버그의 유치한 신화를 믿음을 갖고 자신 안에 받아들일 수 있었는가 하는 경악의 질문에 대해 루카치는 다음을 반문한다. 즉 "가장 교양 있는, 지적으로 최고의 지위에 있는 독일의 인사들이 어떻게 쇼펜하우어의 신비적 '의지'와 니체의 짜라투스트라의 고지(告知) 그리고 서구 몰락의 역사신화 등을 믿을 수 있었는가?"라고. 니체에 의한 쇼펜하우어의 개작의 뉘앙스를 인식론적으로 추구할 수 있고, 니체의 데카당스 비판의 뉘앙스를 미학 및 심리학의 전문지식을 갖고 평가할 줄 아는 정도의 철학적·문학적 교양인이 짜라투스트라 신화와 초인의 신화 그리고 '동일물의 회귀'의 신화에 대해 신앙처럼 태도를 취한다면, 근본적으로 그것은 당조직 안에 한 번도 없었거나 혹은 오직 일시적으로만 있었고, 도제시대를 끝낸 후에 거리로 내던져진, 교양이 없는 청년노동자가 절망 상태에서 히틀러가 '독일 사회주의'를 실현하리라는 것을 믿는 경우보다 더 이해하기 어려운 것이기 때문이다(앞의 책, 101쪽).

여기서 루카치는 다음을 확정한다. 즉 특정한 시대에 특정한 사회층에서 건강하고 냉철한 비판의 분위기가 지배하는가, 그렇지 않으면 미신과 기적기대 그리고 비합리주의적 경신성의 분위기가 지배하는가 하는 것은 지적 수준의 문제가 아니라, 사회상태의 문제이다. 물론 이 경우 선행의 이데올로기들이 중요한 역할을 한다. 그것들이 비판에의 경향이나 경신성에의 경향을 강화시키든가 약화시키기 때문이다. 역사에서 보면, 경신성과 미신 그리고 기적기대 등이 특히 강화되고 있는 시대가 언제나 특히 저급한 문명의 시대라고 말할 수는 결코 없다. 오히려 정반대이다. 그러한 경향은 이를테면 고대의 말기에 그리스-로마 문명의 정점에서, 즉 알렉산드리아의 학식이 최대로 보급되었던 시대에 보인다. 또한 이 시기에는 기독교 전파의 담당자였던 교양 없는 노예나 천한 수공업자만이 기적신앙에 감응되기 쉬웠던 것이 아니라, 플루타르크나 아풀레유스, 플로틴이나 포르피리오스 등과 같이 그 시대에 높은 재능과 교양을 가진 학자와 예술가에게서도 마찬가지로 경신성과 미신이 존재하였다. 그리고 마녀적 망상의 정점은 결코 가장 어두운 중세 시대가 아니라, 중세로부터 근세로의 이행의 커다란 위기적 과도기, 갈릴레이와 케플러의 시대였다. 이 시기의 가장 중요한 정신적 지도자들 중 많은 사람들이 다양한 형태의 미신으로부터 자유롭지 못했다(앞의 책, 102쪽).

사회적 망상의 시대, 극단으로까지 치달은 미신과 기적신앙의 시대의 공통점은 그것이 언제나 구사회질서의 몰락의 시대, 수세기 이래 뿌리내린 문화의 몰락시대이며, 동시에 새로운 것이 탄생되는 진통의 시대라는 점에 있다(같은 쪽).

5) 비판 개념들

루카치는 이 저작에서 독일의 역사를 날카롭게 분석하고 있는데, 우리는 그의 분석에서 비판적 시각을 확립하는 데에 극히 소중한 많은 개념적 장치들을 발견한다. 여기서는 '신민심리', '인식론적 귀족주의' 그리고 '후진성의 이상화'의 세 가지 개념장치들을 살펴보고자 한다.

① 신민심리(臣民心理)

먼저 우리는 루카치가 말하는 '신민심리'에 주목하고자 한다. 그것은 프리드리히 엥겔스가 '노예근성'이라고 이름한 것과 같은 것이다. 루카치에 의하면, 독일 국민들에게서는 다른 서구 국가들과 비교하여 군주 및 그 관료기구에 대한 신민의 의존성이 훨씬 더 크고 명백하며, 이데올로기적으로 반대의 태도나 혹은 단지 비판적인 태도조차 취할 수 있는 객관적인 여지가 훨씬 더 좁다. 이에 덧붙여, 루터주의가 이 여지를 주관적으로도 좁게 하여, '외적 예속'을 '내적 예속'으로 전화시켰다. 통상 서구에서 보여지는 것 보다 훨씬 더 궁정에 경제적으로 의존하고 있는 부르주아 층과 소부르주아 층에 있어서는 당시의 유럽에서는 거의 발견되기 어려운 비굴함, 좁은 마음, 저열함, 파렴치함 등이 형성된다. 또한 봉건적 신분위계의 바깥에 서 있으며 근대 초엽의 혁명들에서 가장 중요한 추진력을 이루었던 서민층이 독일에서는 경제발전의 정체로 인해 전혀 혹은 거의 형성되지 않았다. 과거 농민전쟁에서는 이 층이 뮌쩌의 지도하에 결정적인 역할을 연출하였지만, 이 시대에 이르게 되면 이들은 룸펜 프롤레타리아트로 전락하여, 비굴하고 돈으로 움직일 수 있는 사회층을 형성하게 되었다(앞의 책, 58쪽).

이러한 독일인의 신민심리는 1848년의 혁명에 의해서도 결코 동요되지 않았다. 서구의 민주적 발전을 위한 기초를 놓았던 근대 초엽의 대변혁들은 독일에서는 수세기에 걸쳐 군소 전제국가들을 정착시키는 것으로 끝났고, 독일의 종교개혁은 이들 전제국가들에 대한 굴종의 이데올로기를 확립하였다. 나폴레옹의 지배로부터의 해방을 위한 투쟁도, 1848년도 이 점에 관해서는 아무런 본질적인 변화도 가져올 수 없었다. 더구나 독일 민족의 통일은 혁명적인 방도에 의해서가 아니라, '위로부터', 즉 역사적 전설에 따라 '피와 강철'에 의해, 호엔쫄레른 왕가의 '사명'에 의해, '천재' 비스마르크에 의해 달성되었기 때문에 독일인의 심리와 도덕의 이러한 측면은 변화되지 않고 존속되었다. 물론 그 동안 독일 사회에는 반(半)중세적 성격을 종종 가졌던 도시들에 대신하여 대도시가 발생하였고, 소상인, 수공업자, 소기업가에 대신하여 대자본가가 그의 대리인과 함께 등장하였으며, 이와 병행하여 우물 안 개구리 같은 편협한 향당정치는 세계정치에 의해 교대되었다. 그러나 독일 민중이 그의 '정부당국'에 대해 가졌던 공손한 태도, '위'에 대한 비굴은 이 과정에서 극히 미세한 정도로밖에 변화되지 않았다(앞의 책, 74쪽).

독일에서 유달리 발달한 관료제도 이러한 신민심리와 밀접하게 관계되어 있다. 관료제가 갖는 '권능', '전문지식', '비당파성'을 예찬하는 것은 루카치에 의하면 다름아니라 신민심리의 표현인 것이다. 아직 민주적이지 않은 독일에서 그것은 국가제도를 진보적으로 개혁하려고 하는 일체의 시도에 대한 제국과 프로이센의 문민적 및 군사적 관료제의 성공적인 저항을 이데올로기적으로 강화시키는 것만이 아니다(앞의 책, 85쪽). 비스마르크의 '보나파르티즘'에 의해 보존되고 동시에 근대화되었던 절대주의의 잔재는 바로 이 관료적 정신의 정치적·도덕적 정신문화에서 커다란 지주를 얻었던 것이다. 관료는 상급관청의 지령에 내용적으로 동의하지 않는다 하더라도 그것을 기술적으로 완벽하게 실행하는 것을 자신의 각별한 '신분적 자랑'으로 여긴다. 이러한 관료적 정신이 독일에서는 좁은 의미에서의 관료층에 국한되지 않고, 널리 유포되어 있다. 정부당국의 결정에 무조건 복종하는 것이 특별한 '독일적 미덕'으로 간주되며, 사회적으로 높은 위계의 징표로서 더욱 강력하게 예찬된다. 이러한 신민심리는 또한 지식인에게서도 보여진다. 밖으로는 허풍치고 안으로는 비굴한 노예근성으로 가득찬 지식인을 루카치는 "지식인의 비잔틴주의"(앞의 책, 86쪽)라고 이름한다.

② 인식론적 귀족주의

진리의 인식은 그것을 위한 사물적 전제(지식 등)를 획득한 인간이라면 원칙적으로 누구에게나 가능할 것이다. 이 점은 민주적 변혁을 위한 준비 이데올로기라고 의식적으로 자부하고 있던 계몽사상의 철학적 합리주의에 있어서는 특히 자명한 일이다. 그러나 비합리주의는 본질적 인식은 모든 인간에게 가능한 것이 아니라, 출생단계에서부터 '선택된 사람'에게만 이 인식이 한정된다고 본다. 이러한 견해는 일종의 '세속화된 신학'이라 말할 수 있다. 즉 신성(神性)의 인식은 신에 의해 선택된 사람에게만 가능하다고 하는 종교의 인식론적 모티브를 새로운 비합리주의는 세속화된 방식으로 수용한 것이다(앞의 책, 163쪽). 합리주의가 세계를 그 모든 충만의 면에서 진정하게 인식하는 것은 이성의 독자적 힘 안에 내재한다고 보는 데 비해, 비합리주의자는 오직 뽑힌 사람만이 신성을 인식할 수 있다고 하는 종교적 신념의 "부르주아화된 - 세속화된" 견해를 제출하는 것이다.

진리의 인식을 엘리트에게만 예정해 두는 "귀족주의적" 태도는 셸링과 그의 계승자들에게서 특히 두드러지게 보여진다. 셸링은 인식론적 귀족주의를 더욱 신장시켜, 과학의 왕국에서 천민정치를 배척할 것을 주장한다. "이성의 과업에서 상식을 심판자로 등용하는 것은 실로 필연적으로 과학의 왕국에서 천민정치(Ochlokratie)를, 그리고 이와 함께 조만간에 천민의 일반적 대두를 초래할 것이다"(셸링). 철학은 이 천민정체에 대해 자신의 귀족주의적 거부권을 행사하지 않으면 안 된다. "천민도 글쓰기를 시작하고, 모든 평민이 판단자의 지위로 올라간 이래로, 명백하게 높은 것과 낮은 것을 계속하여 혼합하는 저 도도한 흐름을 어떤 무엇이 저지할 수 있다고 한다면, 그것은 다름아니라 '속물을 싫어하고 멀리한다'고 하는 말을 자신의 생래적인 표어로 하는 철학"이라고 셸링은 주장한다.

③ 후진성의 이상화

종교개혁 운동의 발생이 자본주의의 발생과 극히 밀접하게 결합되어 있다는 점은 맑스주의자뿐만 아니라, 막스 베버와 트뢸치 이래 부르주아 사회학에서도 거의 진부한 얘기가 될 정도로 널리 알려져 있다. 그렇지만 이 종교운동의 서구적 칼뱅주의적 형태는 네덜란드와 영국에서는 최초의 위대한 부르주아 혁명의 깃발이 되었고 자본주의적 약진의 첫 시기의 지배적인 이데올로기로 되었지만, 독일에서 결정적인 것으로 된 루터파는 소국 절대주의에 예속되는 것을 종교적으로 신성화하였고, 그리고 독일의 경제적·사회적·문화적 후진성을 위한 하나의 정신적 배경, 도덕적 지주를 제공하였다(앞의 책, 55쪽).

이러한 후진 독일은 그러나 해를 거듭할수록 경제적으로 뒤처진 나라이기를 더욱더 그만두게 된다. 오히려 제국주의 시대에 오면, 독일은 지금까지 유럽에서 지도적이었던 영국 자본주의를 능가하게 된다. 독일은 아메리카 합중국과 더불어 세계에서 최고로 발전된, 가장 전형적인 자본주의 지역으로 된다. 그렇지만 동시에 민주적으로 뒤 처진 독일의 사회적·정치적 구조(농업사정, 외견상의 의회주의, 황제의 개인적 통치, 지방적 소국가상태의 잔존 등)는 공고화된다(앞의 책, 77쪽). 그리하여 독일 사회의 발전에서 독특한 불균형적 발전이 자리잡게 된다. 말하자면, 경제구조와 정치구조간의 모순이 심화되어 간다.

경제구조와 정치구조간의 모순을 지양하는 길은 두 가지이다. 하나의 길은 독일의 사회적·정치적 구조가 독일의 경제적 발전에 동화할 것을 요구하는 것이다. 이때 이 요구는 혁명적 방식으로 제기될 수 있고, 그리고 민주주의 혁명이 성취되어야 한다는 과제가 제기될 수 있다. 다른 하나의 길은 독일 제국주의의 입장에서, 사회구조를 건드림이 없이 정치적 상부구조를 서구의 의회제 민주주의의 형태들에 동화시키는 것도 열망될 수 있다(같은 쪽). 그러나 독일은 제3의 길을 갔다. 독일의 정치와 경제의 모순을 사상적으로 변호하여, 반봉건적 비민주적 독일을 이상화하였다. 독일의 경제구조와 정치구조간의 모순을 민주적 서구와 비교하여 더 높은 발전단계인 것이라고, 더 좋은 발전가능성이라고 사상적으로 변호하는 이데올로기가 필연적으로 발생하였다. 이 변호는 자신의 철학적 지주를 비합리주의에서 찾지 않으면 안 되었다(앞의 책, 78쪽). 그리하여 독일의 후진성의 이상화는 비합리주의의 발전과 맞물리게 된다. 뒤 처진 위치를 변호하기 위하여, 세상사를 철저히 비합리적으로 파악하고, 진보의 개념을 이른바 표피적이고, 천박하고, 길을 잘못 인도하는 개념이라고 공격한다. 이 점에 있어서는 쇼펜하우어가 가장 앞서 갔다(앞의 책, 76쪽 이하).

그리하여 서구 민주주의의 부르주아 진보개념에 대한 거부가 나타난다. 자본주의 경제는 생명을 절멸시키는 불건전한 합리성을 제시하고 있는데, 이 불건전한 합리성에 대한 치료력 있는 비합리적인 대항물이 국가(독일적 형태의 국가)에서 찾아진다. 이러한 생각에는 서구 민주주의 일반의 부르주아적 진보개념에 대한 거부가 포함되어 있다. 즉 국가와 사회가 봉건적 형태로부터 벗어나 발전하는 것, 자본주의의 요구에 더욱더 적응하는 것이 진보를 의미한다고 보는 생각을 거부하는 것이 포함되어 있다. 정반대로 독일의 발전이 더 고차적인 것으로 평가되는 이유는, 바로 그것이 옛날의 합리적이지 않은 지배형태를 보존하고 있는 까닭에 합리적으로 지향된 서구의 사회 및 사회사상에서는 미해결에 그칠 수밖에 없는 문제들(윤리적·문화적 등)을 해결할 수 있기 때문이다(앞의 책, 78쪽). 진보에 대한 적대감과 비합리주의는 따라서 동일한 범주에 속하는 것들이다. 바로 이 연관에서 양자는 급속하게 자본주의적으로 발전하고 있는 독일의 사회적·정치적 후진성을 효과적으로 이데올로기적으로 변호하는 것이다(앞의 책, 79쪽).

독일의 후진성을 이상화하고 '독일화'하는 것은 독일 역사의 대담한 변조와 결부되어 있다. 독일 발전의 뒤 처진 성격을 영광스러운 것, '독일적 본질'에 일치하는 것으로서 찬미하고, 서방에서의 부르주아 민주주의적 및 혁명적 발전의 모든 원칙과 성과를 비독일적인 것으로, 독일의 '민족정신'의 성격에 배치되는 것으로 비판하고 거부하는 역사기술이 더욱 강력하게 행해진다. 그리고 독일 역사에 있어서 진보적 전환의 맹아들, 즉 농민전쟁, 마인쯔의 자코뱅주의, 해방전쟁 시대에 있어서 특정한 민주주의적 경향, 1848년 혁명에 있어서 7월 혁명에 대한 서민적 반응 등은 완전히 묵살되든가 아니면 변조되어 독자들의 눈에는 경악스러운 사건으로 비쳐진다. 1848년은 금후에는 독일의 부르주아적 용어에서는 '미친 해'라고 불리게 된다. 이에 반하여 독일 역사의 반동적 시대는 광채와 영예로 빛나는 것이다(앞의 책, 73쪽). 그리하여 이러한 역사변조에 가담하는 빌헬름 시대의 독일의 지도적인 인텔리들은 빌헬름 체제의 귀족관료들과 장교들 앞에서 깊숙히 몸을 굽히며, 반(半)봉건적 잔재를 가진 이 체제의 비민주적 기구를 이상화한다(앞의 책, 84쪽).

그리하여 독일의 정치적 미성숙, 반민주적 경향은 더욱 강화된다. 이 미성숙은 중요한 이데올로기적 귀결을 갖는다. 독일 내에 광범하게 지배하고 있는 일반적인 반(反)민주적 경향은 서구로부터 수용된 민주주의에 대한 환멸과 혼합된다. 서구에서 이 환멸이 발생하는 것은 민주주의가 부르주아의 내밀의 집행권력에 대하여 사실상 미미한 힘밖에 갖고 있지 못하기 때문이고, 자본주의에 있어서는 민주주의와 필연적으로 결부되어 있는 특정한 반(反)민주적 현상들(선거장치) 때문이다. 따라서 실로 민주주의 국가들에 있어서 민주주의에 대한 광범한 비판이 나타나고 있는 것은 결코 우연이 아니다(앞의 책, 82쪽). 이 비판의 일반적 경향은 의심할 것 없이 낭만주의적·반동적인 것이지만, 그러나 거기에는 흔히 부르주아 민주주의에 대한 정당한 환멸, 부르주아 민주주의의 사회적 한계에 대한 환멸적인 그리고 때로는 상대적으로 전향적인 체험이 깃들어 있다. 가난한 사람에게도 그리고 부유한 사람에게도 동일하게 밤에 다리 밑에서 잠자는 것을 엄금하는, 법 앞에서의 민주적 평등은 조소를 받지 않을 수 없다(앞의 책, 83쪽). 이 경향들은 특히 그 반동적인 뉘앙스의 면에서 제국주의 시기 독일 지식인에게 심층적이고 중대한 영향을 미쳤다. 그 경향들이 독일에 수용되었을 때, 그것들은 심층적인 사회적 변화를 겪었다. 왜냐하면 그것들은 서구에서는 이미 획득된 현존의 부르주아 민주주의에 대한 환멸의 표현이었지만, 독일에서는 부르주아 민주주의를 쟁취하는 데 장애로 되었고, 부르주아 민주주의를 위한 결전의 포기로 되었기 때문이다. 이 경향들은 독일에서는 비스마르크 시대의 낡은 선전과 혼합된다. 그 결과 이 경향들은 역사학, 사회학 등에서 독일의 뒤 처진 상태를 '독일적 본질', 독일의 독특한 것으로 간주하였고, 또한 유포시켰다(같은 쪽).

다른 한편, 민주주의자들도 반동의 반(反)민주적 전설을 형성하는 데 일조하기도 하였다. 주관적으로 확신에 찬 수많은 민주주의자들은 그들의 편에서 민주주의의 이러한 오로지 '서구적'이라고 말해지는 성격을 자신의 선전의 기초로 삼았고, 그들의 반(反)독일주의를, 서구 민주주의에 대한 그들의 열광을 앞뒤 가리지 않고 생각 없이 전면에 내세웠으며, 이로 인해 의도하지 않게도 반동이 반민주적 전설을 형성하는 데에 일조하였다(앞의 책, 90쪽).

6. 맺는 말

루카치의 저작은 날카로운 논쟁을 불러일으켰다. 여기서 몇 가지 논쟁점을 살펴본다. 첫째로 이성에 찬성하는 태도를 취하는가 반대하는 태도를 취하는가가 철학의 본질을 결정한다고 하는 주장은 맑스주의 철학사의 관점에서 올바른 것인가 하는 질문이 제기된다. 지금까지 아마도 가장 탁월한 비판자라 할 수 있는 헝가리의 발로의 『비합리주의 비판 — 루카치와의 대결』(1958년)은 바로 이 점을 다룬다. 루카치가 헤겔의 관념 변증법과 맑스주의 유물론이라는 두 개의 역사적 진보의 사상을 들고, 근대 비합리주의를 이것에 대한 반동형식으로서만 취급하는 것은 유물론과 관념론 종교의 대립이라는 맑스주의 철학의 근본문제를 무시하고 변증법과 형이상학 혹은 합리주의와 비합리주의의 대립만을 전면에 내세운다는 것이다. 그러나 유물론과 관념론의 대립이 뒷전으로 밀려났다는 고발은 헤르만이 지적한 바와 같이, 온당한 것이라 보기 어렵다. 왜냐하면 루카치는 긍정적인 부르주아 유산을 합리적인 것이라 여겼고, 그리고 맑스주의에서 이 합리주의의 질적인 계속발전을 보았기 때문이다(Hermann, S.263).

두번째로, 독일의 발전 안에서는 어떻게 레싱, 칸트로부터 포이에르바하, 맑스에 이르는 「이성의 형성」이 나올 수 있었는가 하는 의문이 제기된다. 이 「이성의 형성」 과정은 무시되고 「이성의 파괴」만이 행해지고 있는 것이다.

세번째로, 헤르만이 지적하는 바와 같이, 루카치의 오류는 비합리주의의 발전의 길을 파시즘으로만 이해하였다는 점에 있다. 비합리주의의 발전의 길은 분명히 파시즘으로 나아갔다. 그러나 그것은 비합리주의 발전의 하나의 극에 불과하다. 이에 반해 반(反)파시즘 경향으로 성숙해 간 또 다른 하나의 극도 존재한다. 루카치는 물론 이 차이를 알고 있었다. 그러나 이 시기에는 그는 그것을 비본질적인 것으로 간주하였다. 그러나 바로 이 차이는 하이데거류의 비합리주의와 사르트르에 의해 특색지어지는 프랑스 비합리주의간의 날카로운 대립을 위한 기초이었다(Hermann, S.258).

네번째로, 루카치의 견해는 부정적 측면을 갖고 있다. 그것은 그가 여전히 '도덕적으로 좋은 시대'의 개념에 의거하여 세계를 본질적으로 두 개의 절반으로, 즉 한편에서는 사회주의 정책에 직접적으로 동의한 세계와 다른 한편에서는 적대적 진영의 세계로 나누었다는 점이다. 말하자면 '냉전의 정신병'이 루카치의 시야를 굴절시키고 있는 것이다.

다섯번째로 파제만(Dieter Pasemann)이 지적하는 바와 같이, 루카치는 제국주의 세계관 사고의 반동적 근본경향을 너무 일방적으로 발전시키고, 제국주의의 세계관 사고 안에 있는 휴머니즘적·지적 잠재력에 대해서는 너무 적은 주의를 기울이고 있다. 이 때문에 오늘날 우리는 루카치에 대해 비판적 거리를 갖지 않을 수 없다. 루카치는 비판 없이는 수용될 수 없는 지나친 단순화에 이르고 있다. 제국주의 안에서 세계관적 사고의 발전의 반동적 경향에 대한 휴머니즘적 저항을, 휴머니즘적 잠재력을 정확하게 파악하는 것이 중요하다(Pasemann, S.100).

비합리주의가 파시즘으로 흘러 드는 경향들을 분석하고 있는 『이성의 파괴』는 상술의 문제점과 결함에도 불구하고 하나의 진지한 철학적 가치를 갖고 있다. 무엇보다도 이 책에서 비합리주의의 인식이론적 뿌리가 어디에 있는가가 극히 명확하게 논구되었다. 루카치는 이 뿌리를 어려운 사상적 과업 앞에서 움추려 퇴각하는 것으로서 특징지었다. 또한 루카치는 이 책에서 비합리주의 철학에서 파시즘의 방향을 가리키고 있는 모든 경향들에 천착한다. 이 책의 가치는 선행의 경향들을 논구한 데 있다. 『이성의 파괴』는 비합리주의 철학의, 특히 독일 비합리주의 철학의 가장 중요한 문제성을 반영하였다. 따라서 이 문제성을 분석하고 있는 부분들은 영구적 가치를 갖는다. 헤르만은 루카치의 저작의 가장 중요한 가치를 다음과 같이 말한다. "이 책은 부르주아 철학이 부르주아 진보 자체에 대해서 대립하는 그리고 니체의 표현을 사용한다면 '모든 가치'뿐만 아니라 범주들도 가치전환하는 그러한 전환의 묘사이다. 외견상 진보적인 범주들이 사고의 새로운 총체성 안에서 반동적 기능을 획득하였다. 그러므로 『이성의 파괴』가 비록 수많은 논쟁을 불러일으켰지만 그 영향의 면에서 전세계에 대단히 심층적이고 다면적이었다는 것은 결코 놀라운 일이 아니다"(Hermann, S.274).

루카치의 중요한 맑스주의적 성취의 하나는 의심할 것 없이 "이성의 파괴"로 나아간, 그리고 부르주아 지식인의 독일 파시즘과의 공범관계를 성립시켰던 정신적 과정에 대한 그의 광범한 분석에 있다. 그가 관심을 가졌던 것은 개별 지식인의 개인적인 휩쓸림이나 개인적 과오가 아니었다. 그가 몰두한 것은 무엇보다도 객관적 경향이다. 이 경향은 그 시대의 다양한 지적 활동에서 간취될 수 있었고, 흔히는 부르주아 사회학자, 철학자, 기타 지식인들의 개인적 의도와는 충분히 모순되었다. 그는 "이성의 파괴"의 경향을 지도적인 그리고 그 시대의 정신문화를 주조하던 사상가들의 정신적 성취들에서 제시하였다. 루카치의 이러한 생각은 이미 『독일 이데올로기』에서 발견되며, 맑스와 엥겔스에 의해 획득된 인식, 즉 한 시대의 지배적인 사상은 지배계급의 사상이다라는 인식에 기초하고 있다(Pasemann, S.100). 더구나 오늘의 시점에서 루카치의 저작은 특별한 의의를 재획득한다.

오늘날, 서구에서 "포스트모던(Postmoderne)"의 유령을 주문으로 불러내어 이것을 "이성의 작별"로서 파악하여, 다시 대량적으로 인간이성을 철학적·세계관적으로 습격하려는 의식적인 "이성의 파괴"의 새로운 기도가 행해지고 있는 시기에, "이성의 파괴"의 위험에 대한 루카치의 연구는 그러한 입장들과의 대결을 위해 높은 활성을 얻는다.

7.문헌 소개

1920 "Zur Frage des Parlamentarismus." In : *Schriften zur Ideologie und Politik*, Neuwied, 1967.

1923 *Geschichte und Klassenbewußtsein. Studien über marxistische Dialektik*, Berlin(=GK).

1924 *Lenin. Studie über den Zusammenhang seiner Gedanken.*

1933 "Mein Weg zu Marx." In : *Schriften zur Ideologie und Politik*, Neuwied, 1967.

1954 *Die Zerstörung der Vernunft, Bd. 1, Irrationalismus : Zwischen den Revolutionen*, Darmstadt und Neuwied Luchterhand Verlag, 1981(제3판)./ 전태국 역, 『이성의 파괴 I : 혁명들 사이의 비합리주의』, 열음사, 1993.

1967 *Schriften zur Ideologie und Politik*, Ausgew. und eingel. von Peter Ludz, Neuwied-Berlin.

1968 *Geschichte und Kalssenbewußtsein.* In : Frühschriften II, Neuwied.

참고 문헌

전태국, 『지식사회학』, 사회문화연구소, 1994.

Adorno, Theodor W. *Noten zur Literatur II*, Frankfurt am Main, 1961.

Althusser, L./Balibar, E. *Das Kapital lesen*, 2Bde. Reinbek bei Hamburg, 1972.

Eichhorn, I. Wolfgang/Hahn, Erich, *Zur Theorie und Erforschung dessozialistischen Bewußtseins.* In : DZfPh, 1967/8, S.901~921.

Gerlach, Hans-Martin, "Die Zerstörung der Vernunft" als Vernunft der Zerstörung(Bemerkungen zu Georg Lukács' Analyse uns Kritik der spätbürgerlichen Philosophie). In : *Georg Lukács* 1885~1971, Martin-Lu-ther-Universität Hall-Wittenberg. : S.6~12, 1986.

Hermann, Istvan, Die Gedankenwelt von Georg Lukács, Akademiai Kiado, Budapest, 1978.

Kammler, *J., Politische Theorie von Georg Lukács, Struktur und historischer Praxisbezug bis 1929,* Darmstadt und Neuwied, 1974.

Kaufmann, Walter, *From Shakespeare to Existentialism,* New York, 1960.

Kolakowski, Leszek, *The other Marx Lukács's.* In : Cambridge Review, 1972/1.

Lenin, W. I., "Kommunismus. Zeitschfift der Kommunistischen Internationale für die Länder Südosteuropas." In : Werke, Bd. 31, Berlin, 1970.

Lichtheim, George, *Georg Lukács,* New York, 1970.

Ludz, Peter, "Ethischer Rigorismus und politische Taktik." In : *Schriften zur Ideologie und Politik,* Neuwied, 1967.

__________, "Der Begriff der 'demokratischen Diktatur' in der Philosophie von Georg Lukács." In : *Schriften zur Ideologie und Politik,* Neuwied, 1967.

Marx, Karl, *Grundrisse der Kritik der politischen Ökonomie* (Rohentwurf 1857/58), Berlin(DDR)(=Grundrisse), 1953.

Marx, Karl/Engels, Friedrich, Werke, 41Bde., Berlin(DDR) 1956 ff.(=MEW).

Nemitz, Rolf, "Ideologie als 'notwendig falsches Bewußtsein' bei

Lukács und der Kritischen Theorie." In : Wolfgang Fritz Haug u. a., *Theorien über Ideologie Projekt Ideologie-Theorie*, Berlin, 1979, S.39~60,

Oiserman, Theodor Illjitsch, "Georg Lukács als Kritiker der bürgerlichen Philosophie der Epoche des Imperialismus". In : Laszlo Sziklai(hg.), *Lukács-aktuell*, Akademiai Kiado, Budapest, 1989, S.33~48.

Pannenkoek, Anton, *Lenin als Philosoph, Kritische Studien zur Philosophie*, Frankfurt/M, 1969.

Pasemann, Dieter, "Zur Kritik Georg Lukács' an der bürgerlichen Soziologie in Deutschland." In : *Georg Lukács 1885~1971*, Martin-Luther-Universität Hall-Wittenberg, 1986, S.100~110.

Raddatz, Fritz J., *Lukács*, Reinbek bei Hamburg, 1972.

Ritsert, Jürgen, *Denken und gesellschaftliche Wirklichkeit 1. Arbeitsbuch zum klassischen Ideologiebegriff*, Frankfurt a. M., 1977.

Sinowjew, G., "Der Kampf gegen die Ultralinken und den theoretischen Revisionismus." In : *Schriften zur Ideologie und Politik*, Neuwied, 1967.

Tökés, Rudolf L., *Béla Kun and the Hungarian Soviet Republic*, New York, 1967.

Vega, R. de la, *Ideologie als Utopie. Der hegelianische Radikalismus der Marxistischen "Linken"*, Marburg, 1977.

라캉

도둑맞은 편지, 도둑맞은 무의식

이 진 경

라캉 : 도둑맞은 편지, 도둑맞은 무의식

이진경

1. 프로이트로 돌아가자!

현대 프랑스의 다양한 사상적 흐름을 이해하는 데서 라캉(1901~1981)을 빼놓는 것은, 라이터를 설계하면서 부싯돌을 빼놓는 것만큼이나 곤란한 것이다. 이는 라캉의 작업에 동의하는지 여부와 무관한 것이다. 정신분석학과 철학, 문학과 예술, 페미니즘 이론이나 포스트모더니즘에 이르기까지 그 영향력은 직접 걸쳐 있다. 그는 1960년대 이래, 적어도 1970년대 초반에 이르기까지 프랑스를 지배하던 하나의 흐름을 대변한다.

라캉이 자신의 입장을 요약하는 것으로 내건 슬로건은 알다시피 "프로이트로 돌아가자!"였다. 그가 특히 중요하게 생각하고 애착을 가졌던 것은 『꿈의 해석』(1900) 이후부터 1910년경까지의 (초기) 프로이트로서, 한마디로 그러한 초기 프로이트의 정신으로 돌아가자는 생각을 담고 있다. 이는 어쩌면 정신분석학자인 라캉으로서는 당연한 주장이어서, 슬로건으로 내세운 것이 오히려 새삼스러워 보인다. 그러나 당연한 것이 고창될 때는 언제나 무언가 사연이 있게 마련이다. 이는 라캉에 대해서 각별한 의미를 갖는 것이었다.

당시 정신분석학의 주류는 프로이트의 이론을 '자아심리학'로 해석하는 것이었다. 그에 따르면, 오이디푸스 콤플렉스를 통해, 그리고 구순기, 항문기, 성기기 등 성적인 발달의 여러 단계를 거치면서 인간의 자아가 형성된다는 프로이트의 주장을 근거로, 정신분석학을 어떤 '정상적인' 자아(ego)를 구성해 내는 이론으로 해석한다. 여기서 정신병이나 신경증은 이런 정상적인 자아를 벗어난 '일탈'이요, 정신분석학은 이런 일탈자를 '치료'해서 정상으로 되돌리는 심리과학으로 정의된다.

하지만 라캉이 보기에 이는 미국식 심리학에 정신분석학이 포섭된 것으로, 프로이트 사상의 비판적인 성격을 보수적인 규범과학으로 뒤집어 놓은 것을 의미했다. 그가 "프로이트로 돌아가자"고 주장하는 것은 이처럼 자아심리학이 되어 버린 정신분석학에서 벗어나 본래의 프로이트가 갖고 있던 비판적이고 혁명적인 정신으로 돌아가자는 주장인 셈이다.

한편 이런 맥락에서 그는 '자아'의 가상성과 허구성을 비판적으로 사고하려는 작업으로 자신의 길을 열기 시작한다. 그는 편집증과 인성(personality)간의 관계에 대한 논문으로 박사학위를 받았다. 이후 그는 '거울 단계'에 관한 개념을 통해서 국제 정신분석학계에서 명성을 얻는다. 그것은 '자아'라는 것이 자신의 거울상에 대한 동일시를 통해 얻어지며, 이를 통해 '정체감'을 획득한다는 것이다. 이런 점에서 자아는 거울상이라는 '소외'된 상에 자신을 상상을 통해 동일시함으로써 얻어진 오인인 셈이다. 이를 라캉은 '상상적인 것'(the imaginary, 흔히 '상상계'라고 한다)이라고 한다. '거울 단계'라는 개념으로 더 유명한 '상상계'의 이론은 1940년대 말에 이르기까지 라캉의 주된 관심사였다.

1953년 로마에서 개최된 '국제 정신분석협회'에서 라캉은 이른바 「로마 보고서」라고 불리는 장문의 논문 「정신분석학에서 발화(parole)와 언어(language)의 기능과 영역(champ)」을 발표한다. 이 보고서는 구조 언어학과 레비스트로스(Lévi-Strauss)의 구조주의 영향이 두드러진 논문인데, 기존의 정신분석학에 대한 전면적인 비판을 의미하는 것이어서, 일대 파문을 일으킨다. 이는 그 이전에 있던 '정통파' 정신분석학자와의 갈등과 대립이 전면화된 것이기도 했으며, 다른 한편에선 라캉 자신의 관심이 언어학과 구조주의를 향해 커다란 전환을 하고 있음을 보여 주는 것이다. 이 시기 이후 언어를 통해 형성되는 질서, 즉 '상징적인 것'(the symbol, 흔히 '상징계'라고 번역한다)이 그의 주요한 관심사가 되며, 이론적으로도 중심적인 자리를 차지하게 된다.

이후 라캉은 '정통파' 정신분석학자들을 설득하려는 시도를 중지하고 직접적인 공격과 비판을 개시하는 한편, <파리 정신분석학회>에서 탈퇴하여 라가슈(Lagache)와 함께 <프랑스 정신분석학회(SFP)>를 창설한다. 이때부터 생트-안 병원에서 공개세미나를 시작한다. 이 세미나는 1953년 이래 26년간 계속되었는데(1964년 이래 알튀세르의 초청으로 파리 고등사범학교로 옮겨 행해지는데, 이는 68년 혁명 때까지 계속된다), 이 세미나는 당시 프랑스의 중요한 지식인들이 모이는 곳이 되었다. 이 세미나를 통해 라캉의 영향력은 정신분석학계나 의학계를 넘어 다양한 인문, 사회과학 및 수학 등에 이르기까지 확대된다. 특히 그의 선집이자 활동의 기록(écrit)인 『에크리』가 출판된 1966년 이후 그 영향력은 두드러지게 된다.

1963년말 이후, <국제 정신분석협회>에서의 축출을 계기로 <프랑스 정신분석학회> 및 생트-안 병원과 결별한 라캉은 1964년 <'파리 프로이트 학회'>를 창설한다. 이곳을 중심으로 한 라캉의 활동은 1968년 5월 혁명을 전후해서 절정에 달한다. 이 시기 라캉의 사상은 '실재적인 것'(the real, 흔히 '실재계', '현실계'라고 번역한다)으로 그 중심을 옮겨 간다고 한다. 이는 외상(trauma)과 같이, '상징적인 것'로 표현될 수 없지만 환자의 반복적인 증상을 만들어 내는 어떤 것을 뜻한다. 하지만 이러한 해석은 라캉의 제자들 내부에서도 많은 이견과 반론을 갖고 있는 것이며, 그의 사위인 자크 알랭 밀레르(Jacque-Alain Miller)나 지젝(S. Žižek)처럼 이를 강조하는 사람조차 '최후의 라캉'에 한정해서 이런 주장을 행할 뿐임을 유의할 필요가 있다.

1968년 혁명의 여파로 만들어진 뱅센 대학에 정신분석학과가 만들어지는데 이에 라캉은 학과장으로 취임한다. 1981년 라캉은 사망하지만, 그가 25년간 행한 세미나는 밀레르의 주관 아래 『세미나』라는 제목으로 지금까지 계속해서 출간되고 있다. 그것이 정말 라캉의 강의록인지, 밀레르에 의해 변조된 것인지를 두고 적지 않은 —— 법적 소송까지 포함하는 —— 스캔들이 있었음에도 불구하고. 물론 결과는 유언집행인인 밀레르의 '법적인' 승리였다.

2.사상 형성의 요소들

정신분석학자요 의사였던 라캉에게 프로이트가 미친 영향력을 언급하는 것이 오히려 새삼스럽다. 그런데 그가 "프로이트로 돌아가자"로 외치면서 돌아가고자 한 프로이트는, '거시기(id)'라는 성적 충동에 일차성을 부여했던 후기의 프로이트가 아니라 의식과 다른 차원에서 무의식의 존재와 작용을 밝혀 낸 전기의 프로이트였다. 그는 후기의 프로이트가 말하는 '거시기'나 본능(instinct)이라는 말이 생물학주의적 요소라고 보아 거부한다. 즉 '거시기/초자아/자아'라는 후기 프로이트의 범주가 아니라 '의식/무의식'이란 초기의 범주를 받아들이며, 그것이 프로이트 사상의 진정한 정신을 담고 있다고 본다.

다른 한편 "프로이트로 돌아가자"는 말은 단순히 예전에 있었던 '진정한' 프로이트로 돌아가자는 의미보다는, 프로이트의 정신을 살려 프로이트 자신의 저작을 새롭게 읽어 프로이트적 정신에 따라 해석된 프로이트를 프로이트에게 되돌려 주는 것이라고 한다. 이를 위해 라캉은 프로이트로선 참조할 수 없었던 소쉬르(F. Saussure)와 구조언어학의 성과를 바탕으로 프로이트적 의미를 프로이트에게 되찾아 주려고 한다. 이로써 라캉은 정신분석학과 구조언어학를 접합하는 '라캉적 영역'을 확보하게 된다.

이전에 '의미'는 사고하고 판단하는 주체가 부여하는 것으로 간주되었다. 이는 전후 프랑스를 지배한 현상학과 실존주의에서 더욱 두드러진다. 예컨대 후설(E. Husserl)은 숫자 이전에 수를 세는 능력을 가정한다. 즉 수를 세는 능력이란 주관이 없다면 숫자는 있을 수 없다는 것이다. 원환운동을 하는 물체란 사실 어떤 물체를 과거 및 미래와 연관짓는 주관의 작용에 의해 파악된 것이라고 한다. 실존주의자에게 존재란 그 자체가 부조리한 것이고 무의미한 것이다. 왜냐하면 우리는 일단 세계 속에 내던져진 존재이기 때문이다. 중요한 것은 삶을 걸고서(기투) 그 부조리한 존재의 의미를 만들어 내는 것이다. 이런 의미에서 사르트르는 "역사는 인간이 만드는 것이다"라고 한다. 이 모두에 공통된 것은 의미란 '내'가, '주체'가 부여하는 것이란 점이다.

소쉬르의 언어학은 이와 정반대로 나아갈 길을 연다. 그에 따르면 발음이나 발화(파롤)는 개인에 따라, 또 말하는 시기가 달라짐에 따라 변화하기 때문에 개별적이다. 그러나 소쉬르가 언어학의 대상으로 정의하는 랑그(langue)는 개개인이 어떻게 말하고 발음하는가와 무관하게 기호를 사용하려면 따라야 하는 보편적인 규칙이다. 그것은 사회적으로 약속되고 정의된 것이다. 의사소통은 물론 사고하고 판단하며 해석하는 일체의 의미작용이 모두 언어를 통해 가능하다. 그 모든 의미작용이나 판단은 언어의 규칙 속에서 행해지는 것이라고 할 수 있다. 기호의 의미는 기표들간의 관계에 의해(차이를 통해) 정해진다고 한다. 의미작용이나 판단이 그처럼 언어적인 것이며, 언어적 규칙으로 존재한다면, 그것은 더 이상 주관적인 것이 아니라 객관적인 것이라는 것이다.

여기서 하나의 결정적인 전환점이 마련된다. 왜냐하면 의미나 판단은 언어를 통해서 행할 수밖에 없는데, 의미가 언어들의 망 속에서 정의되고 있다면 결국 언어를 통한 어떠한 판단이나 사고 역시 언어적인 의미체계 안에서 행해질 수밖에 없기 때문이다.

언어체계가 갖는 이러한 근본적 규정성을 라캉은 무의식이란 차원으로까지 확장한다. 라캉에게 가장 중심적인 모티브는 "무의식은 언어처럼 구조화되어 있다"는 명제에 응축되어 있다. 여기서 우리는 프로이트와 언어학이 결합되고 있음을 확인할 수 있다. 그런데 이러한 사고방식, 언어학과 정신분석학을 결합하려는 사고방식 자체는 레비스트로스에게서 결정적으로 영향받은 것이다.

레비스트로스는 인류학적인 연구를 통해서 모든 부족이나 민족에 공통된 규칙이 있음을 발견한다. 그것은 '근친상간 금지'라는 금기다. 그는 이 금기가 있음으로 해서 가족관계와 친족관계가 질서지어질 수 있으며, 이런 점에서 인간의 모든 질서에서 가장 근본적인 규칙이라고 본다. 그리고 이런 점에서 이것이야말로 자연과 문화가 갈라지는 지점이며, 인간이 단순한 동물적 질서에서 문화적 질서로 편입되는 문턱이라고 본다. 예를 들어 어머니와 결혼한 오이디푸스 왕이 자식을 낳았다면, 그는 오이디푸스의 자식이기도 하고, 어머니의 아들이므로 형제이기도 하다. 이렇게 되면 오이디푸스 왕은 자신의 자식을 부를 호칭을 정할 수 없게 되고, 인간관계의 기본적인 질서도 만들어지지 않는다. 따라서 근친상간 금지야말로 모든 인간들을 질서짓는 공통된 규칙이며, 그것을 통해서만 인간관계가 가능해지는 무의식적 조건이라는 것이다.

그는 망명지 미국에서 야콥슨(R. Jacobson)과 함께 강의한 바 있으며, 거기서 구조언어학에 대해 소상히 알게 되고, 공동작업을 하기도 한다. 언어학의 영향 아래 그는 친족관계의 질서란 바로 호칭의 체계로 이해한다. 그 호칭의 체계 근저에는 바로 프로이트가 인간적 질서의 축임을 발견한 '오이디푸스 콤플렉스'가 있었던 것이다.

1949년에 출간된 레비스트로스의 책 『친족관계의 기본 구조』는 바로 이런 맥락에서 쓰여진 것이었다. 나아가 레비스트로스는 인간에게 공통된 무의식적 사고방식을 연구한다. 이를 위한 재료로 다양한 신화들을 선택하며, 분석의 방법으로 언어학적 방법을 도입한다. 이후 '구조주의'라는 이름으로 불리는 사조를 만들어 내며, 이는 멀리는 1970년대까지도 그 영향력을 찾아볼 수 있는 것이었다. 사르트르와 메를로 퐁티(Merlo-Ponty)가 대표하던 실존주의와 현상학이 전후 프랑스를 지배하던 거대한 흐름이었다면, 레비스트로스의 구조주의는 이러한 거대 사조 전체를 뒤집는 역할을 한 것이었다. 라캉과 알튀세르, 푸코는 물론 프랑스의 어떤 지식인도 이 새로운 흐름에서 자유롭지 못했다.

이런 점에 비추어 볼 때, '오이디푸스 기(期)'라는 개념이 라캉의 이론에서 갖는 결정적인 지위는 단지 프로이트만으로 환원될 수 있는 것은 분명 아니다. 그것은 레비스트로스가 보여 주었듯이 모든 인간적 질서의 '동형성(isomorphism)'을 요약하는 것이었고, 따라서 어떠한 개인도 '인간'의 범주에 들어가기 위해선, 즉 인간의 자식이 되기 위해선 통과해야만 하는 문턱이었다. 오이디푸스 콤플렉스로 요약되는, 인간적 질서를 창출하는 억압을 라캉은 기호의 사용과 연관지으며, 그것을 통해 형성되는 무의식을 언어적인 것으로 파악한다. 언어화된 무의식을 획득함으로써 개인은 상징적인 질서, 언어적으로 조직된 질서 속에 편입된다는 것이다. 그 근본적인 규칙을 통해 개인은 비로소 '인간'이 되며, 이런 점에서 그 규칙은 모든 인간의 무의식 깊숙이 있는 '심층구조'인 것이다.

그러나 라캉이 단순히 레비스트로스의 정신분석학적 번역은 아니다. 그에게는 구조주의와는 전혀 다른 요소가 공존하고 있으며, 적극적인 이론적 역할을 하고 있다. 대표적인 것은 헤겔이다. 헤겔은 현상학과 실존주의가 지배하던 시기에, 후설 및 하이데거와 더불어 많은 사람들이 기대고 있던 언덕이었다. 특히 코제브(A. Kojève)의 헤겔 강의는 사르트르와 바타유 및 라캉 등의 수강생을 갖고 있었는데, 코제브는 주인과 노예의 변증법을 중심으로 헤겔, 특히 『정신현상학』을 해석했다. 두 개체가 서로에게 인정받고자 하는 인정욕망, 그리고 죽음을 무릅쓰고 생을 기투하면서 벌이는 인정투쟁, 그로 인한 주인과 노예의 분화, 하지만 주인이 얻은 인정은 동등한 인간의 그것이 아니라 노예의 그것이라는 점에서 소외된 인정이라는 것 등등.

라캉의 주요 저작이 구조주의의 영향 아래 있으며, 실존주의와 현상학에 반하는 것으로 역할하고 있음에도 불구하고 끊임없이 반복적으로 나타나는 '소외'라는 개념은 어쩌면 반헤겔적인 메시지 속에서 여전히 남아 있는 헤겔의 목소리인 셈이다. 다른 한편 그가 무의식적 사유과정에서 결정적이라고 보는 '욕망의 변증법'은, 모든 욕망이 '인정욕망'이라는 헤겔적인 테제 주위를 맴돌고 있다. 다른 한편 거울상이라는 소외된 이미지에 의해 지배당하는 자아의 개념은 동물의 의태에 대한 카이와(R. Caillois)의 영향을 받은 것이라고 한다. 이러한 요소들은 라캉의 사상을 한층 풍요롭게 만드는 요소인 동시에, 그에 대한 이해를 어렵게 만드는 요소이기도 하다.

3. 언어학적 정신분석학

1) 기표의 물질성

앞서 말했듯이, 소쉬르의 언어학에 따르면 의미란 내가 부여하는 것이 아니라 나 이전에 항상-이미 존재하는 것이다. 나는 항상-이미 존재하는 그 언어의 망 속으로 들어갈 뿐이며, 거기 이미 존재하는 기호를 거기 이미 존재하는 규칙에 따라 사용할 뿐이다. 요컨대 의미란 기호들간에 만들어지는 의미작용(signification)의 소산이다.

이것이 소쉬르에 의해 시작된 '언어학적 전환'의 요체다. 레비스트로스도, 라캉도 모두 이러한 '전환'의 효과 아래 있다. 이것은 근대적인 주체철학에 대한 근본적 비판을 포함하는 것이기도 하다. 왜냐하면 의미란 어떤 식으로든 이미 주어진 '주체'가 갖거나 만드는 것이란 발상을 뒤집고, 반대로 의미란 이미 기호들의 망 속에 이미 주어진 것이고, 주체란 이 주어진 기호와 의미 속에서 판단하는 것으로 보기 때문이다. 이런 이유에서 레비스트로스는 사르트르를 비판하면서 '반인간주의', '반주체철학'의 기치를 내걸 수 있었다. 이는 라캉이나 알튀세르는 물론 많은 사상가들이 반복한 슬로건이기도 하다.

그렇다면 무의식이란 어떨까? 무의식에서도 어떠한 식으로든 의미작용이 행해지고, 어떤 메시지가 만들어지며 비록 억압의 기제를 통해 크게 변형되어 나타난다고 해도 어떤 식으로든 판단을 하는 것이 분명하다면, 무의식 역시 언어적인 방식으로 이루어지는 것은 아닐까? 그렇다면 무의식 역시 언어에 의해 조직되고 만들어지는 것이라고 생각할 수는 없는 것일까?

이 질문에 대해 라캉은 "그렇다"고 대답한다. 왜냐하면 "무의식이란 의식으로 환원될 수 없는, 거기에 존재하는 의미작용 기제들"이기 때문이다. 따라서 무의식 역시 마찬가지로 항상-이미 존재하는 언어적인 구조 속에서 작동한다. 이런 의미에서 "무의식은 언어처럼 구조화되어 있다." 이런 한에서 그것은 판단과 생각을 교환할 수 있게 해 주는 질서인 셈이다. "담론의 전통은 그 옛날 역사가 시작되기 이전부터 이미 문화를 규정하는 근본구조로서 자리잡고 있었다. 바로 이 구조가 교환을 가능하게 한다. 주체에게 무의식적으로 작용하는 이 질서는 언어의 심급에 의존하지 않고서는, 언어가 초래하는 변화를 참조하지 않고서는 생각할 수 없는 것이다." 이처럼 언어가 갖는 물질적인 힘, 기표가 갖는 힘을 '기표의 물질성'이라고 한다.

따라서 라캉은 언어야말로 무의식이 존재하기 위한 조건이라고 주장한다. 언어가 없다면 무의식도 있을 수 없다. 따라서 언어가 없는 동물에게는 무의식이 없다. 무의식은 인간에게 고유한, 사회와 자연을 본질적으로 구별하는 근거다. 이제 무의식은 언어를 통해, 언어적인 방식으로 구성되는 특정한 형태의 질서를 의미한다. "프로이트의 위대성은 무의식적 현상이 갖는 질서를 처음으로 인식한 점에 있다." 무의식적 과정에 대한 연구란 바로 생물학적 존재로서 태어난 하나의 개체가 어떻게 인간의 자식이 되어 가는가를 연구하는 것이다. 이제 라캉은 문화라는 말을 언어구조로 대체한다.

2) 무의식의 기호학

소쉬르는 기호가 대상과 어떤 상응관계도 갖지 않으며 자의적이라고 한다. 예컨대 '나무'라는 기호는 실제의 나무와 아무런 상응관계가 없다는 것이다. 이를 기표(signifiant, '나무'라고 표시되는 기호)와 기의(signifié, 그 기호를 듣고 떠올리는 의미)의 자의성이라고 한다. 기표들은 문장을 만드는 가로축(결합관계 syntagme)과 단어들을 대체하는 세로축(계열관계 paradigme)의 두 축을 중심으로 조직되며, 기호의 가치(의미)는 그 기표와 다른 기표의 차이에 의해 정의되는 것이라고 본다.

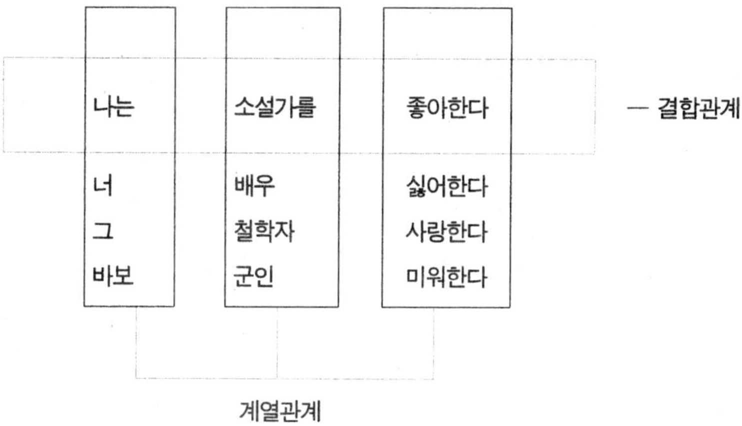

여기서 결합관계는 서로 연관성이 있는 단어들이 결합되는 축이다. 야콥슨은 이 단어들 사이에서 '인접성'이란 관계를 볼 수 있다고 한다. 예를 들어 '나-소설가-좋아한다'는 서로 인접성을 갖는다. 그러나 '나-소설가-먹는다'는 인접성이 없기 때문에 문장으로 만들어지지(결합되지) 않는다. 반면 계열관계는 대립적이건 아니건 간에 형태가 유사한 단어들이 서로 대체되는 —— 하나가 들어서면 다른 하나는 나와야 하는 —— 관계에 있다고 한다. 이를 야콥슨은 유사성이란 말로 요약한다. '좋아한다', '싫어한다' 등은 형태상이나 기능상이나 유사성을 갖는 단어들이다. 여기서 야콥슨은 인접성 연관에 의한 기호의 '결합'을 '환유(metonymy)'라고 하며, 유사성 연관에 의한 기호의 '대체'를 '은유(metaphor)'라고 한다.

그러나 라캉은 소쉬르나 야콥슨의 언어학적 발상법에서 강력한 영향을 받지만, 그들의 명제를 그대로 받아들이지는 않는다. 소쉬르는 기표(Sa, S)와 기의(Sé, s)간 관계가 자의적이라고 했지만, 그것이 일단 정해지면 기표는 기의를 '표시'한다고 보며, 따라서 기표를 통해 기의에 도달한다고 본다. 그러나 라캉은 기표와 기의간에 단절과 장벽이 있다고 하며, 이를 $\frac{S}{s}$ 처럼 나타낸다. S와 s 사이에 있는 바(bar, —)는 바로 이 장벽을 표시한다는 것이다. 일례로 라캉은 신경증이나 꿈 등을 무의식을 드러내는 징후요 기표라고 보는데, 이것을 통해 무의식에 접근할 수 있지만, 그것은 사실 억압되고 변형되어 있어서 기의에 도달할 수 없다는 것이다. 다만 그것의 의미에 접근할 수 있는 것은 꿈이나 증상이 보여 주는 다양한 기표들이 어떻게 조직되었나를 봄으로써만 가능하다고 한다. 그러나 그것은 오직 하나의 기의에 고착되지 않으며, 끊임없이 미끄러진다고 한다.

이는 언어적인 현상 모두에 해당한다고 본다. 예를 들면 '계산'이란 말의 의미는 '수를 셈하는 것'이다. 그러나 이것은 계산이란 말의 기의가 아니라 다른 기표들의 결합일 뿐이다. 이 기표들의 의미를 알려면 수란 무언지, 셈하는 것이란 무언지를 알아야 한다. 그 경우에도 우리는 다른 기표를 통해서 말할 수밖에 없다. 이런 식으로 기표들의 연쇄만이 나타날 뿐이다. 이런 점에서 기표와 기의는 전혀 다른 차원의 것이고, 기표의 연쇄를 통해 기의를 표시할 수 있지만, 그것은 '기의'가 아닌 것이다. 이를 라캉은 '기표의 미끄러짐'이라고 말한다. 따라서 기표와 기의 사이에 있는 바는 의미작용의 축이면서 동시에 기의와 기표를 가르는 장벽인 셈이다.

'은유'와 '환유'라는 개념 역시 라캉에게 매우 중요하고 자주 사용되는 것이다. 꿈을 예로 들어 보면, 엄마의 형상과 애인의 형상, 누이의 형상 등 유사성을 갖는 여러 가지 이미지들이 하나로 결합되어 나타나는 것을 프로이트는 '응축'이라고 했는데, 이를 라캉은 '은유'와 연관짓는다. 반면 성교가 출혈이나 사다리 오르기로 대체되어 나타나는 것을 프로이트는 '치환'이라고 했는데, 이를 라캉은 '환유'와 연관짓는다(야콥슨에게 은유는 기호의 '대체'였고 환유는 기호의 '결합'이었음을 상기한다면, 은유와 환유가 다른 방식으로 정의되고 있음을 알 수 있을 것이다).

라캉은 과학적인 것은 모두 수학적으로 표현될 수 있어야 한다고 보는데, 그래서인지 이해하기 힘든(!) 수학적 기호를 즐겨 사용한다. 후기에 가서는 정신분석학 자체를 수학적으로 정리하려고 하는데, 그다지 좋은 평가를 받진 못했다. 이 역시 다양한 부족들의 '동형성'을 위상학과 대수학(군이론)적 차원에서 분석한 레비스트로스의 영향일 것 같다. 그는 은유와 환유을 수학적인 기호로 정식화한다. 환유의 구조는 다음과 같다.

$$f(S\cdots S')S\cong S(-)S$$

여기서 $f(S\cdots S')$는 인접성을 갖는 기표들의 치환이 갖는 효과 ── f ── 를 뜻한다. 이러한 효과를 통해 사용되는 기표 ── S ── 는 기의 s를 드러내지 못하고, 그것을 드러내는 데 대한 끊임없는 저항에 부딪친다. 예컨대 성교나 성적 충동이 그대로 드러나지 못하고 인접되어 있는 다른 기표로 계속 치환되는 것이 그렇다. (-)는 이처럼 치환을 야기하는 이 저항을 표시한다. 그것은 기표와 기표 사이의 거리요 공백이며, 이런 점에서 결핍이다. 바로 이 결핍으로 인해 기표의 치환은 계속된다. 이는 나중에 말한 '욕망'의 연쇄와 동형적이다.

한편 은유의 구조는 다음과 같다.

$$f\left(\frac{S'}{S}\right)S\cong S\,(+)\,S$$

여기서 $(f\,\frac{S'}{s})$는 하나의 기표를 다른 기표가 대체함으로써 만들어지는 창조적이고 시적인 의미작용의 효과다. 예컨대 페니스가 칼이나 막대로 대체되어 나타나는 것이 그것이다. 여기서 은유는 환유와 달리 의미작용에 저항하는 저항선을 뚫고 의미가 만들어지는 과정을 보여 준다. 이를 라캉은 (+)로 표시한 것이다. 무의식의 기표인 증상, 징후는 이런 의미에서 은유라고 한다.

따라서 라캉이 보기에 꿈이란 이처럼 은유와 환유에 의해 다양한 이미지 —— 기표 —— 들이 만들어지고 조직된 텍스트다. 그것은 의미작용을 만들어 내면서도 동시에 의미작용에 저항하는 무의식의 특징을 잘 보여 준다. 이런 점에서 프로이트는 꿈이야말로 무의식에 이르는 왕도라고 한 것이다. 증상 역시 마찬가지다. 그것은 무의식을 드러내지만, 그것을 있는 그대로 드러내지는 않는다. 결국 은유와 환유는 무의식이 조직되는 기호학적 원리인 셈이다.

3) 기표와 분열

언어는 기표들에 의해 구조화된 질서다. 언어를 사용한다는 것은 실재하는 사물을 대신해 기표가 들어선다는 것을 의미하며, 바꿔 말하면 기표를 통해서만 사물이 존재함을 의미한다. 예컨대 '국수'라는 기표의 의미는 다른 기표들과의 관계 속에서 형성되는 것이기에, 그 말을 하기 위해 국수가락을 들어 보일 필요는 없다. 기표가 사물을 대신한다. 국수가 없어도 얼마든지 국수에 대해 이야기할 수 있다. 그러나 이럼으로써 국수는 사라지고 '국수'라는 기표만 남는다. 일본인에게 '국수'란 '소바(そば)'나 '우동(うどん)'이라고 말해 준다면 그 기표를 통해 본래의 국수를 상기하는 것조차 곤란하게 된다.

이는 사람의 경우도 마찬가지다. 내가 부모와 대화할 수 있으려면 부모에게서 어떤 이름(기표)으로 불려야 한다. 즉 이름을 갖지 않으면

대화에 끼어들 수 없다. 그런데 "고길동"이란 이름을 사용하는 순간, 나는 그 기표를 둘러싸고 있는 기표들의 질서 속에 포섭된다. 즉 '고길동'은 '고등어'의 아들이며, 고등어에게 '아버지'란 기표를 사용해야 할 뿐 아니라, 그가 아무리 미워도 "당신을 죽이고 싶어"라고 한다든지 아니면 욕을 하는 것은 금지된다. '고길동'이란 기표, '고등어의 아들'이란 기표가 나를 대신한다. 이런 점에서 "기표란 다른 기표에 의해 주체를 나타내는 것"이다. 고길동이란 기표를 규제하는 규칙과 질서 속으로 나는 들어간다.

이는 나와 '고길동'이란 기표 사이의 '분열(Spaltung)'을, 혹은 말하는 나와 문장 안에서 '나'라고 표시된 것간의 분열을 보여 준다. 이 분열은 불가피하다. 왜냐하면 내가 갖는 어떤 의사도 기표를 통해서만, 그리고 그 기표를 조직하는 규칙이 허용하는 범위 안에서만 표현될 수 있기 때문이다. 기표를 사용한다는 것은 기표들을 조직하는 특정한 상징적 질서(상징계)로 들어가는 것이다. 이처럼 기표를 사용함으로써 발생하는 근본적인 분열을 라캉은 '1차 억압'이라고 부른다. 그것은 한편에선 주체가 기표를 사용한다는 사실에서 발생하는 분열이자, 다른 한편에선 주체가 기표에 불과하다는 사실에서 발생하는 분열이다.

이런 분열을 두고 라캉은 헤겔의 용어를 써서 "담론 속에서 주체의 소외"라고 부른다. 왜냐하면 그것은 내가 타자인 기표를 통해 존재하게 되었기 때문이며, 그 기표의 법칙에 종속되기 때문이며, 이로써 '있는 그대로의 나'는 소실되고 말기 때문이다. 그러나 라캉이 헤겔과 다른 것은 이러한 소외가 언젠가 극복되고 '자기' 내 복귀할 어떤 것이 아니라, 하나의 개체가 '인간', '주체'로서 살아가기 위해선 결코 벗어날 수 없는 질서요, 그것으로 인해 사회와 문화가 가능해지는 기초라는 점이다. 즉 라캉의 주체는 되돌아가지 않는다. 그러나 분열과 소외는 주체로 하여금 어느 한 자리에 머물지 못하고 끊임없이 다른 자리로,

다른 기표로 옮아 가게 한다. 이런 의미에서 라캉은 분열로 인해 비로소 주체 내부에는 무의식이 만들어진다고 한다.

4) 주체와 타자

분열을 통해 알 수 있는 것은 무의식이 '있는 그대로의 나'와 언어라는 상징적 질서에 포섭된 나 사이에서 형성된다는 것이다. 마치 기표의 연쇄운동이 기의와 기표 사이에서, 그 통합될 수 없는 두 세계 사이에서 이루어지듯이.

기표는 타자다. 그것은 내가 말하려는 것이 아니라 상징계의 질서가 말하려는 것을 전달한다. 무의식은 기표와 나 사이에서 형성되고 나와 기표가, 나와 상징적 질서가 교차하는 장소지만, 동시에 그것은 나에게 기표를 전달하고 나에게 상징적 질서를 전달하는 배달부다. "무의식은 타자 속에서 말한다. …… 중요한 것은 지시가 타자에 의해 이루어지고, 발화도 타자가 개입해서 그것과 관련을 맺을 때만 가능하다는 것이다. 주체가 들을 수 있는가 여부와 무관하게 무의식이 타자 속에서 말한다면, 그것은 주체가 바로 그 타자 속에서 자신의 의미를 실행하기 때문이다."

그러나 기표가 타자 속에서 주어지는 한, 즉 타자의 의미를 내게 전달하는 한, 그것은 '결핍(manque)'이다. 그것은 나를 대신하지만, 거기에는 내가 없는 것이다. 이를 라캉은 '존재의 결핍(manque-à-être)'이라고 한다. 이 결핍으로 인해 나는 하나의 기표에 고정되지 않으며, 새로운 기표를 계속 찾는다. 이런 점에서 무의식은 "언어를 형성하는 매우 불안정한 요소들의 연쇄 속에서 발견되는 효과"인 것이다. 그런데 이는 내가 주어진 결핍의 기표가 아니라 말 그대로 나로서 존재하고자 하는 욕망을 낳는다. 이런 점에서 그것은 '존재하려는 결핍/욕망

(manque-à-être)'이요, '(~이) 되고자 하는 욕망(want-to-be)'이다. (want-to-be는 라캉이 manque-à-être의 영문 번역으로 직접 제안한 것이다. manque-à-être의 manque를 무조건 결핍 lack으로 번역해선 안 된다고 영역자는 주를 달고 있다.)

결국 무의식이란 내가 결정하는 기표나 담론이 아니며, 내가 그 중심에 서서 운용하는 어떤 규칙이 아니다. 그것은 나의 외부에 있는, 하지만 내가 인간적 질서 속에서 존재하기 위해선 그에 준거해야 할 상징적 질서다. 그것은 내 안에서 기표를 통해 상징적 질서를 전달하고, 그것을 대변하여 발언하는, 내 안의 타자다(이것이 '타자'라는 말의 가장 기본적인 의미다). 무의식이란 타자가 결정하고 지시하며 발언하는 것이다. 이런 의미에서 "무의식은 타자의 담론(discours de l'Autre)"이다. 여기서 de는 라틴어 어원 그대로 '객관적 결정'이란 의미라고 한다. 즉 무의식이란 상징적 질서인 타자가 주관적이 아닌 객관적으로 결정하는 것이란 말이다.

따라서 내가 생각하고 내가 판단의 중심에 있으며, 내가 사고의 중심에 있다고 생각한다면 그것은 자신을 속이는 일이다. 여기서 라캉은 "나는 생각한다, 고로 존재한다"라는 명제를 전복한다. "나는 내가 존재하지 않는 곳에서 생각한다, 고로 나는 내가 생각하지 않는 곳에서 존재한다."

무의식이 전달하는 문자/편지(lettre)를 통해 나는 주체의 자리를 획득한다. 즉 기표는 상징적 질서 안에서, 인간관계 속에서 내가 서 있는 지점을 지시한다. 내가 태어나기 이전부터 항상-이미 존재해 왔던 자리를. 예를 들어 '고길동'이란 문자를 통해 그는 자신이 태어나기 이전부터 존재해 왔던, 고등어의 아들이란 위치를, 혹은 한국인이란 위치 등등을 전달받는다.

따라서 주체는 바로 이 무의식이란 장소에서 형성되며, 분열이란 그러한 주체가 형성되기 위해 지불하는 대가인 셈이다. 즉 기표의 질서라는 '타자'를 통해서 개체는 인간의 질서로 들어간다. "무의식은 주체를 형성하는 결정적인 효과"다. 그것은 인간의 조건인 셈이다.

5) 오이디푸스와 '아버지의 이름'

프로이트는 인간의 가장 근본적인, 그러나 결코 현재화될 수 없으며 실현될 수 없는 욕망을 오이디푸스적 욕망이라고 보았다. 아버지를 죽이고, 어머니와 동침하려는 욕망. 그것은 계속될 경우 거세당할 것이라는 위협을 통해 통제되고 의식의 뒤안 깊숙이 갇히게 된다. 알다시피 이를 오이디푸스 콤플렉스라고 한다. 이것으로 인해 인간은 자연적 충동의 세계로부터 벗어나 문화적인 질서를 이루게 된다고 본다. 프로이트 자신은 문명의 발생을 이처럼 여자/어머니를 차지하기 위해서 아버지를 죽이는 행위를 통해 설명할 수 있다고 보았다. 『토템과 터부』에서 다루어지고 있는 것이 바로 그것이다.

라캉에게 오이디푸스 콤플렉스는 프로이트에게서보다 훨씬 더 중심적인 자리를 차지한다. 그것은 어린아이가 모체로부터 독립하여 하나의 주체가 되기 위해 반드시 통과해야 할 문이며, 인간의 자식으로 인정받기 위해 반드시 넘어야 할 문턱이다. 라캉은 바로 이것을 통해 무의식은 형성된다고 본다. 그래서 그는 어린아이의 발달과정에 오이디푸스 기라는 시기를 설정하며, 그것을 세 단계로 나누어 설명한다.

첫째, 어머니와 아이의 이자관계. 아이는 어머니와 자신이 하나라고 간주한다. 그는 어머니의 연장이다. 그는 어머니의 모든 것이 되고자 하며, 어머니에게 필수적인 존재이고자 한다. 아이는 어머니가 욕망을 충족하기 위하여 어머니의 욕망의 대상인 남근(phallus)과 자신을 동일시한다. 아이는 상상적인 이미지를 통해, 어머니와의 상상적인 이자관계 속에 존재한다.

둘째, 오이디푸스를 통한 상징계로의 진입. 어머니와 아이의 이자관계에 아버지가 개입한다. 그는 아이에게 어머니의 남근이 될 수 없으며, 계속 그러려고 하다간 거세당하리란 위협을 통해 어머니와 아이를 분리시킨다. 어머니의 남근이 되고자 하는 욕망은 용납될 수 없는 것이며, 그런 욕망이 있(었)다는 사실조차 용납되지 않는다. 이로 인해 욕망은 의식으로 표면에 떠오르지 못하게 되고, 아이는 어머니에게서 독립한다. 그리고 자신이 더 이상 어머니의 남근이 아님을 받아들여야 한다. 이미 상징적인 거세가 일어난 것이다.

셋째, 그러나 남근이 되고자 하는 욕망은 표면에 떠오르진 못한다 해도 사라지는 것은 아니다. 그로 인해 이제 아이는 어머니가 인정하는 남근인 아버지에 대해 동일시하게 된다.

그런데 여기서 아버지의 개입은 아이가 아버지임을 인정하는 것을 전제로 한다. 그것은 아버지의 말이 어머니에게 인정받음으로써 이루어진다. 아버지는 어떤 생물학적 개체가 아니라 '아버지'라는 기표로서 개입한다. 그래서 라캉은 이를 '아버지의 이름(nom-du-père)'이라고 한다. 아버지의 이름은 아이에게 가해지는 "안 돼(non)"라는 금지다. 즉 non-du-père(발음은 nom-du-père와 같다)다. 이런 점에서 그것은 법을 상징하는 기표며, 문화적인 질서를 대리하는 은유다. 이제 아이는 아버지의 이름을 통해 상징계로, 문화적 질서로 진입한다. 이는 아이가 주체가 되기 위해 불가피한 과정이다. "프로이트에 의하면 아버지의 이름 덕분에 인간은 어머니에게 성적으로 계속 봉사하지 않아도 된다. 아버지에 대한 공격성은 이제 법에 따르게 된다."

아버지의 이름이 아이에게 작용하지 못하는 경우, 아이는 상상계에 고착하게 되며, 성년이 된 이후에도 끊임없이 고착된 상상계로 되돌아가려 한다. 기표를 자신의 상상과 혼동하게 되며, 상상을 실재하는 것으로 착각하게 된다. 아이의 내부에는 상징적 질서가 만들어지지 않으며, 기표의 물질성이 아니라 상상적인 것의 우월성이 지배하게 된다. 이를 '배제(forclusion)'라고 한다(forclusion은 무엇을 하지 못하게 저지당함을, 법적인 효력이 상실됨을 의미한다). 라캉은 이러한 배제가 정신병과 신경증을 구별해 주는 지점이라고 본다.

6) 욕망의 변증법

라캉은 욕망을 결핍으로 정의한다. 아이는 어머니의 남근이 되고자 하지만, 오이디푸스 기를 거치면서 상징적 거세를 통해 남근이 결여된 존재가 된다. 이처럼 일차적인 억압을 통해 생겨난 결핍을 '근원적 결핍'이라고 한다. 그런 점에서 '남근'은 근원적인 결핍의 기표(-ϕ)다. 근원적인 결핍의 대상을 라캉은 '오브제 프티 아[objet petit (a)]'라고 한다[이를 objet (a)라고 줄여 쓰기도 한다. 여기서 petit는 타자(autre)의 첫자가 소문자란 뜻으로, Autre와 대비해서 작은 타자라고도 한다].

그러나 남근이 되고자 하는 욕망은 무의식에 갇히지만 결코 소멸하지 않으며, 반대로 금지된 것을 대신하는 다른 대상에 대한 욕망이 발생한다. 이를 라캉은 이렇게 요약한다. "거세가 가정됨으로써 결핍이 발생하고, 이 결핍을 통해서 욕망이 발생한다."

여기서 욕망은 "타자의 욕망에 대한 욕망"이다. 예컨대 상징적으로 거세된 아이는 어머니의 욕망의 대상이 되고자 한다. 즉 어머니의 욕망을 욕망한다. 다시 말하면 어머니로부터 "너는 내가 바라던 아이다"라고, 욕망의 대상으로서 인정을 받고자 한다. 이런 점에서 욕망은 타자로부터 인정받고자 하는 '인정욕망'이다.

욕망을 통해 인간은 자신이 선망하는 타자(예를 들면 어머니), 혹은 자기를 인정해 주길 바라는 타자가 욕망하리라고 생각하는 대상으로 스스로를 정립하려 한다. 즉 타자의 욕망의 대상이 되려고 한다. '착한 아이', '열심히 공부하는 아이' 등등. 이런 의미에서 욕망의 대상이란 사실 근원적 결핍으로 인해 발생하는 욕망을 대신하는 것이고, 이런 점에서 근원적 결핍의 (환유적인) 기표라고 할 수 있다. 이 역시 라캉은 '오브제 프티 아'라고 한다. 요컨대 objet (a)는 근원적 결핍의 기표인 동시에, 그것을 메우려는, 그러나 결코 메울 수 없는 욕망의 기표이기도 한 셈이다.

그러나 중요한 것은 욕망의 기표 역시 상징적 질서가 허용하는 한계 안에서만 표시되고 선택될 수 있다. 따라서 욕망은 결코 남근이라는 근원적인 결핍을 메울 수 없다. 따라서 이 욕망의 대상은 영원히 머물 지점을 찾지 못한다. 어떤 대상에서 다른 대상으로의 끊임없는 치환이 일어난다. 다시 말해 욕망은 근원적 결핍의 산물이기에, 그것은 결코 완전한 충족에 이를 수 없다. 따라서 욕망에는 끝이 없다. 이런 점에서 라캉은 "욕망은 환유"라고 한다. 그것은 표면에 드러나기 거부하는(의미작용에 저항하는) 근원적 결핍으로 인해 야기되는, 욕망의 대상(기표)의 끝없는 치환이요 연쇄다.

아이는 끊임없이 "당신이 원하는 게 뭐요(Che vuoi)?"라고 타자에게 질문한다. 이런 점에서 욕망은 타자의 욕망이다. 이러한 질문을 통해서, 다시 말해 인정욕망을 통해서 개인은 주체가 된다. 이제 무의식은 결코 실현될 수 없는 근원적인 결핍과 그것이 야기하는 욕망의 기표들 사이에서 정의된다. 그것은 타자의 자리에서 욕망하며, 무한한 욕망의 치환을 야기한다. 이런 의미에서 라캉은 "무의식은 타자의 욕망"이라고 말한다.

7) 동일시와 주체화

거울에 비친 자신의 모습을 자기라고 동일시하는 것이나, 어머니와 자신을 하나라고 동일시하는 것을 라캉은 상상적 동일시, 혹은 일차적 동일시라고 한다. 그것은 상상이나 거울상을 통해 얻은 '이상적인 자아(idéal-ego)'가 자신이라고 오인(méconnaissance)하는 것이다.

반면 상징적인 동일시는 상징적 질서 속에서 주어지는 이미지에 자신을 동일시하는 것으로 이차적 동일시라고도 한다. 예를 들어 '고길동'이란 기표를 통해 주어지는 이미지, 혹은 인정욕망이 만들어 내는 욕망의 대상을 '자아의 이상(ego-idéal)'으로 삼는 것을 말한다. 이것이 상상적 동일시와 다른 것은, 후자가 나(I, je)라는 관점에서 나(me, moi)를 보는 것이고, I와 me가 일치한다고 상상하는 것이라면, 상징적 동일시는 타자(Autre)의 관점에서, 상징적 질서의 관점에서 나(me)를 보는 것이며, 그처럼 타자의 관점에서 정의되는 나(me)를 자신의 자아-이상으로 삼는 것이다. 즉 타자의 담론, 타자의 욕망이 정의하는 이미지를 받아들이는 것이다.

이러한 이중적인 동일시를 통해 개인이 주체화되는 과정을 라캉은 다음과 같은 도식으로 요약한다.

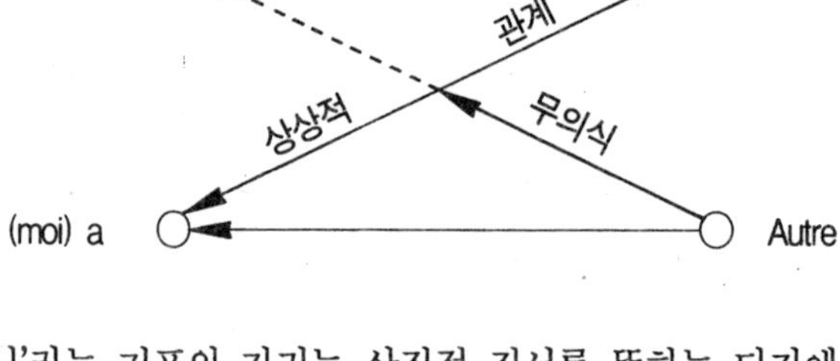

'나'라는 기표의 자리는 상징적 질서를 뜻하는 타자에 의해, 타자 안

에서 정의된다. 즉 내가 태어나기 이전부터 항상-이미 존재하는 상징적 질서 속에서 나의 자리는 정의되어 있다. '나'라는 기표(moi)는 항상-이미 타자(Autre) 속에서 정의되어 있다. 이는 도식적으로 말하면 A→moi라고 요약할 수 있겠다.

다른 한편 주체는 타자에 의해서 정의된다. 라캉은 이를 무의식이 형성되는 경로로 이해한다. A에서 S에 이르는 선에서 실선 부분은 타자 안에서 정의되는 주체의 경로일 것이다. 이런 뜻에서 그는 "S가 있던 곳에 가는 것은 나의 의무다", 즉 나는 S가 있던 곳에 가야 한다고 말한다. S가 있던 곳, 바로 거기가 주체로서 정의되는 지점이다[여기서 S는 id(거시기)라고 영역되던 어떤 생물학적 힘이 아니라, 주체의 약자를 뜻할 뿐이다. 결국 S는 타자의 욕망이 내 안에 정의해 놓는 나의 자리인 셈이다]. 그런데 그것은 의식 뒤편의 어두운 곳에 자리잡고 있는 주체다. 이처럼 타자를 통해 주체의 자리가 정의되는 것은 드러난 동시에 은폐된 과정이다. 점선은 이 은폐된 채 진행되는 경로를 표시한다.

그러나 기표를 통해 정의되는 S는 언제나 나의 근본적 의도·욕구와 일치할 수 없으며, 오히려 그것은 근본적 결핍을 야기한다. 즉 타자의 담론, 타자의 욕망 속에서 주체가 정의된다는 사실에서 그것은 근원적으로 결핍을 야기한다. 그것은 앞서 말했듯이 욕망의 환유연쇄를 낳는다. 작은 타자(a′)는 이처럼 S를 통해 야기되는 근원적 결핍의 대상이자 그것을 배우는 욕망의 대상이다.

'나'는 이 자리에서 끊임없이 질문한다. "원하는 게 뭐야?" objet (a)의 근원적 결핍으로 인해 만들어지는 다양한 대상 —— 작은 타자(a′) —— 들이 대답으로 떠오른다. 결국 이는 상징적 질서 속에서 구체적인 형태로 주어지는 '자아의 이상'인 셈이다. 그런데 이제 이 자아의 이상이 바로 자신의 진정한 모습이라는 상상적 동일시를 통해 (a)는 '내'가 된다. 즉 상상적 관계 속에서 a=moi인 것이다. 이로써 무의식은 하나의 개체를 상징적인 질서 속으로, 법적이고 문화적인 질서 속으로 포섭한다. 주체화된다는 것은 타자의 담론에 의해 항상-이미 주어져 있는 주체의 자리를, 인정욕망을 통해 구체화하고, 상상적 동일시를 통해 그것이야말로 내가 선택한 나의 자리라는 '오인'에 빠지는 것이다.

4.도둑맞은 편지, 도둑맞은 무의식

『에크리』의 첫번째 글은 「'도둑맞은 편지'에 대한 세미나」이다. 에드거 앨런 포(E. A. Poe)의 소설 「도둑맞은 편지(purloined letter)」의 주 내용은 다음과 같다. 파리 경찰청장이 탐정 뒤팽에게 전하는 바에 따르면, 고귀하신 분(왕비)이 어떤 편지를 받아 읽고 있을 때, 왕이 들어왔다. 그 편지는 왕이 봐선 안 될 것이었는데, 왕비는 읽던 편지를 대강 가린 채 아무것도 아닌 서류처럼 책상 위에 펼쳐 둔다. 그때 D장관이 들어왔는데, 교활하고 눈치 빠른 그는 당황한 왕비의 표정을 통해 그 편지에 무슨 비밀이 있음을 알아차린다. 평상시처럼 왕과 일을 마친 그는 문제의 편지와 비슷하게 생긴 편지를 꺼내어 그 편지 옆에 놓는다. 잠시 후 그는 자신이 둔 편지 대신 문제의 편지를 가지고 유유히 나가 버린다. 왕이 눈치 채선 안 될 것이었기에 왕비는 그를 저지할 수 없었다.

그 후 편지를 갖고 있는 D장관은 자신의 권력을 키우는 데 왕비를 이용한다. 편지를 그가 갖고 있음을 아는 왕비는 할 수 없이 이용당하는 한편 경찰청장에게 몰래 그 편지를 찾아올 것을 부탁한다. 장관이 없는 사이에 그는 장관의 집을 샅샅이 뒤지지만 결국은 편지를 찾지 못하고 뒤팽에게 도움을 청한다. 마침내 뒤팽은 장관을 방문하고, 색안경을 낀 두 눈으로 방 안을 샅샅이 살펴본다. 뒤팽은 구석의 편지함에 있는 아무렇게나 꽂혀 있는 더럽게 구겨진 편지를 보고서, 그것이 문제의 편지임을 알아챈다. 다음날 담배갑을 놓고 갔다는 핑계로 다시 장관을 방문한 뒤팽은, 미리 준비한 거리의 총격소동에 장관이 정신이 팔린 틈을 타 새 문제의 편지를 가짜 편지로 바꾼 뒤 아무 일 없었던 듯이 집을 나온다.

라캉은 이 소설을 궁중과 장관의 집에서 벌어진 두 개의 장면으로 요약하면서, 그것이 두 개의 유사한 관계임을 보여 준다.

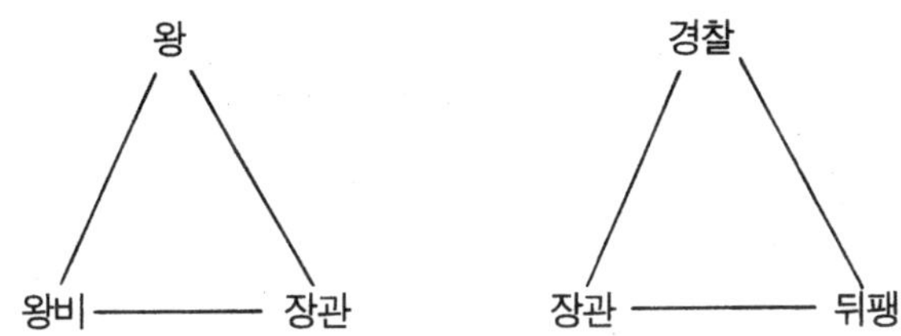

〈장면 1〉 〈장면 2〉

여기에는 세 가지 자리가 있다. 첫째, 왕이나 경찰처럼, 중요한 편지가 있는데 눈이 있으면서도 보지 못하는 자리. 둘째, <장면 1>의 왕비나 <장면 2>의 장관은 모두 편지를 갖고 있는데, 왕이나 경찰이 아무것도 볼 수 없으니, 자신이 숨겨 놓은 것이 드러나지 않으리라고 스스로를 기만하는 자리. 셋째, <장면 1>의 장관이나 <장면 2>의 뒤팽처럼, 누구나 볼 수 있게 방치하는 것이 진정으로 숨기는 것임을 알고, 숨기려는 편지를 찾아내는 자리.

두 장면 각각에서, 약간의 차이가 있긴 하지만 동일한 관계가 반복되고 있다(이런 의미에서 라캉은 이 소설을 반복강박 Wiederholungs-zwang 에 대한 알레고리로 읽는다). 상이한 사람들이 반복되는 그 동일한 관계 속에 배치된다. 누가 그 자리에 각각 배치되는가 하는 것은 편지에 의해서 정해진다. 즉 여기서 편지는 사람들의 관계를 구조화하는 요인이다. 다시 말해 사람들의 자리 바꿈을 야기하고 주체를 교체하는 것은 편지라는 것이다. 이때 편지가 letter이며, 이 말은 '문자'를 뜻하기도 한다는 점을 유의하자. 문자가 사람들의 관계를 구조화하는 요인임을 말하기 위해, 문자의 물질성을 말하기 위해 라캉은 의도적으로 이런 중의(重意)를 사용하고 있는 것이다.

하지만 편지의 내용이 무엇인지는 소설 전체를 통해 전혀 언급되지 않는다. 오히려 편지/문자의 '의미'는 그것을 가지려는 사람이 누구인지, 그걸 갖고 있는 사람이 누구인지에 따라 달라진다. 그것이 왕비에게 갖는 의미는 그것이 왕이나 장관에게 갖는 의미와 전혀 다르며, 경찰이나 뒤팽에게 갖는 의미도 마찬가지다. 이처럼 편지의 의미가 달라진다는 점 때문에 사고와 소동이 일어난 것이다. 결국 이것이 편지의 의미이기에, 편지는 계속 자리 바꾸기만을 할 뿐, 편지의 내용은 드러나지 않는다. 이러한 편지의 자리 바꿈(치환)을 라캉은 환유라고 할 것이다.

여기서 편지는 또한 욕망의 기표다. 편지가 어떤 탁월한 성능을 가진 탐나는 물건이 아니다. 거꾸로 그것은 왕비로서는 없어야만 했던, 그래서 없는 듯이 감추어야만 했던 문자고, 바로 그렇기 때문에 자기에게 없어서 문제인 편지다. 이런 의미에서 편지는 결핍의 기표다. 없기 때문에 어떻게든 찾아내고자 하는, 다시 말해 결핍으로 인해 욕망을 야기하는 기표다[objet (a)]. 그것이 장관은 물론 경찰이나 뒤팽이 갖고자 욕망했던 대상[이는 두번째 의미에서 objet (a)인데]이었다. 한편 장관으로선 왕비에게 그녀의 편지를 자신이 갖고 있음을 알림으로써, 왕비의 욕망의 대상을 자신이 갖고 있음을 알림으로써, 그녀의 '인정'을 얻고자 하는 것이다. 이런 의미에서 편지는 인정욕망의 기표다.

마지막으로 라캉은, 뒤팽이 그것을 성공적으로 —— 눈치채지 않게 —— 훔치지만, 사실은 장관에게 그가 편지를 갖고 있지 않음을 알려 주었을 것이라고 본다. 즉 장관에게 욕망의 대상을 갖고 있지 않음을, 자신이 갖고 있는 것은 아무짝에도 쓸모 없는 편지임을 알림으로써 그의 욕망을 좌절시켜야 한다고 본다. 이를 위해 라캉은 "너무도 치명적인 이 운명이 아트레에게 마땅한 것이 아니라면, 차라리 티에스트에게 마땅한 것이리라"라는 문구를 뒤팽이 남긴 거짓 편지에다 적어 둔다. 그는 거세된 것이다.

여기서 보듯이 편지는 사람들을 특정한 관계 속에서 주체화하는 문자요, 그들로 하여금 그 관계 속에서 행동하게 하는 욕망의 기표다. 이를 라캉이 무의식과 연결짓고 있음을 다시 언급할 필요는 없을 것이다. 다만 하나 추가할 것이 있다면, '도둑맞은 편지'라는 제목에 관한 것이다. 라캉은 포의 원제(purloined letter)를 보들레르가 La Lettre volée(도둑맞은 편지)라고 번역한 것에 대해 불평한다. purloined의 pur은 라틴어의 pro에 해당하는 것으로, 근거나 징표, 담보나 보증을 뜻하며 항상 배후에 있는 것을 가리킨다고 하며, loin은 고대 프랑스어 loigner에서 나온 것으로 '~와 나란히 있다', '제쳐놓다'는 뜻이라고 한다. 즉 purloined letter은 어떤 현상의 근거나 담보로서 배후에 숨어 있지만, 그렇다고 멀리 떨어져 있는 것은 아닌, 오히려 그것과 나란히 있는, 하지만 그것을 제쳐놓는 letter인 셈이다. 편지는 쉽게 눈에 띄는, 그러나 바로 그렇기에 오히려 시선이 미치지 않는 곳에 아무것도 아니란 듯이 놓여 있는 것이다. 그것은 은폐되는 동시에 드러난다. 결국 라캉은 포의 원래 제목을 통해 무의식과 징후의 관계를 요약하고자 하는 것이다. "진리는 스스로를 숨길 때 가장 진실하게 드러난다"는 것이다. 따라서 '도둑맞은(purloined) 편지'는 스스로를 숨김으로써 오히려 진실하게 드러나는 무의식의 편지요, 정확히 그런 의미에서 '도둑맞은(purloined) 무의식'인 셈이다.

5.문헌 소개

라캉의 글로는 『에크리(Ecrit)』(Seuil, 1966)가 있는데, 920쪽에 달하는 이 책은 그 분량도 분량이지만 은유적이고 환유적인 글쓰기로 인해―― 이로 인해 종종 무의식이란 텍스트에 비교되기도 하는데――매우 읽기 어렵다. 이 책은 부록을 제외하고도 30여 개의 글로 구성되어 있는데, 이는 그가 1930년대 이래 수행한 활동의 기록(écrit)이기도 하다. 이 책의 영역본은 앨런 셰리던(Alan Sheridan)이 편집하여 번역했는데, 원 저작 가운데 9개의 중요한 논문이 번역되어 있다(Ecrit : A Selection, Norton & Company, 1977). 국역본은 없으며 다만 4개의 논문이 권영택 편, 『자크 라캉의 욕망이론』(문예출판사, 1994)에 일부 번역되어 있다.「'도둑맞은 편지'에 관한 세미나」, 「거울단계」, 「문자의 심급」, 「남근의 의미작용」.

한편 1953년 이래 시작한 세미나는 라캉의 사위인 자크 알랭 밀레르의 편집으로 20여 권의 책으로 간행한다는 계획 아래 출판되고 있는데, 제1권 『기법에 관한 프로이트의 기록들』(Seuil, 1975 ; 영역본은 Cambridge University Press, 1988), 제2권 『프로이트의 이론 및 정신분석 기법에서 에고(ego)』(Seuil, 1978 ; 영역본은 Cambridge University Press, 1978), 제3권은 『정신병(Psychoses)』(Seuil, 1981), 제11권 『정신분석학의 네 가지 기초 개념』(Seuil, 1973 ; 영역본은 Penguine Books, 1979), 제20권 『앙코르(Encore!)』(Seuil, 1975) 등이 출판되어 있다. 이 중 가장 먼저 출판된 제11권 『정신분석학의 네 가지 기초 개념』은 『에크리』와 함께 가장 많이 인용되는 중요한 책인데, 그중 제2부인 「'오브제 프티

아'로서 시선에 관하여」는 권영택 편, 앞의 책에 「시각예술이론」이라는 제목 아래 번역되어 있다.

라캉에 관한 2차 문헌은 매우 많은데, 여기서는 국역된 것을 중심으로 간략히 소개한다. 교육학자인 사럽(M. Sarup)의 책 『알기 쉬운 자크 라캉』은 국역본의 제목 그대로 '알기 쉽다'는 미덕을 갖고 있다. 이 책은 라캉의 사상 형성에 초현실주의가 미친 영향을 강조하는 점이 다른 책과 다르며 라캉의 사상을 이루고 있는 다양한 요소에 대한 균형 잡힌 소개를 하고 있다. 더불어 라캉의 이론을 페미니즘이나 문학, 영화 등에서 어떻게 수용하는지를 개략적으로나마 알 수 있도록 도와 준다. 이런 점에서 가장 접근하기 쉬운 입문서라고 할 수 있겠다.

알튀세르의 논문 「프로이트와 라캉」(김동수 역, 『아미엥에서의 주장』, 솔, 1991)은 맑스주의와 관련해서 매우 중요한 이론사적 지위를 갖는 논문이다. 즉 맑스주의로선 받아들이지 않았던 프로이트주의를 라캉을 통해 다시 받아들이게 되는 전환점을 마련한 동시에, 라캉의 사상을 맑스주의적 문제설정 안에서 새로이 작동하게 한 논문이다. 특히 알튀세르의 이데올로기 개념은 이러한 라캉의 이론과 밀접하게 결부되어 있으며, 이런 점에서 이 글은 알튀세르의 새로운 이데올로기 개념을 이해하는 데 필수적이라고 하겠다(이데올로기에 관해서는 같은 책에 실린 「이데올로기와 이데올로기적 국가장치」, 그리고 「이데올로기적 국가장치들에 관한 노트」, 서관모 편, 『역사적 맑스주의』, 새길, 1993 참조). 여기서 알튀세르는 상상계, 상징계, 실재계의 삼분법과 상징계의 우위성이란 라캉의 테제를 그대로 받아들이는데, 이는 알튀세르의 이데올로기 개념 형성에 중요한 기초를 제공한다. 이는 나중에 알튀세르가 라캉을 비판하며 자신의 중요한 입론조차 일부 포기하게 되는 것과 무관하지 않다. 이러한 비판에 관해서는 윤소영 편, 『알튀세르와 맑스주의의 전화』(이론, 1993)에 실린 알튀세르, 「프로이트 박사의 발견」과 르쿠르(D. Lecourt), 「알튀세르와 라캉 1」(원제는 "Sur Lacan"), 몬탁(W. Montag), 「알튀세르와 라캉」(원제는 "The Emptiness of a Distance Taken : Freud, Althusser, Lacan")을 참조하라.

한편 가장 표준적인 라캉 소개서로 알려진 르메르(J. Lemaire)의 『자크 라캉』(이미선 역, 문예출판사, 1994)은 원래 1970년에 쓰여진 것으로 라캉을 구조주의자로 명시하여 소개하고 있으며, 라캉 자신의 서문이 포함되어 있다. 구조주의 언어학에 관한 개설에서 출발하기 때문에 언어학적 지식이 없는 사람들로서는 유용한 입문서다. 이와 유사한 입장에서 카우어드와 앨리스는 라캉의 이론을 주체의 사회적 구성이 일어나는 매커니즘에 대한 분석으로 이해한다(『언어와 유물론』, 백의, 1994). 배은경의 「개인의 주체성 형성에 관한 이론적 일고찰」(서울대 석사 논문, 1993)도 이런 맥락에서 주체 형성에 관한 라캉의 이론을 해석하고 있다. 도정일의 「무의식과 욕망」(『문화과학』, 1993년 봄) 역시 라캉을 이러한 맥락 속에서 해석하면서 욕망 개념을 '비판적으로' 소개하고 있다.

반면 르메르의 책이 라캉 자신이 읽고 서문을 달아 준 것이긴 하지만, 그를 단순히 구조주의자로서만 간주하는 입장은 논란의 여지가 많은 것이다. 특히 그의 법적인 상속자인 자크 알랭 밀레르는 이러한 해석에 대한 대표적인 반대자다. 그는 라캉의 후기, 아니 적어도 말기 입장은 상징계를 강조하던 구조주의적 요소에서 벗어나 실재계를 강조하는 입장으로 바뀌었다고 주장한다. 이런 입장은 라캉이 말하는 기표와 기의간의 관계에서 정의되는 '기표의 미끄러짐'과 '누빔점(point du capiton)'을 '봉합(suture)'이란 개념으로 밀고 나가 그것을 상징계와 실재계간의 관계로 확대하는 점에서 이미 마련된 것이라고 할 수 있다("Suture elements of the Logic of the Signifier", Screen, Winter 1977~

1978, vol. 18, no. 4).

이런 입장은 슬로베니아의 이론가인 지젝(S. Žižek) 역시 분명히 하고 있다. 『이데올로기의 숭고한 대상(The Sublime Object of Ideology)』(Verso, 1989)는 이런 입장에서 라캉을 재해석하며 영화 등의 예를 통해 개념을 구체화하려고 하고 있다. 그러나 그는 실재계를 단지 '부재하는 효과'로서만 정의한다. 그 결과 심지어 '신'이란 개념조차 실재계의 예로 사용되는데, 이렇게 되면 상징계와 실재계의 구분조차 모호해지는 난점이 있으며 결코 라캉적인 실재계라고 하기는 어려워 보인다. 지젝은 라클라우의 적대 개념을 실재계 개념의 '훌륭한' 적용이라고 칭찬하지만(『담론분석을 넘어서』, 이경숙·전효관 편, 『포스트맑스주의?』, 민맥, 1992), 이 역시 논란의 여지가 많은 것이다.

홍준기의 해석 역시 실재계를 강조하는 이러한 입론의 연장선상에 있으며, 그는 알튀세르의 계급투쟁 개념이 라클라우 이전에 이미 라캉의 실재계 개념을 사회과학적 영역에서 적용한 예라고 주장한다(홍준기, 「정신분석학과 맑스주의 : 라캉과 알튀세르를 중심으로」, 『창작과 비평』, 1994년 여름). 이종영은 여기서 더 나아가 실재계를 강조하는 라캉의 입장이 헤겔적인 것임을 입증하려고 한다. 나아가 라캉을 통해서 헤겔적인 주체 회복의 도정을 재구성하려고 한다(이종영, 『지배양식과 주체형식』, 백의 1994). 이는 레(P. P. Ray)의 영향을 받은 것으로 보이는데, 이렇게 되면 라캉이 헤겔로 환원되는 결과가 빚어진다. 그런데 실재계를 강조하는 입장이 헤겔과 친화성이 있다는 점을 지젝 역시 보여 준다. 이런 점에서 지젝이 자신의 입장을 "헤겔로 돌아가라!"로 요약하고 있음은 주목할 이유가 충분한 셈이다.

라캉에 대한 가장 근본적인 비판은 들뢰즈와 가타리에 의해 행해졌는데, 그 개념적 요체는 들뢰즈, 「'반-오이디푸스'에 관한 이야기 : 펠릭스 가타리와 함께」(김종호 역, 『대담 1972~1990』, 솔, 1993)에 나와 있다.

『안티-오이디푸스』는 라캉적이고 프로이트적인 정신분석학에 대한 비판이자 대안으로서 '분열증 분석'을 제시한다는 점에서 가장 철저한 라캉 비판이라고 할 수 있을 것이다. 한편 라캉의 영향이나 그의 이론을 둘러싼 사회, 정치적 맥락에 대해서는 Sherry Turkle, *Psychoanalytical Politics : Freud's French Revolution*(Burnett Books : 1979)을 참조하라.

알튀세르

중첩결정과 구조화된 복합적 전체의 변증법

정 태 석

알튀세르 : 중첩결정과 구조화된 복합적 전체의 변증법

정태석

1. 알튀세르의 개인적, 사회적, 지적 삶과 배경들

루이 알튀세르(Louis Althusser)는 1918년 10월 16일 알제리의 비르망드레이스에서, 아버지 샤를 알튀세르와 어머니 뤼시엔 사이에서 태어났다. 아버지는 가부장적이고 권위주의적이었으며 아들의 삶을 자상하게 끌어 주지도 않았다. 그래서 알튀세르는 어릴 적부터 어머니의 영향을 많이 받았는데, 어머니는 성에 대한 혐오감을 갖고 있으면서 병적인 공포감에 휩싸여 있었다. 어린 알튀세르는 이런 어머니로부터 받은 성적인 수치심을 '성적인 거세'로 느꼈으며, 어머니에 의한 육체와 자유에 대한 지배 및 억압으로 인해 싸움, 상처, 육체적 손상에 대한 병적인 공포감을 느끼게 되었다. 이처럼 권위주의적인 아버지와 병적인 공포로 시달리는 어머니와 함께 한 '가족'이라는 '이데올로기적 국가기구'(알튀세르는 국가권력이 행사되는 방식에 따라 국가기구를 둘로 구분하고 있는데, 폭력 또는 물리력에 의해 기능하는 것 —— 경찰, 군대 등 —

―을 억압적 국가기구라고 부르며, 이데올로기에 의해 기능하는 것 ―― 교회, 학교, 가족, 언론 등 ―― 을 이데올로기적 국가기구라고 불렀다) 속에서 겪었던 '정신적 외상(trauma)'은 이후 알튀세르의 삶에 중요한 영향을 미쳤다.

1932년에 알튀세르 가족은 프랑스 마르세유에 있는 은행 지점장으로 임명된 아버지를 따라 이사를 했다. 알튀세르는 학업성적이 뛰어났으나 친구들과 잘 어울리지는 못했는데, 스스로도 어린 자신을 착실했지만 무기력하고 연약했던 아이로 기억하고 있다. 1936년에는 아버지의 직장을 따라 다시 가족 모두 리용으로 이사를 했으며, 여기서 알튀세르는 파크 고등학교의 고등사범학교 입시준비반에 들어갔다. 1938년에 알튀세르에게 첫번째 우울증 증세가 나타났으나 그냥 넘어갔으며, 그 해 고등사범학교 입학시험에 응시하는 것을 포기했다. 이후 알튀세르는 40여년 동안 우울증 증세에 시달리며 계속 정신분석을 받았고, 그 동안 20여 번에 걸쳐 정신병원 신세를 졌다. 한편 다음해에 윌름 고등사범학교 문과에 합격하지만 제2차 세계대전으로 입학이 연기되었다.

1940년에 징집된 알튀세르는 포로가 되어 전쟁이 끝날 때까지 포로수용소에서 지냈는데, 거기서 심리치료를 받기 위해 최초로 입원했다. 1945년 전쟁이 끝나면서 10월에 윌름 고등사범 철학과에 입학하여 마르탱(J. Martin), 르제브르 등과 사귀게 되었으며, 훗날 그의 아내가 되었고 그의 생애에 결정적인 역할을 한 엘렌 리트만을 만나게 되었다. 엘렌은 동지로서 그리고 연인으로서, 알튀세르가 정신적인 어려움에 처하게 되었을 때 늘 안식처가 되어 주었다. 1947년 초에 알튀세르는 심각한 우울증으로 입원하여 전기치료를 받았으며, 10월에는 바슐라르의 지도하에 「헤겔사상에서의 내용개념」이라는 논문으로 석사학위를 받게 되었다. 실제로 논문 작성 과정에서는 지도교수인 바슐라르보다 철학적 지식이 풍부한 친구 마르탱의 도움을 많이 받았는데, 그의 논문은 매우 우수하다는 평가를 받았다. 다음해에 그는 철학교수 자격시험에 합격하여 고등사범학교 철학과 지도강사로 임명되었는데, 베레, 푸코 등이 그의 제자였다.

한편 앙시옹 카톨리크(평신도운동 모임)의 카톨릭 조직들에서의 활동은 알튀세르가 계급투쟁에 접하고 맑스주의에 이르게 되는 데 중요한 역할을 했다. 부르주아 및 프티부르주아 계급의 자녀들이 '사회주의'로 빠지지 않도록 하기 위한 교회의 우스꽝스런 제안과 처방들이 오히려 그들에게 사회주의와 맑스주의에 찬동하도록 만들었던 것이다. 이러한 경로로 알튀세르는 1948년에 누이동생과 함께 프랑스 공산당에 입당했으며, 이후 1980년까지 당을 떠나지 않았다. 알튀세르는 자서전에서 당의 오류에 대한 불만과 자신에 대한 비난에도 불구하고, 경계 내에서 보호받으려는 개인적 욕구뿐만 아니라 공산주의적 실천을 훈련시키고 조직할 수 있는 가장 효과적인 기구는 당뿐이라는 정치적 이유로 당을 떠나지 않았다고 말하고 있다.

"인민전선(프랑스 중도파-좌파연합은 프랑스 파시스트에 반대하는 '자유와 노동과 평화의 인민전선'을 결성하여 1936년 5월 선거에서 승리했으며, 1936~1937년 동안 프랑스를 지배했다 — 인용자) 시기의 말엽에 30만 명 이상의 당원을 지닌 대중정당으로 성장한 PCF(프랑스 공산당)는 1941년 이래로 레지스탕스 활동의 주도적인 세력이 되었으며 또한 제2차 세계대전을 거치면서 엄청나게 세력이 강화되었다. 그래서 1945년 이후의 프랑스 노동자계급 사이에서 공산당의 조직이 차지한 영향력은 거의 절대적인 것이었다. …… 이 기간 동안 다수의 지식인들이 PCF와 관계를 맺고 또한 가입했지만 당 내에서 이루어진 새로운 이론적 작업은 그에 비해 미미한 것이었다. 왜냐하면 냉전이 시작됨에 따라 당 내의 문화통제가 극심하게 강화되었고 냉전의 절정기에는 PCF의 지도부가 즈다노비즘(Zhdanovism)의 시행을 폭력적으로 전개함으로써 새롭게 시작하려는 기운을 무기력하게 만들었기 때문이다. 그래서 제2차 세계대전이 끝난 후 새롭게 나타난 주요 현상은 나치 점령기간 동안 출현했던 실존주의적 분위기 속에서 맑스주의가 받은 충격이었다."[1]

전후 냉전상황이 강화되면서 드골 정부에 참여했던 공산주의자 각료들이 배제되기 시작했으며, 이에 대한 역작용으로 프랑스 공산당은 더욱 스탈린주의화되고 당 내 문화통제도 더욱 심화되었다. 모든 것을 계급의 선으로 가르려고 하는 스탈린주의적인 정치의 결과로 공산당은 정치적 정적주의(靜寂主義)에 빠져 당과 대중운동간의 거리가 더욱 멀어지게 되었고, 좌파운동 또한 분열되기 시작했다.

당시에 당이 지하운동의 시기와 다른 형태의 조직을 취해야만 한다는 생각은 누구에게도 떠오르지 않았으며, "바로 이런 이유로 하여 당시에 당 내부에는 순전히 이론적인 것외에는 어떤 다른 형태의 정치적 개입도 실질적으로 있을 수 없었다. 그것도 기존의, 아니면 공인된 이론에 의거한 채, 당이 그 동안 써 왔던 방식과 대립되는 방식으로 이루어졌다. 그런데 공인된 이론은 맑스와는 더 이상 아무 관련이 없었고 소련 식, 다시 말해서 무척 위험하고 어리석은 스탈린 식의 변증법적 유물론에 따르는 것이었기 때문에, 결국 유일한 길은 맑스에게로, 즉 그 자체로 신성시되기 때문에 정치적으로 반박의 여지없이 무조건 받아들여지는 그의 사상으로 돌아가는 것뿐이었다. 그리고 스탈린주의적인 변증법적 유물론은 모든 이론적·철학적·이데올로기적·정치적 결과와 더불어 전적으로 착오였음을 증명해야 했다."[2]

한편 전쟁의 영향으로 프랑스에서는 실존주의적 분위기가 확산되기 시작했으며, 또한 헤겔 르네상스가 일어나기 시작했다. 그 결과 맑스의

---

1) 앤더슨, 장준오 역, 『서구 맑스주의 연구』, 이론과 실천, 1987, 59쪽.

2) 알튀세르, 권은미 역, 『미래는 오래 지속된다』, 돌베개, 1993, 223~224쪽.

초기 저작을 중심으로 맑스를 실존주의적·인간주의적으로 해석하려는 경향 —— 인간본질, 소외, 인간의 주체성 등을 중심 개념으로 설정하는 경향 —— 과 맑스를 본질주의적이고 목적론적인 헤겔 변증법에 의해 해석하려는 경향 —— 경제를 역사 발전의 본질로 설정하여 공산주의의 필연성을 이끌어 내려는 경향 —— 이 확산되기 시작했다. 그리고 이후 1956년 소련 공산당 제20차 당대회에서 이루어진 흐루시초프에 의한 스탈린 개인숭배 비판은 인간주의적 경향을 더욱 강화시켰다.

알튀세르는 당시의 철학적 정세를 이렇게 표현하고 있다. 『존재와 무』, 『변증법적 이성비판』 같은 놀라운 '철학 소설들'을 쓴 사르트르나, 헤겔과 맑스를 소개한 코제브는 헤겔이나 맑스를 전혀 이해하지 못하고 있었다. 그렇지만 헤겔의 『정신현상학』에 대한 코제브의 실존주의적 해석은 실제로 큰 영향력을 미쳤다. 이폴리트는 『정신현상학』을 프랑스 어로 번역했으며, 하이데거와 후설이 약간 소개되었다. 후설을 소개한 메를로 퐁티는 철학적 깊이를 지닌 위대한 철학자였지만, 헤겔이나 맑스에 대해서 전혀 밝혀 주는 바가 없었으며, 결국은 유심론이라고 하는 프랑스의 가장 심오한 전통으로 귀의하고 말았다. 이러한 철학적 정세 속에서 알튀세르는 "자크 마르탱 덕택에 맑스의 저서를 직접 읽고 그를 이해하기 시작했으며, 더욱이 그의 청년기 저작들을 인간주의적으로 기초지으려고 하는 시도에 분노하여 전혀 동의하지 않았다."[3] 알튀세르에 따르면, 1945년에서 1950년 사이에 소위 맑스주의자라는 철학자는 계몽주의 시대의 원리에도 못 미치는 실정이었다.

이 시기에 알튀세르는 포이에르바하의 『기독교의 본질』에 흥미를 느꼈으며, 포이에르바하를 통해 맑스의 청년 시절 저작들을 이해하고 또 이후 맑스에 관한 문제들을 헤쳐 나갈 수 있게 되었다. 그리고 마

3) 같은 책, 201~204쪽.

침내 맑스가 포이에르바하나 헤겔에게서 찾아볼 수 없었던 혁명적 결론들 —— 생산양식과 그 '결합'의 요소들에 대한 일련의 테제들(알뛰세르) —— 을 이끌어 내고 있음을 발견하고 더욱더 맑스를 파고들게 되었다.

한편 당시의 정치적 상황을 보면, 1920년대 중엽부터 일어나기 시작한 알제리의 민족해방운동은 1954년 민족해방전선으로 뭉쳐 조직적인 무력투쟁(독립전쟁)을 벌이게 되었다. 이에 대해 프랑스는 알제리를 영구히 식민지로 확보하고자 했다. 그러나 신흥독립국가들을 중심으로 한 알제리 지원과 세계 여론의 악화로 프랑스 정부가 양보할 수밖에 없게 되자, 드골 장군은 정부의 미온적 태도에 불만을 품고 1958년에 쿠데타를 일으켜 제5공화국을 수립하고 알제리를 독립시켰다. 그런데 드골의 정책에 불만을 품은 극우파 장군들은 전쟁에 반대하는 소수의 사람들에게 테러공격을 가했다. 이러한 정치 정세 속에서도 프랑스 공산당에 소속된 대다수 프랑스 노동계급들은 소극적인 태도로 일관했으며, 제5공화국의 권위주의적 통치에 대해서도 적극적인 정치적 대응을 하지 못했다.

그리고 국제 공산주의운동에서 스탈린주의화의 경향은 소련 제20차 당대회에서의 '스탈린 개인숭배' 비판을 계기로 인간주의 노선으로 전환되었으며, 이후 소련 공산당은 '평화공존'과 '사회주의로의 평화적 이행경로'에 대한 선언을 했다. 이것은 중소분쟁의 중요한 계기가 되었는데, 특히 중국 공산당은 소련 공산당의 '사회주의적 인간주의'에 반대하면서 사회주의 국가에서 공산주의 건설을 위한 지속적인 계급투쟁이 요구된다는 점을 강조했다. 여기서 프랑스 공산당은 소련 공산당의 노선을 따라 '인간주의적 맑스주의'를 공식 노선으로 채택했는데, 알뛰세르는 이러한 당의 공식 노선에 반발하면서, 중국 공산당의 입장을 지지했다.

이러한 정치적·이데올로기적 이유들로 맑스주의의 철학적·이론적 국면에 개입할 필요를 느끼고 있던 알튀세르는 당시 자신이 갖고 있던 지식으로 몇 편의 글을 발표하기 시작했다. 헤겔, 데카르트, 칸트, 말레브랑슈, 바슐라르, 파스칼, 루소, 스피노자, 베르그송, 브레이어 그리고 맑스에 대한 지식들을 통하여 '철학적 개입'을 행했던 것이다. 그리고 그것은 불가피하게 스피노자, 마키아벨리, 루소 등을 통한 '이론의 우회'에 의존하지 않을 수 없었다. 알튀세르에게 이들은 맑스에 이르는 '왕도'였다. 스피노자는 즉각적인 체험에 의한 이데올로기의 직접성(표상지, 인식의 첫번째 유형), 개별적인 동시에 보편적인 인식(직관지, 인식의 세번째 유형), 어떤 선험적인 기원도 갖지 않는 하나의 '진리의 규범'으로서의 사실의 사실성, 감각적인 지시대상과 개념론적인 사고간의 구별("개라는 개념은 짖지 않는다") 등에 대한 사고를 가능하게 해 주었다. 그리고 홉스에서 루소까지는 갈등적 세계("만인에 대한 만인의 투쟁")와 '결코 사멸하지 않는' 보편적 의지를 표현하는 '계약'에 의한 직접 민주주의 안에서 국가형태의 종식에 대한 사상을 제시해 주었다. 또한 마키아벨리는 정치적 행동의 조건들과 형태들을 그 순수성 속에서 생각해야 한다는 사실, 모든 정세의 우연적 사실성, '군주'가 현대적인 의미에서 이데올로기적 국가기구(당)라는 사실을 가르쳐 주었다. 이렇게 하여 알튀세르는 "맑스를 위해 통속적인 맑스주의와는 다른 철학을 만들어 냈다. …… 그것은 스탈린이 백 퍼센트 그대로 이어받은 끔찍한 제2인터내셔널의 정통성을 '분쇄하는' 유일한 방법이었다."[4] 물론 이외에도 바슐라르와 마르탱은 알튀세르가 맑스 해석에서 '인식론적 단절', '문제틀'이라는 개념을 적용할 수 있도록 해 주었으며, 프로이트의 '중첩결정' 개념 등은 '구조적 인과성'이라는 개념에 도달할 수 있도

4) 같은 책, 251쪽.

록 해 주었다.

이러한 '이론적 우회'의 과정에서 알튀세르는 점차 맑스에 대한 새로운 해석을 내놓기 시작했다. 1953년에는 『철학교육평론』에 「맑스주의에 대하여」와 「변증법적 유물론에 관한 노트」를 기고했고, 1955년에는 「역사의 객관성에 관하여」를 기고했다. 그리고 1959년에는 『몽테스키외 : 정치와 역사』를 출판했다. 1960년에는 고등사범 문과에 발리바르, 보들로, 드브레, 뒤루, 랑시에르가 입학했다. 알튀세르는 이후 이들과 구조주의, 정신분석학, 『자본론』 등에 대해 세미나를 진행했다. 1961년부터 알튀세르는 「청년 맑스에 대하여」, 「모순과 중첩결정」, 「유물변증법에 대하여」, 「맑스주의와 인간주의」 등의 논문을 발표하면서 당내에서 비판을 야기했지만, '이론적 반인간주의'라는 자신의 입장을 분명히 했다.

알튀세르는 1964년에 「프로이트와 라캉」을 『신비평』에 발표했는데, 라캉의 정신분석이론을 통하여 시니피앙의 물질성, 상상계, 중심 없는 주체 등의 관념을 가질 수 있게 되었으며, 이러한 관념들은 이후에 '이데올로기 개념'을 재구성 —— 이데올로기의 상상성, 물질성, 이데올로기와 주체의 관계 —— 하는 데 중요한 영향을 미치게 된다.

1965년 9월에는 이전의 논문들을 편집한 책 『맑스를 위하여』를 출간했으며, 11월에는 발리바르, 랑시에르, 마슈레, 에스타블레 공저로 『'자본론' 읽기』를 출판했다. 그 해 12월에 알튀세르는 심각한 우울증에 빠졌는데, 이것은 책 출판을 통해 자신을 드러낸 것과 대중의 반박에 대한 두려움으로 인한 것이었다. 한편 이 책은 맑스 속에서 '조합'이 아니라 하나의 생산양식의 통일성을 구성하기에 적절한 개별적인 요소들의 '결합'이라는 개념의 중요함을 강조했음에도 불구하고 구조주의라는 비난을 받았으며, 심지어 구조주의 진영으로부터 구조들의 부동성, 혁명적 실천의 불가능성을 정당화시킨다고 비난받았다.

한편 알튀세르는 친구 자크 마르탱의 덕택으로 장 카비아예스와 조르주 캉귀엠의 사상을 알게 되었다. 캉귀엠은 알튀세르에게 "이데올로기와 과학 사이의 관계들 속에 있는 어처구니없는 역사적 농간들을 가르쳐 주었"는데, 이를 통해 알튀세르는 초기의 관념론적 기획 —— 철학을 '이론적 실천의 이론'으로 본 이론주의적 정의 —— 을 포기하게 되었다.[5] 이리하여 알튀세르는 마침내 철학을 '사회적 계급투쟁의 전체적 작용 속에서 취해지는 입장들의 전장', '이론 내에서의 계급투쟁'으로 정의할 수 있게 되었다. 이러한 새로운 정의에 기반하여 알튀세르는 1968년에 「혁명의 무기로서의 철학」, 「레닌과 철학」을 발표했다.

이러한 가운데 1968년 5월에 소르본 대학을 중심으로 정부의 대학개혁안에 반대하는 엄청난 소요가 일어났다. 이러한 소요는 정부의 정책 전반에 대한 반대와 저항으로 확산되었으며, 학생운동에 대한 노동자들의 지지에 이어 프랑스 노동운동 사상 가장 대규모의 파업이 시작되었다. 1968년 5~6월에 많은 공장의 노동자들은 실제로 혁명이 일어나리라고 믿었으며, 혁명을 기다렸고 당의 명령이 떨어지기만을 기다리고 있었다. 그러나 당은 대중에 대한 두려움 또는 대중에 대해 통제를 상실하지 않을까하는 두려움으로 그 운동이 극좌파들의 손아귀에 있다고 결론짓고 오히려 시위현장에서 노동자대중과 학생집단이 서로 만나지 못하도록 하는 데 힘을 쏟았다. 사실상 당은 대중운동의 패배를 조직한 것이었다. 결국 당기구가 대중의 자발성 앞에서 보여 준 보수성으로 인하여 민중운동은 전면적인 패배로 끝나고 말았다. 당은 운동을 단순한 경제적 협상으로 끌어들였으며, 이것은 결국 부르주아적 국가기구와 드골의 승리를 의미하는 것이었다.

1968년 운동 이후 20대 초반의 학생들의 입당이 증가하면서 공산당

---

5) 같은 책, 209쪽.

과 사회당의 당원 수가 늘어났으며, 좌파지식인들은 '좌파대연합'이라는 과제를 중심으로 결집했다. 그리고 1968년 이후 대다수 좌파지식인들의 흐름은 기존의 사회변혁사상을 지배해 왔던 정당과 국가를 중심으로 한 사회개혁안에 대한 저항이었다. 이에 대해 사회당은 선거용인 '계급전선'을 제시한 반면, 공산당은 여전히 노동자중심적이었다. 그러나 공산당도 1976년 제22차 당대회에서 노동자계급 중심에서 벗어나 중산계급을 겨냥한 전략을 제시하면서, '인민연합 전략' 및 '프롤레타리아 독재의 포기' 선언과 더불어 유로코뮤니즘 노선으로 전환했다. 그런데 1970년대 좌파연합운동은 공산당보다 사회당에 유리하게 작용하고 있었다. 공산당은 '당의 대중적 토대의 강화'라는 핵심적 테제가 당구조의 화석화, 당 활동원문화의 폐쇄성, 좌파연합의 좌절이라는 문제와 관련하여 벽에 부딪쳤다. 공산당은 민주집중제와 좌파연합 등의 문제를 둘러싸고 스탈린주의적 경향, 알튀세르와 그 동료들, 유로코뮤니스트 사이에서 갈등했으나 지도부는 마르셰를 선두로 하는 스탈린주의자들의 수중에 있었다. 사회당과의 연합운동 이후 1973년의 선거가 사회당의 상승과 공산당의 상대적 후퇴로 끝나자 지도부는 1977년에 좌파연합운동을 저지하면서 소련에 대한 우호적 입장으로 선회했다. 이것은 공산당과 좌파지식인들 사이의 갈등을 폭발시킨 계기가 되었다. 이 과정에서 알튀세르와 그 동료들, 유로코뮤니스트들은 탈당하여 당 내의 권위주의와 보신주의, 대중적 토대로부터의 단절(선거정당으로의 변모)을 비판했다. 이처럼 1968년 5월 혁명 이후 프랑스 지식인들에게 깊게 자리잡고 있던 사회변혁을 위한 현실참여 욕구와 그 가능성에 대한 신념은 1970년대를 거쳐 현실 정치세력과의 갈등 속에서 좌절되고 약화되어 갔던 것이다.[6)]

6) 노대명, 「프랑스 68년 '5월 혁명'의 유산」, 『사회평론』, 1993년 5월호, 104~107쪽.

한편 1968년 5월 혁명에서 대중운동의 갑작스런 활성화를 보면서, 알튀세르는 초기의 이론 중심적인 경향에서 벗어나 계급투쟁의 구체적 양상들에 더 많은 관심을 기울이게 되었다. 특히 노동운동과 대중운동을 통해 나타난 대중의 창의성을 더욱 강조하면서, 정당 중심의 좌파 연합을 넘어서는 인민연합의 대중적 실천을 중요시했다. 이것은 곧 유로코뮤니즘 노선에 대한 일정한 비판을 함축하는 것이었다. 이와 함께 그는 프랑스 공산당의 '프롤레타리아 독재의 포기'에도 반대했는데, '독재'라는 개념이 지니는 모든 부정적인 외적 이미지에도 불구하고 '프롤레타리아 독재'의 실질적 내용(프롤레타리아 헤게모니)마저 포기될 수는 없다고 보았기 때문이다. 즉 자본주의적 생산관계(착취관계)와 계급적대가 여전히 중심적인 사회적 관계로 존재하는 한 사회주의 혁명은 포기할 수 없는 목표이며, 이러한 사회주의 혁명을 위한 동맹의 중심은 바로 피착취계급으로서의 프롤레타리아가 될 수밖에 없음을 강조한 것이다.

1970년 6월에 「이데올로기와 이데올로기적 국가기구들」을 『사상』지에 발표했고, 1972년에는 『존 루이스에 대한 답변』을, 1973년에는 『철학과 과학자들의 자생적 철학』과 『자기비판의 요소들』을 발표했다. 그리고 1974년에는 그의 제자 발리바르가 『역사유물론의 5연구』를 출판했다. 같은 해에 알튀세르는 프랑스 공산당 제20차 당대회에 대한 기고문인 「새로운 어떤 것」을 발표했으며, 1975년에는 「아미앵에서의 주장」으로 업적학위에 의한 박사학위를 받게 되었다. 1976년에는 주요 논문들을 모은 『입장』을 출판했고, 「프로이트 박사의 발견」이라는 논문도 발표했다.

1976년에 프랑스 공산당 제22차 당대회에서 '프롤레타리아 독재의 포기'를 선언하자 알튀세르는 반대의사를 표명했으며, 발리바르는 '프롤레타리아 독재의 포기'를 반박하는 글인 『프롤레타리아 독재에 대하여』를 출판했다. 한편 아버지가 사망함에 따라 알튀세르는 아버지가 받아들이지 않았던 엘렌와 드디어 결혼하게 되었다.

1976년 12월 16일에 알튀세르는 공산주의 학생동맹 소르본 철학분과에서 개최한 토론회에서 「프랑스 공산당 제22차 당대회」를 주제로 발표했으며, 이 글은 1977년 5월에 출판되었다. 1978년에는 「마침내 맑스주의의 위기가!」를 발표했고, 같은 해에 『르 몽드』 지에 「프랑스 공산당 내에서 더 이상 지속될 수 없는 것」을 게재했는데, 이 글은 당 내외에서 커다란 반향을 일으켰으며, 이 시기가 알튀세르의 정치적 영향력의 절정기였다.

이러한 정치적 개입의 과정에서도 알튀세르는 수시로 정신병 증세로 시달려 왔는데, 1980년 11월에는 정신착란 상태에서 아내를 교살하는 사건이 발생하게 되었다. 이후 알튀세르는 1981년에 정신착란 상태의 면책권을 인정하는 법조항에 따라 면소판결을 받았으며, 정상인의 권리를 박탈당한 상태에서 후견인의 보호하에 놓이게 되었다. 그러고 나서 1990년 10월에 육체적으로 사망할 때까지 알튀세르는 사실상 정신적인 사망 상태에 있었는데, 이런 가운데서 집필한 것이 바로 자서전 『미래는 오래 지속된다』이다.

알튀세르의 일생은 아마도 개인적 삶과 사회적 삶간의 불일치와 긴장의 연속이었다고 할 수 있을 것이다. 그렇다면 이러한 불일치와 긴장들은 어떻게 이해될 수 있는 것일까? 다시 알튀세르로 돌아가 보면, 그가 역사를 '주체(모든 의미에서의 근원적인 인물, 창시자로서의 주체) 없는 과정'이라고 말했을 때, 그는 프로이트가 개인을 '중심(정신생활의 본질로서 의식이라는 중심) 없는 존재'라고 말한 의미를 정확히 이해하고 있었다. 즉 역사과정에 '주체'라는 중심이 없듯이, 개인의 심리과정에 '의식'이라는 중심은 없다. 주체가 사회적 관계 속에서 구성되는 존재이듯이, 개인의 심리는 욕망과 무의식의 영향으로부터 벗어날 수 없는 존재이다. 그러므로 알튀세르 역시 스스로가 잘 보여 주듯이 자신의 욕망과 무의식, 억압의 경험들, 강박관념 등으로부터 자유로울 수 없는 존재였던 것이다. 그러므로 한 사람의 복잡한 삶의 구성요소들을 하나의 잣대로 평가하려는 것은 참으로 부질없는 짓일 것이며, 알튀세르의 지적인 작업들은 나름의 기준으로 평가되어야 할 것이다.

2. 알튀세르의 사상

'포스트모더니즘'이라는 지적 유행이 대중매체를 장악하고, '포스트모던'이라는 단어가 '세련된' 또는 '앞서가는'과 같은 의미의 수식어가 되어 버린 시대에, '모더니티', 즉 현대성을 주장하는 것은 어떤 의미를 지닐 수 있을까? 현대성은 이제 해체되어야 하는 낡은 유물인가, 아니면 재건되어야 하는 시대의 등대인가? 벗어나야 할 절망의 늪인가, 아니면 놓칠 수 없는 희망의 끈인가? 현대성에 대한 평가가 어떠하든간에 이제 우리 시대가 현대성에 대한 전체적인 반성의 시대가 되었다는 사실은 부인할 수 없다. 그렇지만 이러한 현대성에 대한 반성이 '포스트모더니즘'과 같은 현대성의 부정으로 귀결되어야 하는 것인지에 대해서는 의심의 눈길을 보내지 않을 수 없다. 구체적 현실 속에서 나타나는 현상으로서의 탈현대성 즉 '포스트모더니티'와, 사회에 대한 어떠한 체계적이고 중심화된 인식도 불가능하다고 주장하는 이념으로서의 '포스트모더니즘'은 구분될 필요가 있기 때문이다.

그리고 현대성과 탈현대성을 단순히 대립적으로만 파악할 필요는 없다. 탈현대성을 현대성에 대한 반성의 계기로 받아들인다면, 현대성은 단순히 '해체(deconstruction)'되어야 할 대상이 아니라 '재구성

(reconstruction)'되어야 할 대상이다. 다소 역설적으로 말한다면 현대성은 해체적으로 재구성되어야 한다. 즉 근본적인 반성에서 출발하여 재구성되어야 하는 것이다. 이렇게 볼 때 우리는 현대성에 대한 근본적 반성이 '포스트모더니즘'으로 나아가야 할 필연적 이유가 없으며, 오히려 낡은 현대성의 모습을 새롭게 해야 한다고 말할 수 있게 된다. 그렇지만 질문은 여기서 끝나지 않는다. 도대체 새로워진 현대성의 모습은 어떤 것일까? 대답은 여러 가지일 수 있다. 무엇을 '낡은 현대성'으로 규정하느냐에 따라 해체되어야 할 현대성과 재구성되어야 할 현대성이 서로 달라지기 때문이다. 하버마스의 기획과 알튀세르의 기획이 갈라지는 지점은 바로 여기이다. 특히 맑스 해석에 있어서 하버마스가 노동, 생산 패러다임, 토대/상부구조론(사회구성체론), 계급투쟁 등을 해체되어야 할 낡은 문제들로 취급하는데 반해, 알튀세르는 이것을 과학적으로 재구성하고자 하는 것이다.

알튀세르는 맑스주의의 중심적 테제들 —— 잉여가치의 착취, 계급투쟁, 프롤레타리아 독재, 사회주의 등 —— 을 결코 포기하지 않는다. 물론 역사적 과정에서 그 용어나 형태에서 변화가 있을 수 있지만, 시대적 성격을 규정하는 기본적인 사회관계의 형태 —— 자본주의적 사회관계들 —— 가 변하지 않는 한 이러한 테제들은 내용적으로 포기할 수 없는 것들이기 때문이다. 그렇지만 알튀세르에 따르면, 맑스 자신의 저작에서 발견되는 이론적인 모순과 결핍들, 그리고 불가피한 시대적 한계들 때문에 맑스주의는 부단히 정정되고 재구성되어야 한다. 그저 되돌아가기만 하면 과학성을 보증해 주는 근원으로서의 맑스주의란 존재할 수 없는 것이다. 뿐만 아니라 현실의 변화는 부단한 정정과 재구성을 요구한다. 그런데 '재구성'이란 단순한 '보충' 또는 '보완'과 구별될 필요가 있다. 재구성은 개념들의 위치와 관계를 근본적으로 변형하는 이론적 작업이며, 따라서 '문제틀'의 변형이다. 알튀세르는 맑스 이론에서의 관념론적·이데올로기적 요소들 —— 생산력주의, 진화론 —— 그리고 맑스 해석에서의 '이데올로기적 문제틀' —— 본질주의, 경제주의, 인간주의 —— 을 해체함으로써 맑스주의를 '과학적 문제틀'로 재구성하고자 했다. 그러면서도 맑스주의를 늘 변화하는 현실에 열려 있는 '개방적 문제틀'로 만들고자 했다.

결국 우리가 알튀세르에게서 배워야 할 것은 무엇보다도 그의 지적인 정신이다. 맑스주의의 중심적인 개념들과 사상들을 버리지 않으면서도 이론적인 모순들을 비판적으로 재구성하고, '구체적 상황에 대한 구체적 분석'을 위하여 항상 현실의 변화에 사고를 열어 놓는 자기비판적인 자세인 것이다.

1) 과학으로서의 맑스주의 : '인식론적 단절'과 '이론적 반인간주의'

초기에 그의 관심은 맑스주의를 과학으로 재구성하는 데 있었다. 당시는 '헤겔 르네상스'의 시기였으며, 제2차 세계대전의 영향으로 '인간주의와 실존주의의 부흥'이 일어난 시기였다. 그리하여 맑스 해석에서도 헤겔주의와 인간주의 —— 여기서 말하는 인간주의는 윤리적인 의미에서의 인본주의나 인도주의를 의미하는 것이 아니라 선험적인 인간(본질)에 관한 규정에서 출발하여 사회와 역사를 설명하려는 '이론적 인간주의'를 말하는 것이다 —— 의 영향이 지대했다. 실제로 포이에르바하, 헤겔은 맑스의 지적 편력에 중요한 영향을 끼친 사상가들이었으며, 그래서 맑스의 저작들은 이러한 해석의 여지를 남겨 놓고 있었다. 『경제학·철학 초고』를 비롯한 초기 저작들은 '유적 존재', '인간본질' 등 포이에르바하의 인간주의적 개념들에 의존하여 사고하는 경향을 가지고 있었으며, '부정의 부정', '소외', '본질과 현상', '자기동일성' 등 헤겔 변증법의 영향도 강하게 받고 있었다. 이에 비해 후기로 갈수록 인간주의와 헤겔주의의 영향은 약화되고 『독일 이데올로기』, 『자본론』 등과 같이 '역사유물론'에 기반한 저작들이 나타난다. 그렇지만 초기의 영향이 완전히 사라진 것은 아니었다. 그런 까닭에 맑스 해석은 항상 논쟁거리가 되었다.

이러한 논쟁의 와중에 알튀세르는 초기 맑스와 후기 맑스간에 '인식론적 단절'이 존재한다고 선언하면서 후기 맑스에게서 나타나는 '사회구성체의 역사와 계급투쟁에 관한 이론'만이 진정한 과학임을 주장했다. 그리하여 그는 포이에르바하적인 인간주의와 헤겔적인 본질주의로부터 맑스주의를 구제해 내야만 맑스주의를 과학으로 재구성할 수 있다고 보았던 것이다. 이를 위해서 그는 통상적인 맑스 해석이 포이에르바하와 헤겔의 이론에 의존하고 있었던 데 반해, 마르탱, 바슐라르 같은 프랑스의 과학철학자들과 스피노자를 통한 '이론적 우회'에 의해 '인식론적 단절(epistemological break)'과 '이론적 반인간주의'라는 테제를 내놓게 된다.

먼저 맑스주의 이론의 특수성을 밝히는 작업의 의미를 명확히 하기 위하여 알튀세르는 '이론은 실천이다'라고 말한다. 그에게서 이론(또는 과학)은 단순히 경험을 추상해 냄으로써 축적되는, 현실에 대한 관념적·지적 반영의 총합이 아니라, 이론적 변형이라는 특수한 노동의 산물이다. 알튀세르는 맑스의 이론적 작업 역시 특수한 이론적 실천 또는 이론적 변형의 노동임을 밝히기 위해 맑스의 저작에 대해 '징후발견적 독해'를 시도한다.[7] 그리고 이러한 이론적 특수성을 명확히 밝히기 위

---

7) '징후발견적 독해'는 '표면적 독해'에 대비되는 것으로서 알튀세르가 『'자본론' 읽기』에서 '맑스의 문제틀'의 과학적 성격을 규명하기 위해 사용하는 독해법이다. 알튀세르는 '징후발견적 독해'를 통해 맑스의 저작들 속에서 표면적으로 제기되지는 않았지만 그 심층에 흐르고 있는 새로운 문제틀의 징후들을 재구성해 내고자 한다.

해, 그는 프랑스 과학철학자인 바슐라르로부터 '인식론적 단절'이라는 용어를 빌려 온다. '인식론적 단절'이란 전(前)과학적, 이데올로기적 지식과 과학적 지식간의 불연속성 또는 단절을 묘사하는 개념인데, 이는 인식론에서 '반(反)경험주의'에 기반하는 것이다. 알튀세르는 또한 경험주의적 지식이론을 비판하기 위하여 스피노자의 '대상 그 자체'와 '대상에 대한 지식'간의 구분을 받아들이면서, '실재 대상'과 '지식의 대상'을 구분하고자 한다. 그리고 이를 통해 맑스가 『정치경제학 비판 서문』에서 구분하고자 했던 '실재 구체'와 '사고 속의 구체'간의 차이를 분명히 하고자 한다.

경험주의적·관념론적 지식이론의 틀을 벗어나 '실재 대상'과 다른 '지식의 대상'을 구분해 내고, 지식의 대상으로서의 일반적인 이데올로기적·경험주의적 개념들(일반성 Ⅰ)을 이론적 실천 —— 과학적 문제틀을 통해 재구성하는 노동 —— 을 통해 변형시킴(일반성 Ⅱ)으로써 '사고 속의 구체(일반성 Ⅲ)'를 생산해 내는 과정은, 추상을 통한 경험적인 지식의 단순한 축적과정이 아니라 이데올로기적 지식과 과학적 지식간의 단절을 통한 지식 생산과정이다. 이러한 단절을 분명히 보여 주기 위해 알튀세르는 또한 마르탱으로부터 '문제틀(problematic)'이라는 개념을 빌려 온다. '문제틀'이란 몇 개의 개념들이 서로 관계를 맺으면서 특정한 방식으로 문제를 설정하고 또 해결방식을 찾아가는 인식의 구조 또는 틀을 말한다. 이렇게 '문제틀'이라는 측면에서 볼 때, 헤겔의 '본질주의적 문제틀'과 포이에르바하의 '인간주의적 문제틀', 그리고 이들의 영향하에 있던 초기 맑스의 '문제틀'은 모두 '이데올로기적 문제틀'이며, 후기 맑스의 '과학적 문제틀'은 이러한 '이데올로기적 문제틀들'과 근본적으로 단절된 것이다.

예를 들어 모든 역사를 '절대정신'의 자기소외와 회복의 역사로 보는 헤겔적 본질주의의 문제틀이나, 추상적인 '인간본질'에 의해 역사를 설명하고자 하는 포이에르바하적 인간주의의 문제틀은 현실의 다양한 차별적인(경제적·정치적·이데올로기적) 실천들 또는 관계들, 그리고 이들 서로간의 복합적인 관계들의 전체를 인식할 수 없도록 하며, 따라서 과학적인 현실인식을 불가능하게 만든다. 이에 비해 맑스의 '과학적 문제틀'은 사회적 관계를 보여 주는 새로운 개념들 —— 생산양식, 생산관계, 생산력, 사회구성체, 상부구조, 이데올로기, 경제에 의한 최종심급에서의 결정, 사회계급들, 지배계급/피지배계급, 지배이데올로기/피지배이데올로기, 계급투쟁 —— 에서 출발하여 사회적 과정을 설명하고 있으며, 이들은 맑스의 '과학적인 이론적 실천'의 산물들인 것이다.

그러므로 후기 맑스의 '과학적인 문제틀'은 '이론적 반인간주의'에 기반을 두고 있다. 알튀세르는 먼저 자본주의 사회든 사회주의 사회든 계급적 관계가 완전히 소멸되지 않은 사회를 생산관계(생산수단의 소유와 통제 여부에 따른 복수의 계급들간의 사회적 관계)에 대한 분석 없이 개인 또는 추상적 인간을 기원으로 삼아 설명하려고 하는 '이론적 인간주의'에 반대한다. 그래서 그는 '유적 존재', '인간본질'이라는 추상적 관념에 의해 자본주의적 모순을 설명하거나, 역사를 소외된 인간본질을 회복해 나가는 목적론적 과정으로 보려는 서구의 '인간주의적 맑스주의'에 반대했을 뿐만 아니라, 소련 공산당 제20차 당대회에서 스탈린주의를 비판하면서 등장한 '사회주의적 인간주의'에 대해서도 반대했다. 그는 개인으로 환원될 수 없는 사회적 관계와 그 관계를 담지하고 있는 집합적 주체들 —— 대중, 계급 등 —— 의 계급투쟁에 의해 사회적·역사적 현상들을 설명하는 '이론적 반인간주의'의 문제틀을 통해서만 맑스주의를 과학적으로 재구성할 수 있다고 보았던 것이다.

2) 중첩결정과 구조화된 복합적 전체 : 본질주의 비판

알튀세르에 의하면 맑스의 이론을 과학적 문제틀로 재구성하기 위해서는 맑스 변증법과 헤겔 변증법간의 차이(철학적 혁명)를 분명히 해야 한다. 그는 맑스주의 변증법의 특수성을 규명하기 위하여 「모순과 중첩결정」, 「유물변증법에 대하여」에서 '모순'과 '총체성' 개념에 주목한다. 헤겔 변증법이 가지고 있는 '모순의 단순성과 보편성'을 거부하면서, 맑스 변증법은 '모순의 복합성과 특수성'에 기반을 두고 있으며 모순을 그 특수성 속에서 파악하는 것이라고 말한다. 사물의 발전과정은 다양하고 복합적인 많은 특수한 모순들에 의해 형성되며, 이러한 모순의 특수성에 의거하지 않으면 모순의 보편성을 생각할 수 없다. 그리고 이러한 모든 모순들을 하나의 기원적 본질로 회귀시키려고 하는 헤겔 변증법의 시도는 현실적으로 불가능한 것이며, 현실 속에서는 '구조화된 복합적 통일체에서 이전에 미리 주어진 것(the ever-pre-givenness of a structured complex unity)'만이 존재할 뿐이다.

'모순' 개념에서의 차이는 '총체성'의 구조의 차이를 예시하고 있다. '단순한 기원적 통일성'에 기반하는 헤겔주의적인 표현적 총체성(expressive totality) —— 여기서는 모든 것이 본질의 단순한 표현에 불과하다 —— 개념은 모순의 다양성과 복합성을 생각할 수 없도록 만들며, 하나의 중심 또는 본질에 의해 모든 것을 남김없이 포괄하려고 한다. 알튀세르는 맑스의 변증법이 결코 헤겔적인 '모순의 단순성'과 '표현적 총체성' 개념에 의해 설명될 수 없는 것이라고 강조한다. 이러한 차이를 분명히 하기 위해 알튀세르는 스피노자로부터 '구조적 인과성'이라는 관념을 끌어내고, 프로이트로부터 '중첩결정(overdetermination)'이라는 개념을 빌려 온다. 이러한 개념들에 의하면, '구조화된 복합적 전체(structured complex whole)'를 이루는 서로 구별되는 다양한 실재들(경제, 정치, 이데올로기 등)은 하나의 본질로 환원될 수 있는 것이 아니라, 서로의 차이 속에서 '지배의 구조(structure in dominance)'를 이룰 수 있을 뿐이다. 따라서 헤겔 변증법과 맑스 변증법은 단순히 '전도(inversion)' —— 관념론에서 유물론으로 —— 된 것이 아니라, 그 구조 자체가 변형된 것이다. 한편 알튀세르는 후기에 가서 헤겔 변증법이 지니는 본질주의적이고 목적론적인 구조와의 근본적 차이를 분명히 하기 위해 '총체성'이라는 표현 대신에 '전체'라는 표현을 사용하고자 한다. 발리바르의 말을 빌리자면, "맑스주의적 변증법은 총체성에 의해 정의될 수 있는 것이 아니라 **모순**에 의해, 그것도 원리상 절대로 **전체화될 수 없는** 모순에 의해 정의된다."[8)]

3) 최종심급에서의 결정과 재생산/변형의 관점 : 경제주의와 목적론 비판

'중첩결정'과 '구조화된 복합적 전체'라는 알튀세르의 유물변증법적 테제는 역사유물론(사회구성체의 역사에 대한 이론)에 적용되면서, 경제주의 —— 생산력주의와 경제(토대)결정론 —— 비판으로 나아간다.[9)] 알

---

8) 발리바르, 「잉여가치와 사회계급」, 이해민 역, 『역사유물론 연구』, 푸른산, 1989, 286쪽 주.

9) 알튀세르는 '구조화된 복합적 전체'와 '중첩결정'의 원리를 '러시아 혁명'이라는 현실적 경험을 통해 제시하고자 한다. 즉 비록 일반적 모순(본질적으로 두 적대적 계급들 사이의 모순 속에서 형성된 생산력과 생산관계의 모순)이, 혁명이 당면 과업이 된 상황을 규정하는 데 충분하다고 하더라도, 그것은 그 자신의 단순하고 직접적인 힘에 의해 '혁명적 상황'을 이끌어 낼 수도 없고, 혁명적 단절의 상황이나 혁명의 승리를 이끌어 낼 수는 더 더욱 없다는 것이다. 자본-노동의 모순은 결코 단순하지 않으며, 항상 그 모순이 작동되는 구체적인 형태들과 상황들 —— 상부구조의 형태들, 민족의 과거, 세계적 맥락 등의 역사적 상황 —— 에 의해 특정화되는 것이다. 레닌의 '불균등 발전

튀세르는 맑스의 「1859년 서문」이 '헤겔주의적인 진화론적 관념'에 의해 특징지어지고 있다고 보면서, 그 이론적 효과가 바로 생산력주의라고 지적했다. 맑스는 사회구성체의 역사(이행)를 두 가지 설명방식으로 설명했다. 하나는 생산력발전 및 생산력과 생산관계의 모순이며, 다른 하나는 계급투쟁이다. 앞의 설명방식을 강조할 경우 역사발전에 대한 설명은 이데올로기적 문제틀인 진화론이나 목적론으로 나아가게 된다.

그러므로 이러한 이데올로기적 설명에서 벗어날 수 있기 위해서는 두 가지 설명방식이 과학적 문제틀에 의해 통일적으로 파악될 필요가 있다. 알튀세르는 이를 위해 '생산관계 우위' 테제를 제시한다. 즉 토대는 "생산관계의 지배하에서의 생산력과 생산관계의 통일"이라는 것이다.[10] 이러한 테제는 발리바르에 의해 이미 제시되었고, 르쿠르에 의해 더욱 세련화되었다. "생산관계와 생산력의 통일에 대한 다른 개념이 발견되어야 하며, 이러한 통일이 함께 맞물리는 지점이 파악되어야 한다 —— 계급착취 속에서. 그리하여 생산관계는 바로 자신의 모습으로 나타나고, 계급관계는 모든 생산과정과 생산력 자체(분업과 노동조직)에 그들의 흔적을 남길 뿐만 아니라, 착취는 모든 계급투쟁의 토대로 드러나고, 계급투쟁은 더 이상 파생된 현상이 아니라 생산력/생산관계의 모순이 함께 맞물리거나 또는 맞물리지 않을 수 있는 장이 된다."[11] 그러므로 두 가지 설명방식은 생산력과 생산관계의 모순이 계급착취의 관계 속에서, 그리고 계급투쟁 속에서 스스로를 드러낼 수밖에 없다는 점에서 하나의 논리 속에서 통일적으로 파악되게 된다.

법칙'이란 바로 이러한 상황을 규정하기 위한 것이다(L. Althusser, "Contradiction and Overdetermination", *For Marx*, pp.94~98).

10) L. Althusser, "Is it Simple to be a Marxist in Philosophy?", p.175.

11) D. Lecourt, *Proletarian Science?*, London, NLB, 1977, p.110.

이렇게 하여 생산력주의에서 벗어날 수 있게 되었지만 또 다른 경제주의, 즉 토대결정론의 문제는 여전히 남아 있다. 그런데 알튀세르에 의하면, 맑스는 토대/상부구조론을 통하여 '고리의 양끝' ── (경제적) 생산양식에 의한 최종심급에서의 결정, 상부구조들의 상대적 자율성과 그들의 특수한 효과 ── 을 제공하고 있다. 상부구조는 더 이상 단순한 토대의 부수현상이나 예외적 상황이 아니다. 상부구조는 '중첩결정' 속에서 효과를 나타내는 상대적으로 자율적인 심급이다. 그런데 알튀세르에게 이러한 중첩결정의 테제는 또 다른 테제 즉 '최종심급에서의 결정'이라는 테제와 결합함으로써 비로소 유물론적인 테제가 된다. 중첩결정의 상대주의로부터 벗어나기 위해서는 결정의 원칙을 언급해야 하며, '최종심급에서의 결정'은 바로 이러한 결정의 원칙을 제시하는 것이다. 그렇지만 경제가 단순한 결정의 위치에 있는 것은 아니며, 그 결정의 형태는 구체적 상황과 조건들에 따라 무한한 다양성을 띠게 된다. 그러므로 "처음부터 끝까지 최종심급의 외로운 시간은 결코 오지 않는다."[12)]

그렇다면 '구조화된 복합적 전체'로서의 사회구성체의 역사는 어떻게 설명될 수 있는 것인가? 「이데올로기와 이데올로기적 국가기구들」에서 알튀세르는 맑스의 '공간적 은유'를 역사적 과정 속에서 구체적으로 설명할 수 있는 이론적 관점을 도입하고자 한다. 특히 상부구조의 객관적 실재와 그 상대적 자율성을 논증하기 위해 '재생산의 관점(the point of view of reproduction)'을 도입한다. 그는 '재생산의 관점'이 아니면 상부구조의 존재와 성격, 그리고 상부구조와 토대의 상호작용을 분석해 낼 수 없다고 말한다. 사회(사회구성체)는 생존을 위하여 스스로를 재생산하지 않으면 안 된다. 이러한 재생산은 '생산력의 재생산'

12) Althusser, *For Marx*, NLB, 1977, p.113.

과 '생산관계의 재생산'을 기반으로 한다. 그런데 생산관계의 재생산은 우선 생산 및 유통과정의 물질성에 의해 재생산되지만, 그와 동시에 대부분의 법적·정치적·이데올로기적 상부구조에 의해, 특히 국가기구들 —— 억압적 국가기구(군대, 경찰, 사법부 등)와 이데올로기적 국가기구들(학교, 교회, 가족, 커뮤니케이션 기구 등) —— 속에서 국가의 권력행사에 의해 재생산이 보증된다. 그런데 알튀세르는 이러한 국가기구들은 '생산관계의 재생산'이라는 하나의 공유된 역할 속에서 기능한다고 말한다. 그러므로 '생산관계의 재생산'과정에는 항상 이데올로기적 관계가 동시에 현존하게 되며, 상부구조(이데올로기)는 토대의 재생산, 나아가 사회구성체 전체의 재생산을 위한 필수적인 존재조건이 된다. 한편 페쇠(Pêcheux)에 의해 '재생산'이 '변형'과 동시적인 과정임이 강조되었고, 알튀세르 자신도 「후기」에서 계급투쟁이 바로 재생산의 계기와 변형의 계기가 동시적이면서 모순적으로 접합되는 과정이기에 재생산의 관점이 계급투쟁의 관점과 분리될 수 없음을 강조했다.

이제 생산양식(토대)과 사회구성체 전체간의 관계는 재규정된다. 현실적으로 존재하는 하나의 역사는 생산양식의 역사가 아니라 사회구성체의 역사이다. 그러므로 생산양식의 역사에 의해서 사회구성체의 역사가 설명되어야 하는 것이 아니라, 사회구성체의 역사에 의해서 생산양식의 역사가 설명되어야 하는 것이다.

뿐만 아니라 이러한 사회구성체의 역사는 '주체도 목적도 없는 과정'이다. 사회구성체의 재생산/변형과정 즉 계급투쟁의 과정은, 구체적 상황과 조건들에 의해 변화하는 경제적·정치적·이데올로기적 관계들과 투쟁들의 복합적이고 불균등한 접합의 과정이며, 이러한 과정에서는 어떠한 선험적 주체도, 미리 정해진 목적도 존재할 수 없는 것이다.

4) 이데올로기와 '주체' 범주

이데올로기론은 맑스주의 이론에서 가장 혼돈스러우면서, 가장 취약한 부분들 중의 하나이다. 알튀세르는 맑스주의의 이론적 문제들이 이데올로기론의 모순이나 결핍과 무관하지 않다고 보면서, (후기) 구조주의의 '주체' 이론, 프로이트의 무의식이론, 그리고 라캉의 정신분석학 등을 통해 이데올로기론을 재구성하고자 했다.

알튀세르에게 이데올로기는 이중적 측면에서 논의되는데, 첫째는 하나의 독자적 심급(층위)으로서 다른 심급들 —— 경제, 정치 —— 과 어떠한 관계를 맺고 있는가 하는 것이고, 둘째는 이데올로기가 어떠한 과정을 통해서 형성되며, 그 성격이 어떠한가 하는 것이다. 전자가 '상대적 자율성'과 '중첩결정'의 문제라면, 후자는 이데올로기의 '물질성' 및 '상상성', 그리고 이데올로기와 '주체 범주'의 관계 문제이다.

전자의 문제는 이미 앞에서 논의되었으므로 후자의 문제를 중심으로 살펴보면, 알튀세르는 「이데올로기와 이데올로기적 국가기구들」의 후반부에서 먼저 '이데올로기 일반(Ideology in General)'과 특수한 '이데올로기들(ideologies)'을 구분하고 있다. '이데올로기 일반'은 무의식적인 성질을 지니고, 역사가 없으며, 물질성을 지니며, 상상적이며, 개인들을 '주체'로 호명(interpellation)하는 이데올로기의 일반적인 발생 매커니즘이면서 동시에 작동 매커니즘이다. 이데올로기는 단순한 허구적 관념에 불과한 것이 아니라 물질적인 존재조건들, 기구들과 실천들을 통해서 부단히 재생산되기 때문에 '물질성'을 가진다. 그런데 이러한 물질성을 가지는 이데올로기가 '상상적(imaginary)'인 것은, 그것이 개인들의 실재 존재조건들을 표현하는 것이 아니라 실재 존재조건들과 맺고 있는 '상상적' 관계를 표현하고 있기 때문이다. 이러한 '상상적' 왜곡이 일어나게 되는 것은 '주체'로서의 개인이 개입하고 있기 때문이다. '주체'는 스스로를 모든 사고와 행동의 기원이며 중심으로 인식하는 존재이다. 그리고 늘 일차적인 자명성 속에서 세계를 인식하며 살아가는 자연스러운 존재이다. 이렇게 하여 '주체 범주'는 이데올로기를 구성하게 되고, 역으로 이데올로기는 모든 개인을 '주체'로 구성하게 된다.

한편 '특수한 이데올로기들'은 한편으로는 '주체' 범주와의 연관 속에서 형성되면서, 다른 한편으로는 사회역사적 조건들에 따라 특수한 내용을 지니게 된다. 그러므로 '특수한 이데올로기들'은 내용적으로 달라질 수 있는 반면, '이데올로기 일반'은 소멸되지 않는 인식/오인의 보편적 매커니즘인 것이다. 그런데 이러한 이데올로기들이 작동하고 있는 영역으로서의 이데올로기적 심급은 특수한 이데올로기들 —— 지배이데올로기들과 피지배이데올로기들 —— 이 대결하는 계급투쟁의 장이기도 하다. 어떠한 내용으로 개인들을 주체로 구성하느냐에 따라 이데올로기는 다양한 방식으로 효과를 산출하며, 따라서 이데올로기 투쟁은 특정한 역사적 국면에서 대중의 정치적 실천을 구조짓는 데 중요한 역할을 하는 것이다.

초기 알튀세르가 주로 과학/이데올로기의 단절이라는 인식론적 측면에서 이데올로기 문제를 다루었다고 한다면, 후기 알튀세르는 이데올로기의 현실적 존재와 작동방식이라는 측면에서 이데올로기적 심급의 실재 문제를 다루었다. 초기 알튀세르가 인식론적 '주체(Subject)' 문제를 다루면서 이론적 반인간주의를 강조했다면, 후기 알튀세르는 '주체들(subjects)'의 역사적 구성 문제를 다루면서 이데올로기의 실재성와 그 작동 매커니즘을 강조했다고 할 수 있다. 이러한 관심의 변화는 후기로 갈수록 계급투쟁의 구체적 현실을 강조하고 있는 것과 무관하지 않다.

5) '주체 없는 과정'으로서의 역사와 대중운동

알튀세르가 역사를 '주체 없는 과정'이라고 했을 때, '주체'는 바로 '이데올로기적 주체', 즉 인식과 행위의 선험적인 기원 또는 중심으로서의 개인 주체를 말하는 것이다. '이론적 반인간주의'의 관점에서 볼 때, 역사는 이러한 개인 주체들의 행위로부터 설명될 수 없으며, 사회적 관계들의 복합적인 과정에 의해 설명될 수 있다. 역사란 다양한 심급들(관계들), 요소들, 모순들이 다양한 방식으로 중첩결정되는 구조화된 복합적 전체의 기원도 목적도 없는 과정이다.

그렇다고 해서 역사적 과정 속에서 인간의 행위 일반이 배제된다는 것은 아니다. 중요한 것은 개인들을 '사회적 관계의 담지자'로 보아야 한다는 것이다. 그러므로 추상적인 개별 주체들이 아니라 (경제적·정치적·이데올로기적인) 사회적 관계들의 담지자인 집합적 주체들 —— 계급 또는 대중 —— 이 진정한 역사의 주체라는 것이다. 역사라는 것이 사회적 관계들의 역사이고, 역사발전이라는 것이 사회적 관계들의 변형이라고 할 때, 사회적 관계들을 변형시킬 수 있는 진정한 주체는 결국 개별 주체가 아니라 집합적 주체이기 때문이다. 그리고 이러한 집합적 주체로서의 계급 또는 대중은 계급투쟁의 역사적 과정 속에서 미리 경계가 주어져 있는 존재가 아니라 부단히 형성되어야 하는 존재이다.

이렇게 볼 때, 사회주의를 향한 계급투쟁의 과정은 결코 순수한 노동자계급에 의존해서 가능한 것이 아니라 광범한 인민연합이나 대중운동의 활성화를 통해서 가능하다. 이를 위해서는 계급투쟁을 교조적으로 생각해서도 안 되며, 대중을 수동적으로 파악해서도 안 된다. 따라서 변화하는 현실에 발맞추어 '구체적 상황에 대한 구체적 분석'을 이루어 내지 못하는 한, 변혁을 위한 현실적인 집합적 주체를 형성하는 것은 불가능해지는 것이다. "가장 중요한 것은 혁명의 주역들을 적시에 인식하기 위해 구체적 상황을 구체적으로 분석하는 것"이다.[13]

6) 알튀세르의 이론적 의의

동구 사회주의의 몰락이라는 세계사적 변화와, 민주주의의 진전이라는 국내적 상황의 변화는 우리 진보학계에 맑스주의에 대한 이론적 반성을 요구해 왔다. 이러한 상황에서 알튀세르의 사상은 그 자체로 충실히 이해되기도 전에, 때로는 기존의 맑스주의적 관점을 옹호하는 방편으로, 또 때로는 맑스주의를 넘어서는 방편으로 이용되기도 했다. 이러한 과정에서 알튀세르는 많은 오해를 사기도 했다. 한편으로는 스탈린주의자, 구조주의자, 이론주의자라는 평가와 다른 한편으로는 상대주의자, 이데올로기주의자, 수정주의자라는 평가를 동시에 받으면서, 채 이해되기도 전에 낙인의 제물이 되기도 했다. 그렇지만 우리가 알튀세르의 이론을 정당하게 평가한다면, 그는 '중첩결정'의 상대주의와 '최종심급에서의 결정'의 결정론 양자로부터 벗어나면서 맑스주의를 '비판적으로 재구성'하고자 한 '비판적 맑스주의자'라고 할 수 있을 것이다. 그래서 알튀세르의 사상이 지니고 있는 매력들 중 하나는 소위 '정통 맑스주의'의 경직된 이론틀을 해체하면서도 맑스 이론의 중심적 사상을 포기하지 않는다는 데에 있다고 할 수 있을 것이다. 이론적 중심마저 포기하려는 듯한 각종 '포스트주의'의 물결이 출렁이고 있는 상황에서, 무엇보다도 알튀세르는 변화된 현실 속에서도 맑스주의를 과학적으로 재구성해 낼 수 있는 한 가지 방법을 가르쳐 주고 있다.

그러므로 우선은 알튀세르 이론과 사상을 그의 이론 형성과정에서

13) 알튀세르, 「『맑스주의의 위기』 서문」, 윤소영 편, 『루이 알튀세르』, 민맥, 1991, 31쪽.

작용했던 다양한 개인적·사회적·지적 배경들에 근거하여 받아들여야 한다. 그래야만 왜 그가 해체의 위험을 무릅쓰고 맑스 이론을 비판적으로 재구성하고자 했는지, 그러면서도 왜 끝까지 공산주의자이기를 포기하지 않았는지를 이해할 수 있게 된다. 구조주의적 인식론에 의거하여 기존의 유물론적 인식론이 기반을 두고 있던 반영론과 경험주의적 인식론을 비판한 작업들, 상부구조와 이데올로기를 부수현상으로 취급하는 경제주의에 대한 반대, 맑스의 진화론적·목적론적 해석에 대한 반대와 계급투쟁의 관점에 대한 강조, 이데올로기 개념을 '허위의식'이 아닌 '무의식'의 관점에서 재구성하려고 한 시도들, 맑스주의의 위기의 근원을 맑스 자신에서부터 찾으려는 철저한 반성, 진정한 역사의 주체로서의 계급과 대중, 그리고 대중운동의 창의성에 대한 강조, 구체적 상황에 대한 구체적 분석의 강조 등은 우리의 현실 속에서도 부단히 제기되어야 할 문제들을 제기해 주고 있으며, 또한 '맑스주의의 비판적 정정'이 나아가야 할 방향을 제시해 주고 있다.

물론 알튀세르를 해석하는 방식은 다양할 수 있으며 그 자체가 논쟁거리이기도 하지만, 우선은 그의 이론과 사상을 '맑스주의의 비판적 정정'이라는 전체적 맥락 속에서 이해하고 평가하려는 자세가 필요하다고 하겠다. 게다가 더 중요한 것은 역시 그의 비판적 정신을 계승하는 것이다. 알튀세르는 후기에 와서 맑스주의가 '제한된 이론'임을 강조하면서, 변화된 현실 속에서 구체적 상황을 구체적으로 분석할 수 있기 위해서 맑스주의는 부단히 정정되고 재구성되어야 한다고 강조했다. 자본주의 구조의 변화와 계급구성의 변화, 자본주의와 정치적 민주주의의 결합, 복지국가의 등장, 더 이상 계급의 선으로 가를 수 없는 적대들과 새로운 사회운동들의 존재 등과 같은 현실적인 상황의 변화에 대한 구체적 분석이 없이는 사회주의(계급 없는 사회)로 나아가기 위한 구체적 전략 마련과 주체 형성이 불가능하다는 것이며, 이를 위해서는 맑스주의를 현실에 맞게 지속적으로 정정해 나가야 한다는 것이다. 결국 철저하게 비판적이고 유물론적으로 사고하고자 했던 까닭에 알튀세르는 변화되는 현실 속에 스스로를 열어 놓을 수 있었던 것이다.

3.문헌 소개

1965년 『**맑스를 위하여**』 이것은 「포이에르바하의 '철학적 선언'」, 「청년 맑스에 관하여」, 「모순과 중첩결정」, 「칼 맑스의 '1844년 초고'」, 「유물변증법에 대하여」, 「맑스주의와 인간주의」 등의 초기 논문들을 모아 놓은 책이다. 이 글들에서 알튀세르는 초기 맑스와 후기 맑스간의 '인식론적 단절'의 성격을 보여 주면서, 후기 맑스의 문제틀의 '과학적 성격'을 보여 주려고 시도했다. '문제틀', '이론적 실천', '실재 대상'과 '지식의 대상'의 구별, '이론적 반인간주의', '중첩결정', '구조적 인과성', '구조화된 복합적 전체' 등의 개념들을 통해 맑스주의의 과학적 성격을 규명하고 있다.

1965년 『**'자본론' 읽기**』 이 책에서 알튀세르는 구조주의적 인식론을 비판적으로 수용하면서 맑스의 『자본론』에 대한 '징후발견적 독해'를 통해 '경험주의적 지식이론'과 다른 맑스의 '지식이론'의 특수성, 즉 '인식론적 단절'의 성격을 밝혀 내고 있다. 이와 함께 맑스의 문제틀의 특수성을 '중첩결정'과 '최종심급에서의 결정', '구조적 인과성'이라는 개념들을 통해 설명하면서, 역사과학(역사유물론)으로서의 맑스주의가 어떤 측면에서 역사주의나 본질주의 등과 다른가를 논증하고 있다.

1971년 『**레닌과 철학**』 이 책에는 미국에서 편집된 책으로 「혁명의 무기로서의 철학」, 「레닌과 철학」, 「헤겔 이전의 레닌」, 「이데올로기와 이데올로기적 국가기구」, 「프로이트와 라캉」 등의 논문들이 실려 있다. 앞의 세 논문들은 철학에 대한 초기 입장 —— 이론(적 실천)에 대한 이론으로서의 철학 —— 에서 벗어나 '이론 내에서의 계급투쟁'이라는 후기 입장에 기반하여 '맑스주의 철학' 문제를 재조명한 글들이다. 「이데올로기와 이데올로기적 국가기구」는 대체로 두 부분으로 나누어지는데, 전반부에서는 재생산의 관점에서 토대/상부구조 이론을 재해석하면서 생산관계의 재생산에서 '이데올로기적 국가기구들'이 기능하는 방식에 대해 설명하고 있으며, 후반부에서는 이데올로기의 무역사성, 상상성, 물질성, 주체 범주와 호명기제 등에 관하여 논의하고 있다.

1972년 『**존 루이스에 대한 답변**』 이 글에서 알튀세르는 후기 입장에서 철학을 재정의하면서 '이론적 반인간주의'를 옹호하고 있다. 이 외에 '스탈린적 편향'에 대한 좌익적 비판과 '주체도 목적도 없는 과정'이라는 범주에 대해 짧은 논평을 하고 있다.

1973년 『**자기비판의 요소들**』 철학과 과학을 모두 '인식론적 단절'을 통해 설명하려고 했던 초기의 '이론주의적·합리주의적 편향'에 대해 자기비판하면서, 철학에서의 차이는 '단절'이 아니라 '혁명'으로 설명되어야 한다고 말한다.

1975년 「**아미엥에서의 주장**」 이 글은 「철학에서 맑스주의자가 되는 것은 단순한 것인가?」라는 제목으로도 발표되었는데, '이론적 반인간주의', '이론적 실천', '최종심급', '지식과정' 등에 대한 자신의 입장을 다양한 맥락에서 옹호하고 있다.

1976년 『**입장**』 이 책은 「프로이트와 라캉」, 「혁명의 무기로서의 철학」, 「맑스주의와 계급투쟁」, 「이데올로기와 이데올로기적 국가기구들」, 「아미엥에서의 주장」 등의 논문을 함께 엮어 놓은 것이다.

1977년 「**프랑스 공산당 제22차 당대회**」 이 글은 1976년에 공산주의

학생동맹 소르본 철학분과에서 개최한 토론회에서 주제발표한 논문으로서, 프랑스 공산당 제22차 당대회에서 결정된 사항들에 대해 비판적으로 논평한 글이다.

1977년 **「제한된 이론으로서의 맑스주의」** 이 글에서는 맑스주의 이론이 자본주의 생산양식의 분석과 그것의 모순적인 경향들을 분석하는 데, 즉 자본주의적 착취의 국면을 분석하는 데 제한되어 있음을 강조하고 있다. 그리고 정치의 문제를 부르주아 정치형태들과 부르주아 이데올로기의 틀을 넘어서서 사고할 것을 강조한다.

1978년 **「마침내 맑스주의의 위기가!」** 이 글은 맑스주의의 위기가 폭발한 것이 궁극적으로 맑스 자신의 이론적 곤란――'잉여가치의 회계적 서술'에 따른 경제주의적 경향, 진화론――과 결핍――국가론, 계급투쟁의 조직이론――에 기인하는 것이며, 이러한 위기의 폭발로 귀결된 조건들을 이해하기 위해서는 대중운동의 힘을 고찰해야 한다고 강조했다.

1978년 **「프랑스 공산당 내에서 더 이상 지속될 수 없는 것」** 이 글은 『르 몽드』지에 발표되어 커다란 반향을 일으켰는데, '좌파연합의 패배 원인과 당의 역할 및 이후의 정책'을 분석하기 위한 중앙위원회 총회에서 조르주 마르셰 공산당 당수의 논문이 격렬한 논쟁에도 불구하고 아무런 논평 없이 '만장일치'로 채택되었다는 발표에 대해, 당 내 토론 구조의 비민주성, 당의 화석화와 대중에 대한 불신 등을 비판한 글이다.

푸코

국가를 넘어선 권력과 '주체'의 형성

정 일 준

푸코 : 국가를 넘어선 권력과 '주체'의 형성

정일준

푸코 소개? 푸코는 이미 충분히 소개되었을 뿐 아니라 비판받고 검증되지 않았나? 이제는 푸코라는 사상가에 대해 논란을 그칠 때도 되지 않았나? '아직도 푸코인가?' 혹자는 이렇게 말할지도 모른다. '푸코를 잊어버리기'. 그렇지만 그의 사상으로부터 우리가 간취해 낼 수 있는 이론적 · 실천적 함의와 전망은 여전히 풍부해 보인다. 필자가 이해하는 한, 그의 사상은 이해해야 할 무엇이라기보다는 잘 이용해 먹어야할 그 무엇이다. 그의 업적은 구체적 연구와 실천에 적용되어야 하는 것이지, 그의 저작에 대한 주석(註釋)작업이 곧 그를 수용하는 작업일 수는 없는 것이다. 푸코는 잊혀지기보다는 닳아 없어져야 한다. 그래서 '여전히 푸코'인 셈이다.

1. "푸코는 누구인가?" 또는 "푸코를 어떻게 이용할 것인가?"

1) 푸코 수용현황

푸코의 이름은, 심지어 그의 책을 처음 펼쳐 드는 사람에게조차도,

낯설지 않다. 그의 주요 저작이 거의 전부 우리말로 번역되어서 그는 이미 우리 문화권의 한 부분이 되어 버렸다(문헌소개 참조). 이차적인 소개서의 번역도 이미 여러 권 있었고(Dreyfus & Rabinow, 1982 ; Smart, 1983 ; Poster, 1984), 그의 사상을 여러 각도에서 조감하는 논문집(한상진 · 오생근 1990 참조)뿐 아니라 그만을 다룬 단행본도 출간된 바 있고(이광래, 1989 ; 김현, 1990), 본격적인 연구논문도 나타나고 있는 수준이다(이정우, 1994). 그의 사상을 현대의 사회사상사적 맥락에서 비판적으로 고찰하는 연구서(Best & Kellner, 1991 ; 황태연, 1992)와 더 나아가서는 푸코의 문제틀을 적용하여 구체적인 비교역사적 연구를 수행한 업적도 있다(최정운, 1992). 현대 · 탈현대의 사회사상을 소개하는 개설서치고 그에게 한 부분을 할애하고 있지 않은 저서를 찾기 힘들 정도다.

푸코가 수입된 것은 다양한 학문분과를 통해서 였지만 아마도 그에 대한 관심이 고조된 것은 소위 '포스트모더니즘의 도전'이라는 맥락에서였다고 사료된다. 탈현대 사상에 대한 관심은 프랑스의 지적 조류에 대한 관심을 고조시켰으며 푸코는 이들 중 한 지류로 소개되기 시작했다. 푸코의 스승이자 지적 동료였던 알튀세르가 한국의 '진보적' 지식인들로부터 그토록 열광적인 환영을 받았던 점에 비추어 보면, 푸코에 대한 관심은 다소 냉랭했다고도 볼 수 있다. 상이한 인식관심과 문제틀은 사뭇 다른 상을 낳게 되는 법이다. 귤이 회수를 건너면 탱자가 된다고 했던가. 푸코가 미국 식 분과학문 체제 때문에 주로 철학이나 문학, 역사학 같은 '인문과학' 분야에서 읽히고 또 번역되어 소개되는 동안 상대적으로 사회과학 쪽에서의 관심은 저조했는데, 이런 사정이 푸코는 뭔가 '현학적'이며 현실로부터 유리된 '난해한' 사상가라는 인상을 굳히게 만든 것 같다. "푸코는 '우리에게' 무엇인가?"라는 문제제기보다는 "푸코는 (우리에게) 무엇인가?"라는 질문에 더 강조점이 두어져 왔던 것이 저간의 사정이었던 것 같다. 푸코 자신은 "나라면 니체를 해석하기보다는 이용하겠습니다"(Foucault, 1980a)라고 말하고 있지만, 우리는 푸코를 '이용'하기보다 그의 저작들을 '이해'하는 데에 더 힘을 기울여 온 형편이다. 푸코는 자기를 통해 세상의 단면을 보도록 유도한다. 그런데 이때의 '푸코'라는 창문은 감옥의 그것일 수도 있고, 높은 빌딩의 그것일 수도 있으며, 어쩌면 날아가는 비행기의 창문일 수도 있는 것이다. 각주구검(刻舟求劍). 우리가 푸코를 이용할 때 범하지 말아야 할 오류이다. 여기에 하나 덧붙이고 싶은 사항이 있다. 푸코의 저작은 두 가지로 확연히 구분된다. 그는 생전에 자기 자신이 심혈을 기울여 직접 탈고한 저작과, 다소간 실험적이고 밑그림 그리기에 불과한, 강연들에서 직접 초록한 책들을 구분하고자 했다. 이 두 가지 종류의 저작들은 물론 같은 수준에서 논의될 수 없다. 그렇지만, 푸코의 문제의식을 보다 생생하게 정확히 포착하고 그의 전반적인 연구동향을 추적하기 위해서는 이들 후자의 책들도 빼놓을 수 없다. 푸코 이름으로 나온 저작 중 상당수가 대담이나 강연으로 내용을 채우고 있는 것을 볼 수 있는데, 이는 푸코 자신이 본고장인 서구에서조차 많은 논란의 대상이 되어왔음을 나타내는 것이기도 하거니와, 다른 한편으로는 어쩌면 이해받기보다는 오해를 더 심하게 받아온 까닭에서 연유하는 것이기도 한 듯 싶다.

이 글에서 푸코의 모든 저작을 소개하거나 평가할 여지는 없어 보인다. 여기서는 푸코의 문제의식을 따라 그의 사상을 우리 현실에서 어떻게 이용할 것인가에 대해 살펴보는데 집중하기로 한다. 그의 삶과 지적 맥락에 대한 간단한 소개와 더불어, 편의상 그의 권력에 대한 견해와 주체형성에 대한 견해에 초점을 맞출 것이다.

2) 푸코의 삶과 사상의 형성 · 변형

푸코는 1926년 프랑스 프와티에에서 태어나 1984년에 죽었다. 철학자로서의 그의 학문적 이력은 앙리 4세 고등학교에서 장 이폴리트(Jean Hyppolite)와 함께, 고등사범학교에서는 알튀세르와 함께 공부하면서 시작되었다. 철학의 추상성과 진리에 대한 진부한 주장을 참지 못하게 되면서, 푸코는 대안적 연구 형태로 심리학과 정신병학으로 전환하고 1950년대 초 프랑스 정신병원에서의 정신병리학의 관행을 관찰하였다. 이러한 연구들로 인해 정신병이라는 주제에 대한 최초의 두 권의 책이 탄생했고, 생애 전체에 걸친 지식과 권력의 관계에 관한 통찰이 비롯되었다. 한때 공산당 당원으로 가입하기도 했지만 교조적 구속을 받아들이지 못하고, 생애 전체를 통해 지속되는 맑스주의에 대한 불확실한 감정을 유지한 채로 공산당과 결별했다(1950~1953). 푸코는 1955년부터 3년간 스웨덴의 웁살라(1955~1957)에서, 1958년에는 일년간 폴란드의 바르샤바에서, 그 다음에는 독일의 함부르크에 있는 프랑스 문화원에서 프랑스 문학과 어학을 가르쳤다. 그 후 조르주 캉귀엠(Georges Canguilhem) 아래서 과학의 역사에 대한 국가박사 학위를 마치기 위해 1960년에 프랑스로 돌아왔다. 푸코의 학문적 경력은 화려한데, 1962년에 클레몽-페랑 대학의 철학교수가 되었으며, 그 후 1966년 3년 계약으로 알제리의 튀니지로 가서 2년 반을 머물렀다. 1968년 5월 항쟁 이후 푸코는 잠시 낭테르 대학을 거쳐 뱅센느 대학 철학과의 학과장이 되었다가, 1970년에 프랑스의 최고교육기관인 콜레주 드 프랑스에 사상체계사(History of Systems of Thought)교수로 임명되었다.

푸코는 한마디로 땅 끝에 선 예언자이다. 그는 자기 저작을 통해 이성/광기, 정상/비정상, 합법/불법을 가르는 역사적 분기(分岐)를 갈파했을 뿐 아니라 자신의 삶 자체를 하나의 실험도구로 삼아서 항상 새로운 지평을 열어 젖히고자 시도했다(Megill, 1985). 그는 "내 저작들은 내 삶의 일부"(Foucault, 1982c)라고 말하고 있다. 그는 자기 저작들이 자신의 직접적 경험과, 적어도 부분적으로라도, 관련되지 않은 것은 없다고 한다(Foucault, 1978b). 보통 사람이, 특히 우리 문화권에서 푸코의 삶을 평한다면 아마도 그에게 가장 잘 어울리는 호칭은 '철학자', '역사학자', '사회과학자', 또는 '대학교수'보다는 아마도 '미친놈'이 될 것이다. 주지하다시피 그는 동성연애자였으며, AIDS로 죽었다. 그의 지인(知人)들은 이성적으로 잘 균형 잡힌 대학교수로서의 푸코 이외에도 가히 광기의 화신이라 할 만한 전투적 자유주의자로서의 그의 삶의 편린에 대해서도 증언하고 있다(Eribon, 1989 ; Macey, 1993). 그와 함께 일할 기회가 있었던 동료 교수들은 "다른 두 가지 모습이 푸코 속에서 동거하고 있는 데에 놀랐다"고 말하고 있다. "하나는 문헌이 뒷받침된 강점과 더불어 그 문헌들을 취급할 때의 굉장한 논리장치와 냉정함이 있다. 또 하나는 존재에 대한 감수성·예민함·섬세함이었다"(『르 몽드』지 1984년 6월 27일자 ; 이광래, 1989에서 재인용). 그와 '현대성(modernity)'에 대한 해석을 둘러싸고 지적 라이벌 관계에 있는 것으로 우리에게 알려져 있는 하버마스는 푸코에 대한 인상을 다음과 같이 묘사하고 있다. "한편으로는 객관성을 추구하는 침착한 과학적 자제력을 지닌 학자로서의 그와, 다른 한편으로는 유혹에 약하며, 주관적으로 흥분하기 쉽고, 도덕적으로 민감한 지식인으로서 정치적 활력을 지닌 그 사이의 긴장으로 말미암아 쉽게 범주화할 수 없다"(Habermas, 1984). 푸코만큼 삶과 학문활동이 긴밀하게 연결되어 있던 사상가도 드물 것이다. 그가 10여년 전 57세를 일기로 죽었을 때, 그의 동료들은 다음과 같은 말로 그의 죽음을 애도했다. "우리는 한 사람의 위대한 사상가를 잃었을 뿐 아니라, 전투적인 거리의 싸움꾼 하나도 잃어버렸다." 그가 이 땅에 태어났다면 그는 아마도 평생을 자신이 분석한 바 있던 감옥이나 정신병원에서 지내기 십상이었을 것이다. 실제로 말년의 푸코는 프랑스의 사회적·지적 분위기가 주는 압박감으로부터 탈출하고자 콜레주 드 프랑스의 교수직을 때려치우고 미국으로 이민가 버리고 싶은 속마음의 일단을 드러내 보인 적도 있다(Foucault, 1982c).

"푸코는 누구인가?"라는 질문에 대해서는 푸코 자신의 입장을 살펴볼 수 있는 많은 언급들이 있다. 그는 「저자란 무엇인가?」(Foucault, 1969b)라는 글에서 다음과 같이 말하고 있다. "오랫동안 되풀이되어 온 다음과 같은 질문들은 이제 들을 수 없을 겁니다. '실제로 말한 사람은 누구인가? 정말 그 사람인가? 다른 사람은 아닌가? 어떤 정통성 또는 어떤 독창성이 있는가? 그가 자신의 담론 속에서 자기 자신에 관해 표현한 가장 심오한 것은 무엇인가?' 이런 질문들 대신에 우리는 다음과 같은 다른 질문들을 듣게 될 겁니다. '이 담론의 존재방식들은 무엇인가? 이 담론은 어디에서 왔으며 어떻게 순환할 수 있고 누가 그것을 자기 것으로 삼을 수 있는가? 가능한 주체들을 위해 그 속에 마련된 자리들은 어떤 것들인가? 주체의 이 다양한 기능들을 수행할 수 있는 사람은 누구인가?'" 푸코는 결국 "누가 말하건 무슨 상관인가?"라고 우리에게 반문하고 있는 것이다. 푸코는 저자가 자기 책을 지배하는 것을 피하려고 했을 뿐만 아니라 심지어 자기 책을 쓰는 행위에 대해서조차 철저하게 낯선 위치를 고수하고자 했다. "나는 내가 정확히 누구인지 알아야 한다고는 생각하지 않습니다. 인생을 살아갈 때나 작업을 할 때의 주요 관심사는 처음 시작할 때와는 전혀 다른 누군가가 되는 것입니다. 어떤 책을 쓰기 시작했을 때 만약 당신이 책 끄트머리에 무엇이라고 쓸 것인지 미리 알고 있다면, 당신은 그 책을 쓸 엄두가 나겠습니까? 책을 쓸 때나 연애관계에서 진실인 것은 또한 인생에도 마찬가지로 진실입니다. 끝이 어떠할 지 모르는 한에서만 그 게임의 가치가 있는 것이지요"(Foucault, 1982b). 즉 그는 책을 각자가 자신의 욕구에 따라 싸움·사고·이야기하기 위해 분석 내지 개념을 그것으로부터 끄집어낼 수 있는 「도구상자」 같은 것으로 여겼던 것이다. 그는 다음과 같이 말한다. "내가 누구인지 묻지 말라. 나에게, 거기에, 그렇게, 머물러 있으라고 요구하지도 말라. 이것이 나의 도덕이다. 이것이 내 신분증명서의 원칙이다"(Foucault, 1969a).

3) 푸코의 사상사적 맥락 : 현대/탈현대 사상가와의 관계

푸코 자신은 '탈현대' 또는 '탈구조주의'라는 맥락에 자신이 위치지워지는 것을 못마땅해 한다(Foucault, 1983a). 이성이 복합적으로 변형되는 것은 볼 수 있지만, 왜 이러한 변형을 이성의 붕괴라고 불러야 하느냐는 것이다. 애초부터 이성은 복수로 존재했다는 것이 그의 입장이다. 그는 또 다른 합리성의 형식이 끊임없이 창조되고 있기 때문에, 이성이 지금은 끝난 하나의 긴 이야기이며 또한 이와는 다른 이야기가 움직이기 시작했다는 명제에는 아무런 의미가 없다고 본다. 푸코의 지적 계보를 따지는 일은 우리의 지적 현실에서 쉽지 않다. 푸코의 사상을 이해하기 위해서는 최소한 세 가지의 지적 배경을 알아야 한다(이정우, 1969a, 「서문」 참조). 하나는 프랑스의 '과학인식론'이며, 또 하나는 '구조주의'이고 다른 하나는 현대의 전반적인 문학, 예술에 대한 소양이다. 어느 것 하나 제대로 소개된 것이 없기에, 한국에서의 푸코 이해는 그만큼 힘든지 모른다.

푸코가 지적 영감을 가장 많이 받았다고 평가되는 인물은 단연 니체인데, 자신의 저서 『성의 역사 제1권』의 부제를 니체의 『권력에의 의지』를 따라 「앎의 의지」라고 부쳤을 정도이다. 푸코가 즐겨 사용하는 '계보학적' 분석도 니체를 따른 것이다(Foucault, 1971 ; 자세한 것은 안외순, 1993 참조). 푸코는 니체를 정치화시켜 지배와 착취, 그리고 주체의 종속화에 대한 투쟁의지를 북돋우고 있다는 점에서 니체의 정신을 십분 이어받고 있다고 할 수 있다.

푸코와 맑스, 맑스주의의 관계에 대해서는 몇몇 소개서와 논문들이 번역되어 있다(Smart, 1983 ; Poster, 1984 ; Balibar, 1989). 그를 알튀세르와 대비시키거나(Poster, 1984), 맑스주의 진영에 서서 푸코의 통찰력을 비판적으로 끌어들이고자 한 풀란차스의 논의(Poulantzas, 1978)가 참조할 만하다. 푸코를 막스 베버로부터 하버마스에 이르는 독일 비판이론 전통과 대비시키려는 시도도 이루어져 왔다(윤평중, 1990 ; 황태연, 1992). 여기서는 직접 푸코 자신의 입을 통해 여타 사상가나 사상적 조류와의 관계를 정리하고자 한다.

푸코는 물리학자가 자신의 저서를 쓸 때 반드시 뉴튼과 아인슈타인을 '인용'해야 하는 것이 아닌 것처럼 자기도 맑스를 인용할 때 아무런 인용부호도 달지 않는다고 한다. 이 말은 "현재로서는 맑스의 사상에 직접으로든 간접으로든 관련되지 않은 역사를 쓴다는 일이 불가능할 것이며, 맑스가 개척해 놓은 인식의 지평에서 완전히 벗어나는 일 또한 불가능할 것"임을 지적한 말이다(Foucault, 1980a). 따라서 그는 올바른 문제의식은 맑스와 지금의 역사가들이 가지고 있는 생각의 '차이'가 무엇인가를 묻는 것이라고 본다. 이처럼 사상가로서 맑스가 끼친 영향력을 결코 무시하거나 과소 평가하지 않으면서도, 그는 맑스를 19세기의 에피스테메에 갇혀 있다고 지적하는 데 주저함이 없다. "서구 지식의 심층(深層) 수준에 있어 맑스주의는 어떠한 실질적 단절도 도입하지 않았다. 맑스주의는 한 시대(맑스 자신의 시대) 동안 그것을 기꺼이 환대했던 인식론적 배치 속에서 (사실상 맑스주의에 공간을 마련해 준 것은 바로 이러한 인식론적 배치였기 때문에) 충만하고, 평온하며, 안락하고, 충족된 형태로 스스로의 자리를 차지했음에 틀림없다. 따라서 맑스주의는 이러한 인식론적 배치를 뒤흔들고자 하는 의도가 전혀 없었을 뿐만 아니라, 그것을 조금이라도 수정할 어떠한 힘도 가지고 있지 않았다. 맑스주의가 그것에 전적으로 의존하고 있었기 때문이다. 맑스주의는 마치 물고기가 물 속에 살듯이 19세기 사상 내에서 존재한다. 즉 맑스주의는 다른 공간에서는 숨쉴 수 없다는 말이다. 비록 맑스주의가 '부르주아' 경제이론들과는 대립관계에 있고, 이러한 대립으로 말미암아 역사의 발본적 전도(顚倒)라는 기획을 이들 이론들에 대항하는 무기로 사용하게 되더라도, 그러한 갈등과 기획은 그럼에도 불구하고 모든 역사의 개정이 아니라, 19세기의 부르주아 경제학과 19세기의 혁명적 경제학을 동일한 양태에 따라 동시에 규정하는, 고고학이 정확하게 위치선정을 할 수 있는, 하나의 사건을 그것의 가능성의 조건으로서 요구한다. 그들 사이의 논쟁이 어떤 파도나 약간의 잔물결을 일으켰는지 모르겠지만, 그것은 단지 어린아이들용의 얕은 풀장에서 발생한 폭풍에 불과하다"(Foucault, 1966). 푸코의 이러한 태도는 많은 논란을 불러일으켰으며, 맑스의 사상을 '과학'으로 재건하고자 시도한 알튀세르의 입장과는 극명하게 대비된다. 발리바르는 푸코가 맑스주의에 대해 단절에서 제휴로, 비판에서 활용으로 입장이 점점 바뀌어 갔다고 지적한다(Balibar, 1989). 그에 따르면, 푸코가 맑스를 가장 많이 활용했던 것은 그가 맑스를 가장 많이 인용했을 때가 아니고, 푸코가 맑스에게 가장 발본적인 비판들을 제기했던 것은 그가 맑스를 가장 자세히 읽었을 때가 아니라고 한다. 푸코 자신은 프로이트주의자나 맑스주의자, 구조주의자였던 적이 결코 없었다고 말하고 있다(롤레와의 인터뷰, 1983a). 그러면서도 "맑스주의는 끝나지 않았나?"라는 질문에 대해서는 다음과 같이 답하고 있다. "반복은 언제나 가능합니다. 응용하고 변형시키면서 반복하지요. 1945년 니체가 완전히 자격을 상실할 것인지는 신만이 알았을 것입니다. 이제는 맑스가 사라질 것이라는 점을 인정한다 할지라도, 그가 언젠가 다시 나타날 것이 분명합니다. 내가 열망하는 것은 맑스를 탈왜곡화시켜 진정한 맑스를 복구하는 것이 아니라, 맑스를 오랫동안 제한시키고 성가시게 조르면서 휘둘러 왔던 당의 도그마와 연관짓는 부담으로부터 그를 해방시키는 것입니다." 사람들이 그를 강제로 맑스주의와 대면시키고자 했을 때, 푸코는 다음과 같이 이야기하고 있는 것이다. "아니다. 그렇지 않다. 나는 당신들이 나를 노리고 있는 그 곳에 있지 않다. 여기 이렇게 웃으면서 당신들을 바라보고 있는 것이다"(Foucault, 1972).

푸코는 자신과 프랑크푸르트 학파와의 관계에 다음과 같이 약간 충격적인 진술을 하고 있다. "프랑스가 베버적 사상의 흐름에 대해 완전히 아무것도 모르고 있었다는 점입니다. 비판이론은 프랑스에 거의 알려지지 않았으며 프랑크푸르트 학파는 사실상 들어 보지도 못했습니다. 프랑크푸르트 학파와 프랑스 철학사상 사이에 —— 과학사와 합리성의 역사에 대한 탐구를 통해 —— 있을 수 있었던 상호이해는 결코 이루어지지 않았습니다. 나의 학창시절 동안 교수들이 프랑크푸르트 학파에 대해 언급하는 것을 단 한 번도 들은 적이 없었음을 확언할 수 있습니다." 그는 적어도 자신의 사상이 형성되는 동안에는 프랑크푸르트 학파를 비롯한 독일 사상의 흐름에 대해 알고 있지 못했노라고 이야기하고 있는 것이다. 이러한 지적교류의 부재에 대해 푸코는 다음과 같이 아쉬움을 표명하고 있다. "지금 분명하게 말하지만, 만약 내가 프랑크푸르트 학파를 잘 알고 있었더라면, 바로 그 당시에 그것을 깨닫고 있었더라면, 내가 했던 몇 가지 어리석은 말을 하지 않아도 되었을 것이며, 나 자신의 변변찮은 길을 따라가면서 저질렀던 수많은 우회(迂廻)를 피할 수도 있었을 것입니다. 바로 그 동안에 프랑크푸르트 학파에 의해 길이 열리고 있었던 것입니다. 그것은 매우 비슷한 유형의 두 이론이 바로 그 유사성으로 인해 전혀 상호침투되지 못한 이상한 경우입니다. 한 문제에 두 가지 유사한 방식으로 접근한다는 것 이상으로 그 공통의 문제를 잘 감추어 주는 것도 없을 것입니다"(Foucault, 1983a). 심지어 말년의 푸코는 콜레주 드 프랑스에서 행한 1983년도의 첫번째 강연에서 자신을 헤겔로부터 니체와 베버를 거쳐 프랑크푸르트 학파로 이어지는 전통 속에 위치시킬 정도가 되었다(Foucault, 1984d). 프랑크푸르트 학파의 계승자인 하버마스는 1980년에 행한 한 강연에서 푸코를 '젊은 보수주의자'라고 지칭한 바 있다(Habermas, 1980). 그런데 실제로 그가 푸코를 만난 것은 1983년이었으며, 그때까지는 푸코를 잘 이해하지 못하고 있었노라고 푸코 사후에 그를 회상하며 고백하고 있다(Habermas, 1984). 나중에 그는 『현대성의 철학적 담론』(1985)을 집필하면서 열두 차례에 걸친 강의 중 두 차례에 걸쳐 푸코의 사상을 고찰하고 있다. 푸코는 생전에 하버마스가 자신의 작업들에 대해 가한 비판에 대하여 대꾸하지 않았다. 푸코 자신은 논쟁에 휘말려 드는 것을 좋아하지 않는다고 밝히고 있는데, 이는 논쟁이 결코 생산적이지 않다는 판단 때문인 것으로 보인다(Foucault, 1984f). 그렇지만 하버마스가 지배와 의사소통 그리고 목적화된 행위를 서로 구분하고 있는 데 대하여, "나는 그가 세 개의 독립된 영역을 보고 있는 것이 아니라 세 개의 초월적 개념들을 본 것이라고 생각한다"고 언급하고 있다(Foucault, 1982b). 푸코가 보기에 하버마스는 의사소통 관계에 매우 중요한 위치, 즉 '유토피아적'이라고 할 수 있는 기능을 부여하고 있다는 것이다. 푸코는 다음과 같이 지적한다. "진리놀이들이 아무런 장애물이나 제약, 억압적 효과가 없이 자유롭게 순환될 수 있는 의사소통 상황이 존재한다는 생각은 내게는 유토피아로 여겨집니다"(Foucault, 1984e).

2. 푸코의 사회사상 : 참을 수 없는 존재의 무거움/가벼움

푸코의 초기 저작들은 인간과학 **담론들**이 가지는 한계를 분석하는 것이었다. 이후 그의 관심사는 **권력**이라는 축으로 옮겨졌는데, 그가 보기에 인간주체에 대한 진정한 담론이 가능한 조건들은 인민에 대한 지식과 통치체계 사이의 복잡한 관계를 포함하고 있었기 때문이다. 인간과학과 현대적 통치는 **지식/권력**이라는 연계 위에서 상호적으로 구성되는 것처럼 보였다. 권력분석에 전력을 다한 후에 푸코는 권력 그 자체보다는 인간을 주체로 구성하는 권력관계의 상이한 양식들로 눈을 돌렸다. 푸코의 말기 저작들에서 그는 자기 자신의 자아와 관계를 맺는 양식들을 **도덕**이라고 불렀다.

푸코의 저작을 관통하는 대립축은 제한하는 한계들이라는 무거움과 무제한적인 자유라는 가벼움 사이에 설정될 수 있다. 그 두 축 사이에 가능케 하는 한계가 존재한다. 그가 이야기하는 '위반'이라는 개념은 가능케 하는 한계를 잘 보여 준다. 불안정한 세력장 전반에 걸쳐 위반이 행해질 수 있으므로, 위반을 통해 획득할 수 있는 자유의 폭은 매우 넓게 느껴진다. 간혹 푸코의 특정 저작은 두 축 중 한쪽에 경도되어 있는 듯이 보이지만, 전체적으로는 무거움과 가벼움에 대한 균형이 이루어지고 있다고 사료된다.

1) 왜 국가를 넘어선 권력인가? : 일상생활에서 작동하는 권력의 미시물리학

우리는 개인적 삶의 여정을 통해 결코 —— 무거움, 아마도 '반드시' 그런 것만은 아니겠지만 적어도 이 책을 읽는 사람들에게는 예외 없이 적용될 것이다 —— 피해 갈 수 없는 일련의 제도들을 만나게 된다. 가정, 학교, 절/교회/성당, 군대, 공장/작업장, 병원 등의 순환체계가 그것이다. 그 누구도 이들 제도 외부에서 살아갈 수는 없다. 푸코는 우리가 기율사회(disciplinary society)에서 살고 있다고 본다. 그는 다음과 같이 반문한다. "감옥이 공장이나 학교, 병영이나 병원과 흡사하고, 이러한 모든 기관이 감옥과 닮은 것이라 해서 무엇이 놀라운 일이겠는가?"(Foucault, 1975a). 우리는 매순간 끊임없이 훈육받으며 살고 있다. 우리는 가정에서부터, 아니 태교를 통하여 어머니 뱃속에서부터 훈육받는다. "일찍 자고 일찍 일어나라", "밥 먹을 때 이야기하지 마라", "수건은 가지런히 걸어 놓아라", "웃어른께 공손해야 한다" 등등. 그리고 마침내 "선생님 말씀 잘 들어야 한다"는 훈계를 등뒤로 들으면서 학교로 향한다. 학교에서는 어떠한가? "공부 열심히 해라", "좋은 상급학교에 진학해야 한다", "학교의 명예를 더럽히지 마라", "선배들의 전통을 이어받자" 등등. 대개는 고3병을 심하게/약하게 앓으면서 대학에 진학한다. 아니 사실상 자기가 원하는 대학/과에 쉽게 들어가는 비율은 그리 많지 않다. 이들에게는 재수의 길 또는 불만 가득한 대학생활이 이어진다. 일단 대학에 들어오면 자유의 공기가 이들을 반기는가? 천만의 말씀이다. 여기서는 서로의 인격을 '존중'하여 선생님이 되었건 선배가 되었건 간에 겉으로 내놓고 이야기하지는 못하지만, 더욱 교묘한 훈육의 세례가 퍼부어진다. 가령 그/그녀가 대학 졸업 후 안정된 직장을 선망하여 고시공부에 발을 들여 놓았다고 치자. 그/그녀는 그 어떤 전문관료보다도 더 꽉 짜여진 생활계획표에 따라 몇 년을 보내야 할 것이다. 그/그녀는 비록 '자발적' 선택에 의한 것이긴 하지만 매순간 끊임없이 스스로를 규율해 나가게 된다. 대한민국의 신체건강한 남성은 일정한 연령에 이르면 예외 없이 징집당하여 군대에 간다. 신병훈련소에서 배우는 것은 무엇인가? 걷는 법, 말하는 법, 밥 먹는 법, 무기와 내무반 정돈하는 법, 심지어 잠자고 '꿈꾸는' 법에 이르기까지 새로 배운다. 이 과정을 무사히 마치고 훈련소를 떠나 자대배치를 받게 되면 비로소 군기(軍紀)가 잡힌 셈이다. 군대에서는 주로 몸을 훈련시키는데 비해 절·교회·성당에서는 영혼을 훈육한다. "욕심을 버려라", "도둑질하지 마라", "간음하지 마라", "거짓말하지 마라", "네 이웃을 사랑하라" 등등. 혹 이 모든 규율화 과정에 대항하여 저항하게 되면 어떻게 될까? 그는 감옥에 보내지거나 정신병원에 보내지게 될 것이다. 이 모든 과정에서 받는 스트레스로 인하여 몸의 균형이 잠시나마 무너지게 되면 우리는 병원신세를 져야 한다. 이처럼 기존체제로부터 축출, 배제당하지 않기 위해 각 개인은 끊임없이 자기 신체를 조련하게 되며, 이와 같은 부단한 실천의 결과 '길들여진 신체'가 만들어진다고 푸코는 주장한다. 이데올로기는 '머리'를 통해서가 아니라 '몸'을 통해서 작동한다는 것이다.

푸코는 효과적인 훈육방법으로 '위계질서적인 감시'와 '규범화한 제재', 그리고 이 두 가지 기술을 결합시킨 것으로서 '시험'을 들고 있다. 푸코에 따르면 시험은 규격화하는 시선이고, 자격을 부여하고 분류하고 처벌할 수 있는 감시이다. 그것은 개개인을 분류할 수 있고, 제재를 가할 수 있는 가시성의 대상으로 만들어 버린다. 그러므로 모든 훈육장치 안에서 시험은 고도로 관례화되어 있다. 시험에는 권력의 의식과 실험의 형식, 힘의 과시와 진실의 확립이 결합되어 있다. 훈육/훈련과정의 중심에 있는 시험은 객체로 지각되는 사람들의 예속화를 나타내는 것이자, 예속된 사람들의 객체화를 나타낸다. 권력의 관계와 지식의 관련이 중첩되는 현상은 시험을 통해서 명백히 드러난다. 즉 시험은 권력 행사의 일정한 형태와 지식 형성의 일정한 형식을 연결짓는 구조를 갖는다. 푸코의 분석을 좀더 따라가 보자(Foucault, 1975a).

① 시험은 권력 행사에 있어서 가시성의 경제를 역전시켜 놓는다('계

몽(啓蒙)'의 의미 역전). 전통적으로 권력이란 보여지고 자기를 과시하며, 스스로를 드러내고, 또한 역설적으로 그것이 발휘되는 움직임에서 힘의 원리를 발견하는 것이다. 그 권력의 영향하에 놓여 있는 사람은 어둠 속에 머무를 수 있다. 그들은 자기들에게 허용되는 권력의 부분이나, 혹은 일시적으로 얻게 되는 권력의 반영을 통해서만 빛을 받을 뿐이다. 그런데 기율권력(紀律權力)은 자신의 모습을 보이지 않게 하면서 행사된다. 오히려 권력은 복종하는 사람들에게 의무적인 가시성의 원칙을 부과한다. 기율에서 보여져야 할 사람은 복종하는 자들이다. 그들을 빛 속에 드러냄으로써 그들에게 행사되는 권력의 지배는 확보된다. 기율의 대상인 개인을 예속의 상태로 유지하는 것은 끊임없이 보여지고, 항상 보여질 수 있다는 사실이다. 그리고 시험이란 권력이 자신의 위력의 표시를 전달하거나 스스로의 표시를 그 대상에게 부과하는 대신, 대상을 객체화의 구조 속에서 포착하게 만드는 기술이다. 기율권력은 자신이 지배하는 공간 속에서 본질적으로 대상들을 구획 정리하며, 스스로의 위력을 드러낸다. 시험은 말하자면 이러한 객체화의 의례와 다름없는 것이다.

② 시험은 또한 개인을 자료의 영역 속으로 집어 넣는다(權力－知識). 시험은 사람들의 신체와 연·월·일의 차원에서 구성되는, 섬세하고 정밀한 모든 기록을 뒤에 남겨 놓는다. 개인을 감시영역 안에 두는 시험은 또한 개인을 기록망 속에 넣어 두는 것이다. 시험은 개인을 붙잡아 고정시키는, 두툼한 기록문서에 집어 넣는다. 시험의 여러 가지 방식은 집약적인 기록과 서류보관의 체계를 동반하게 된다. '기록에 의존하는 권력'은 기율의 톱니바퀴 같은 장치 안에서 본질적인 부속품으로 조립된다.

③ 시험은 기록에 관련된 모든 기술을 통하여 각 개인을 하나의 '사례(事例)'로 만든다(개별화된 통치). 즉, 그것은 지식의 대상이 되는 동

시에, 권력의 포획물이 되는 그러한 '사례'이다. 사례란 기술하고, 평가하고, 측정하며 다른 개인과 비교할 수 있는, 또한 이 모든 것이 개인성 자체에서 그렇게 될 수 있는 그대로의 개인을 가리킨다. 그것은 또한 훈련시키고 재교육시키며, 분류하고, 규격화시키고, 배제해야 할 개인이기도 하다. 개인적 차이에 대한, 관례적인 동시에 '과학적인' 규정으로서의 시험, 그리고 각 개인의 고유한 개별성을 파악하는 작업으로서의 시험은 새로운 권력양태의 출현을 보여 준다. 이러한 새로운 권력양태에서 개개인은 자신의 개인성을 자신의 지위로 받아들이고, 자신을 특징짓고, 어떤 식으로건 자신을 하나의 '사례'로 만드는 특징이나 척도, 차이와 '평가'의 규약에 따라 묶여 있게 된다.

결국, 시험은 개인을 권력의 결과와 대상으로, 지식의 결과와 대상으로 만드는 여러 방식의 중심에 자리잡고 있는 것이다. 시험이야말로 위계질서적인 감시와 규격화에 따른 처벌을 결합시키면서 배분과 분류, 힘과 시간의 양에 대한 최대한도의 이용, 단계적이고 지속적인 자료 축적, 적성에 대한 최적의 조립효과 등 주요한 기율기능을 확보한다. 따라서 그것은 독방중심적이고 유기체적이며, 단계적이고 조립식인 한 개인을 만들어 내는 기능을 수행한다. 아마도 개인이라는 것이 사회의 '이데올로기적' 표상의 허구적 원자일 수 있겠지만(알튀세르와 대비), 그것은 또한 '기율/훈련'이라고 명명되는 권력의 특유한 기술에 의해서 제조되는 현실의 모습인 것이다. 푸코는 근대의 휴머니즘적 전통이 권력과 지식을 이분했다는 점에서 오류를 범했다고 지적한다(Foucault, 1980a). 권력과 지식은 서로가 엇물려 있는 것이기에 지식이 권력과 상관없이 성립될 수 있는 계기가 있으리라는 생각(푸코는 이것이 유토피아를 꿈꾸는 전통적인 휴머니즘의 발상이라고 본다)은 잘못된 것이라는 견해이다. 지식 없는 권력의 행사는 불가능한 것이며, 권력의 효과 없는 지식 또한 불가능하다. 하버마스가 적절히 지적하고 있는 것처럼, 푸코가 그 성격을 국지적·연속적·생산적이고 편재적이며 모세관과 같은 망상구조를 가지고 있다고 되풀이해서 서술하는 그 기율권력은 머리보다는 신체 속에 더 확고히 뿌리를 내린다. 그것은 정신보다는 육체를 지배하며 엄격하게 기준에 맞추는 강제력에 육체를 종속시키는 —— 이를 위해 어떠한 규범적 토대를 필요로 하지 않는 —— 생체권력(bio-power)의 형태를 갖는다. 그 기율권력은 인간주의적 담론을 통해 형성되어 반대담론의 비판을 받았던 허위의식을 필수적으로 거쳐야 할 필요 없이 기능한다. 인간과학적 담론은 오히려 그 응용의 실천들과 혼합되어 불투명한 권력복합체가 되며, 모든 이데올로기 비판은 이 권력복합체에 부딪쳤다가 되돌아온다(Habermas, 1985). 우리가 권력이라고 부르는 보이면서 동시에 보이지 않는, 현존해 있으면서 은폐되어 있는 편재적인 이 수수께끼 같은 존재를 이해하는 데 있어 맑스와 프로이트도 우리를 만족시키지 못하는 것 같다고 푸코는 진단한다.

푸코의 이와 같은 권력의 지도그리기 작업은 그에게 '권력의 해부학자'라는 명칭을 가져다 주었다. 그렇지만 동시에 그의 작업이 해방의 요구에 대해 새로운 자극을 주기는커녕 그 자신도 '판옵티콘'의 매커니즘에 갇혀서 변증법적 비판에 함축된 적대를 어떻게 대치할지에 대해 아무런 전망도 제시해 주지 못하고 있다는 비난을 받게 된다. 요컨대 푸코에게는 권력의 '미시물리학'만 있을 뿐, 이러한 국지적 수준의 권력관계가 일반적인 지배관계와 어떻게 연결되는지에 대한 통찰이 결여되었다는 지적이다. 이런 종류의 비판에 대해 푸코는 '통치성'이라는 범주를 근대 국가의 기원으로부터 추적해 오면서 대응하고 있다.

2) 권력과 저항 : 「통치성」이라는 문제틀

우리는 권력이 위로부터 행사된다고 생각한다. 열차가 탈선해도, 비행기가 추락해도, 배가 뒤집혀도, 다리가 무너져도, 가스가 폭발해도 그때마다 우리는 대통령을 탓한다. 비가 내리지 않아도, 태풍이 몰아쳐도 대통령의 덕이 모자라다고 생각한다. 심지어 국제적인 운동경기에서 우리선수가 좋은 성적을 거두거나 또는 거두지 못해도 대통령의 운을 들먹인다. 푸코는 사유와 정치분석에서 왕의 목을 베어 버릴 것을 제안한다(Foucault, 1976). 푸코는 국가가 —— 모든 권력의 궁극적인 합류점으로서 —— 조직된 권력을 보장하는 모든 권력기구를 대표한다고 보는 생각은 이제 분석의 현실성을 잃었다고 생각한다(Foucault, 1980a). 그는 다음과 같이 국가를 자신의 분석 속에 재위치시킨다(Foucault, 1978a).

“오늘날 국가가 행사하는 사랑 또는 공포의 매력을 우리는 모두 알고 있습니다. 우리는 국가의 기원과 그것의 역사, 전진, 그것의 권력과 남용 등등에 대해 얼마나 많은 관심들이 기울여졌는지도 알고 있습니다. 국가문제에 지나친 가치가 부여되어 있다는 점은 기본적으로 두 가지 방식으로 표현됩니다. 즉각적이고 매혹적이며 또한 비극적인 하나의 형식은 우리가 직면해 있는 냉혹한 괴물의 변덕입니다. 그러나 국가문제를 과대평가하는 두번째 방식이 있는데, 이것은 환원주의적이라는 점에서 매우 역설적입니다. 그것은 국가를 몇 가지 기능, 가령 생산력발달과 생산관계 재생산 등과 같은 것으로 환원시키는 분석형태입니다. 국가역할의 상대적인 중요성에 대한 이러한 환원주의적 관점은 그럼에도 불구하고 여전히 국가를 공격할 필요가 있는 표적, 그리고 정복될 필요가 있는 특권화된 지점으로, 궁극적으로는 본질적인 것으로 간주합니다. 그러나 국가는, 역사상 그 어느 때보다도 오늘날에 와서는, 그것의 통일성, 개체성, 이와 같은 엄격한 기능성을 가지고 있지 않으며, 또한 솔직하게 말하자면 그러한 중요성도 가지고 있지 않습니다. 아마도 국가는 합성된 실재, 그리고 하나의 신비화된 추상에 지나지 않으며, 그것의 중요성은 우리 중 많은 사람들이 생각하는 것보다 훨씬 더 제한되어 있을 것입니다. 아마도 우리들의 현대성에 있어 —— 즉 우리의 현재에 있어 —— 진정으로 중요한 것은 사회의 국가화가 아니라 바로 국가의 '통치화'일 것입니다."

푸코는 **사목(師牧)**, **새로운 외교-군사 테크닉**, 그리고 **폴리스**, 이 세 가지가 서구 역사에 근원적 현상인 국가의 통치화가 가능하게끔 해 준 세 가지 요소라고 본다. 그는 '통치성(Governmentality)'이라는 용어로 다음과 같은 세 가지를 의미하고자 한다.

① 매우 특정하면서도 복합적인 형태의 권력을 행사할 수 있게 해주는 제도, 과정, 분석과 반성, 계산과 전술들로 구성되는 앙상블. 이러한 권력의 표적은 인구이며, 그 중요한 지식의 형태는 정치경제학이고 또한 그 본질적인 기술적 수단은 '안전기구(apparatuses of security)'들이다.

② 오랜 기간 동안 서구를 통틀어서, 한편으로는 모든 특정한 통치기구들의 형성으로 귀결되고 다른 한편으로는 복합적인 지식의 발전으로 귀결되는, 통치라고 부를 수 있는 권력유형이 다른 형식들(군주권, 기율 등)에 대해 지속적으로 우세해지는 경향.

③ 중세의 정의국가(正義國家)가 15세기, 16세기를 통해 행정국가로 전환되고, 점차로 '통치화'되는 과정이나 그러한 과정의 결과.

푸코는 '통치성'이라는 문제틀을 통해 권력이 미시적인 '개인' 수준에서뿐 아니라 거시적인 '사회적인 것'의 생산/재생산문제도 해명하고자 한다. 그는 '통치한다'는 말로 국가의 정부나 정부를 대표하는 사람만 지칭하는 것이 아니라, 규칙을 통해 또는 예컨대 매스미디어와 같이

직/간접적인 영향력 행사를 통하여 우리의 일상생활을 조직해 나가는 사람들도 지칭한다(Foucault, 1978b). 그는 국가로 하여금 '통치기예(art of government)'를 공고히 하고 행사할 수 있게 하기 위해서는 개별화하고 전체화하는 기구인 '폴리스'의 역할이 확장되어야 했음을 지적한다. 다음과 같은 푸코의 의견에 주목해 보자(Foucault, 1979).

① 권력은 실체가 아닙니다. 그것은 또한 그 기원을 샅샅이 탐구해야 하는 불가사의한 재산도 아닙니다. 권력은 단지 개인 사이의 특정 유형의 관계일 뿐입니다('관계'로서의 권력). 그러한 관계는 교환·생산·소통 등과 아무 관련이 없으며, 그것들과 결합한다고 할지라도 그와는 다르다는 의미에서 특수한 것입니다. 권력의 특징은 일부 사람이 다소간 전반적으로 다른 사람의 거동을 결정할 수는 있지만, 철저하게, 강제적으로 그렇게 할 수는 없다는 점입니다. 사슬에 묶여 매맞고 있는 사람은 그에게 행사되는 폭력에 종속되어 있습니다. 권력이 아닌 것입니다. 그렇지만 만약 그의 최종적인 선택이 죽는 한이 있어도 말을 하지 않는 것일 때, 그가 말을 하도록 설득할 수 있다면, 그는 특정한 방식으로 행동하게끔 될 것입니다. 그의 자유는 권력에 복종했습니다. 그는 통치에 순종하게끔 된 것입니다. 그의 자유가 아무리 작은 것이라 할지라도 만약 한 개인이 자유로울 수 있다면, 권력은 그를 통치에 복종시킬 수 있습니다. 잠재적인 거부나 반란이 없는 권력이란 있을 수 없는 것입니다('자유'는 권력의 전제조건).

② 사람들 사이의 모든 관계에서는 많은 요인들이 권력을 결정합니다. 그런데, 거기서도 합리화는 부단히 작동하고 있습니다. 그와 같은 합리화에는 고유한 형식들이 있습니다. 그것은 경제과정에만 특정하거나, 또는 생산과 소통 테크닉에 특정한 합리화와는 다른 것입니다. 그것은 과학의 담론과도 다릅니다. 인간에 의한 인간의 통치는 —— 그들이 작은 집단을 형성하는가 또는 큰 집단을 형성하는가? 그것이 여자

에 대한 남자의 권력인가, 또는 아이에 대한 어른의 권력인가, 또는 한 계급의 다른 계급에 대한 권력인가, 또는 전체 인구에 대한 관료제의 권력인가? 등등에 따라 ── 특정 유형의 합리성을 수반합니다. 권력은 폭력을 도구로 수반하는 것이 아닙니다(권력과 합리화).

③ 따라서, 한 형식의 권력에 저항하거나 반항하는 사람들은 단지 폭력을 비난하거나 하나의 제도를 비판하는 것으로 만족할 수는 없습니다. 이성 일반에 대해 비난을 가하는 것으로도 충분치 않습니다. 의문이 제기되어야 하는 것은 문제가 되고 있는 합리성의 형식인 것입니다. 정신질환자나 광인에게 행사되는 권력에 대한 비판이 정신병치료 제도에만 한정될 수 없는 것입니다. 또한 처벌하는 권력에 대한 의문이 감옥을 전체주의적 제도라 비난하는 것으로 만족할 수도 없는 노릇입니다. 의문은 다음과 같은 것입니다. 그와 같은 권력관계가 어떻게 합리화되고 있는가? 그렇게 묻는 것이야말로 같은 목적과 같은 효과를 지닌 다른 제도들이 그들의 자리를 대신하는 것을 피할 수 있는 유일한 방법입니다(합리화에 대한 비판으로서의 저항).

④ 수 세기 동안 국가는 가장 현저하며, 가장 가공할 인간 통치의 형식들 중 하나였습니다. 정치비판이 국가를 개별화의 한 요인이자 동시에 전체화의 원리라고 비난해 온 것은 매우 의미심장합니다. 단지 발생기의 국가합리성을 고찰하기만 해도, 최초의 국가폴리스 계획이 무엇이었는가를 살펴보기만 해도, 애초부터 국가는 개별화하는 동시에 전체주의적이었다는 점이 명백해집니다. 개인과 그의 이익을 국가에 대립시키는 것은, 공동체와 그것의 필요 조건들을 국가에 대립시키는 것과 마찬가지로 위험한 일입니다. 정치합리성은 서구 사회의 역사 전체를 통해 자신을 성장시켜 왔으며 또 자신을 드러내 왔습니다. 그것은 처음에는 사목권력(師牧權力)이라는 사상에, 그 다음에는 국가이성이라는 사상에 의탁했습니다. 그것의 불가피한 효과는 개별화와 전체

화입니다. 이 두 효과 중 하나만이 아니라, 정치합리성의 뿌리 그 자체를 공격함으로써 해방이 오는 것입니다.

따라서 푸코는 우리시대의 정치적·윤리적·사회적·철학적 문제는 국가나 국가기관들로부터 개인을 해방시키는데 있는 것이 아니라, 우리를 국가로부터 그리고 국가에 연결되어 있는 개별화의 유형 둘 다로부터 해방시키는데 있다고 본다(Foucault, 1982a).

푸코는 자신의 문제틀에 권력에의 '저항' 개념이 결핍되어 있다는 지적을 자주 받곤 했다. 이에 대해 그는 "자유인들의 전략적 놀이"로서의 '권력관계'와 우리가 일상적으로 권력이라 부르는 '지배의 상태'를 구분한다(Foucault, 1984e). 그는 "한 개인 또는 하나의 사회집단이 권력관계의 한 영역을 차단하고 ── 정치적 또는 군사적 수단뿐만 아니라 경제적 도구를 사용함으로써 ── 그것을 무감각하고 불변적인 것으로 만들며 모든 운동의 가역성을 차단해 버릴 경우"를 지배의 상태라고 본다. 이에 비해 권력관계는 변화가능한, 즉 그들 스스로가 수정할 수 있는 관계이며, 한 번 주어지면 영원히 계속되는 것이 아니라고 한다. 그는 자기가 모든 사회영역에 걸쳐 권력관계가 나타난다고 한 것은 자유 또한 편재하기 때문이라고 주장한다. 따라서 지배의 경우는 어디에서 저항이 조직될 것인가를 찾아내야 하지만, 권력의 경우에는 저항이 조직되는 지점을 사전에 명확히 정의할 수 없다는 것이다. 푸코는 권력관계가 무엇인지를 이해하기 위해서는 저항의 형식들과 이 관계들을 분리하기 위해 행해진 시도들을 조사해야 할 것이라고 한다. 그는 그 출발점으로서 지난 몇 년에 걸쳐 발전해 온 일련의 반항들을 지적하는 것으로부터 시작한다(Foucault, 1982a). 여성을 지배하는 남성권력에 대하여, 자식을 지배하는 부모권력에 대하여, 정신병자를 지배하는 정신의학에 대하여, 인구를 지배하는 의학권력에 대하여, 그리고 사람이 사는 방식을 지배하는 행정권력에 대하여 반항이 일어나고 있다는 사실에 주의를 환기시킨 다음 이들 투쟁의 공통점을 다음과 같이 정리하고 있다.

① 그것들은 '횡단적' 투쟁들로서, 한 나라에 국한되지 않는다. 물론 그것들은 몇몇 나라들에서 보다 쉽게 그리고 보다 광범위하게 발전하지만, 그것들은 특정의 정치적 또는 경제적 통치형식에 한정되지는 않는다.

② 이러한 투쟁들의 목표는 권력효과 그 자체이다. 예컨대, 의사라는 직업은 일차적으로 그것이 이익을 추구하는데 관심을 갖고 있기 때문에 비판되는 것이 아니라, 그것이 사람의 신체와 건강, 그리고 삶과 죽음에 대해서까지 통제되지 않는 권력을 행사한다는 것 때문에 비판된다.

③ 그것들은 두 가지 이유에서 즉각적 투쟁이다. 이러한 투쟁들에서 사람들은 그들에게 가장 가까운 권력의 실례들, 즉 개인들에 대해 행사된 권력을 비판한다. 이들은 '주적(主敵)'을 찾는 것이 아니라 눈앞의 적을 본다. 그들은 또한 자신들의 문제에 대한 해결책을 미래에 찾을 수 있으리라고 기대하지 않는다(즉 해방, 혁명, 계급투쟁의 종식 같은 것 말이다). 설명을 추구하는가 또는 혁명적 질서를 추구하는가 하는 역사가를 양극화시키는 이론적 척도에서 볼 때, 그것들은 무정부적 투쟁에 해당한다.

그러나 이러한 점들이 최근 진행되고 있는 투쟁들의 가장 독창적인 요점들은 아니라고 하면서, 다음과 같은 특징들을 더욱 강조한다.

④ 그것들은 개인의 지위를 문제로 삼는 투쟁들이다. 한편으로 그것들은 서로 다를 수 있는 권리를 주장하고, 개인들을 진정 개인으로 만들어 주는 모든 것들을 강조한다. 다른 한편으로 그것들은 개인을 분리시키고, 다른 이들과의 연대를 깨뜨리며, 공동체 생활을 분열시키고, 개인을 자신에게 고착시키고, 억압적인 방식으로 자신을 스스로의 정

체성에 묶어 두는 모든 것들에 대해 공격을 가한다. 이러한 투쟁들은 '개인'에 찬성하거나 또는 반대하는 것이 아니라, '개별화를 통한 통치'에 대항하는 투쟁들인 것이다.

⑤ 그것들은 지식, 권한, 자격 등에 연결되어 있는 권력효과들에 대한 반항으로서, 지식의 특권에 반대하는 투쟁들인 것이다. 그러나 그것들은 또한 비밀주의, 왜곡된 변형, 사람에게 부과되는 신비화시키는 표상 등에 대한 반항이기도 하다. 과학적 지식의 가치에 대한 도그마적 신념에는 '과학적인' 그 어떤 요소도 없고, 또한 모든 검증된 진리에 대한 회의적이거나 상대주의적인 거부도 없다. 의문시되는 것은 지식이 순환하고 기능하는 방식과, 지식이 권력과 맺는 관계일 뿐이다. 한마디로 지식의 제도가 문제인 것이다.

⑥ 마지막으로, 이들 모든 현재적 투쟁들이 '우리는 누구인가?'라는 질문을 중심으로 하여 회전한다는 것이다. 그것들은 우리가 개인적으로 누구인가를 무시하는 경제적이고 이데올로기적 국가폭력이라 할 수 있는 이러한 추상화에 대한 거부이자, 또한 우리가 누구인가를 결정하는 과학적 또는 행정적 심문에 대한 거부라 할 수 있다.

푸코는 일반적으로, 세 가지 투쟁유형이 있다고 본다. 지배의 형식들(인종적 · 사회적 · 종교적)에 대항하는 투쟁, 개인들을 자신들이 생산한 것으로부터 분리시키는 착취의 형식들에 대항하는 투쟁, 또한 개인을 스스로에게 얽어 매고 그를 이런 방식으로 타인들에게 순종시키는 데에 대한 투쟁(종속에 대한 투쟁, 주체성과 순종의 형식들에 대한 투쟁)이 그것들이다. 푸코는 역사 속에서, 서로 떨어져 있거나 함께 혼합된 형태로, 이러한 세 가지 종류의 사회적 투쟁들의 무수한 예들을 찾아볼 수 있다고 말한다. 그런데 그것들이 서로 혼합되어 있는 경우라 하더라도, 대부분의 시기에는 이들 중의 하나가 다른 것들에 비해서 우세하다고 한다. 예컨대, 봉건 사회에서는 비록 경제적 착취가 반란의 원인들 중에 매우 중요한 것이기는 했지만, 인종적이거나 사회적인 지배형식들에 대한 투쟁들이 만연했었고, 19세기에 들어와서는 착취에 대한 투쟁이 전면에 부각되었다는 것이다. 그러나 오늘날에 와서는, 지배와 착취의 형식들에 대한 투쟁들이 사라지지 않았음에도 불구하고, 종속의 형식들에 대한 투쟁 즉 주체성의 순종에 대한 투쟁이 점점 더 중요한 것이 되어가고 있다고 진단한다. 푸코의 다음과 같은 진술은 그가 자신이 강조하는 권력에 대항하는 국지적 투쟁이 여타의 투쟁들과 '의도적'으로가 아니라 '결과적'으로 어떻게 접합되는지를 잘 보여주고 있다. "우리가 착취에 대해 투쟁을 하는 즉시 프롤레타리아는 투쟁을 지도할 뿐만이 아니라 그 목표와 방법, 대치를 위한 장소와 도구를 정의합니다. 그리고 스스로를 프롤레타리아와 연결시키려는 것은 그들의 입장과 이데올로기 그리고 투쟁동기를 받아들이는 것입니다. 이는 총체적 동일화를 의미합니다. 그러나 싸움이 권력에 대항해서 일어나는 것이라면, 그들의 상해에 이르기까지 권력이 가해지는 모든 사람들, 그것이 참을 수 없는 것이라는 것을 발견한 사람들은 그들 자신의 영역에서 그리고 자신의 활동성(또는 수동성)에 기반해서 투쟁을 시작할 수 있는 것입니다. 그들 자신의 이해가 관련된, 그 목적을 그들이 분명하게 이해할 수 있고 그 방법을 그들 자신만이 결정할 수 있는 투쟁에 참여함으로써 그들은 혁명적인 과정 속에 들어가는 것이죠. 그들은 자연적으로 프롤레타리아와의 연계 속에 들어가게 됩니다. 왜냐하면 권력은 자본주의적 착취가 유지되는 방식으로 행해지기 때문입니다. 그들은 그들 자신이 억압되어 있는 장소들에서 싸움으로써 진정으로 프롤레타리아의 대의에 봉사하는 것입니다"(한마디로 '자기가 서 있는 곳이 곧 전선이다!').

이상에서 살펴본 바와 같이 푸코에게서 저항의 주체와 전선, 그리고 방법이 보이지 않는다는 비난이 집중되고 있는 것은 전적으로 그를 오독(誤讀)한 것이라고 판단된다. 필자의 견해로는 마치 어느 곳에 지뢰가 묻혀 있는지를 탐지하는 폭발물 감식반에게 도대체 적군 —— 사람 즉 '주체' —— 은 어디 있으며, 얼마만한 규모이며, 또 어떻게 그들을 무찌를 수 있는가를 묻는 격이라 할 수 있다.

요약하자면, 이러한 투쟁들의 주된 목적은 '이러저러한' 권력기관, 또는 집단, 또는 엘리트, 또는 계급 등을 공격하는 것에 있다기보다는 권력의 기술과 형식을 공격하는 데 있다. 이러한 권력의 형식은 즉각적인 일상생활에 적용되어 개인을 범주화하고, 개인을 자신의 개별성에 의해 특징지우며, 개인을 자기의 고유한 정체성에 밀착시키고, 그가 인정해야 하고 타인들이 그에게서 인식해 내야 하는 진리의 법칙을 그에게 부과한다. 한마디로 개인을 주체로 만드는 것은 바로 권력의 형식이라는 것이 푸코의 주장이다.

3) 권력으로부터 주체로 : 문제틀의 전환?

『성의 역사』 제2, 3권이 출간된 1984년에 이르러, 푸코의 자아(self)에 대한 문제틀은 엄청나게 변해 있었다. 푸코의 이전 저작들에서 주체는 담론에 산재해 있었으나, 이제 담론을 통한 "자아의 형성"으로 쟁점이 옮아 간 것이다. 푸코 자신이 나중에 '고고학'이라고 부른 1960년대를 제1기라고 볼 수 있다. 이 시기에 푸코는 **전도(顚倒) 전략**(광기 대 이성)을 통해 '합리적 자아'라는 개념을 비판했었다. 역시 푸코 자신이 '계보학'이라고 부른 1970년대를 제2기라고 할 수 있는데, 이때는 **대치 전략**을 통해 '의식의 중심으로서의 자아'라는 개념을 비판했다. 즉 인지가능성의 소재지가 주체로부터 구조로 옮아 간 것이다. 제3기는 1980년대인데 이 시기를 푸코 자신은 '윤리학'이라고 이름붙인 바 있다. 이 시기는 **역사주의 전략**을 사용해서 자아의 해석학을 구축하고자 시도한 시기이다. 담론적 실천을 통해 자아를 형성해 가는 활동에 강조점이 두어졌다. 푸코는 고고학과 계보학 시기에 보여 준 계몽(주의)에 대한 격렬한 비판적 태도를 바꾸어 말년에는 계몽주의로부터 무언가 보존할 만한 가치가 있는 부분이 있다고 주장하게 되었다. 그는 「계몽이란 무엇인가?」(1984)라는 글에서 다음과 같이 말하고 있다. "나는 지금까지, 한편으로는, 현재에 대한 인간의 관계, 인간의 역사적 존재양식, 그리고 자율적 주체로서의 자아의 형성을 동시에 문제제기하는 그런 유형의 철학적 심문이 얼마만큼이나 계몽(주의)에 뿌리박고 있는지를 강조해 왔다. 다른 한편으로, 나는 계몽(주의)과 우리를 이어주는 실마리가 교조적 요소에 충실하는 것이 아니라, 태도를 끊임없이 활성화시키는 것 —— 즉, 우리가 사는 역사적 시기에 대한 영구비판으로 묘사될 수 있는 철학적 에토스 —— 이라고 지적해 왔다"(Foucault, 1984c).

푸코는 말년에 자신이 지난 20여년 동안 쓴 저작이 목표했던 바를 "권력현상들을 분석하거나, 혹은 그러한 분석의 기초를 정교화하고자 하는 것이 아니었다"고 선언하면서 다음과 같이 말하고 있다. "오히려 나의 목적은 우리 문화에서 인간이 주체로 되는 방식인, 상이한 양식들의 역사를 창조하는 데 있었다. 내 저작은 인간을 주체로 변형시키는 세 가지 대상화 양식을 다루어 왔다. 첫번째는 스스로에게 과학의 지위를 부여하고자 하는 질문양식이다. 일반문법, 철학, 그리고 언어학에서, 말하는 주체를 대상화시키는 것이 그 예이다. 이 양식의 또 다른 예로서 생산주체 즉 노동하는 주체를 부와 경제학의 분석 속에서 대상화시키는 것을 들 수 있다. 또한 세번째 예로서, 자연사 또는 생물학에서 살아 있는 존재자체를 대상화시키는 경우가 있다. 내 저작의 두번째 부분에서는 내가 '나누는 실천들'이라 부르게 된, 주체의 대상화를 연구했다. 주체는 자기내부에서 나뉘어지거나 혹은 다른 이들로부터 나뉘어진다. 이 과정은 그를 대상화한다. 미친 자와 정상인 자, 병자와 건강한 자, 범죄자와 '착한 소년들'이 그 예들이다. 마지막으로 나는 인간이 자신을 그 또는 그녀라는 주체로 전환시키는 방식 —— 이것이 나의 최근 저작이다 —— 을 연구하고자 했다. 그 예로서 나는 성(性)의 영역을 선택했다. 인간은 어떻게 자기자신을 '성'의 주체로서 인지하는 법을 배우게 되는가"(Foucault, 1982a). 따라서 푸코 자신의 일반적 연구주제는 '권력'이 아니라 '주체'라는 것이다. 푸코는 다른 대담에서 다음과 같이 말하고 있다. "내가 연구하고 있는 것은 세 가지 전통적 문제들입니다. ① 우리가 과학적 지식을 통하여 진리와 맺는 관계는 어떠한가? 그리고 문명세계에 그토록 중요하며 그 안에서 우리 자신이 주체인 동시에 객체로 되는 "진리 게임"과 우리가 맺는 관계는 어떠한가? ② 이들 낯선 전략들과 권력관계들을 통해 우리가 남들과 맺는 관계의 양상은 어떠한가? ③ 진리, 권력, 그리고 자아의 관계는 어떠한가?" 푸코는 자신이 대문자 'P'의 권력(Power), 곧 사회체의 총체를 지배하고 그것에 합리성을 부여하는 권력에 대해 언급하고 있는 것이 아니며, 극단적으로는 하나의 자율적인 문제로서의 권력은 자신의 관심사가 아니었다고 단언한다. 자신은 '권력이론가'와는 거리가 멀다는 것이다. 따라서 지식/권력의 문제는 그 자체가 근본적인 것이라기보다는, 주체와 진리놀이간의 관계라는 문제를 분석할 수 있는 도구로서 제기했다고 주장한다(Foucault, 1984e). 푸코는 권력이론을 발전시킨 것이 아니라 "역사에 대해, 주어진 시기에, 자아에 대한 자아의 반성성이 확립되는 방식에 대해, 그리고 거기에 연결된 진실담화"에 대해 작업하고 있었다고 볼 수 있다(Foucault, 1983a). 푸코의 문제는 언제나 주체와 진리의 관계에 관한 것이었다. 푸코는 주체(subject)라는 말에 다음과 같은 두 가지 의미가 있다는 점에 주목한다. 즉 통제와 의존에 의해 누군가에게 종속되어 있다는 것, 그리고 양심 또는 자기-지식에 의해 자기자신의 정체성에 묶이는 것이 그것이다(Foucault, 1982a). 그는 주체화(subjectification)의 역사가 복종(subjection)의 역사와 불가분의 관계에 있다고 보고 있기 때문에 문제틀에 단절이 있다고 보는 것은 무리이다. 그가 윤리문제를 들고 나오는 것도 윤리를 "사려 깊고 신중한 자유의 실천"으로 정의하고 있는 한, 그가 초기에 거부했던 주체철학으로 복귀한다고 보기에는 거리가 있다. 푸코는 주체일반에 대해 말하는 것을 '거부'해 오지 않았느냐는 질문에 대해 다음과 같이 답하고 있다. "아닙니다. 나는 거부하지 않았습니다. …… 내가 거부했던 것은 —— 현상학이나 실존주의에서 했던 것과 같이 —— 하나의 주체이론을 먼저 세우는 것이었습니다. …… 나는 주체의 구성 또는 주체의 상이한 형식들과, 진리놀이들, 권력의 실천 등의 사이에 존재할 수 있는 관계를 분석하기 위해 주체에 대한 특정한 선험적 이론을 거부했던 것입니다"(Foucault, 1984e). 그는 '통치성'개념을 통해 윤리의 대상이 되는 주체의 자유와 타자의 자유에 대한 관계를 포착할 수 있다고 보았다.

4) 지식인의 역할에 대하여 : 보편적 지식인에서 전문적 지식인으로

베르나르-앙리 레비는 1977년에 행한 인터뷰에서 푸코가 "오늘날 문제가 되는 건, 혁명이란 과연 바람직한 것인가"하는 문제를 던졌다고 회고한다(Levi, 1991). 이 문장이 오랫동안 레비의 머리 속에 박혀 떠나지 않은 이유는 베를린과 사회주의의 붕괴가 있기 십년 전에, 우리의 의식 속에서 우리를 사로잡고 있던 혁명에 대한 욕망의 해체를 말했기 때문이었다. 푸코는 1968년 사태를 전후로 한 체험을 통하여(기실 푸코는 프랑스의 '1968년 5월'보다는 튀니지에서의 '3월'의 경험이 자신에게 더 큰 변화를 가져왔다고 진술하고 있다 : Foucault, 1978b) 현대 사회에서 대중들이 지식을 얻기 위해 더 이상 지식인들을 필요로 하지 않는다고 단언한다. 대중은 어떠한 환상도 없이 완전하게 알고 있을 뿐 아니라, 지식인들보다 더 잘 알고 있고, 자신들을 확실히 표현할 수 있다는 것이다. 따라서 푸코는 들뢰즈와의 대담에서 다음과 같이 말한다. "지식인의 역할은 객관성의 꽉 막힌 진리를 표현하기 위해 더 이상 스스로를 어느 정도 앞선 그리고 평균과는 다른 자리에 위치시키는 것이 아닙니다. 차라리 오늘날 지식인의 역할은 그를 '지', '진리', '의식' 그리고 '담론'의 영역에 있어서의 권력의 대상과 도구로 변환시키려는 권력의 여러 형태들과 맞서 싸우는 것입니다. 이러한 의미에서, 이론은 실천을 적용하기 위해 표현하거나 옮기거나 봉사하는 것이 아닙니다. 그것은 당신이 말했듯이 국지적이고 부분적인 것입니다. 그것은 전체화하지 않습니다"(Foucault, 1972). 그렇지만 푸코는 기존의 법률을 깨뜨리고 앞으로 다가올 자유를 예견하는 것이 당신의 작업이냐는 질문에 대해서는 단호히 "아니오"라고 답하고 있다. 그는 아무리 선한 의도를 가졌다고 해도 미래에 대한 프로그램을 제시할 수는 없다고 말한다. 이러한 프로그램은 억압의 연장이나 도구가 되기 마련이라는 것이다. 푸코는 그토록 자유를 갈망한 루소의 사상이 프랑스 혁명 당시 사회억압의 모델을 마련하는 데 어떻게 이용되었으며, 맑스가 스탈린주의에 의해 얼마나 가공할 공포로 변질되었는가를 예시한다. 그는 자신의 역할을 "민중에게 그들이 자기 스스로 느끼는 것보다 훨씬 자유로울 수 있다는 것을 보여 주는 것"이라고 정의한다(Foucault, 1988c). 민중이 정의(正義) 또는 증거라고 받아들이고 있는 것들이 기실은 역사상의 어떤 계기에 의해 확립된 것이며, 따라서 비판받고 분쇄될 수도 있다고 보는 것이다. 민중의 마음을 바꾸는 것이야말로 지식인들의 역할이라는 것이 푸코의 생각이다. "내가 행한 모든 분석들은 인간생존을 위해 필수 불가결한 것들이 있다는 관념에 반대하는 것입니다. 그런 분석의 결과 제도들이 얼마나 자의적이며 우리가 여전히 자유를 누릴 수 있는 공간이 어디에 있는지 알 수 있고 또 얼마나 많은 변화가 여전히 이루어질 수 있는지 알 수 있게 되지요." 푸코는 자신의 저작과 대담 곳곳에서 '분명한 사실들과 보편성을 파괴하는 지식인'을 꿈꾸고 있다고 밝히고 있다. 그는 자기가 추구하는 지식인 상은 "현실의 무기력과 속박 속에서 취약 지점과 통로, 사물의 추세를 탐지하고 가리키며, 끊임없이 움직이면서, 현재에만 주의를 기울이기 때문에 내일은 자기가 정확히 어디에 있게 될지 또 무슨 생각을 하게 될지 모르는 사람"이라고 말한다. 푸코는 맑스주의자들이 '계급투쟁'이라는 표현을 즐겨 사용하는데, 그들은 결코 이 '투쟁'이라는 것이 구체적으로 어떤 것인지에 대해서가 아니라, 이 '계급'이 누구인지, 또 이 계급은 어디에 설정되어 있는지, 그리고 이 계급은 어떤 사람들을 포괄하는지에 대해 아는 일에만 신경을 썼다고 비판한다.

푸코는 "권력이 있는 곳에 저항이 있다"는 말이 결국 동어반복에 불과한 것 아니냐는 지적에 대해 자신은 '저항의 가능성'을 말하는 것이지 권력이라는 실체에 맞서는 저항이라는 실체를 제기하는 것이 아님을 분명히 밝히고 있다. 푸코에 따르면 우리는 절대로 권력 때문에 덫에 걸리지는 않는다. 사람들은 언제나, 정해진 조건 속에서 그리고 적확한 조건에 따라, 권력의 영향력을 바꿀 수 있기 때문이다. 단지 그는 저항하기 위해서는, 저항도 권력처럼 되어야 한다는 점을 강조한다. 저항도 권력과 마찬가지로, 지략이 풍부해야 하고, 변화무쌍해야 하며, 생산적이어야 한다는 것이다. 또 권력과 마찬가지로, 조직화되어야 하고, 응축되어야 하며, 견고해져야 한다고 본다. 그리고 권력처럼 '밑으로부터' 올라와야 하고, 전략적으로 배분되어야 한다고 지적한다. 푸코는 자신의 저작이 의식적인 변화가 불가능하다는 메시지를 담고 있는 것이 아니냐는 질문에 대해 다음과 같이 답하고 있다. "당신은 어떻게 내가 변화는 불가능하다고 생각했다고 보십니까? 내가 분석한 모든 저작들은 정치적 행동과 연결되어 있는데도요?…… 내 저작들에서 나는 정말로 변화를 분석하고자 시도했습니다. 물질적인 원인들을 찾기 위해서가 아니라 상호작용하는 모든 요소들과 민중의 반응을 보여 주기 위해서죠. 나는 민중의 자유를 믿습니다. 같은 조건에 처해서도 민중은 매우 다르게 반응하는 법입니다." 푸코는 이데올로기론이라는 '가짜 경제학'에 대신하여 '진짜 정치학'을 세우고자 한다. 맑스가 그 유명한 포이에르바하에 대한 테제에서 "철학자들은 세계를 단지 다양하게 해석해 왔을 뿐이다. 그러나 중요한 것은 세계를 변화시키는 것이다"라고 갈파한 데 반하여, 푸코는 "우리(철학자)의 끊임없는 임무는 우리의 마음을 바꾸는 것"이라고 주장하고 있는 것이다. 그는 이렇게 하면 '바로 보인다'가 아니라 이렇게 '다르게 볼 수 있다'고 말한다. 따라서 그에게 당신의 주장이 남보다 옳고, 당신 주장이 타당하다는 근거를 밝히랴고 요구하는 것은, 물론 가능하고 또 필요한 질문이지만, 무리한 요구처럼 여겨진다. 푸코는 자기의 다른 '시각'을 제시했을 따름이지, 독자적인 '주장'을 개진하고 있는 것이 아니다.

끝으로 그가 『성의 역사 제2권 : 쾌락의 활용』 「서문」에서 자기 자신의 작업에 대해 서술한 부분을 상기해 보자. "삶에는 사람들이 생각하는 것과 다르게 생각하고, 사람들이 보는 것과 다르게 인지할 수 있는가를 아는 문제가, 계속적인 인지나 생각을 위해 필요 불가결한 순간들이 있다. …… 하지만 그렇다면 오늘날 철학은 —— 내가 뜻하는 것은 철학적 활동인데 —— 무엇인가? 그것이 사고에 대한 사고비판 작업이 아니라면, 그리고 그것이 사람들이 이미 알고 있는 것을 정당화하는 대신에 어떻게, 그리고 어느 만큼 다르게 생각하는 것이 가능할 것인가를 알려고 하는 데에 있지 않다면 말이다. 철학적 담화가 밖으로부터 타인들을 지배하고 그들에게 그들의 진리가 어디에 있으며 그것을 어떻게 찾는가를 말해 주고자 할 때, 혹은 순수히 실증적으로 그들이 발달 과정을 가르칠 수 있다고 자부할 때에 거기에는 언제나 가소로운 무엇인가가 있다. 그러나 그것에 고유한 사고 속에서 그것에 생소한 앎의 훈련에 의해 변화될 수 있을 것을 탐구하는 것은 철학의 권리이다. '시도' —— 이것은 의사소통을 목적으로 한 타인의 단순한 점유로서가 아니라 진리놀이 속에서의 자기자신의 변형 시험으로 이해되어야만 하는데 —— 는 철학의 살아 있는 본체이다. 적어도 철학이라는 것이 오늘날에도 여전히 예전과 같다면, 다시 말해 그것이 사고에서의 '고행', 자기의 훈련이라면"(Foucault, 1984a).

푸코가 무엇에 대해 말했는가, 그가 무어라 말했는가에 너무 연연해하지 말자. 그가 언급하지 않았다고 해서 중요한 문제가 덜 중요해지거나 혹은 없어지는 것도 아니겠고, 그가 다루었다고 해서 꼭 만족스럽게 해결된 바도 아닐 것이다. 그 자신의 말 맞다나 그가 니체를 이용했듯이 우리도 그를 이용하자. '푸코'라는 연장통에 든 다양한 공구들을 가지고 우리가 무엇을 할 수 있을지 자문해 보자. 우리 문제를 푸는데 꼭 필요한 공구가 들어 있을 수도 있겠고, 꼭 들어맞는 공구가 없을 수도 있겠다. 그렇다고 일희일비(一喜一悲)하지 말자. 푸코는 푸코일 따름이다. 그의 외부, 푸코라는 동일자의 타자를 찾는 일은 온전히 우리의 몫일 것이다. '푸코'의 현대가 아닌, '우리'의 현대를 우리의 머리로 고민하자. 푸코는 우리의 타자가 아니던가.

3.문헌 소개

푸코의 저작은 매우 불확정적이고 유동적이기 때문에 그의 주장이 무엇인지 정확히 식별해 내기가 쉽지 않다. 그는 종종 자신이 무엇을 하지 않으려고 하는지에 보다 관심을 기울인다. 푸코의 저작들은 공식적인 학문체계의 분류를 따르자면 역사학, 철학, 사회학, 혹은 문화비평과 같은 어떤 하나의 영역에 국한되지 않는다. 푸코의 정치적 입장을 확정짓기는 더 어려워 보인다. 그는 기존의 사고방식과 다른 사유양식을 개발하고자 시도해 왔다. 따라서 그의 저작들은 매우 독창적이면서도 흥미롭다. 그의 저작들은 상이한 주제들에 대한 불연속적 접근으로 특징지울 수 있다. 푸코는 저자로서의 자신과 자기의 작품 사이의 관계에 대해 명확한 입장을 가지고 있다. 그는 작품 전체에 의미를 부여해 주는 작가라는 주체가 있다고 상정하지 않고, 저작이 산출된 가능성의 조건을 탐색한다. 그에 의하면 작가의 위치는 작가가 뭐라고 말하기 이전에 미리 존재하는 간저작적(intertextual) 공간이다. 푸코와 그의 저작들이 비록 이와 같은 작가의 위치가 가져오는 제약으로부터 전적으로 자유로울 수는 없었지만, 그는 역사적 주체로서의 자신과 자신의 저작들 사이의 관계에 문제틀을 설정하고자 노력했다. 푸코의 저작은 푸코라는 개인의 심오한 의지나 천재성, 또는 지성의 표현이 아닌 것이다. 푸코 자신이 저술활동을 통하여 현행의 종속화 양식에 저항해서 한 개인으로서의 자신을 산출하는 자아의 기예를 발휘하였다고 볼 수 있다. 푸코에게 글쓰기란 자기자신을 변형시키는 기술에 다름없었다. 그의 저작들은 그의 일대기에서 에피소드를 이루는 것들이라 할 수 있다. 이렇게 보면 푸코의 저작이란 단순히 그가 쓴 책들에만 국한되지 않고 그의 삶 전체를 포함한다고 볼 수 있다. 저작의 주체야말로 저작의 일부인 것이다.

필자는 독자들이 푸코의 저작들을 읽기 전에 먼저 그의 일대기를 읽을 것을 권한다. 에리봉(Eribon, 1986)과 밀레르(Miller, 1993) 그리고 매시(Macey, 1993)의 저작 등이 있다. 가장 가까이서 푸코를 관찰한 저

널리스트이면서 학문적 소양도 상당히 갖춘 에리봉의 저작이 가장 추천할 만하다. 잘 알려지지 않은 푸코의 생애 초기나 푸코에게 영향을 끼친 인물 또는 사건들에 대한 정보를 충실하게 전달해 주고 있다. 그는 또한 『푸코와 동시대인들』(*Michel Foucault et ses contemporains*, Fayard, 1994)이라는 저서도 냈는데, 뒤메질, 바르트, 라캉, 하버마스, 그리고 알튀세르 등과의 지적 교류관계를 살피고 있다. 들뢰즈가 쓴 『푸코』(Deleuze, 1986)는 일대기라기보다는 푸코의 주요 저작을 주제별로 정리한 간결한 입문서의 성격이 강하다. 트롬바도리와의 대담(Duccio Trombadori, 1978b)은 거의 책 한 권 분량인데, 푸코 사상의 궤적을 잘 드러내 주고 있으며, 특히 맑스주의와 '현존 사회주의'에 대한 속마음을 엿볼 수 있다.

푸코는 주기적으로 자신의 이전 작업들이 주목했던 이론적 초점에 대한 자기해석을 제시한 바 있다(Foucault, 1980a ; 1982a ; 1983b ; 1988d). 그는 자신의 이전 저작들이 형편없는 것들이었다고 자아비판하는 데 인색치 않다(Foucault, 1969a ; 1980a ; 1984e). 푸코의 저작들로 곧장 들어가기보다는 그가 특정한 시점에 과연 무엇을 어떻게 고민했는지 알아 두는 것이, 그리고 그가 나중에 스스로의 작업에 대해 어떤 반성을 제출하고 있는지를 알아 두는 것이, 독자들로 하여금 그의 저작들에 내재한 현학의 미로에 빠지지 않고 생산적 글 읽기를 하는 데 도움이 될 것이다.

필자는 푸코 사상의 에토스가 **모든 사회적·역사적 한계에 대한 위반을 통한 영구비판**이라고 이해하고 있다. 그의 모든 저작들은 기존의 담론에 대한 비판이라는 차원에서 읽을 수 있다. 이러한 입장을 잘 보여주는 초기의 글로는 「위반에 대한 서언」(Foucault, 1963b)이 유용하다. 푸코 사상이 현대 사회를 분석하는데 실제로 어떻게 유용한가를 보여주는 글로는 포스터(Poster, 1990)가 참조할 만하다.

1) 푸코의 저서, 논문, 대담(영문/번역본)

1961 *Madness and Civilization*, New York : Vintage Books, 1973a./김부용 역, 『광기의 역사』, 인간사랑, 1991.

1963a *The Birth of the Clinic*, New York : Vintage Books, 1975a./홍성민 역, 『임상의학의 탄생』, 인간사랑, 1993.

1963b "A Preface to Transgression," *Language, Counter-Memory, Practice*, Ithaca : Cornell University Press, 1977./이규현 역, 「위반에 대한 서언」, 김현 편역, 『미셸 푸코의 문학비평』, 문학과 지성사, 1989.

1966 *The Order of Things*, New York : Vintage Books, 1973b./이광래 역, 『말과 사물』, 민음사, 1987.

1969a *The Archaeology of Knowledge*, New York : Pantheon Books, 1972./이정우 역, 『지식의 고고학』, 민음사, 1992.

1969b "What Is an Author"?/장진영 역, 「저자란 무엇인가?」, 김현 편역, 앞의 책, 문학과 지성사, 1989.

1971 "Nietzsche, Genealogy, History," *Language, Counter-Memory, Practice*, Ithaca : Cornell University Press, 1977./「니체, 계보학, 역사」, 이광래, 『미셸 푸코 : '狂氣의 역사'에서 '性의 역사'까지』, 민음사, 1989.

1972 "Intellectuals and Power," *Language, Counter-Memory, Practice*, Ithaca : Cornell University Press, 1977./「지식인과 권력」, 이정우 편역, 『구조주의를 넘어서』, 인간사, 1990.

1975a *Discipline and Punish*, New York : Vintage Books, 1979./오생근 역, 『감시와 처벌』, 나남, 1994.

1975b "*I, Pierre Rivière, having slaughtered my mother, my sister, and my brother,*" New York : Random House.

1976 *The History of Sexuality,* New York : Vintage Books, 1980b./이규현 역, 『성의 역사 1 : 앎의 의지』, 나남, 1990.

1977 *Language, Counter-Memory, Practice,* Ithaca : Cornell University Press./김현 편역, 『미셸 푸코의 문학비평』, 문학과 지성사, 1989(일부 번역).

1978a "Governmentality," in Burchell et al eds., *The Foucault Effect : Studies in Governmentality,* The University of Chicago Press, 1991./정일준 편역, 「통치성」, 『미셸 푸코의 권력이론』, 새물결, 1994.

(대담은 1978b년) *Remarks on Marx : Conversations with Duccio Trombadori,* New York : Semiotext(e), 1991(이탈리아 판 1981).

1979 "Omnes et Singulatim," in S. M. McMurrin (ed.) *The Tanner Lectures on Human Values,* vol. 2, London : Cambridge University Press, 1981./「정치와 이성」, 정일준 편역, 앞의 책.

1980a *Power/Knowledge,* New York : Pantheon Boooks./홍성민 역, 『권력과 지식』, 나남, 1991.

1982a "The Subject and Power," in Dreyfus and Rabinow op. cit., pp.208-26./「주체와 권력」, 정일준 편역, 앞의 책.

1982b, "Truth, Power, Self : An Interview with Michel Foucault, October 25, 1982," by Rux Martin, in Luther M. Martin, Huck Gutman, and Patrick H. Hutton (eds) *Technologies of the Self,* Amherst : University of Massachsetts Press, pp.9~15.

1983a "Structuralism and Post-Structuralism : An Interview with Michel Foucault," by G. Raulet, *Telos,* No. 55, Spring 1983.

1983b "On the Genealogy of Ethics," in Hubert L. Dreyfus and Paul Rabinow (eds). *Michel Foucault : Beyond Structuralism and*

Hermeneu-tics, pp.229~52./서우석 역, 「도덕의 계보학」, 『미셸 푸코 : 구조주의와 해석학을 넘어서』, 나남, 1989.

1984a *The Use of Pleasure*, New York : Vintage Books, 1986./문경자·신은영 역, 『성의 역사 2 : 쾌락의 활용』, 나남, 1990.

1984b *The Care of the Self*, New York : Vintage Books, 1988a./이혜숙·이영목 역, 『성의 역사 3 : 자기에의 배려』, 나남, 1990.

1984c "What is Enlightenment?," In Paul Rabinow (ed.) *The Foucault Reader*, New York : Pantheon./장은수 역, 「계몽이란 무엇인가」, 김성기 편, 『모더니티란 무엇인가』, 민음사, 1994.

1984d "Kant on Enlightenment and revolution," in Mike Gane and Terry Johnson eds., *Foucault's New Domains*, Routledge, 1993.

1984e "The Ethic of Care for the Self as a Practice of Freedom," in James Bernauer and David Rasmussen (eds) *The Final Foucault*, Cambridge, Mass. : MIT Press, 1988b./「자유의 실천으로서의 자아에의 배려 : 권력, 자아, 윤리」, 정일준 편역, 앞의 책.

1984f "Polemics, Politics and Problemizations," in Paul Rabinow ed., The Foucault Reader, Pantheon Books, 1984./「논쟁, 정치, 문제제기」, 정일준 편역, 앞의 책.

Foucault, Michel (1988c) "Technologies of the Self," in Luther M. Martin, Huck Gutman, and Patrick H. Hutton (eds) *Technologies of the Self*, Amherst : University of Massachsetts Press, pp.16~49.

____________, 1988d) in Lawrence D. Kritzman (ed.) *Michel Foucault, Politics, Philosophy, Culture*, New York : Routledge.

____________, (1989) *Foucault Live*, New York : Semiotext(e).

2) 이차문헌(국내/영문)

김현, 『시칠리아의 암소 : 미셸 푸코 연구』, 문학과 지성사, 1990.

안외순, 「푸코의 니체 사상에 대한 인식과 그 변화과정」, 『사회비평』 제9호, 나남, 1993.

윤평중, 『푸코와 하버마스를 넘어서』, 교보문고, 1990.

이광래, 『미셸 푸코 : '狂氣의 역사'에서 '性의 역사'까지』, 민음사, 1989.

_____, 「미셸 푸코 : 언어, 지식 그리고 권력」, 김욱동 편, 『포스트모더니즘과 포스트구조주의』, 현암사, 1991.

이정우, 「푸코 사상의 여정」, 『담론의 질서』, 새길, 1993.

_____, 『미셸 푸코연구 : 담론의 공간』, 민음사, 1994.

최정운, 『知識國家論』, 삼성출판사, 1992.

한상진 · 오생근 편, 『미셸 푸코론』, 한울, 1990.

황태연, 『환경정치학과 현대정치사상』, 나남, 1992.

Balibar, Etienne (1989), 「푸코와 맑스 : 명목론이라는 쟁점」, 『이론』 3호, 1992년 겨울호.

Baudrillard, Jean, "Forgetting Foucault," in *Humanities in Society* vol. 3 winter, 1980./박봉희 역, 「푸코를 잊어버리기」, 『세계의 문학』 53, 1989년 가을호.

Bernard-Henri Levy (1991), *Les Aventures de la liberte*, Grasset./한지희 · 김희숙 역, 『자유의 모험』, 동아출판사, 1992.

Best, Steven & Douglas Kellner, *Postmodern Theory : Critical Interrogations*, The Guilford Press, 1991./정일준 역, 『탈현대 사회이론 : 비판적 심문』(가제), 현대미학사, 1995.

Dreyfus, Hubert L. & Paul Rabinow (1986), 「하버마스와 푸코」, 『우

리시대의 문학 6집』, 1987, 문학과 지성사.

Habermas, Jurgen (1980), "Modernity versus Postmodernity," *New German Critique* 22(Winter, 1981)./박거용 역, 「모더니티 : 미완성의 기획」, 윤호병 외 역, 『반미학』, 현대미학사, 1993.

______________, (1984), "Taking Aim at the Heart of the Present," in David Couzens Hoy ed., *Foucault : A Critical Reader*, Basil Blackwell, 1986.

______________, (1985), *Der philosophische Diskurs der Moderne : Zwölf Vorlesungen*, Suhrkamp Verlag, Frankfurt am Main./이진우 역, 『현대성의 철학적 담론』, 문예출판사, 1994.

Megill, Allan (1985), *Prophets of Extremity : Nietzsche, Heidegger, Foucault, Derrida*, University of California Press./정일준 역, 『극단의 예언자들 : 니체, 하이데거, 푸코, 데리다』(가제), 새물결, 1995

Poster, Mark, *Foucault, Marxism and History*, Cambridge : Polity Press, 1984./조광제 역, 『푸코와 맑스주의』, 민맥, 1989.

__________, *The Mode of Information : Poststructualism and Social Context*, Polity Press, 1990./김성기 역, 『뉴미디어의 철학』, 민음사, 1994.

Poulantzas, Nicos (1978), *State, Power, Socialism*, Verso, 1980./박병영 역, 『국가, 권력, 사회주의』, 백의, 1994.

Smart, Barry, *Foucault, Marxism and Critic*, Routledge & Kegan Paul, 1983./이유동·윤비 역, 『맑스주의와 미셸 푸코의 대화』, 민글, 1993.

3) 평전

Deleuze, Gilles (1986), *Foucault*, University of Minnesota Press, 1988.

Eribon, Didier (1989), *Michel Foucault*, Harvard University Press, 1991.

Macey David, *The Lives of Michel Foucault*, Hutchinson, 1993.

Miller, James, *The Passion of Michel Foucault*, SIMON & SCHUSTER, 1993.

들뢰즈/가타리

분열증 분석과 욕망의 미시정치학

신 현 준

들뢰즈/가타리 : 분열증 분석과 욕망의 미시정치학

신현준

1. 서론

푸코는 "아마도 언젠가 이 세기는 들뢰즈의 세기로 알려질 것이다"라고 말한 적이 있다. 그런데 아직까지 명시적으로 '들뢰즈주의'를 표방하는 구체적 움직임은 보이지 않는다. 더구나 현시점에서 프랑스에서 그의 영향력은 1970년대에 비하면 많이 퇴색해 보이고, 프랑스 외부에서도 그에 대한 관심은 다른 프랑스 사상가들에 비해 적어 보인다. 들뢰즈는 1970년대 서구 지성계를 풍미했던 이른바 '포스트구조주의'의 한 인물로 주변적으로 취급되는 것이 보통이다.

그러나 세간의 평가에 집착할 필요는 없을 것이다. 필자가 보기에 들뢰즈는 욕망의 철학과 2계보학이라는 독특한 방법으로 동일성과 총체성이라는 '근대적' 담론을 비판하고 차이와 복수성이라는 새로운 사유양식을 모색한 인물이다. 나아가 포스트구조주의자들로 분류되는 '차이의 철학자들' 사이에서도 엄연한 차이가 존재하는데, 들뢰즈의 사상은 텍스트 및 언어의 특권화를 거부하고 그것의 '외부'에 주목했다는 점에서 데리다 및 라캉과는 차별적이다. 다른 한편 1970년대 이후 '포스트모더니즘'으로 급격히 전환하면서 일체의 급진적 사회이론을 포기하게 되는 료타르 및 보드리야르와 들뢰즈 사이의 거리도 무시 못할 만큼 멀다. 그런 의미에서 들뢰즈는 — 푸코의 사상과 더불어 — 포스트구조주의의 초기 국면과 '포스트모던적 전환' 사이의 경계에 서 있는 사상가로 평가할 수 있다.

필자가 들뢰즈에게 주목하는 것은, 그의 사상이 고전적인 급진적 사상을 넘어서려고 할 때 새로운 통찰력을 제공해 주리라는 믿음에서이다. 그의 사상은 고전적 문제틀에서 멀리 벗어나 있으면서도 급진적인 면모를 잃지 않고 있다는 점에서 현재 우리의 조건에서 충분히 주목할 가치가 있다고 하겠다.

그런데 들뢰즈의 사상을 이해하기 위해서는, 그와 협력하여 『오이디푸스에 반대하여』와 『천 개의 고원』이라는 역작을 집필한 펠릭스 가타리(Félix Guattari)의 사상의 이해도 반드시 수반되어야 할 것이다. 이하의 글은 들뢰즈와 가타리의 사상적 원천에 대한 간략한 소개(2절)와 그들의 공동 저작에 담긴 내용의 검토(3, 4절)로 구성되어 있다.

2. 저자들

1) 질 들뢰즈 : 철학으로의 개입과 철학으로부터의 탈주

들뢰즈는 소르본 대학에서 정규 교육을 마친 뒤 10년간 고등학교 교사로, 그 뒤 4년간 국립과학연구소(CNRS) 연구원으로, 그 뒤 4년간 리용 대학의 강사로 재직한 경력을 가지고 있다. 이 기간 동안 수행한 철학사에 대한 연구과정에서 그의 관심은 스피노자, 흄, 베르그송, 그리고 무엇보다도 니체 등 이른바 '철학사로부터의 탈주자들'로 이동하게 되었다.

그가 보기에 서양 철학사의 주류는 표상의 철학, 존재의 철학으로서 이들은 부정성과 내재성의 원리에 기초를 둔 '총체화하는 담론'이다. 이에 반해 들뢰즈가 선택한 입장은 흐름과 생성의 철학이다. 생성의 철학은 부정성과 내재성을 혐오하면서 긍정성과 외재성을 특권화하고, 의식적 존재와 표상의 도식을 혐오하면서 신체와 힘을 특권화한다. 표상과 존재의 철학이 어떤 형태로든 코드화의 시도라고 한다면, 흐름과 생성의 철학은 코드를 '횡단'하면서 탈코드화된 흐름을 신체에 순환시키는 것이었다.

들뢰즈가 선택한 철학적 입장이 가장 선명하게 전개된 저서는 1962년에 발간된 『니체와 철학』이다. 이 책에서 들뢰즈의 니체 해석의 두드러진 특징을 요약하면 다음과 같다. 첫째, 현실은 차별화된 힘들의 양으로 구성되어 있고, 따라서 환원불가능한 복수성을 나타낸다. 둘째, 힘들은 작용적(능동적) 힘과 반작용적(반동적) 힘으로 이루어져 있고, 이는 서로 중첩되어 상호 작용한다. 셋째, 힘들의 기원은 권력에의 의지의 관점에서 평가되어야 하고, 사건의 유래와 성립은 힘들의 유희(play)에 의해 평가되어야 한다.

이것이 바로 니체가 선도하고 들뢰즈가 계승한 계보학이다. 계보학적 입장의 선택은 표상의 철학 전반의 거부뿐만 아니라 변증법에 대한 비판이라는 효과를 낳는다. 변증법은 차이를 통일성에 포섭하고 모순의 고차의 종합을 추구하는 부정성의 원리에 근거를 두고 있기 때문에 계보학과 양립하기 힘들다는 것이 들뢰즈의 주장이다.

1969년 들뢰즈는 자신의 사상을 더욱 독창적으로 발전시킨 『차이와 반복』, 그리고 스피노자에 관한 연구서인 『스피노자와 표현의 문제』로 박사학위를 받는다. 그때 그의 학문적 동료인 미셸 푸코의 추천으로 뱅센 대학(파리 제8대학)에 교수로 취직할 준비를 하던 중 펠릭스 가타리와 만나게 된다.

2) 펠릭스 가타리 : 정신분석과 정치운동 사이의 횡단

평생을 강단과 연구실을 떠나지 않았던 들뢰즈와 달리, 가타리는 다양한 사회적 장에서 정력적으로 활동한 실천가였다. 가타리는 한편으로 정신병원의 임상 의사로 재직하면서 정신분석을 실천했고, 다른 한편으로 좌파정치의 무대에서 적극적인 정치활동을 실천했다.

정신과 의사로서 가타리는 라캉주의자 장 우리(Jean Oury)가 설립한 라 보르드(La Borde) 진료소에서 '제도적 정신요법'이라는 새로운 정신요법을 실험했고, 나아가 영국의 로널드 랭과 데이비드 쿠퍼, 이탈리아의 바살리아와 협력하여 반정신의학운동(anti-psychiatry movement)의 국제적 연대에도 힘을 기울였다. 이러한 실천을 통해 가타리는 제도권 정신분석은 물론 라캉 학파의 주류와도 다른 길을 걷게 되었다. 가타리는 정신분석의 경험을 통해 정신분석이론의 '가족주의', 그리고 정신분석요법에서 정신분석가와 피분석자 사이의 '계약주의'에 심각한 의문을 갖게 되었다.

한편 정치활동가로서 가타리의 행로를 요약하면 다음과 같다 : 프랑스 공산당 입당 후 평당원으로서의 활동 → 당의 노선의 불만을 품고 탈당 → 좌익반대파에의 가담 → 여권운동, 동성애자 인권운동 등 소수파의 대안적 운동(alternative movement) 및 에콜로지 운동에의 참여. 즉 그가 걸은 길은 1960~1970년대에 좌파활동가가 걸을 수 있는 길 중 가장 급진적인 것이었다. 정치행동의 와중에서 가타리는 자본주의의 지배의 다양한 제도적 형태를 분석하고 맑스주의적 계급투쟁이론을 현대의 상황에 맞추어 변형하는 이론적 실천도 소홀히 하지 않았다.

이처럼 가타리는 다양한 정체성, 그의 표현에 의하면 '분열된 생활양식들'을 횡단했다. 이 분열된 생활양식들을 접합해 보고 싶은 욕망을 가지고 있던 40세 무렵에 그는 비로소 "나의 모든 관심영역을 포괄할 수 있는 사람"을 얻게 되었다.

3) 결합

들뢰즈와 가타리의 만남은 1968년 '5월 사태' 이후 양자 모두를 알고 있는 한 친구의 주선으로 이루어졌다. 이후 몇 번의 만남과 대화를 통해 두 사람은 공동 저작 저술에 합의하는 데까지 이르게 되었다.

그러나 "우리 사이에는 아무런 공통점이 없었다"는 들뢰즈의 표현처럼 양자의 관심영역은 유사했어도, 성격과 스타일은 상반되었다. 양자의 공동작업은 대조적 성격이 생산적으로 작용한 보기 드문 예이다. 정착민적 성향의 들뢰즈와 유목민적 성향의 가타리, 분절된 개념에 능숙한 들뢰즈와 다이어그램 식의 아이디어에 능숙한 가타리의 결합은 획일성을 피하면서 분기를 누적시키는 것이었다. 뒤에 나올 용어를 빌면 양자의 결합은 서로의 차별적인 욕망의 흐름을 서로 고무하고 가속화시켰다는 점에서 접속(connection)이었지, 그 흐름을 하나의 코드의 지배하에 억제하는 연접(conjunction)이 아니었다.

양자는 가타리가 타계한 1992년까지 각자의 장에서 활동하면서도 협력을 계속해 나갔다. 협력의 성과는 『오이디푸스에 반대하여』(1972)와 『천 개의 고원』(1980) 외에도 『카프카 : 소수문학을 위하여』(1975), 『철학이란 무엇인가』(1991, 이상 모두 미뉘 출판사)로 꾸준히 이어졌다.

이들 저작에서 그들의 분석은 철학과 정신분석은 물론, 문화인류학, 정치경제학, 언어학, 심지어 자연과학과 공학에 이르기까지 매우 광범위한 범위에 걸쳐 전개되었다. 불행히도 필자의 능력과 제반 조건의

미비로 인해, 이하에서 검토할 주제는 『오이디푸스에 반대하여』와 『천 개의 고원』에 전개된 주제들 중에서 비교적 사회이론과 가까운 것들로 한정될 것이다.

3.분열증 분석

1) 욕망과 신체

① 욕망은 기계처럼 웅웅거리고 삐걱거리며 무언가를 생산한다.

들뢰즈/가타리는 흔히 욕망의 철학자로 알려져 있다. 그런데 이들의 욕망 개념은 고전 철학은 물론 고전적 정신분석과도 판이하다. 『오이디푸스에 반대하여』의 서두의 제목인 '욕망하는 기계'라는 용어는 이들의 주장을 도발적으로 표현해 준다. 한마디로 말한다면 이들에게 욕망은 생산적이고 창조적인 무의식이다. 즉 욕망은 항상 긍정적인 힘이지, 결코 결여, 상실, 부정이 아니다.

이러한 주장이 비판하는 대상은 명백하다. 그것은 가장 가깝게는 무의식이 '타자의 욕망'이며, 욕망이 상징계 속에서 '언어처럼 구조화'된다는 라캉의 이론이다. 라캉의 경우 욕망의 기원은 결여다. 이에 반해 들뢰즈/가타리의 경우 욕망은 결여를 알지 못하고, 항상 무언가를 생산하는 긍정적 힘이다.

그리고 욕망은 항상 기계처럼 '웅웅거리고 삐걱거리며' 작동하므로 욕망의 작동은 '기계적'이다. 이 기계는 욕망을 생산하고, 따라서 생산은 항상 '욕망하는 생산'이다. 정리해서 말하면 심리적 에너지로서의 욕망은 내연적 양(intensive quanties)을 가진 기계적 흐름이다.

② 욕망은 가족 속에만 투여되는 것이 아니라 사회적 장 전체에 투여된다.

욕망의 정의의 차이는 욕망의 투여에 대한 인식의 차이로 이어진다. 저자들은 욕망은 고전적 정신분석에서처럼 가상적 혹은 상징적 대상에 투여되는 것이 아님을 강조한다. 오히려 욕망은 사회적 장(social field) 전체에 투여된다. 이러한 주장은 욕망의 투여를 가족에 한정할 수 없다는 강력한 비판을 내포한다. 이들은 고전적 정신분석에서의 '극장으로서의 무의식'을 '공장으로서의 무의식'로 대체하고, 고전적 정신분석에서의 '부분대상'을 욕망하는 기계의 '부품'로 간주한다.

이를 통해 들뢰즈/가타리는 고전적 정신분석을 근본적으로 비판한다. 이들에 의하면 '아빠-엄마-나'로 이루어진 오이디푸스 삼각형은 무의식의 생산을 가족의 틀 내로 억압하여 리비도(libido)를 중성화하는 역할을 한다. 정신분석은 욕망하는 기계를 억압하는 기능을 위해 탄생한 역사적 산물이다.

③ 욕망이 죽음을 욕망할 때 기관 없는 신체가 탄생한다.

들뢰즈/가타리의 욕망하는 기계에서 하나의 기계는 다른 기계에 접속되어 있고, 모든 기계는 흐름을 생산하고 또 흐름을 채취한다. 이런 의미에서 저자들은 욕망하는 기계를 '이항적 · 선형적 기계'라고 부른다. 그런데 저자들은 이항적 · 선형적 계열의 제3항으로서 '기관 없는 신체(body without organs)' 혹은 '충일한 신체(full body)'가 생산된다고 말한다. 이 해괴한 '기관 없는 신체'란 무엇일까?

대답은 간명하다. 욕망은 모든 것을 욕망하므로 스스로의 억압, 심지어 죽음을 욕망할 수도 있다. 이렇게 욕망하는 기계가 유기체를 거부하고 죽음을 욕망하는 상태를 지칭하는 용어가 '기관 없는 신체'이다. 이는 생산활동과 생산물의 직접적 동일성으로 생산되는데, 그것은 무작위적이고 미분화된 무기적 상태, 달리 표현하면 내연도(intensity)가 0인 상태다. 따라서 기관 없는 신체는 반생산(counter-production)의 영역에 속한다.

주의할 점은 기관 없는 신체란 기관이 부재한 신체(organless body)가 아니라, 기관화(organization)되지 않은 신체라는 점이다. 그런데 이러한 기이한 개념을 통해 이들은 무엇을 말하고 싶은 것일까? 논의는 욕망하는 기계와 기관 없는 신체 사이에 전개되는 사건에 대한 설명으로 넘어간다. 저자들은 이 사건을 세 가지 종합이라고 부른다.

④ 욕망은 접속·채취하고, 이탈·등록하고, 연접·소비하고, 신체는 욕망의 등록표면을 형성한다.

욕망하는 기계와 기관 없는 신체 사이의 세 가지 종합에 대해 알아보기 앞서서 욕망하는 생산에 대해 부연해 보자. 들뢰즈/가타리는 모든 생산은 욕망하는 생산이며, 모든 것이 생산이라고 사고한다. 그런데 생산의 유형은 구분할 수 있는데, 첫째, 생산의 생산은 능동과 수동의 생산이고, 둘째, 등록의 생산은 분배와 조정의 생산이고, 셋째, 소비의 생산은 쾌락과 고통의 생산이다.

세 가지 종합은 이 세 가지 생산의 유형에 상응한다.

첫째, 접속적 종합(connective synthesis)은 생산의 생산과 대응하고, 여기서는 채취의 에너지 리비도가 동원된다. 이 단계는 욕망하는 기계 그 자체를 표현한다. 접속이란 욕망의 흐름들을 서로 고무하고 가속화하여 그 흐름들이 변이의 힘(mutant power)을 갖게 하는 것이다.

둘째, 이탈적 종합(disjunctive synthesis)은 등록의 생산과 대응하고, 여기서는 이탈 및 등기의 에너지 누멘(Numen)이 동원된다. 이 단계에서 기관 없는 신체는 모든 생산을 유인하고 등록하는 마법의 표면의 역할을 수행한다. 이렇게 신체가 욕망하는 생산을 '흡입'하면 '이적(異

蹟)의 기계'가 탄생한다. 반면 신체가 욕망하는 생산에 '반발'할 경우도 있는데 이것이 '편집증기계'이다.

셋째, 연접적 종합(conjunctive synthesis)은 소비의 생산에 대응하고, 여기서는 잔여의 에너지인 볼룹타스(Voluptas)가 동원된다. 연접이란 욕망의 흐름의 상대적 억제인데, '주체'가 탄생하는 것은 비로소 이 단계에서다. 즉 주체는 기관 없는 신체 위를 방황하면서 욕망하는 기계 주위에 머무는 분열된 주체이며, 욕망의 흐름의 억제에 의해서만 탄생한다. 주체가 등록표면에서 식별될 수 있는 것은 억제된 흐름의 '잔여'의 상태로일 뿐이다.

요약하자면, 욕망하는 기계는 세 가지 종합을 따라 절단하고 또 절단되는 기계이고, 욕망하는 생산이란 채취(생산의 생산), 이탈(등록의 생산), 잔여(소비의 생산)가 동시에 이루어지는 과정이다. 그리고 신체의 가장 중요한 역할은 생산의 등록표면의 형성이다.

2) 욕망하는 생산과 사회적 생산

① 사회적 생산은 역사적으로 규정된 욕망하는 생산이다.

저자들은 욕망하는 생산과 사회적 생산은 하나의 동일한 생산(one and the same)이라고 과감하게 주장한다. 앞에서 보았듯 사회적 장은 욕망에 의해 직접적으로 투여되므로, 그것은 역사적으로 규정된 욕망의 생산물이기 때문이다. 이는 정치경제학과 리비도 경제학의 구분은 무용하며 오직 하나의 경제학만이 존재한다는 주장으로 이어진다.

이들의 주장은 라이히를 선구로 하는 '프로이트 맑스주의'를 계승하면서 동시에 그것을 비판한다. 라이히는 그의 파시즘 분석에서 심리적 억압과 사회적 억압이 연관되어 있음을 간파했다는 점에서 탁월한 통찰력을 제공했다. 그러나 그는 사회적 생산은 합리적이며 욕망은 비합리적이라는 이원론적 구분에 여전히 사로잡혀 있었다.

들뢰즈/가타리는 두 가지 생산 혹은 두 가지 억압 사이의 관계가, 하나가 다른 하나를 투사 혹은 주입하는 것이 아니라는 관점을 채택한다. 그들의 '욕망하는 생산'은 합리적 및 비합리적 형태 모두에 적용되는 것이다. 단, 욕망하는 생산과 사회적 생산이 하나의 동일한 생산이라도, 양자 사이에 체제(regime)상의 구별은 존재한다. 따라서 사회적 생산의 분석은 다른 용어를 통해 수행된다.

② 사회체는 등기를 행하면서 사회적 기계의 등록표면이 된다.

들뢰즈/가타리는 욕망하는 기계가 사회적 장에 투여된 체제를 사회적 기계(social machine)라고 부른다. 그리고 역사상 존재했던 사회적 기계로서 야생의 원시토지 기계, 야만적 전제군주 기계, 문명 자본주의 기계를 구분한다.

이들 사회적 기계는 자신의 기관 없는 신체로서 각각의 사회체(socius)를 가진다. 즉 사회체는 사회적 기계의 기관 없는 신체 혹은 충일한 신체로서 그 역할은 사회적 생산의 등록표면을 형성하는 것이다. 여기서 니체의 영향이 드러나고, 그를 통한 레비스트로스/모스의 구조주의 인류학에 대한 비판이 수행된다. 즉 중요한 것은 신체의 교환이 아니라 '공포와 잔혹'의 기억에 의한 신체의 표시(marking body)이고, 따라서 사회의 기능은 '교환'이 아니라 '등기'하는 것이다.

다른 한편 모든 사회적 기계는 일정한 유형의 표상을 산출하고 이 표상의 요소들은 사회체의 표면에 등록된다. 이러한 표상의 체계는 욕망하는 생산을 사회적·심리적으로 억압하는 역할을 수행한다.

『오이디푸스에 반대하여』의 제3부 「야생인, 야만인, 문명인」은 이상의 시각하에서 각 사회적 기계에서 욕망과 생산의 흐름이 조직화되는 차별적 방식을 분석한다. 달리 말해 여기에서의 분석은 맑스의 역사이론을 니체의 철학과 접속시키는 곤란한 시도이다.

② 원시영토 기계는 도착증적으로 코드화하고, 전제군주 기계는 편집증적으로 초코드화하고, 자본주의 기계는 분열증적으로 탈코드화한다.

욕망과 생산의 흐름들의 조직화를 지칭하는 들뢰즈/가타리의 용어는 기호학의 용어인 '코드화(encoding)' —— 혹은 '초코드화(overcoding)' 및 '탈코드화(decoding)' —— 이다.

먼저 원시영토 기계는 대지라는 충일한 신체 위에 여러 흐름들을 다양하고 풍부한 방식으로 '코드화'한다. 이 기계에서 흐름들은 오직 채취의 대상일 뿐이므로 저장은 최소화되어야 한다. 이 기계에서도 흐름의 채취를 위해서는 사람의 분할과 연쇄로부터 이탈이 발생할 수 있다. 그러나 그것은 오직 분할 불가능한 대지와 '접속'된다는 조건하에서이다. 따라서 원시영토 기계에서는 탈영토화 운동은 발생하지 않으며, 그 표상체계는 '접속-채취'의 체계이다.

둘째, 전제군주 기계는 전제군주 장치라는 새로운 충일한 신체를 가지는데, 이 새로운 충일한 신체는 '국가의 창설'에 의해 단번에 숙명처럼 도래한다. 전제군주 기계는 이 충일한 신체 위에 이미 존재하고 있는 코드화한 흐름들을 전제군주의 기호하에 '초코드화(overcoding)'하여 새로운 기계에 통합시킨다. 이 기계에서는 탈영토화 운동이 발생하지만, 이는 전제군주의 단일한 기호하에 토지공동체들의 통일성을 부여하기 위해서이다. 따라서 이 기계에는 '이탈-종속'의 체계가 대응한다.

셋째, 문명 자본주의 기계의 충일한 신체는 화폐-자본이다. 그런데 자본주의 기계는 선행한 사회적 기계와는 달리 코드화된 흐름들을 탈코드화하는 기초 위에 수립되며, 이 기계에서는 탈영토화 운동이 제한 없이 전개된다. 즉 자본주의 기계는 욕망의 흐름들을 탈코드화하고 탈영토화하는 과제에 직면하는 유일한 사회적 기계다. 그 이유는 자본주의가 한편으로 '화폐자본'의 형태로 탈코드화된 흐름과 다른 한편으로 '자유로운 노동자'의 형태로 탈영토화된 흐름의 결합, 즉 연접에서 그 기원을 가지기 때문이다. 그런데 이러한 결합에는 어떠한 필연성도 없다. 따라서 자본주의의 표상체계는 '연접-조절'의 체계다.

들뢰즈/가타리의 자본주의 기계에 대한 분석은 절을 바꾸어 살펴보기로 하자. 그 전에 한 가지 짚고 넘어갈 점은 각 사회 기계의 병리적 성격이다. 원시영토 기계에서는 채취를 조직하기 위해 '도착증'이, 전제군주 기계에서는 이탈을 초코드화하기 위해 '편집증'이, 그리고 자본주의 기계에서는 흐름의 탈코드화로 인해 '분열증'이 발생할 수밖에 없다. 도착증, 편집증, 분열증은 초역사적인 개인의 특성이 아니라 각 사회적 기계에 정상적인 활동의 역사적 산물이다.

④ 자본주의는 한 손으로 탈영토화하고, 다른 손으로 재영토화한다.

저자들은 자본주의가 새로운 유형의 코드화가 아니라 오히려 탈코드화된 흐름에 기초하는 사회라고 주장한다. 저자들은 탈코드화된 흐름들을 연접하고 조절하는 체계를 공리계라고 부른다. 공리계가 또 하나의 코드가 아닌 이유는 무엇일까? 코드와 공리계의 차이점을 비교하면서 위 질문에 답해 보자.

코드는 사회체로부터 나오는 흐름의 각 질을 결정하는 목적, 즉 통약 불가능한 흐름들 사이의 질적·간접적 관계를 확립하는 목적을 가진다. 즉 코드는 간접적이고, 질적이고, 제한적이고, 경제 외적이다. 그러나 자본주의의 가치증식과정은 자본으로서의 화폐량이 자기보다 더 많은 양의 화폐량을 낳는 것으로 표현된다. 달리 표현하면 자본주의 기계의 충일한 신체인 화폐-자본은 코드화된 흐름들의 질적 성격에는 무차별하다. 최초의 화폐량과 증식된 화폐량 사이의 미분비(微分比)의 관계는 탈코드화된 흐름들의 직접적인 양적 관계일 뿐이다. 따라서 자본주의의 표상체계를 구성하는 공리계는 코드와 달리 직접적이고, 양적이고, 기능적이고, 경제적이다.

따라서 자본주의는 탈코드화된 흐름에 기초하여 탈영토화 운동을 전개할 수 있다. 그러나 자본주의의 탈영토화 운동은 양면적이다. 자본주의는 탈영토화 운동을 조장하지만 동시에 이 운동이 공리계를 넘어 탈주하는 것을 방치할 수는 없다. 따라서 자본주의는 한편에서 탈영토화를 행하면서 다른 한편에서 공리계의 조절에 의해 재영토화(심지어 재코드화 및 초코드화)를 행한다. 이 재영토화와 초코드화를 위해 자본주의는 선행의 사회 기계인 원국가를 복고하기도 한다. 따라서 자본주의 공리계의 두 극은 분열증과 편집증이고, 공리계는 이 사이를 진동한다.

이렇게 자본주의가 자신의 극한을 부단히 치환(置換)하여 내재화한다는 성격 때문에 저자들은 자본주의를 '내재적 체제(immanent system)'라고 정의한다. 맑스의 "자본의 극한은 자본 자신이다"라는 언급을 이들은 자본주의는 외적·절대적 극한을 갖지 않고 오직 내적·상대적 극한만을 가진다는 주장으로 대체한다.

그러나 자본주의의 외적·절대적 극한이 전혀 없지는 않다. 자본주의에서 탈영토화된 흐름은 분열적 흐름(schiz-flow)을 생산하면서, 동시에 편집증적인 반생산의 거대 기계(megamachine)라는 수단으로 이 흐름을 억압한다는 점에서 상대적이다. 그러나 분열증은 절대적으로 탈코드화되고 탈영토화된 흐름이고, 공리계의 연접으로부터 탈주하는 흐름이다. 분열증이 자본주의의 외적·절대적 극한인 것은 이러한 이유에서이다.

자본주의 사회에서 생활하는 모든 사람이 많든 적든 분열증의 증상을 보이는 것은 '정상적'이다. 그러나 또한 사람이 하나의 '주체'로 탈없이 살아가기 위해서는 분열증을 억제하고 내재화해야, 곧 재영토화해야 한다. 분열자는 이러한 재영토화에 실패하거나 혹은 거부한 사람이다. 즉 자본주의는 자신의 외적 극한인 분열증을 조장하면서 동시에 그것을 억압하고 치환한다. 이러한 치환, 혹은 재영토화를 수행하는 이론적 장치가 바로 정신분석이고 그 수단은 오이디푸스다. 들뢰즈/가타리가 고전적 정신분석과 오이디푸스에 반대하여 '분열증 분석'이라는 대안을 제시하는 것은 이러한 맥락에서이다.

4) 분열증 분석

① 오이디푸스의 함정에 빠지지 말라! 오이디푸스화를 거부하라!

자본주의와 분열증 사이의 관계를 파악한다면, 정신분석과 오이디푸스의 의미가 다시 한 번 명백해진다. 오이디푸스는 사회적 재생산의 형태와 가정적 재생산의 형태 사이로 분열증이 통행하지 못하도록 억제하는 조작이다. 달리 말하면 정신분석은 가족이라는 영토 위에서 분열증을 재영토화한다. 오이디푸스는 이전 사회에서도 상징적 개념으로 존재했지만 가상적 개념이 되어 현실적 운동을 전개하는 것은 자본주의 사회에 진입한 다음부터다. 즉 오이디푸스는 '세계사의 산물'이지, 개인의 보편적 성장과 관련된 초역사적 문제가 아니다.

따라서 들뢰즈/가타리가 제시하는 분열증 분석은 "억압의 오이디푸스적 함정과 그 모든 영토를 파괴하는 것"을 우선적인 '파괴적 과제'로 삼는다. 자기의 정신세계의 통일성이란 허구적일 뿐이다. 분열증은 오이디푸스화의 거부이므로, 고전적 정신분석에서처럼 새로운 종합이 이루어진 질서를 형성하는 것을 거부하는 것이다. 이에 이어서 '분열증 분석의 두 가지 긍정적 과제'가 제시된다.

② 분열증을 더욱 가속화해서 돌파하라! 그러나 붕괴하지 말라!

분열증 분석의 첫번째 긍정적 과제는 모든 '해석'을 거부하고 욕망하는 기계들의 본성, 형성, 작동을 발견하여 그것을 재가동하는 것으로 설정한다. 즉 분열증화란 억압적 질서화를 거부하고 탈코드화의 방향으로 더욱더 밀고 나가는 것이고, 그를 통해 현실의 파편화와 무질서를 있는 그대로 인식하는 과정이다.

여기서 주의할 점은 '임상적 실체'로서의 분열자(schizophrenic)와 '과정'로서의 분열증(schizophrenia)을 구별해야 한다는 점이다. 병리적 환자인 분열자는 오이디푸스화를 거부했기 때문에 정상인에 비해 욕망하는 기계에 접근한 존재이지만, 그 거부의 과정에서 무언가를 시도하다가 좌절하여 붕괴해 버린 사람이다. 저자들이 말하는 분열증화과정이란 돌파(breakthrough)하기 위한 리스크를 취하는 것이지 붕괴(breakdown)에 빠지는 것이 아니다.

그런데 욕망이 사회 전체에 투여되는 한, 분열증 분석은 현실의 인식의 지평을 넘어서 정치적 행동의 지평을 요구한다. 이것이 분열증 분석의 두번째 긍정적 과제다.

③ 자기의 내부와 외부를 구별하지 말고 접속하라.

분열증 분석의 두번째 과제는 무의식적 욕망의 사회적 장에 투여되는 다양한 방식을 분석하는 것이다. 고전적 정신분석이 사회적 갈등을 오직 개인의 수준으로만 환원시키는 반면, 분열증 분석은 욕망을 사회적·경제적·정치적 장 모두에서 분석한다. 즉 개인의 욕망과 사회의 현실을 접속시켜서, 자기내부에서 전개되는 사건와 사회에서 벌어지는 사건 사이에는 아무런 경계가 존재하지 않음을 깨닫는 것이 분열증 분석이다.

분열증화된 주체는 상징계의 인식론적 제약에서 탈주하는 존재일 뿐만 아니라 사회의 정치적 제약에서도 탈주하는 존재이다. 분열증 분석은 이러한 복수의 제약으로부터 해방을 도모하는 수단이다. 역으로 말한다면 자본주의 사회에서 정신분열자가 되지 않는 길은 혁명적 행동밖에 없다는 뜻이다.

따라서 자본주의를 넘어서는 길은 고전적 혁명에서처럼 분열증화를 억제하여 다른 유형의 코드화를 구성하는 것이 아니다. 그것은 욕망의 흐름을 '포획'하는 자본주의의 다양한 장치들에서 '탈주'하여 욕망의 흐름을 다른 기계와 창조적으로 접속시키는 것이다.

그런데 『오이디푸스에 반대하여』의 분석은 분열증화 과정에서 발생할 수 있는 붕괴의 위험을 '경고'하기는 했어도 그것에 대해 충분한 주의를 기울여 분석하지는 않았다. 많은 평론가들과 독자들, 그리고 정치활동가들이 분열증 분석을 '오해'한 것도 어느 정도는 이러한 불충분함에 기인한다. 또한 1968년을 전후하여 반정신의학운동이 분열자들의 비참한 상황을 낭만적으로 이상화하면서 전개되었던 것도 『오이디푸스에 반대하여』의 부정적 효과와 무관치 않다.

저자들의 이후의 분석에서 이 점은 어떻게 포괄되었을까? 장을 달리하여 알아보기로 하자.

4. 리좀과 미시정치학

1) 리좀

① 리좀은 발산적이고 탈영토화된 순수한 생성의 운동이다.

들뢰즈/가타리의 세번째 공저인 『천 개의 고원』에서는 『오이디푸스에 반대하여』에서의 분석이 연장됨과 동시에 새로운 요소가 등장한다. 먼저 눈에 띄는 것은 『천 개의 고원』의 분석용어가 매우 '복수적'이라는 점이다. 이는 『오이디푸스에 반대하여』에서 '분열증 분석'이라는 비교적 단일한 주제에 초점을 맞추었던 점과 매우 대조적이다. 『천 개의 고원』에서 전개된 분석용어들을 나열해 보면, 분열증 분석 외에도 화용론(pragmatics), 다이어그램주의(diagrammatism), 카르토그래피(cartography), 미시정치학(micropolitics) 등이 있다. 이는 저자들이 자신들의 분석이 하나의 모델로 정형화되기를 거부하는 데에서 일차적 원인을 찾을 수 있다고 생각된다.

그러나 복수적 분석용어들을 관통하는 방법론적 장치를 한 가지 들 수 있다면 그것은 서론에서 전개된 '리좀'이다. 리좀은 탈코드화되고 탈영토화된 운동에 대해 저자들이 창조한 새로운 개념이다.

리좀은 본래 식물학의 용어로서 한자어로는 근경(根莖), 우리말로는 뿌리줄기 정도로 번역될 것이다. 리좀의 가장 직접적인 예는 바랭이무리이다. 바랭이무리는 뿌리와 줄기를 구분할 수 없고, 따라서 땅 속에 견고한 기초를 갖지 않는다. 이렇듯 뿌리를 땅 속에 확고히 두고 땅 위에서 줄기와 잎을 전개하는 나무 유형의 식물과 대조적으로, 리좀 유형의 식물은 항상 우연적이고 동태적인 운동상태에 있으며 이 운동은 땅 속에 있는 기원을 갖지 않는다. 달리 말하면 나무가 위계적이고 '영토적'인 조직이라면 리좀은 발산적이고 '탈영토적'인 운동이다.

② 나무는 리좀을 성층화한 위계적 모델이다.

들뢰즈/가타리가 리좀 개념을 통해 노리는 효과는 그들이 비판하고자 하는 대상을 떠올리면 보다 명백해진다. 그들은 서구 인식론의 지배적 특징을 수목 모델(arborescent model)이라고 표현한다. 수목 모델은 마치 나무가 그러하듯이, 이성이 현실을 체계적이고 위계적인 원리에 따라 총체적으로 조직화한다는 것을 은유한다. 튼튼한 뿌리 위에서 줄기와 잎이 무성하게 열리는 나무처럼, 서구의 철학에서는 이성이라는 부동의 기초 위에서 진리, 법, 정의 등이 파생한다.

리좀은 이러한 수목의 논리를 해체하기 위한 수단이자, 탈영토화된 운동을 보다 새롭고 풍부하게 묘사하기 위한 수단이다. 수목이 하나의 규범적·정상적 모델을 설정한다면, 리좀은 절대적 운동을 지시한다는 점에서 하나의 모델로 환원될 수 없다. 수목의 이항적 논리와 총체화하려는 시도에 반대하여, 리좀은 동태적 운동과 총체화될 수 없는 복수성을 표현한다.

③ 리좀은 복수의 무작위적인 선들로 이루어져 있다.

리좀 개념에서 저자들이 특별히 강조하는 것은 리좀은 점(點)이 아니라 선(線)으로 이루어졌다는 점이다. 리좀 유형의 집단에서는 탈중심화되고 탈영토화된 선들이 비위계적인 상태에 놓여 있고, 그런 의미에서 이 선들은 복수성을 구성한다. 여기서 선들 사이의 관계는 조절되지 않은 무작위적인 상태에 있으며 따라서 어떠한 기원도, 종말도 설정할 수 없다. 다른 말로 하면 리좀은 순수한 생성의 운동을 말한다. 바랭이무리, 개미떼, 늑대무리, 모터사이클 갱, 분열자 등이 바로 리좀 유형의 집단이다.

결국 저자들의 시각에서 결정적인 것은 현실이 일차적으로 환원 불가능한 복수성으로, 즉 '리좀적으로' 구성되어 있다는 점이다. 이러한 시각을 채택한다면, 통일성, 총체성 등의 '근대적' 원리들은 리좀적 운동의 성층화(stratification)에 불과하다는 시각으로 나아가게 된다. 니체의 용어로 말한다면, 리좀적 운동이 '작용적 힘'이라면 성층화하는 권력은 '반작용적 힘'이다.

그런데 리좀적 운동이 성층화되는 양태와 방식에 대한 설명이 필요하다. 이 점을 설명하기 위해 저자들은 분절성(segmentarity)이라는 개념을 통해 접근한다.

2) 분절성과 권력중앙

① 몰과 분자, 경직된 선과 유연한 선

먼저 이들은 몰적(molar) 분절성과 분자적(molecular) 분절성의 구분, 그리고 그에 조응하는 경직된 선(rigid line)과 유연한 선(supple line)의 구분으로 논의를 전개한다. 이때 분자는 탈코드화되고 탈영토화된 흐름의 구성을 의미하고, 반면 몰은 이 흐름과 운동의 성층화와 조직화를 의미한다.

몰과 분자라는 용어가 생경하면, 몰적 분절성을 거시적 분절성으로, 분자적 분절성을 미시적 분절성이라는 용어로 대체해도 그 뜻은 유사할 것이다. 앞 절의 용어를 사용하면 경직된 선에 조응하는 몰적·거시적 분절성은 수목형 분절성이며, 유연한 선에 조응하는 분자적·미시적 분절성은 리좀적 분절성이다.

경직된 선은 분절성을 이항적 집계(binary aggregate)로 만들면서 초코드화의 논리에 복종시키고, 유연한 선은 분절성을 복수적인 코드와 영토로 구성한다. 여기서 주의할 점은 이 두 가지 분절성은 상호 불가분하고 서로 중첩되고 횡단한다는 점이다. 몰적 집계(molar aggregate)는 분자적 운동 없이는 구성될 수 없고 오직 그들을 결정화(結晶化)함으로써만 구성된다. 이를 역으로 본다면 몰적 집계의 권력은 자신의 구성요소들의 분자화를 유도하면서 그것을 결정화하는 능력에 의해 좌우된다.

여기서 주의할 점은 몰과 분자, 혹은 거시와 미시를 크기나 규모에 의해서 구분하지 말아야 한다는 점이다. 그것은 오히려 각각이 준거하는 체계의 성격에 의해 구분된다. 엄밀히 말한다면 선과 분절성은 몰적 조직에만 해당하는 말이고, 분자적 구성에는 썩 어울리지 않는다. 분자적 구성은 경직된 선에 의해 몰적으로 분절화될 수도 있지만 그렇지 않고 그것을 회피하는 운동으로 전환될 수도 있기 때문이다. 이러한 성격으로 인해 분자적 분절성이라는 표현은 더 적절한 용어가 나오기까지의 한시적 표현이다.

② 탈주의 선은 분절성을 회피하는 창조적 변이의 선이다.

방금 몰적 분절성은 분자적 구성 없이는 존재할 수 없다고 말한 바 있다. 그런데 분자적 운동은 그 성격상 분절성을 전적으로 회피할 수 있는 새로운 운동을 가져올 수 있다. 이러한 운동을 표현하는 것이 바로 세번째 선인 탈주의 선(escape line)이다. 탈주의 선은 처음에는 아주 작은 물방울로 시작하여 분절성 사이를 누출하여 그들의 집중화를 회피하고 총체화를 침식시킬 수 있다.

저자들은 몰적·거시적 분절성으로부터 탈주·누출하는 절대적으로 탈영토화된 분자적 운동을 양자적 흐름(quantum flow)라고 지칭한다. 이때 양자란 '탈코드화된 흐름 속에 있는 탈영토화의 기호'이다.

양자적 흐름이 경직된 분절화의 선을 넘어 범람할 때, 탈주의 선은 다른 선과 접속되어 새로운 창조의 평면을 형성할 수 있는 힘을 가진다. 이러한 창조적 힘 때문에 저자들은 양자적 흐름를 변이의 흐름(mutant flow)이라고 부른다.

탈코드화되고 탈영토화된 흐름을 이렇게 정의한다면, 앞의 내용을 재구성하여 표현할 수 있다. 즉 일차적인 것은 탈주의 선과 경직된 분절이고, 분자적 분절성은 양자 사이에서 진동한다.

③ 권력중앙은 '능력의 지대'가 아니라 '무능의 지대'에 의해 설정된다.

이상의 내용을 '권력중앙'에 대한 저자들의 독특한 정의를 소개하면서 부연해 보자.

먼저 권력중앙은 경직된 선으로 분절화된 '능력의 지대(地帶)'를 가진다. 이러한 분절화는 항상 위계적 원리에 의해 이루어진다. 달리 말하면, 권력에 의한 집중화(중앙화)는 위계적이고, 위계는 분절적이다.

둘째로 권력중앙은 분자적·미시적 구성에 대하여 자신의 권력을 행사해야만 한다. 그런데 이 지대는 그 특성상 '식별 불가능한 지대'이다. 권력은 오직 분자적 운동이 결정화된 상태만을 식별할 수 있는 것이다.

세번째, 그리고 마지막으로 권력중심은 양자적 흐름이라는 '무능의 지대'를 가지게 된다. 양자의 선은 분절화된 선을 따라 흐를 수도 있지만, 반대로 그것으로부터 탈주하는 흐름을 형성할 수도 있는 것이다.

한마디로 말해 권력중앙은 경직된 분절화의 선과 양자적 흐름의 경계에 자리잡는다. 그리고 이상의 설명을 수용한다면 그들이 왜 "권력중앙들은 그들의 권력의 지대에 의해서가 아니라 그들의 무능력, 그들로부터 탈주하는 것에 의해 정의된다"라는 명제를 제시하는지를 이해할 수 있을 것이다.

이상의 내용을 그림을 통해 묘사해 보자. 그림은 하나의 순환 혹은 기간을 표시한다. A는 흐름 및 그것들의 양 극(pole), 즉 (+)의 극과 (−)의 극을 가리킨다. a는 이 흐름 속에 있는 절대적인 운동의 기호인 '양자'이다. b는 이러한 흐름을 분절화하는 선들이다. 권력중앙인 B는 양자적 흐름과 분절들의 경계에 위치한다.

A : 흐름들 및 극들

a : 양자
b : 분절화의 선
B : 권력중앙

④ 리좀적 분석의 요체는 탈주의 선의 발견이다.

결국 리좀적 분석은 현실의 다양한 흐름들을 분석하고 그 흐름들을 분절화하는 선과 탈주의 선을 발견하는 것이다. 그리고 권력중심에서 누출하는 흐름은 항상 이미 존재하기 때문에 변이(mutation)는 언제든지 가능하다. 저자들은 탈주의 선에 의한 변이는 항상 창조적이고 순수한 생성의 운동을 표현한다고 본다.

그런데 이러한 변이는 항상 창조적이고 '혁명적'인 것일까? 저자들은 『오이디푸스에 반대하여』에서 "욕망은 혁명을 '희구'하지 않는다. 욕망은 그 자체가 혁명적이다"라고 주장했다. 이 진술은 『오이디푸스에 반대하여』의 피상적 독자들에게 많은 비난을 가져왔다. 그러나 이러한 진술은 일차적으로 욕망을 수동적인 것으로 간주하는 지배적 견해에 대해 도전하고 그것이 생산적이고 창조적인 흐름을 강조하는 의도에서 나온 것인지, 욕망의 무한 발산이 바로 혁명이라거나, 정신분열자가 혁명가라는 천박한 주장과 동일한 것이 아님은 앞에서 검토한 바 있다.

그런데 이러한 견해는 이와는 다른 각도에서 장애물과 부딪칠 수 있다. 탈주의 선이 창조적일 수 있는 것은 그것이 다른 선과 접속되어 새로운 욕망의 흐름과 합류할 때다. 만약 그렇지 않다면 어떤 일이 발생할까? 그때 탈주의 선은 순수한 파괴, 순수한 폐지의 열망으로 역전, 전도되어 죽음의 선으로 전화할 수 있다. 그 대표적인 역사적 예가 파시즘이다. 문제는 다소 복잡한 채로 남는다.

3) 미시정치학

① 거시정치는 미시정치를 결정화하고, 미시정치는 거시정치를 분자화한다.

들뢰즈/가타리가 "모든 정치는 거시정치임과 동시에 미시정치다"라고 주장하는 것은 앞의 분석을 볼 때 쉽게 이해할 수 있다. 모든 사회는 억압적인 몰적 집계와 복잡한 방식으로 교차하는 분자적 단위를 가지고 있기 때문이다. 몰적으로 집계된 수준에서 식별되는 거시정치는, 분자적 수준에서의 미시정치를 항상 수반한다. 역으로 말하면 미시적인 분자적 단위는 거시적인 몰적 집계로 환원될 수는 없지만 거시적 구조로 성층화된다.

예를 들어 자본주의 사회에서 개인들은 성, 계급, 인종, 나아가 세대, 지역, 직업 등의 정체성으로 분절화되어 특정한 거시구조(macrostructure) 속에서 각각의 역할을 부여받게 된다. 즉 국지적으로 존재하는 개인과 집단의 '분자적 욕망'은 여타의 다양한 욕망과의 결합과 분리, 즉 연접을 통해 지배적 표상형태하에서 성층화된다.

성의 경우를 예로 들어 논의를 구체화해 보자. 우리 사회에서 모든 개인은 '두 개의 성', 즉 남성과 여성이라는 이항적 집계로 성층화되어 각기 차별적인 역할을 수행한다. 그러나 분자적 구성으로 들어가면 남성과 여성의 이항적 구분은 더 이상 유효하지 않다. 동성애와 같이 병리적인 경우를 들지 않더라도 남자 속의 여성성, 여자 속의 남성성을 보기는 어렵지 않다. 즉 분자적 구성에서는 'n차원의 복수성'을 가진 성이 존재한다.

② 계급적 이해는 (전)의식적이고 대중의 욕망은 무의식적이다.

몰과 분자의 구분을 통해 저자들은 이해와 욕망의 문제, 나아가 계급과 대중의 문제에 접근한다. 먼저 계급적 이해는 몰적 집계로 이루어진 공통된 전(前)의식(pre-counsciousness)을 의미한다. 이러한 전의식은 '계급의식'의 획득에 의해 명확한 의식 속에 표상될 수 있다. 그렇지만 무의식은 전의식과는 전혀 별개의 영역에 속하는 것으로 그것은 계급적 이해 속이 아니라 대중의 욕망 속에 존재한다.

여기서 대중 개념을 계급 개념과 관련지어 새로이 정의할 수 있다. 계급은 대중을 포괄할 수 있어도, 계급의 구성요소인 대중이 모두 동일한 종류의 투쟁을 수행하는 것은 아니다. 이렇게 볼 때 대중은 부단한 흐름을 가진 분자적 개념이고, 계급은 대중을 성층화하는 몰적 개념이다. 대중은 계급이라는 몰적 분절성으로 환원 불가능하고 그것과는 상이한 유형의 분절성에 따라 행동한다

분열증 분석의 용어로 말한다면 이들이 주장하고자 하는 바는, 욕망의 무의식적 투여와 이해의 전의식적 투여는 차별적이고, 따라서 양자가 자연스럽게 일치하는 경우는 오히려 희귀하고 우연적이라는 점이다. 계급적 이해의 면에서는 혁명적이면서도 집단적 이해의 면에서는 반동적인 경우가 충분히 있을 수 있다.

예를 들어 볼셰비키를 비롯한 전통적 혁명조직들은 정치투쟁과정에서 욕망의 해방을 달성하는 데 실패했고, 욕망의 흐름들을 당과 국가라는 '영토' 위에 재영토화했다. 위계제와 관료제의 재생산, 사회주의 속에서 국가자본주의의 부활 등 '현존 사회주의'의 현실은 이런 방식으로 설명된다.

또한 선진 자본주의국에서 노동자계급의 조직화된 행동은 자본주의에 부단한 수난을 안겨 주었지만, 이에 대해 현대 자본주의는 대중의 욕망을 분자화하면서 동시에 그것을 몰적 분절성으로 성층화하는 데 '성공'한 것이다. 현대 자본주의가 공리계의 조정을 통해 자신의 극한을 넘어서면서 대중의 욕망을 치환, 즉 '재영토화'한다는 앞 장에서의

서술은 이런 식으로 부연될 수 있다.

그러면 이제 파시즘의 경우를 보자. 그것은 통상 이해하듯이 전체주의 기계에 의한 재영토화의 극단적 유형일 뿐인가? 아니면 전혀 다른 어떤 성질을 가진 기계인가?

③ 파시즘에서 탈주의 선은 파괴의 선으로 역전되었다.

들뢰즈/가타리의 파시즘 분석은 라이히의 선구적 업적에서 많은 시사를 받아서 전개된 것이다. 파시즘을 자본주의의 정치적·경제적 위기로 환원하여 설명하는 고전적 맑스주의의 해석에 반대하여 그들은 파시즘이 대중의 욕망을 왜곡시키는 조작과 주관적인 심리적 조건에 초점을 맞춘다. 즉 '객관적인' 계급적 이해가 욕망의 정치에 의해 압도당하는 과정이 문제의 관건이다. 파시즘은 욕망이 스스로의 억압을 욕망하게 함에 의해 객관적인 계급적 이해를 압도함으로써 성립한 것이다.

데마고기적 지도자('총통')에 리비도가 고착될 때, 개인들은 그들의 이해를 대변하는 정당과 이데올로기를 추구하지 않고 스스로 억압당하기를 욕망한 것이다. 그리고 이러한 권력에의 묵인은 이데올로기의 문제가 아니라 욕망의 문제, 그리고 욕망의 무의식적 투여의 문제다. 즉 파시즘은 대중의 욕망을 하나의 독재자, 하나의 민족, 하나의 인종으로 재영토화한 것이다.

따라서 파시즘은 거시적 수준뿐만 아니라 미시적 수준에서 작동한다. 즉 파시즘은 항상 미시 파시즘이자 거시 파시즘이다. 파시즘의 지속적 영향력은 그것이 대중운동, 즉 분자적 수준에서의 운동이라는 데서 오는 것이다. 파시즘의 미시정치는 혁명적 힘의 흐름을 방해하는 모든 미시적 수준, 즉 일상생활 속에 만들어진다. 따라서 저자들은 독일이 패망한 이후에도 파시즘의 미시적 전개는 사라지지 않았으며, '고전적 파시즘에서 파시즘의 분자화로의 이행'이 이루어지고 있다고 보고 있다.

그런데 더욱 중요한 문제는 파시즘이 보통의 전체주의 기계와 다른 양상을 보인다는 점이다. 자본주의의 전체주의 기계는 공리계를 축소함으로써 탈주의 선을 은폐한다. 즉 재영토화한다. 그러나 이와 달리 파시즘은 전쟁경제를 위해 그 공리계를 허구적으로 증식하고 복수화한다. 즉 파시즘은 탈주의 선을 은폐한 것이 아니라 역으로 강도 높은 탈주의 선을 필수적 요소로 가지고 있었다. 나아가 파시즘은 탈주의 선을 순수한 파괴의 선, 폐지의 선으로 역전시켰다. 이러한 역전을 통해서 파시즘은 자신의 분자적 요소들에 활기를 불러일으켜서 '대중운동'을 전개한 것이다.

필자는 언젠가 제2차 세계대전 때 패주하여 정글 속 어딘가에 숨어 있다가 체포된 어떤 파시스트 군인의 에피소드를 들은 적이 있다. 그들은 전쟁이 종결된 지 수십 년이 지난 지금에도 독일 민족과 총통을 위한 결사적 의지를 내보였다고 한다. 이는 파시즘이 욕망의 재영토화에 그치지 않고, 욕망의 탈영토화된 흐름들의 작용 속에서 건설되었다는 점을 생생하게 보여 주는 사례이다.

④ 대중의 분자적 욕망을 정치적 현실과 접속하라.

들뢰즈/가타리가 추구하는 욕망의 미시정치는 자본주의에 대한 그들의 인식에 기초를 두고 있다. 탈코드화된 욕망의 흐름이 자본주의의 공리계에 의해 연접되더라도, 그 흐름은 연접을 벗어나 더 멀리 나아가는 것이 자본주의의 내재적 법칙이다. 자본주의 체계가 분절화하는 것은 탈주의 선을 따라 부단히 누출되므로 한 흐름이 다른 흐름과 접속되어 복수화될 가능성이 존재한다. 자본주의 사회에서 대립하고 있는 것은 분절성과 탈주의 선, 주름진 공간과 매끄러운 공간, 공리계의 연접과 혁명적 접속이다.

따라서 욕망의 미시정치의 과제는 욕망의 사회적 투여가 몰적으로 집계되지 않게 유도하면서 다양한 분자적 욕망의 흐름들을 접속하는 것이다. 따라서 대중의 일상적 실존을 변화시키는 것은 잠재적으로 급진적 결과를 가져오는 정치적 행동이 된다. 그렇게 볼 때, 1968년의 경험은 국지적이고 개별적인 대중의 욕망이 접속되어 눈덩이를 굴리듯이 거대한 규모의 힘의 행사에 도달함을 실증해 주었다.

오해를 막기 위해 부연하면, 저자들의 주장이 계급의 (전)의식 및 그것의 표상형태(이른바 '이데올로기')를 무시하라는 주장과는 다르다는 점이다. 욕망의 미시정치는 계급적·성적·안종적 이해에 기초를 둔 거시정치적 투쟁의 무효성을 주장하는 것이 아니라 미시정치와 거시정치 사이의 관계를 새롭게 설정할 것을 요구하는 것이다. 즉 거시적 이해를 목표로 한 투쟁은 반드시 욕망의 혁명적 형태의 창조를 요구해야 함을 강조하는 것이다.

따라서 이들은 다양한 미시적 수준에서 전개되는 복수적 형태의 투쟁을 계급투쟁으로 환원하는 것을 반대한다. 고전적 맑스주의에서의 '중심(계급)'과 '주변(학생, 여성)' 사이의 구분 역시 기각되는데, 왜냐하면 이 구분은 복수적인 미시정치집단을 허구적 통일성에 종속시키고 어떤 형태로든 욕망을 성층화하기 때문이다.

정치운동에 더욱 직접 개입한 가타리가 고전적 맑스주의의 조직원리인 민주집중제를 반대하는 것도 이런 맥락에서이다. 1968년 이후 이탈리아의 이론가·활동가인 네그리와 협력하게 된 가타리는, 관료주의적 조직을 거부하는 국지적 투쟁의 단위들과 그들 사이의 네트워크의 창조를 조직적 과제로 설정하여 실천적 운동을 전개한다. 분자적 수준에서 영속적으로 추구되어야 하는 변이의 성격 때문에 운동의 조직형태도 탈중심화된 성격을 갖는 것이다.

정리해 보자. 현실에서 대립하고 있는 것은 분절성과 탈주의 선, 주름진 공간과 매끄러운 공간, 공리계의 연접과 혁명적 접속이다. 따라서 미시정치의 과제는 자본주의적 공리계에 의한 연접에 반대하여 혁명적 접속을 실현하는 것이다. 그러나 여기서 다시 한 번 주의할 점은 탈주의 선, 그리고 매끄러운 공간 그 자체가 해방적인 것은 아니라는 점이다. 투쟁은 항상 치환되고 새로운 장애물을 대면시키고 적을 교체한다. 가타리가 자신의 글을 모은 저서의 제목을 '분자혁명'이라고 명명한 것은 이런 맥락에서이다.

5. 결론

이하에서는 이제까지 살펴본 들뢰즈/가타리의 사상을 몇 가지 각도에서 정리, 평가해 보자.

첫째, 들뢰즈/가타리의 철학적 의의는 무엇보다도 새로운 사유의 양식을 제공했다는 점에 있다. 사유는 하나의 사건(event)로서 모델 없는 반복 속에서 차이와 내연성을 생산하는 창조적 행위이다. 그리고 이렇게 순수한 차이를 해방하고, 복수성과 이탈을 긍정적으로 사유함에 의해서 범주적 사고를 기각하고 비범주적 사고로 이동할 것을 권유하고 있다.

둘째, 그들의 사상은 정치적 행동에 대해서도 새로운 시사점을 제공해 준다. 앞에서 보았듯이 혁명적 힘을 갖는 것은 욕망을 현실과 접속하는 것이지, 욕망을 표상형태로 후퇴시켜 재영토화하는 것이 아니다. 정치적 행동은 사고에 내연성을 부여하는 것이다. '혁명'은 심각한 투쟁이 아니라, 주름진 공간으로부터 매끄러운 공간으로의 유쾌한 탈주이다.

마지막으로 우리는 역사에 대해서도 새로이 사유하고 그 속에서 행동할 수 있을 것이다. 역사는 필연적 경로를 따르는 것이 아니라 조건들의 집합을 가리킬 뿐이다. 그리고 인간은 항상 그 집합에서 벗어나서 '생성'을 향하여, 즉 무언가 새로운 것을 창조하는 방향으로 나아간다. 역사 속에서의 미래와 그리고 역사를 벗어나는 혁명적 생성. 인류는 양자를 뒤섞으면서 삶을 영위해 왔고 앞으로도 그럴 것이다.

그렇다고 했을 때, 우리는 금세기가 '들뢰즈의 세기'라는 푸코의 언급을 새롭게 음미해 볼 수 있다. 푸코의 언급은, 이제 어떤 사유도 기성의 체계를 모델로 해서는 이루어질 수 없음을 암시한 것이 아닐까?

들뢰즈는 이렇게 말한다. 사유는 의식 속에서 체계화된 표상형태를 통해서가 아니라 신체의 내연과 외부와의 접속을 통해 이루어진다. 들뢰즈의 사상에 주목할 필요가 있다면, 그것은 그가 새로운 주제를 취급하기 때문이라기보다는 새로운 사유방법을 제공하기 때문이다. 사상적 혼란을 질서화·체계화하려는 사람들에게 들뢰즈는 반대로 그 혼란을 더욱 밀고 가서 극한을 향해 나아가 그것을 돌파하라고 말할 것이다. 들뢰즈의 사상에 공감할 수도 있고 반감을 가질 수도 있지만 새로운 사상과 새로운 정치를 모색하는 사람이라면 그의 사상에 무관심할 수는 없을 것이다.

6.문헌 소개

1) 들뢰즈와 가타리의 공저들

1972 *L'Anti-Oedipe,* Editions de Minuit.

1975 *Kafka-Pour une Litterature Mineure,* Editions de Minuit.

1980 *Mille Plateaux,* Editions de Minuit.

1991 *Qu'est ce que la Philosophie?*, Editions de Minuit.

2) 들뢰즈의 저서들

1953 *Empirisme et Subjectivité,* P.U.F.

1962 *Nietzsche et la Philosophie,* P.U.F.

1963 *La Philosophie de Kant,* P.U.F.

1964 *Proust et les Signes - éd. Augmentée,* P.U.F., 1970.

1965 *Nietzsche,* P.U.F.

1966 *Le Bergsonisme,* P.U.F.

1967 *Présentation de Sacher-Masoch,* Editions de Minuit.

1968 *Spinoza et le Problème de L'expression,* Editions de Minuit.

1969 *Difference et Répétition,* P.U.F.

1969 *Logique du Sense,* Editions de Minuit.

1977 *Dialogues (en collaboration avec Claire Parnet)*, Editions Flammarion.

1979 *Superpositions (en collaboration avec Carmelo Bene)*, Editions de Minuit.

1981 *Spinoza-Philosophie Pratique,* Editions de Minuit.

1981 *Francis Bacon : Logique de la Sensation (2 vol.),* Editions de La Difference.

1983 *Cinema 1-L'image-mouvement,* Editions de Minuit.

1985 *Cinema 2-L'image-temps,* Editions de Minuit.

1986 *Foucault,* Editions de Minuit.

1988 *Périclès et Verdi : La Philosophie de François Châtelet,* Editions de Minuit.

1988 *Le Pli : Leibniz et le Baroque,* Editions de Minuit.

1990 *Pourparlers,* Editions de Minuit.

3) 가타리의 저서들

1972 *Psychanalsye et Transversalité,* Editions Maspero.

1977 *La Révolution Moléculaire,* Editions Recherches.

1979 *L'inconscient Machinique,* Editions Recherches.

1985 *Les Années D'hiver 1980~1985,* Editions Bernard Barrault.

1985 *Les Nouveaux Espaces de Liberté (en collaboration avec Toni Negri),* Editions Dominique Bedou.

1989 *Cartographies Schizoanalytiques,* Editions Galilée.

4) 국역본

김종호 역, 『대담 : 1972-1990』, 민음사, 1993.

신범순외 역, 『니체, 철학의 주사위』, 인간사랑, 1993.

조한경 역, 『소수집단의 문학을 위하여 : 카프카론』, 문학과 지성사,

1992.
최명관 역, 『앙티 오이디푸스』, 민음사, 1994.

5) 연구서

Best, Steven and Kellner Douglas, *Postmodern Theory : Critical Interrogations*, New York : Guilford, 1991.

Descombes, Vincent, *Modern French Philosophy*, Cambridge : Cambridge University Press, 1980.

Dews, Peter, *Logics of Disintegration*, London : Verso, 1987.

Harland, Richard, *Superstructuralism*, London and New York : Methuenm, 1987.

Lash, Scott(1984), "Genealogy and the Body : Foucault/Deleuze/Nietsche", in M. Featherstone ed., *Body : Social Process and Cultural Theory*, London : SAGE Publication, 1991

Turkle, Sherry(1978), *Psychoanalytic Politics*, The MIT Press, Cambridge, Massachusetts, 1978.

부르디외

비판사회과학의 성찰성

이 기 현

부르디외 : 비판사회과학의 성찰성

이기현

1. 사상의 배경

현란한 실험적 사고들이 만개하고 있는 현대 프랑스 지성계에서 피에르 부르디외(1930~)가 차지하고 있는 위상은 특별하다. 학자로서의 최고 명예라 할 수 있는 콜레주 드 프랑스의 교수직에 레이몽 아롱에 뒤이어 취임한 일(1981)이나, 매년 가을학기가 시작될 무렵 열성적인 그의 강연을 듣고자 운집하는 수많은 청중들을 통해 그의 명성은 쉽게 확인된다. 하지만, 대부분의 프랑스 지식인이 그러하듯, 부르디외 역시 '대중적인' 지식인은 아니다. 그의 이론이나 저서는 대중적일 수가 없다. 우선 매우 난해하고 독특한 필체를 구사하는 그의 글은 프랑스 평균 수준의 대학생에게도 쉽게 접근될 수 없는 내용을 담고 있다. 그의 명성의 뿌리는 대중성에 있다기보다는 지속적으로 추구되고 있는 학문적 전문성에 있다. 유럽과 영미권의 학계가 그에게 주목하고 있는 이유도 궁극적으로는 그가 보여 주고 있는 학문적 사고의 엄밀성과 포괄성에 있다. 사실 사고의 엄밀성과 포괄성은 현실적으로 쉽게 결합될 수 있는 것이 아니며, 경우에 따라서는 매우 대립적인 것이기도 하다.

그가 경험적/통계적 분석에 매몰된 사회과학의 실증주의적 경향에 대해 일종의 '숫자놀음'으로 규정하고, 동시에 '이론만을 위한 이론(logologie)'으로 표현되는 사변적 이론의 자폐증을 신랄히 비판하는 이유도 바로 사회과학의 엄밀성과 이론적 상상력을 포용하려는 그의 기본 태도에 있다.

이른바 '아비투스(Habitus)의 사회학'이라고도 불리는 부르디외의 사회이론은 제2차 세계대전 이후의 프랑스 학계의 주요 사상적 흐름 속에서 그 근원을 찾을 수 있다. 이미 1960년대에 그가 주도하던 유럽사회학연구소(Centre de Sociologie européenne)에서의 작업들도 철학과 사회학의 다양한 전통들을 비판/수정하려는 시도들로서 이해할 수 있다. 한편으로는 칸트로부터 이어지는 주체의 비판철학에서, 레비스트로스와 푸코, 알튀세르의 구조주의, 그리고 현상학과 민속학, 언어학의 패러다임에 대한 비판적 변용까지 그의 이론을 구성하는 인식론적 성층은 다양하다. 연보적인 순서로 볼 때, 부르디외가 파리 고등사범학교에서 철학을 전공하던 시절은 사르트르와 메를로 퐁티의 실존철학과 현상학의 영향력이 확산되고 있던 시점이었고, 부르디외 역시 초월적 주체철학에 대한 회의를 통해 주체의 사회역사적 조건의 탐색에 관심을 기울이게 된다. 1960년대에 들어서서 구조주의라는 지적 운동의 탄생을 목도하고 이와 더불어 칸트를 발견함으로써(푸코에 의한 칸트의 '인류학'의 번역), 사회과학의 새로운 패러다임의 가능성과 인식론에 대한 문제의식을 심화시킨다. 그 이후 그는 맑스, 후설, 메를로 퐁티의 해독을 통해 '정서적 경험의 시간적 구조'에 대한 연구(아비투스 개념의 이론화)와 함께 경제사회학적 관심('자본'개념의 활용)의 체계화라는 두 가지의 이론적 지향점을 설정하게 된다. 이러한 과정에서 그는 초기의 민속학적 연구의 틀을 벗어나, 교육체계, 예술, 문화, 종교, 정치 등으로 관심영역을 확장해 나가고 있으며, 최근에는 보다 총체적인 사회과학의 정초를 위한 이론적 성찰을 진행하고 있다. 우선 그의 이론체계를 구성하고 있는 이 다양한 인식론적 틀의 윤곽을 간략하게 정리하기로 한다.

부르디외는 전통적인 철학의 총체적 사고에 대해서 비판적인 입장을 견지한다. 이러한 견지에서, 이론적 유산과 개념들의 역사성을 부인하는 철학적 태도에 대한 그의 비판은 하이데거의 정치철학에 대한 분석(1988)을 통해 명료하게 드러나고 있다. 표면적으로 '정치의 거부'를 견지하는 순수철학적인 작업도 사실은, 어원을 활용하는 개념적 유희와 정치적 세력관계를 희석시키는 완곡어법에 의해, 제도화된 학문의 검열에 순응한다는 점을 그는 하이데거의 텍스트 분석을 통해 논증하고 있다. 이러한 관점은 발리바르와 몽테스키외의 이론적/과학적 담론의 수사학적 효과에 대한 분석(1982)에서도 유지된다. 한편으로 지식과 도덕과 미적 판단을 최종적으로 관할하는 이성에 대한 칸트적 규정에 대해서도 의문을 제기하고, 이성의 자리에 사회적/객관적으로 주어지는 '가능성의 조건'을 위치시킨다. 비역사적인 주체의 위상을 파괴하기 위한 이러한 태도는 그가 주체(sujet)라는 용어 대신에 '사회적 행위주체(agent social)'라는 개념을 일관되게 사용하고 있는 이유이기도 한다.

그러나 철학적 일반화를 거부한다는 것이 경험적이고 실증적인 연구로의 도피를 의미하는 것일 수 없다. 모든 학문은 연구대상을 구성하고, 그 구성조건을 고려해야 한다는 점에서 경험적 연구의 한계를 벗어난다. 그에 의하면, 과학이란 단순한 현실의 반영물이 아니라 고유한 논리를 지니는 일종의 지적 과정이며, 따라서 기술적인 절차의 엄밀성을 강조하는 조사방법이나 수학적 분석은 사회학적 인식론의 토대를 구성하기에는 불충분한 것이다. 부르디외가 라자스펠드(P. Lazarsfeld)와 유럽의 그의 추종자들을 비판하는 이유도 같은 맥락에서다. 표본추출에서 자료의 통계적 분석, 과학의 실증주의적 개념화까지 미국 사회학은 실험적 엄밀성을 추구한다는 명분 아래 사회학의 진정한 연구대상을 구성하는 데 완전히 실패하고 있다고 그는 지적한다.

한편으로, 구조주의적 패러다임에 대한 부르디외의 입장은 매우 신중하다. 철학에서 알튀세르의 구조주의는 행위주체를 구조의 단순한 담지자로 전락시키고, 인류학에서는 레비스트로스에 의해 사회적 규제(예, 친족관계)가 언어학적 모델에 따라 기능하는 것으로 이해되고, 따라서 사회적 행위라는 것도 결국 규칙과 모델의 기계적 실행에 불과한 것으로 해석된다. 사실 이러한 행위주체에 대한 구조의 초월성을 전제하는 구조주의적 사고가 초기 부르디외의 연구에 영향을 주었음은 사실이다. 그러나 이러한 인식론적 경직성은 이후의 많은 민속학적 사례 연구를 통해 점차 수정되기 시작했고, 결국 행위주체는 구조적 규칙에 종속되는 것이 아니라, 스스로 적절한 행위전략을 만들어 간다는 사실을 논증하게 된다.

실존주의에 뒤이어 구조주의가 확산되던 시기에 맑시즘 역시 프랑스 지성계에서 무시할 수 없는 위상을 차지하고 있었다. 부르디외에게 미친 맑스의 영향은 베버를 통해 여과된 방식으로 투사되었다고 볼 수 있다. 즉 맑스를 해석하는 데서 베버가 취했던 방식(종교의 정치경제학)을 보다 더 확대시켜 부르디외는 이른바 '상징의 경제학' 또는 '행위의 경제학'을 추구한다. 이러한 관점에서 부르디외에게 하부/상부구조의 기계론적인 결합은 무의미해지고, 경제학적 사고는 다양한 사회적 행위와 실천을 설명하기 위한 이론적 모델로서의 의미를 지닌다. 이는 궁극적으로 반영론에 입각한 지식이론과의 단절을 의미하기도 한다. 반면, 사회계급의 새로운 개념화를 통해 맑스의 계급론에 내재하는 실체론적 경향과 생산관계에 의해 규정되는 계급의 양분론이 지니는 한계를 지적하고, 실제적으로 인정되는 사회적 계급과 이론적으로 구성된 계급 사이에 드러나는 편차를 설명하는 데 이들 모두가 불충분하다는 점을 강조한다. 또한 아비투스의 개념을 사용하여 계급구조의 일정한 시간적 변형과정을 재생산의 역학을 통해 설명하고 있다.

기존의 이론적 패러다임들과의 차별화는 현상학과의 관계에서도 분명히 나타난다. 부르디외는 후설의 저작에 대한 인용과 해석에 적지 않은 비중을 두고 있는데, 이는 후설이 이미 인간행위의 조건과 반성이전에 개입하는 기제의 필요성을 언급하고 있다는 사실 때문이다. 이 반성이전(pré-réflexif)의 기제를 부르디외는 아비투스라 지칭하고, 모든 행위를 가능케 하는 의미작용의 잠재적 층위로 설정한다. 그러나 그는 개인의 수준의 아비투스를 확인하는 것에 그치지 않고, 어떻게 역사적으로 다양한 아비투스가 형성되는지에 관심을 기울인다. 한편, 부르디외가 메를로 퐁티의 육체의 철학에 관심를 기울이는 이유도 바로 아비투스의 체화가 지니는 근본적인 의미를 이해하기 위함이다. 그러나 주체의 철학으로서 현상학의 한계는 민속학이나 상징적 상호작용론(예, 슈츠)이 갖는 한계와 마찬가지다. 부르디외가 '주관주의'로 분류하는 이들의 입장은 환원론을 극복하기 힘든데, 그 이유는 바로 인간이 세계와 맺는 관계는 인간주체의 보편적 속성으로 설명될 수 있는 것이 아니라, 세계를 지각하는 방식에 따라 결정된다는 사실 때문이다. 그에 의하면, 우리가 사회를 자명한 것으로 본다면 이는 사회구조가 우리의 정신구조 속에 내재화되어 있고, 우리는 이 내재화된 정신구조(아비투스)에 의해 현실을 바라볼 수밖에 없기 때문이다(1987). 즉 부르디외는, 내재화되고 체화된 기제로서 아비투스에 의해 인간의 실천적 감각이 형성되고, 이에 따라 현실세계의 이해와 행위가 이루어진다는 사실을 지적하고, 이를 많은 경험적 연구를 통해 우리에게 확인시켜 주고 있다.

일견 기존의 이론적 패러다임들 사이에서 좌충우돌하고 있는 듯한 부르디외의 작업은 적어도 한 가지의 뚜렷한 문제의식을 밑에 깔고 있다. 즉, 사회세계의 투명성이란 일종의 외관에 불과하다는 점이다. 그 이면에는 사회관계를 규제하는 일련의 규칙들이 있으며, 이 규칙들은 특권계급에 의해 관리되고 통제되며 유지된다. 그 이유는 다름아닌 이 규칙들을 제정한 장본인이 바로 이들 특권계급이기 때문이다. 따라서 상대적으로 소외된 계급이 봉착하는 사회적 성공의 어려움은 개개인의 열등한 능력이나 자질에 있다기보다는 사회적 관계를 형성/유지시키는 자원의 불평등한 분배구조와 제도에 있다고 보는 것이다. 따라서 부르디외의 작업이 끊임없이 추구하고 있는 학문적 지향점은 바로 이 불평등한 권력관계의 구조와 권력의 정당화 매커니즘의 해부에 있다고 볼 수 있다. 그러나 현대 사회에서 권력은 산재한다. 다시 말해, 한 사회체계의 모든 영역에 관철되는 단일의 권력은 존재하지 않는다. 권력은 중층적이며 복합적인 연결망을 가진다. 부르디외는 상징적, 사회적, 정치적 권력 등으로 분화된 영역에서 고유한 논리를 통해 재생산되고 변형되는 권력관계를 포착하고 있다. 결국 권력의 해부학은 각 영역에서 재생산되는 승인과 정당화의 기제에 대한 해부학이 되는 것이다.

위에서도 언급했듯이 이러한 권력 해부학은 이론적 체계화의 일부분을 치장하거나, 단순한 언설적 주장에 그치는 것이 아니다. 부르디외의 학문적 기여는 면밀한 경험적 연구를 통해 이를 명쾌하게 논증해 내고 있다는 점이다. 이렇게 면밀한 분석의 그물로 걸러 내고 있는 다양한 관심영역들 —— 우리는 이를 총괄하여 문화라고 불러도 무방할 듯싶다 —— 에 대한 연구들은 결국 문화 자체에 대한 새로운 정의를 요구한다. 문화는 이제 매우 '정치적'인 것이고, 또한 은밀한 형태의 권력현상 그 자체일 수도 있다. 따라서 문화는 끊임없는 갈등의 은닉처이거나, 적어도 갈등의 구조를 재생산시키는 매개영역이다. 모든 문화적인 것은 사회/정치적인 것과 필연적으로 결합되어 있으며, 그렇지 않을 경우 문화는 문화로서 존재하지도 않는다. 이 글에서 필자는 부르디외의 이론을 구성하는 핵심적인 개념들과 그 개념의 고리들이 어떻게 서로 결합되고 있는지를 살피고자 한다. 이는 그의 이론체계에서 문화분석이 지니는 함의를 논하고, 핵심적인 개념들로서, 장(場), 문화자본, 아비투스, 계급과 분류, 상징적 폭력 등을 검토하는 자리가 될 것이다. 그의 이론이 단편적인 문화연구나 문화현상의 분석에 머물지 않는 이유는 다양한 이론적 패러다임들을 가로지르면서 궁극적으로는 보다 총체적인 비판이론의 구성을 목적으로 하고 있기 때문이다. 이 점을 염두에 두면서 개개의 주제들이 어떻게 서로 관련되며, 일관된 인식론적 기반 위에서 다루어지고 있는지를 살피는 것은 매우 의미 있는 작업이 될 것이다.

2.장의 논리와 자본의 유형

장(場, champ)의 개념은 '아비투스'와 함께 부르디외의 이론적 핵심을 이루는 개념이다. 초기의 예술과 종교에 대한 사회학적 분석의 도구로 사용되기 시작한 장의 개념은 우선, 특정 논리에 의해 지배되는 '시장' 내에서 작용하는 사회적 위상의 관계망을 의미한다. 이러한 개념정의는 물론 매우 조심스럽고 제한적인 것이어야 한다. 부르디외 스스로가 지적하고 있듯이, 그가 사용하는 주요 개념들은 '열린 개념'들로서, 이론적 체계와 유리된, 따라서 고립된 개념정의는 무의미하다. 이는 그가 지속적으로 강조하고 있는 '관계적 사유(penser relationnellement)'와 같은 맥락에서 이해할 수 있다. 구조주의적 사유에 비해 보다 융통적인 사유로 이해할 수 있는 관계적인 사유는 사실 많은 학자들에게서 이미 발견되는 것이며(예로 부르디외는 레윈, 엘리아스, 뒤메질, 레비스트로스 등을 언급한다), 이는 아리스토텔레스적 실체론에 대한 거부의 의미를 담고 있다. 헤겔의 귀절을 변형시켜, '현실적인 것은 관계적이다'라고 단언하는 부르디외에게 현실세계에 존재하는 것은 관계들이고, 이는 행위자 사이의 상호주관적인 관계나 상호작용이 아닌 객관적인 관계이며, 맑스의 표현대로 개인적인 의식과 의지로부터 독립적이다.

장의 개념도 이러한 관계적 사유의 일면을 잘 보여 주고 있다. 장이란 다시 말해, 사회적 위치 사이에 존재하는 객관적 관계망을 의미하며, 이러한 위치 역시 다양한 자본의 분배구조 속에서 현실적/잠재적인 상황에 의해 결정되는 객관적인 변수들이다. 부르디외가 분명 경제적 이해관계가 지적 활동의 영역에서 변형되는 양태를 추적하는 맑스주의의 경제학적 분석과, 종교사회학의 연구에서 베버가 보여 주는 시장의 개념을 차용하고 있음은 사실이다. 일련의 경제학적 개념들의 사회학적 변용을 통해 그는 사회공간을 특정한 이해관계에 의해 특정 자본들이 서로 교환되는 시장체계로 이해하고 있다. 즉 경제적 행위가 사회적 행위를 설명하기 위한 모델로 인식될 수 있다는 것이다. 이러한 관점에서 행위의 일반경제이론이라는 문제의식이 가능해지며, 사회공간은 장에 의해 구조화된 '위치의 공간'으로서, 다양한 자본들이 서로 대립/교환되는 공간으로 파악될 수 있다는 것이다.

이러한 위치는 객관적임과 동시에 관계적이라 할 수 있다. 자본과 더불어 위치들 사이의 관계는 장의 구조와 논리를 설명하는 데 중요한 요소가 되며, 지배, 복종, 상동성(homologie) 등은 이러한 위치관계를 의미한다. 사회가 다원화될수록 상대적 자율성을 지니는 하부체계들로 다변화되며, 여기서 드러나는 두드러진 특징은, 하나의 하부체계로서 객관적 관계의 공간(즉, 장)들은 고유한 논리를 지닌다는 점이다. 즉 한 장에서 통용되고 승인되는 자본이 다른 장에서는 무시되고 배제될 수도 있다는 점이다. 예로 경제의 장에서는 친족이나 교우관계, 애정 등이 원칙적으로 배제되고(Business is business), 역으로 예술의 장에서는 경제적 이윤의 법칙이 거부된다.

이처럼 장으로 이해되는 영역은 매우 다양하며, 정치, 철학, 종교, 과학 등도 같은 맥락에서 분석대상이 된다. 이 모든 장들에서는 공통적으로 그 내부에서 지배집단과 도전집단 사이의 투쟁, 정설(正說)담론(orthodoxie)과 이설(異說)담론(hétérodoxie)의 대립이 나타나며, 각 장에 고유한 이익과 목적에 따라 관계의 역학이 성립한다. 따라서 장의 구조란 투쟁에 참여하는 행위자와 제도들 사이에 성립하는 세력관계를 의미한다고도 할 수 있다. 특정 시점의 세력관계란 바로 특정 자본의 분배상태이며, 이전의 투쟁과정을 통해 축적되어 온 자본은 이후의 전략을 조정하는 데 투입된다. 이러한 맥락에서 장의 개념과 밀접히 관련되는 것이 바로 '게임(jeu)'의 개념이라고 할 수 있다. 부르디외가 개념화하는 '게임'은 통상적 의미의 게임(가령 스포츠)과는 다르다. 의식적 활동에 의한 창조적인 산물이 아니고, 또한 일정한 규칙에 종속되지만 이 규칙이 명시화되지 않는다는 점에서 통상적인 게임과는 다르다. 그에 의하면, '게임'은 거기에 참여하는 당사자들간의 경쟁의 산물이다. 따라서 '게임'은 '내기(enjeu)'나 투기일 수도 있고, 때로는 (게임에) 참여하거나 몰입하는 행위 자체(illusio 또는 de ludus)일 수도 있다. 여기서 중요한 점은 게임이란 참가자들이 게임의 법칙과 내기에 동의하는 경우에만 성립된다는 사실이다. 즉 특정한 믿음(doxa)에 대한 동의, 게임의 근거에 대한 승인을 전제로 한다. 따라서 게임은 경쟁과 갈등의 원칙에 대한 상호동의라는 의미에서 '공모(collusion ; co ludus)'로 이해될 수도 있다(1992).

또한 장은 일련의 역사적 과정를 거치며 역동성을 드러내게 된다. 실제에서 장의 역동성이란 '전환의 전략'을 통해 이루어지는데, 이는 자본구조상의 변화(가령 학력 또는 교육자본의 증가)가 장 전체에 파급

효과를 가져온다는 것을 의미한다. 모든 장에서의 투쟁은 상징적 권력의 행사, 즉 정당화된 폭력의 독점을 목표로 이루어진다. 특정한 권위의 행사도 독립적으로 이루어지는 것이 아니라, 관련 자본의 분배구조와 맞물려 작용한다. 그러나 투쟁이라는 공통된 형식을 띠더라도, 관련되는 장에서의 자본분배구조와 제도적 장치(검열)에 따라, 그 내부에서 이루어지는 갈등의 양상과 내용은 달라진다. 이렇게 특정 시점의 장은, 다양한 자본과 집단이 공존하고, 투쟁의 규칙이 수용되며, 일종의 '공모'가 이루어지는 은밀한 갈등의 상황으로 설명된다. 반면 장의 역동성이나 변화는 자본의 분배구조와 투입된 자본의 양과 비율(상징자본/경제자본), 또는 자본과 아비투스의 '사회적인 궤적'에 의해 상대적으로 지속적인 관계를 형성함으로써 이루어진다. 장의 개념을 좀더 심층적으로 이해하기 위해 우리는 여기서 부르디외가 구분하고 있는 자본의 유형들을 살펴볼 필요가 있다. 여기서는 가장 일반적인 개념으로서 경제적 자본을 제외한 기타의 자본들에 대해서만 살펴보도록 한다.

우선, 문화자본은 기본적으로 사회계급에 따른 개인의 불평등한 능력을 설명하기 위해 사용되는 개념으로 계급적 차이에 따른 문화자본의 분배구조와 관련하여 교육시장에서 실현되는 차등적 이익(또는 이윤)에 근거한다. 여기서 문화자본의 형식도 몇 가지로 구분해 볼 수 있는데(A. R. S. S., 1979), (아비투스로 개념화되는) 지속성을 지니는 신체적 성향이나 습성과 같이 '체화된 문화자본', 그림, 골동품과 같은 문화적 재화에 해당하는 '객관적 문화자본', 그리고 학력 등으로 표현되는 '제도적 문화자본'을 들 수 있다. 문화자본의 일차적 형식은 신체와 관련되는데, 이러한 체화과정에는 시간적인 투자와 (교육과 같은) 장기간에 걸친 경제적 투자가 요구되며, 바로 이 과정이 경제적 자본이 문화자본으로 전환되는 과정이기도 하다. 가장 일반적인 의미의 문화적 재화를 의미하는 객관적 문화자본도 개인에 의한 소유가 이루어지기 위해서는 특정한 방식의 편입과정(가령, 해당 재화에 대한 관심과 애착, 또는 소유에 필요한 기본지식 등)이 필요하다. 이 점에서, 부르디외의 관점에 선다면, 문화적 재화의 소유는 그것을 음미하고 소비할 수 있는 능력과 성향이 없는 한 진정한 의미가 없는 것이다. 제도적 문화자본은 다른 형식과는 달리 그 소유자에 대해 일정한 정도의 상대적 자율성을 유지하는데, 그것은 제도가 가지는 사회적 승인의 효과가 시장 내의 위치(또는 자격)를 보장하는 요인으로 작용하기 때문이다.

둘째로, 사회자본은 시장으로서 사회적 장이 형성되는 논리를 이해하기 위해 사용된다(A. R. S. S., 1980). 이른바 지속적인 사회적 관계망의 점유 또는 특정 집단에의 소속 등이 사회자본이 된다. 다시 말해, 한 개인이 소유하는 사회자본의 양은 그가 활용할 수 있는 관계망의 범위와, 그가 관계 맺는 타인들의 (경제, 문화, 상징) 자본들까지 포괄하게 된다. 그러나 사회자본은 자연적으로 주어지는 것이 아니며, 지속적인 갱신과 유지의 작업을 필요로 하는데, 상징적 승인을 획득하기 위한 '연금술'적인 작업을 의미하기도 한다. 이러한 승인의 재생산에는 특정한 제도적 장치가 투입된다. 이른바 클럽, 동창회와 같은 각종 사교조직, 여가활동 등이 그 예가 되며, 여기에는 개인적 성향/기질과 함께 특정한 능력과 자질이 요구된다.

마지막으로, 상징자본은 권위와 명예의 재생산에 투입되는 의례와 전략 등을 포함하는 매우 유동적인 성질의 자본을 지칭한다(1980a). 경제적 계산으로는 설명될 수 없는 자본으로서, 가령 지명도가 높은 예술가의 작품가격, 개런티 등을 설명하기 위한 개념이다. 이 유형의 자본은 기본적으로 신뢰도의 척도가 되기도 하며, 때때로 부인되기도 용인되기도 하는 불확실한 자본 유형이다. 여기서 중요한 점은 경제자본이 상징자본으로 전환되어 표면상 드러나지 않고 은폐되는 경우도 있다는 사실이다. 이러한 경제자본의 전환/은폐현상은 문화소비양식이

다원화된 사회일수록 그 가능성이 높다. 가령 한국과 같은 사회에서는 아직 일반적으로 경제자본이 기타 문화/상징자본으로 전환되거나 은폐되는 단계에는 이르지 못하였으며, 단순한 교환의 단계에 머물러 있다고 볼 수 있다. 다시 말해, 경제자본의 과시가 매우 직접적이고 노골적이며, 소비재 이외의 문화적 재화로의 전환은 아직 초보적인 단계에 머무르고 있다.

이상에서 언급된 장과 자본의 개념은 부르디외의 여러 저작에서 일관성 있고 유효하게 사용되고 있다. 가령 학생들의 문화소비양식에 대한 분석에서(1964), 박물관 관람횟수의 분포는 예술적 재화의 공급과 (작품에 대한 수용능력에 의해 정의되는) 수요가 교차하는, 분화되고 차등적인 문화적 장의 특징을 확인케 한다. 문화의 장에서 수요와 공급 사이의 균형은 문화자본의 소유정도에 따라 실현되는데, 이 문화자본은 이른바 교육자본(혹은 제도적 문화자본)과도 밀접한 관계를 지닌다. 문화의 장과 관련하여 교육체계에 대한 연구가 부르디외에게 매우 중요한 위치를 점하게 되는 이유는 바로 여기에 있다(1970). 교육과정 또는 교육적 의사소통의 차등적 효과는, 실제적으로 사회계급에 따른 언어자본의 불균등한 분배가 그 원인이 된다. 또한 개개인이 지니는 언어자본의 시장적 가치(또는 문화자본의 질과 양)는 학교교육이 요구하는 언어능력과 실제의 언어능력 사이의 격차에 따라 달라진다. 언어 및 문화자본의 불균등한 분배구조로 파악되는 상징적 자본의 시장은 분명 경쟁시장의 자유주의적 개념과는 상충한다. 경제시장이든 문화시장이든 생산자들, 또는 생산물들 사이의 불평등한 관계가 형성되며, 이 관계는 유통되는 자본의 분배구조에 기인하는 것이다.

부르디외가 면밀하게 관찰하고 있는 상징적 자본의 시장과 유통되는 자본유형들에 대한 관심은 현상적 수준의 분석을 넘어선다. 그의 장의 이론은 이상의 다양한 자본들이 투입되어 서로 경쟁하고 충돌하는 갈등적 시장의 구조적인 분석으로 이어진다(1987). 사회적 위치의 체계로서 사회공간은 그 내부에 여러 가지의 장 또는 시장들로 분화되고 분절되어 형성된다. 개개의 장에서는 회소가치를 지니는 고유한 재화들이 유통되며, 그 소유를 둘러싼 게임과 투기가 일어난다. 행위자들 사이의 객관적인 사회관계도 유통구조 내에서의 그들의 위치(위상)와 자본의 점유를 위한 경쟁을 통해 형성된다. 이러한 관계망의 형성에는 소유자본를 통해 표현되는 다양한 권력이 동원되며, 2차원의 공간에 행위자들이 배치된다. 여기서 2차원의 공간이란 행위자들이 소유하는 '자본의 양'과 '자본의 구조'(가령, 총자본에서 경제자본과 문화자본의 구성비)를 교차시킨 공간을 의미한다. 각 장에서의 자본의 점유와 이익의 극대화를 위한 경쟁에 참여하는 개인들은 게임의 전략을 모색한다. 이 전략들은 신중한 것일 수도 있고 때론 어느 정도 위험을 예상하기도 하며, 체제 저항적이거나 반대로 옹호적일 수도 있으며, 개개인의 장에서의 위치에 따라 다양하게 실행된다. 즉 개개인은 자신의 자본의 양과 자본의 구조를 고려한 전략을 행한다는 것이다. 따라서 총자본의 양은 비슷하지만 구조(비율)에서 차이가 나는 경우(예로 개인 사업주와 교수), 그 전략은 상이할 수밖에 없는 것이다.

3.아비투스, 구별과 계급분류

장의 개념화와 시장, 자본, 이익 등 경제학적 개념의 차용은 때때로 일종의 경제학주의라는 비판을 받아 왔다. 이 점에 대해 부르디외는 자신의 초기 연구가 사변적인 인류학의 영향으로부터 벗어나기 위해서, 또 한편으로는 문화사회학의 영역에서 지배적이던 엘리트주의적 문화론에 대한 반발로서, 일련의 경제학적 용어들을 —— 베버의 경우처럼 —— 의도적으로 차용했다고 해명하고 있다. 즉, 신중하면서도 의도적인 환원론를 모색한 셈인데, 이는 지나친 자율성이 부과되던 문화영역에 어느 정도의 유물론적 사고를 도입할 필요를 느꼈기 때문이다. 아무튼 일견 추상적 개념화를 시도하는 부르디외의 작업은 결코 이론의 자족성을 의도하는 사변적인 논의는 아니다. 오히려 그가 개별연구에서 취하는 태도는 경험적 방법을 적극 활용하여, 구체적인 사례들에 대한 연구결과들을 수집하고, 이를 이론적으로 종합하는 면밀한 분석가의 태도이다. 위에서 언급했듯이 부르디외의 이론이 가지는 설득력은 바로 그가 오랜 시간과 정열을 투자해 온 경험적 분석의 엄밀성에 의해 뒷받침된다고 해도 과언이 아니다. 또한 그가 다루고 있는 다양한 주제들은 각각 독립적으로 분리된 것이 아니라, 체계적인 이론화의 관점에서 상호유기적인 관계를 맺고 있다. 좋은 예로 문화자본의 분석은 교육체계의 연구와, 아비투스는 행위이론과 불가분의 관계이고, 상징자본의 개념화는 언어시장의 연구를 통해 지배와 정당화의 일반이론으로 이어진다. 이러한 관점에서 '자본의 경제이론'과 관련된 '실천의 경제이론', 아비투스와 계급론, 상징적 폭력과 지배이론, 장의 이론과 지식의 사회학 등이 그의 이론의 중추적인 맥을 형성한다고 할 수 있다. 특히 아비투스와 실천적 감각에 대한 논의는 이론적 성찰을 위한 의미 있는 자료를 제공한다.

'아비투스(habitus)'의 개념은 집단적 성향과 습성을 의미하는 개념으로써, 이 용어가 사용되는 맥락은 이론적으로 매우 중요한 함의를 지닌다. 우선, 부르디외 스스로가 밝히고 있듯이(1992), 이 개념의 사용은 행위에 대한 지식인 중심주의적(intellectualiste) 해석과의 단절을 꾀하기 위해 사용되었다. 이른바 호모 에코노미쿠스 이론에서 나타나는 합리적 행위론에 반하여 행위의 진정한 논리를 탐색하려는 의도를 내포하고 있다. 이는 이른바 현상학적 분석에서 한계로 지적되는 주관주의와, 실증주의, 구조주의, 맑시즘에서 드러나는 객관주의적 위험을 인식하고, 양자를 절충/종합하려는 시도로서 이해할 수 있다. 사실 그의 초기 저작에서 최근의 저작까지 일관된 문제의식이 바로 이 양자택일의 딜레마를 해결하기 위한 모색이라 해도 무리가 아니다. 그에 의하면, 주관주의는 직접적인 체험 속에서 의미를 발견하려는 직관주의의 경향을 띠며, 객관주의는 관계의 규칙성에 집착하여 통계적 의미를 추출하려 하지만 진정한 의미작용을 해독해 내지 못하는 한계를 지닌다. 부르디외 스스로가 '발생론적 구조주의'라고 지칭하는 그의 이론적 구도에서, 아비투스는 행위와 구조 사이를 매개하는 지속성을 지니는 성향의 체계로 무의식적이고 체화된 기제라 할 수 있다. 즉 구조와 행위 사이에 이루어지는 주관화와 객관화의 연쇄적 과정을 매개하고, 구조의 재생산을 가능케 하는 '구조화되고 구조화하는' 양가적인 기제라 할 수 있다.

이러한 이론적인 발상은 초기의 연구 결과들을 토대로 하고 있다(1965). 사진과 같은 취미활동은 개인적인 취향과 동기에 의해 좌우되며, 다른 예술활동과 소비에 비해 주변적이고, 따라서 사회학적인 함의가 희박한 것으로 이해되는 것이 통념이었다. 그러나 부르디외는 면밀한 경험적 분석을 통해 사진촬영 행위가 집단에 따라 중요한 차이를 보이고 있다는 사실을 확인한다. 즉 사진촬영 행위에서도, 상이한 사회계급들이 집단적으로 공통되고 객관적인 규칙성을 내면화하고 있다는 사실을 확인한다. 사진을 통해 사회집단/계급은 개인적인 취향의 이면에, '지각, 사고, 판단체계'를 공유하고 있음을 확인하고, 바로 이러한 '계급적 에토스(ethos)', 또는 집단적 가치체계를 부르디외는 아비투스라는 개념으로 포착한다. 이러한 발견은 사회학적으로 매우 중요한 함의를 지니는데, 그것은 사진과 같이 지극히 개인적 취향에 따른 상징적 표현도 그 '생산의 사회적 조건'을 찾을 수 있다는 사실 때문이다. 이러한 초기의 연구 결과들은 객관적 규칙성의 발견이라는 추상적인 단계를 넘어서서, '객관성의 내면화 과정'에 대한 엄밀한 과학적 연구를 모색하는 계기를 제공한다. 이러한 연구들이 제공하는 이론적인 이점은, 우선 지식의 대상이 수동적으로 주어지는 것으로 파악하는 경험주의에 반하여, '지식의 대상은 구성되는 것'이라는 점을 확인시켜 주고, 또 한편 보편적이고 선험적인 주체를 전제하는 지식인 중심의 관념론과 달리, 아비투스라는 일종의 '역사적 초월성'(개인은 초월하지만 역사적 산물이라는 점에서)을 고려하게 한다는 점이다.

이러한 발견적 계기는, 부르디외가 파노프스키(E. Panofsky)의 저작 『고딕 양식과 스콜라적 사유』(부르디외는 이 책의 프랑스 어판(1967) 후기를 씀)에서 영감을 얻고, 자신의 작업을 통해 그 문제의식을 확장시키고자 함으로써 마련된다. 즉, 파노프스키는 고딕 건축양식과 스콜라 철학, 성당과 (토마스 아퀴나스의) 『신학대전』 사이에 구조적 상동성이 있음을 지적한다. 중세에는 행위를 규제하는 스콜라적 원칙과 유사한 '정신적인 습성'이 존재했고, 이러한 습성은 스콜라적 교육을 통해 확산되어, 고딕 건축양식과 같은 결과물을 낳았다는 가설이다. 이에 착안하여, 부르디외는 보다 일반적인 설명을 유추해 낸다. 첫째, 교육제도는 하위 문화체계를 구성하는 무위식적 지각체계(아비투스)를 지닌 개인들을 생산하며, 집단적인 (문화)유산을 개인적이지만 공유된 무의식의 체계로 전환시키는 기능을 한다. 둘째, 학교가 없었던 사회에서 이러한 아비투스의 주입은 신화와 의례를 통한 분류체계의 원시적인 형식에 의해 이루어진다. 셋째, 새로운 행위를 가능케 하는 능력으로서 아비투스는 일종의 행위의 '생성문법'(촘스키의 개념을 비유적으로 사용)으로 간주되며, 특정 문화체계를 반영하고, 사고와 지각과 행위를 규제하는 내면화된 기제로서 이해된다. 부르디외의 지적대로 아비투스는 습관(habitude)과는 엄격히 구분되어야 하고, 또한 (예술과 같은) '창조적' 능력이 아닌, '생성적(génératrice)' 능력으로서 이해해야 한다.

이는 박물관 관람객에 대한 분석을 통해서도 유사한 결론에 도달한다(1969). 관람객들 사이에 드러나는 문화적 성향의 차이는 교육수준과 매우 밀접한 관계를 지닌다. 문화적 욕구는 교육에 의해 생성되며, 개개인에게 예술적 (감상)능력 또는 예술적 코드와 분류체계에 대한 감식능력(아비투스)을 부여한다. 따라서 일종의 감식능력으로 이해되는 문화의 개념은 결국 체득된 코드를 사용하여 문화적 산물과 행위를 해독하는 내면화된 성향의 체계로서의 문화와 동의어가 된다. 아비투스는 개개인의 수준에서 실현되지만, 개인의 능력과 습관을 초월한다. 따라서 아비투스는 집단적이거나 아니면 계급적인 속성을 부여하는 근거가 되기도 한다. 부르디외가 계급에 대한 보다 현실적인 접근을 하는 이유도 바로 여기에 있다. 계급이란 통계수치에 의해 정의될 수도 없고, 물질적 존재조건만 귀속시키는 실체론적인 정의로도 불충분하다. 즉, 한 계급이 여타의 계급과 맺는 관계의 체계가 중요하며, 이러한 위치의 속성(또는 위치가 부여하는 자산)을 고려하지 않는 한 계급체계의 이해는 불가능하다. 맑스의 계급론이 지니는 가장 큰 결함은 바로 실제적 계급과 논리적(또는 이론적) 계급을 혼동, 따라서 혼용하는 점에 있다. 이러한 혼동은 두 가지의 문제를 은폐시키는데, 하나는 계급을 동원하는 정치적 선동의 문제이고, 둘째는 객관적(이론적) 계급분류와 당사자들에 의한 계급분류의 차이가 남기는 문제이다.

아비투스의 매개기능에 대한 착안은, 문화 산물의 분류와 감상이라는 미적 감식력뿐만 아니라, 개개인을 구별하고 분류하는 차이의 체계에서도, 이른바 '구별 기호'(記號, 즉 기호[嗜好])의 논리를 해독하게 해준다(1979). 사회공간이란 상이한 생활양식이 대립하는 공간이다. 생활양식은 일상적 사물과 대상(집, 향수, 스포츠 등)에 적용되는 일정한 분류체계로 규정될 수 있다. 사회경제적 조건과 생활양식의 공간(자본의 양과 구조를 교차시킨 2차원의 평면공간으로서, 특히 『구별』(1979)에서 다양한 통계수치를 도표화하는 데 활용되고 있다)에서의 위치 사이에 일정한 함수관계가 있다는 사실은 단순한 현상적 기술의 의미를 넘어선다. 이 관계는, 구별되는 사물과 활동에 대한 판단체계, 즉 '구별 기호'를 형성하는 생성양식(formule génératrice)으로서 아비투스의 매개를 전제하지 않고서는 해독될 수 없는 관계이다. 예를 들어, 대학교수의 귀족적 금욕주의나 구중간계급의 사치는 단순한 계급적 속성의 묘사가 아닌, 해당계급의 속성과 타계급의 속성에 대한 평가를 산출하는 '발생론적 원칙'에 의해 설명되어야 하고, 또한 설명될 수 있다는 것이다.

이상의 논의는 두 가지 차원에서 중요한 의미를 지닌다. 첫째, 위에서 언급한 대로, 전통적인 맑스주의의 계급론에 대한 부분적인 수정을 요구하는데, 이는 경제자본과 계급분화를 단선적으로 연결시키는 논리에 대해, 학력, 연령, 성별, 출신지역 등 다양한 요소들을 중요한 변수들로 고려함으로써 복합적인 계급분류의 구성을 모색하고 있다. 또한 아비투스의 역동성과 관련하여 계급체계의 형태적 변형과정도 중요한 관심의 대상이 된다. 둘째, 아비투스 개념의 도입으로 기존의 구조주의적 분석에서 배제되어 왔던 행위주체의 위상이 재고된다(1972). 사회적 행위는 더 이상 규칙의 단순한 실행이나 복종이 아니다. 행위주체는 기계적 법칙에 따라 수행하는 자동부품이 아니라, 복합적인 게임의 상황에서 생성적 아비투스의 체화된 원칙을 행위를 통해 표현하는 존재가 된다. 행위주체에게 요구되는 사회세계에 대한 실천적 지식은 사회구조를 체화하는 일련의 습득과정을 통해 획득된다. 이 과정에서 부르디외가 중요시하는 단계는, 사회의 공간구조가 가장 기본적인 신체적 경험(의례와 놀이를 통한)을 통해 지속적으로 체득되는 '일차적 교육'(유아단계)의 단계이다(1972).

이러한 시각에서 아비투스는 일종의 실천적 감각으로 이해되기도 한다(1980a). 실천적 감각은 게임이나 전략, 일뤼지오(illusio) 등의 개념과도 쉽게 결합되는데, 여기서 전략의 개념은 의식적이고 계산된 행위를 의미하는 것은 아니며, 체화된 만큼 자연스럽게 표현되는 행동양식을 말한다. 계산의 부재, 게임의 감각에 대한 강조는 아비투스가 구조의 산물임과 동시에 객관적 구조에 적응된 것임을 말해 준다. 물론 유동적으로 변화하는 사회구조와 체화된 실천적 감각 사이에는 편차가 있을 수 있으며, 이는 바로 이력(履歷)현상(hysteresis)으로 나타나기도 하고, 상이한 구조에 의해 체화된 상이한 아비투스들간의 대립은 '세대갈등'으로 드러나기도 한다. 요컨대, 아비투스는 주관화된 행위양식의 생성을 설명하기 위해 사용되지만, 이러한 주관화의 과정에 투입되는 교육장치, 장의 위계질서, 권력의 제도화, 상징/문화자본의 비대칭적 분포 등에 대한 분석과 결합됨으로써, 부르디외의 사회이론에서 중추를 이루는 개념이 된다.

4. 언어, 상징적 폭력과 지배

부르디외가 자본과 장과 아비투스를 논하는 이유는 단순히 사회적 행위를 보다 포괄적인 경제학적 행위이론에 접합시키기 위함이 아니다. 자본주의 사회건 전자본주의 사회건 특정 자본의 점유를 둘러싸고 투쟁이 일어난다는 점에 착안하지만, 중요한 점은 경제자본이 권력의 구성요소로서 다양한 자본의 일부분에 지나지 않는다는 사실의 확인에 있다. 다시 말해, 어떤 경제자본도 자본의 사용이 사회적으로 '인정되고 정당화'되지 않는 한 정상적으로 유통될 수 없다. 바로 이 정당화의 작업에 요구되는 것이 상징자본이고, 장의 불균형한 세력관계를 정당화하는데 투입된다. 이른바 '물질적 자본'은 반드시 '상징적 잉여가치'의 생산을 통해 그 권력이 행사된다는 것이다. 가령, 정치적 권위란 것도 사실 자본의 재분배를 집행함으로써 그 권위를 인정받는데, 여기서 경제자본의 상징자본으로의 변환이 일어나고, 이 변환과정에서 발생하는 잉여가치가 바로 권력이 된다(1980a). 부르디외의 오랜 관심의 대상인 국가권력의 경우도 예외는 아니다. 현대 국가의 권력이 효율적으로 작동되는 것도 경제자본과 더불어 정치나 문화, 법 등의 다양한 자본을 점유하고 행사함으로써 사회의 각 장에 필요한 규칙들을 관할할 권한이 주어지기 때문이다.

여기서 부르디외의 언어자본과 상징적 폭력에 대한 면밀한 관찰이 설득력을 지니는 이유를 발견할 수 있다. 그에 의하면 모든 언어적 교환은 —— 적어도 잠재적으로나마 —— 권력의 작용을 내포하고 있다. 구조주의 언어학과 하버마스의 보편적 화용론을 포함한 언어에 대한 일반이론이 간과하고 있는 구체적인 대화의 맥락을 고려하면 이는 비교적 쉽게 이해된다. 대화에 임하는 모든 화자들은 자본(문화/상징자본, 특히 언어자본)의 불균등한 분배구조 속에 위치해 있고, 따라서 완전히 동등한 위치에서 이루어지는 대화상황이란 이론적으로나 가능한 것이다. 여기서 보다 중요한 점은 권력이나 갈등의 징표가 표면적으로 드러나지 않는 경우도 있다는 점이다. 가령 가족이나 친구 또는 연인 사이의 경우가 그러하다. 그러나 지배력을 의도적으로 포기하는 행위도 사실은 일종의 관용(겸양)의 전략이거나 부정/은폐의 보다 강도 높은 효과, 또는 (의도적인) 몰이해의 효과를 노리는 전략으로 이해할 수 있으며, 이는 상징적 폭력의 대표적인 예들이다. 이는 결국 상징적 폭력이 효과적으로 작용하기 위해서는, 화자에 대한 상대방의 (적어도 암묵적인) 승인이 있어야함을 의미한다. 이 승인은 바로 화자가 장 내에서 차지하는 위치와 소유하고 있는 자본에 대한 인정을 의미한다.

따라서 모든 언술상황은 언어적 아비투스와 언어시장이 교차하는 지점에서 형성되는 국면으로 이해되기도 한다. 이러한 국면에서 모든 화자는 자신의 언어행위가 가져올 이익(또는 가격)을 예측함으로써, 상징적 권력관계에 부합하고 자신의 언어능력이 허락하는 한도 내에서 말하게 되는 것이다. 즉 가격에 대한 예측을 통해 자신의 언술내용과 형식을 결정하며, 국면에 따라 조심스러운 언술에서 절제된 언술, 수치심으로 침묵하는 경우까지 다양하게 나타날 수 있다. 언어시장이 공식적일수록(공식행사, 담화문, 공공토론 등) 검열의 강도가 높고, 지배집단(정당화된 언어능력의 소유자)의 지배력이 확대된다. 언어능력은 단순한 기술적 능력이 아니라 이른바 '지위적인 능력'이다. 부르디외의 표현대로 '언어적 공산주의의 환상'은 바로 이러한 언어행위가 일어나는 구체적 맥락을 간과하고, 모든 인간이 동등하게 언어를 향유하고/할 수 있다는 환상을 의미한다(소쉬르도 이 범주에 들어간다).

이러한 언어시장에 대한 분석을 통해 드러나는 은밀한 권력작용의 효과는, 기타의 제도적인 권력(학교, 법, 각 장들에 고유한 관례적/형식적 장치 등)이 재생산되는 매커니즘에도 적용된다. 제도란 권력의 객관화를 의미하며, 이 제도적 객관화에는 일정량의 자본의 투자가 필요하고, 이를 통해 기득권력의 지속성과 자본축적이 보장된다. 위계질서의 제도화(예를 들어 관료제, 학교의 서열, 문학의 장에서 등단절차 등)와 그 위계의 인정을 위한 법적 보장장치는, 개인적인 능력과 권위에 의해 위계질서가 파괴되지 않도록 체계를 제어하는 기능을 한다. 위계(위치)와 자격(학력) 사이에는 제도적으로 보장된 등가원리가 적용되기도 하는데, 이는 자격(학력)이 마치 화폐와 같이 관례적·형식적·법적으로 보장된 가치를 지니고 있음을 말한다. 법체계가 작동되는 방식도 이와 다름이 없다. 기록과 판례에 의한 상징적 권력의 행사는 궁극적으로 예외적인 권력의 사용을 억제하고, 사회계급/집단간의 기존 세력관계를 정당화하는 방식으로 끊임없이 작동한다는 사실을 부르디외는 강조한다.

인간의 삶은 다양한 층위들로 구성된다. 따라서 인간과 인간의 삶에 대해 관심을 갖는 사회학은 이러한 다양한 층위들에 대한 천착을 통해서만 가능할 뿐이다. 개인의 타고난 개성과 내면화된 습성이 형성되는 주관적이고 심리적인 층위와 함께, 이러한 주관의 영역을 일정하게 규제하고 구조화시키는 객관적이고 사회적인 층위를 생각해 볼 수 있다. 다시 말해, 인간의 의지와 기질이 형성되고, 그것이 행위로 표현되어 사회적인 의사소통의 체계를 이루어 가는 과정에는 여러 층위의 역학적인 관계가 개입하게 마련이다. 이러한 시각에서 부르디외는 기존의 학문적 제도화가 고착화시킨 학문간의 경계를 인정하지 않는다. 사회학과 역사학, 언어학, 교육학, 정치학 사이의 경계구분에는 아무런 인식론적인 근거가 없다. 이른바 대학이라는 지식의 장을 형성하는 자본의 분배구조와 지배집단의 상징적 폭력에 의해 그려진 임의적인 그림일 뿐이다. 결국 제도적인 전횡인 것이다(1984).

부르디외의 이론적 성찰은 지속적인 탈제도화를 꿈꾼다. 이러한 심화된 비판적 성찰은 이론적 실천이라는 미명 아래 섣부른 기획이나 정당화를 모색하지 않는다. 비판은 그 내부에서 정당성의 근원을 찾을 수 있는 것이지, 또 다른 정당화의 담론을 통해서 이루어지는 것이 아니다. 이는 이론적 성찰의 개방성에 자물쇠를 달고, 이론적 성찰성을 마비시키며, 학문을 고착화시키는 것이기 때문이다. 부르디외가 끊임없이 탈제도와 탈조건화를 모색하는 이유가 바로 여기에 있다.

이상에서 살펴본 바와 같이 부르디외의 관심대상은 무척 다채롭고, 이 짧은 글로 정리될 수 없을 정도로 이론의 규모 또한 매우 방대하다. 간혹 추상적인 논의들이 난해하게 보이는 까닭은 끊임없이 이론과 경험적 분석을 왕래하며, 사회현실을 독특한 시각으로 해독하려는 그의 유동적인 이론확장의 과정을 단순한 도식으로 이해하기 힘들기 때문이다. 그러나 그의 사고의 중앙에는 분명 권력과 문화라는 주제가 자리한다. 문화는 인간의 행위와 객관적 사회구조 사이에서 매개와 여과의 기능, 조절과 적응의 기능을 하며, 부정적으로는 은폐와 치장의 기능도 한다. 따라서 문화(산물) 자체가 비판의 대상이 되는 것은 아니다. 부르디외는 문화(문화, 상징, 사회자본을 포괄하는)가 생산되고 유통, 소비되는 과정의 이면에서, 마치 복선처럼 얽혀 있는 권력의 관계와 그물망의 사회학적 근원을 파헤치고 있으며, 이 파헤침 자체가 비판의 의미를 지니는 것이다. 그에게 이제 문화는 정치권력보다 더 '권력적'이고, 이를 해독하는 사회학은 철저히 '정치적'인 작업이 된다.

이러한 비판이론의 모색은 그의 최근 저작들에서 언급되고 있는 학문의 성찰성과도 직결된다. 상징과 문화, 언어와 권력, 제도와 지식 등을 대상으로, 철학에서 시작하여, 민속학, 인류학을 거쳐 사회학으로 이어지는 총체적 사회과학을 통해 심층적인 인식론적 기초를 탐색하고 있다. 그가 말하는 '성찰성'이란 주지주의적 반성이 아닌, 실천에 대한 지속적인 사회학적 통제와 분석을 의미한다(L. J. D. Wacquant, 1992). 그것은 또 우리가 사유할 수 있는 것의 범위를 한정하고, 아직 사유되지 않은 사유의 범주와 가능성을 모색하는 일로 귀결된다. 부르디외가 의미하는 이 성찰의 주체는 일개의 학자가 아니다. 사회과학이라는 지식의 장이 그 주체이며, 실천의 대상은 사회과학의 제도에 있다. 문화와 제도에 대한 성찰적 관심은 분명 궁극적으로 우리에게 주어진 삶의 조건을 탈자연화시키고, 탈운명화시키는 작업에 초점이 맞추어진다. 거대담론의 종말을 선언하고 서사적 기획을 거부하는 최근의 포스트사조에서 나타나는 또 다른 형이상학의 조짐은 불길하다. 이 불길한 세기말의 지적 상황에서 부르디외는 조심스런 지적 소요(逍遙)를 하고 있는 셈이다. 그의 발길이 닿는 산책길은 늘 뚫려 있고, 그의 성찰적 사유 또한 항상 개방되어 있다.

5.문헌 소개

① 『재생산(*La reproduction*)』: Paris, Minuit, 1970.

이 저서는 1964년에 출간된 『상속자들』에서 시작된 프랑스의 교육제도에 대한 일련의 연구들을 총괄하는 이론적 종합의 의미를 지니는 책이다. 『상속자들』에서 이미 부르디외는 학교교육이 표방하고 있는 민주적 제도로서의 기능 이면에, 사회적 불평등을 정당화하고 때로는 존속시키는 기능을 수행한다는 사실을 지적한 바 있다. 상급학교로의 진학에서 가정환경(부모의 계급적 범주)과 성별에 따른 기회의 불평등이 존재한다는 사실을 교사와 학생들의 태도에 대한 경험적인 연구를 통해 입증하고, 이는 경제적인 불평등을 넘어서서, 가정환경 속에서 획득되는 '말하고 행동하는 방법을 포함한 지식' 즉, 문화유산의 차이에 기인하는 결과라는 사실을 분명하게 보여 주고 있다. 『재생산』에서는 한 걸음 더 나아가, 대학생들의 학교 내에서의 관계, 언어와 문화의 학구적인/일상적인 활용방식, 시험과 학위의 경제적/상징적 효과에 대한 경험적인 연구를 토대로 상징적 폭력과 이러한 폭력의 은폐를 가능하게 하는 사회적 조건들에 대한 일반이론을 구축하고 있다. 이 이론에 따르면, 학교란 일종의 자율성과 중립성이라는 집단적 환상을 생산하는데, 실제적으로는 이러한 환상이 기존질서의 재생산에 기여한다. 문화자본의 분배구조가 재생산되는 원리를 밝히는 일은, 현대의 교육체계가 지니고 있는 근본적인 모순을 이해한다는 의미뿐만 아니라, 동시에 행위이론의 구성을 위해서도 중요하다. 행위주체는 구조의 산물이며 동시에 구조의 재생산자로서, 창조적 자율성을 지니는 주체도 아니고 구조주의가 파악하는 기계적인 객체도 아닌 양가적이고 중간적인 위상을 지니는 존재라는 사실이 이 책을 통해 확인되고 있다. 부르디외의 문화와 행위에 대한 이론적 논의의 인식론적 토대가 분명하게 드러나는 저작이라 할 수 있다.

② 『구별(*La distinction ; critique sociale du jugement*)』, Paris : Minuit, 1970.

인간은 사회생활 속에서 끊임없이 자신을 타인과 구분함으로써 자신을 규정한다. 이 과정에서 객관적 분류에서의 그들의 위치가 폭로되기도 한다. 분류체계(기호)와 존재조건(계급) 사이의 상관관계에 대한 분석은 궁극적으로 사회계급과 생활양식를 교차시킨 공간좌표를 이용한 '판단의 사회비판'(이 저서의 부제)으로 이어진다. 이 저서를 관통하는 핵심적인 문제의식은 대규모의 경험적 조사를 통해서 미(美), 예술, 기호(嗜好), 문화에 대해 전통적으로 제기되어 왔던 문제들을 재구성하는 일이다(특히 칸트의 판단력 비판을 비롯한 여러 저작과 엘리아스의 문명과정론, 데리다에 대한 비판적 논의가 수록되어 있다). 이 작업을 통해서 부르디외는 일상적 담론과의 단절을 꾀하는 과학적 연구가 추구해야 할 구체적인 방향을 설정해 주고 있다. 즉 이론적 구성과 이를 통해 밝히고자 하는 사실들을 접합하는 새로운 언어의 창출이 그것이다. 이는 도표와 사진을 병렬시키고, 개념분석과 인터뷰를 혼합하며, 이론적 모델과 분석자료를 병치시키는 연구의 새로운 서술기법을 의미한다. 이는 진리도 거짓도 아니고, 검증될 수도 반증될 수도 없으며, 이론적이지도 않고 경험적이지도 않은 기존의 사회과학의 담론에 대하여 부르디외가 내리는 단죄의 의미를 담고 있다. 다시 말해, 생산양식과 프롤레타리아트, 역할과 태도를 논하면서 '최저임금'이나 노동자계급의 속옷을 언급하지 않는 지식인의 피상성을 지적하고 있는 것이다. 이제 더 이상 논증만으로는 충분하지 않고, 구체적인 지표와 사물과 인물을 통해 보여 주어야 하며, 이는 궁극적으로 혁명적 담론의 과장된 급진론을 포함한 모든 형태의 거부를 부정함으로써 억압된 자들을 복원시키는 임무를 수행하는 것이 된다. 매우 도발적인 내용의 메시지를 섬세하고 정밀한 언어로 담아 내는 부르디외의 탁월한 재능을 엿볼 수 있으며, 동시에 위에서 언급한 대로 이론과 경험적 연구의 종합이 어떻게 가능한지를 잘 예시해 주는 저작이라 하겠다.

③『실천적 감각(*Le sens pratique)*』, Paris : Minuit, 1980.

우리들이 통상 '원시적', '야만적' 사유라고 부르는 것은 다름아닌 실천의 논리, 즉 일상 속에서의 행위를 지향하는 논리다. 이는 매일매일 우리의 행위 속에서, 타인과 세계에 대한 판단 속에서 우리들 역시 사용하고 있는 그런 논리인 것이다. 우리가 정치인과 화가를 구분하듯이, 원시인은 그들의 세계를 질서짓기 위한 일정한 분류의 원칙을 가지고 있으며, 여성적인 것과 남성적인 것, 건조한 것과 습한 것, 키가 큰 것과 작은 것, 동쪽과 서쪽 등이 분류기준의 좋은 예들이다. 또한 우리는 우리의 행위를 규칙이나 의례들의 언어로 설명하는 것은 듣기 싫어 하면서, 원시인들의 행동 —— 특히 결혼예식이나 주술 —— 에 대해 민속학자가 같은 방식으로 기술하는 것은 용인한다. 타인들에 대해서 우리는 왜 이렇게 객관적이 되는가? 이러한 기본적 질문에서 시작되는 인간의 행위와 실천적 감각에 대한 의문에 대한 민속학적 연구와 이론적 종합이 이 저서의 주된 내용이다. 그에 의하면 인간행위에 대한 완전한 이해를 위해서는 이중적 작업이 수행되어야 한다. 즉, 한편으로 레비스트로스의 저작에서 나타나는 객관주의를 극복하는 일과, 다른 한편으로 현상학적 방법에서 드러나는 주관주의를 벗어나는 일이 일관적으로 추진되어야 한다. 이는 객관적 구조를 객관화하는 작업과 함께 이 객관화를 또다시 객관화하는 작업이 필요하다는 뜻이다. 여기서 후자, 즉 이차적 객관화는 일차적 객관화가 이루어지는 시점(視點)을 객관화함으로써 이에 내재하는 거리를 메우기 위해서 필요한 작업이다. 이러한 방법론적인 모색은 이미 1968년에 출간된 *Le métier de sociologue*에서 체계화된 것으로서, 그 후의 개별적인 연구에서 이를 지속적으로 적용하고 있는 저자의 치밀함이 엿보인다. 그러나 이 저서는 방법론을 위한 저술만은 아니다. 위에서 살펴본 몇 가지 중요한 개념들, 특히 아비투스, 상징자본, 지배에 대한 개념화가 체계적으로 다루어지고 있는 저서이다. 이와 더불어 부르디외가 주시하고 있는 점은, 통상 주관이라고 부르는 것의 객관성을 발견하고, 표상체계도 역시 하나의 객관적 요소로서 인식될 수 있다는 사실의 발견에 있다. 집단적인 환상이 실제로는 환상이 아닐 수도 있고, 가장 기본적인 매커니즘(즉 경제학적 매커니즘)도 사실 사회적 삶의 규칙을 용인하는 기본적인 믿음이 없이는 가능하지 않다는 사실을 저자는 강조하고 있다.

④『말하여진 것들*(Choses dites)*』, Paris : Minuit, 1987.

부르디외의 이론이 유럽과 영미권에 반향을 일으키고, 그와 더불어 제기된 많은 반론과 개념의 모호성에 대한 지적들에 대해 저자 스스로가 오해를 풀고 해명하고자 하는 의도에서 출간된 일종의 인터뷰와 발표문의 모음집이다. 특히 그는 자신의 연구들이 디디고 있는 철학적 전제들과 함께 구체적인 논리를 설명하고, 그에 대한 비판과 반론들에 대해 입장을 분명히 한다. 또한 문학작품에 대한 자신의 분석방법을 자기자신에게도 적용시킴으로써 또 다른 이론적 가능성의 영역을 그려 보고 있다. 이처럼 철저한 사고를 통해 부르디외는 자신의 작업에 대한 보다 객관적이고 납득된 지식을 얻을 수 있는 방법을 제시해 주고 있다. 암시적인 어법의 관례화된 토론을 넘어서서, 철학과 인간과학 사이의 엄격하고도 심화된 토론이 이루어지는 인터뷰의 내용들이 수록되어 있다. 특히 자신의 지적 이력서라 할 수 있는 지식인으로서의 성장과정이 본서의 제1부에 비교적 상세히 기술되어 있으며, 특히 후반부에서 실린 각종 강연회에서 발표된 논문들을 통해 사회공간과 상징적 권력, 지식의 장, 여론조사 등에 대한 단편적이지만 압축된 논의를 전개하고 있다. 그중 한 가지만을 소개하자면 여론조사에 관한 글에서, 그는 오늘날 언론기관과 정치계에서 널리 활용되고 있는 설문지에 의한 여론조사는 이론적 타당성과 근거가 결여된 일종의 통계수치의 유희이거나, 더욱 심각한 경우에는 합의의 효과에 의한 권력관계의 은폐를 조장한다는 날카로운 지적을 하고 있다. 그 이유는 간단히 말해 무응답자의 처리문제인데, 실제적으로 성별과 계급에 따라 무응답자의 비율에 현격한 차이가 있다는 점을 그는 지적한다. 따라서 이러한 사회적 범주에 따른 응답비율의 편차를 고려하지 않은 설문조사가 표방하는 과학성이란 사이비 과학성에 지나지 않는다고 지적한다(이와 유사한 논의에 대해서는 『혼돈을 일으키는 과학』에 실린 「여론은 존재하지 않는다」를 참조할 것).

이상에서 언급된 네 권의 저서 외에 1992년에 출간된 『대답들』도 부르디외의 이론과 사상적 배경을 개괄적으로 이해하기 위한 훌륭한 지침서가 될 수 있으리라 본다. 이 글을 위해서도 『대답들』의 인터뷰 내용이 부분적으로 참고되었음을 밝힌다.

참고 문헌

이기현, 「사회적 상상의 복원 혹은 상징의 사회학」, 『사회비평』 11

호, 나남, 1994.
_______, 「현대 프랑스 사회철학의 동향」, 『시대와 철학』 제8호, 1994.
_______, 「사회과학 방법론으로서 담론이론과 담론분석」, 『현대이론과 비평』, 제7호, 1994.
_______, 「P. 부르디외의 문화비판이론」, 『민족예술』 겨울호, 1994.
피에르 부르디외 저, 문경자 역, 『혼돈을 일으키는 과학』, 솔, 1994.
피에르 앙사르저, 정수복 역, 『현대 프랑스 사회학』, 문학과 지성사, 1993.
현택수, 「문학의 場과 아비투스」, 『사회비평』 11호, 나남, 1994.
Bourdieu, P. & Passeron J. -C., *Les Héritiers*, Paris : Minuit, 1964.
Bourdieu, P. & als, *Un art moyen ; les usages sociaux de la photographie*, Paris : Minuit, 1965.
Bourdieu, P., "Postface", in Panofsky, E., *Archtecture gothique et pensée scolastique*(1951), Paris, 1967.
Bourdieu, P. Darbel, A., *L'amour de l'art*, Paris : Minuit, 1969.
Bourdieu, P. & Passeron J. -C., *La reproduction*, Paris : Minuit, 1970.
Bourdieu, P., *Esquisse d'une théorie de la pratique, précédée de trois études d'ethnologie kabyle*, Genéve, Droz, 1972.
_______, *La distinction ; critique sociale du jugement*, Paris : minuit, 1979.
_______, "Les trois états du capital culturel", *Actes de la Recherche en Sciences Sociales*, no. 30, 1979.
_______, *Le sens pratique*, Paris : Minuit, 1980a.
_______, "Le capital social", *Actes de la Recherche en Sciences Sociales*, no. 31. 1980.

__________, *Questions de sociologie*, Paris : Minuit, 1980b.
__________, *Ce que parler veut dire*, Paris : Fayard, 1982.
__________, *Homo academicus*, Paris : Minuit, 1984.
__________, *Choses dites*, Paris : Minuit, 1987.
__________, *Réponses*, Paris : Seil, 1992.
Wacquant, L. J. D., "Introduction" in Bourdieu, P., *Réponses*, Paris : Seuil. 1992

하버마스

맑스주의의 약한 부활과 의사소통 합리성

박 영 도

하버마스 : 맑스주의의 약한 부활과 의사소통 합리성

박영도

오늘의 상황에서 맑스주의와 합리성의 관계를 다룬다는 것은 위험스러운 일이다. 맑스주의와 합리성이 대대적인 결별의례의 주된 대상이기 때문이다. 새로운 사회운동, 그리고 1989년은 맑스주의의 이론적·실천적 생명력이 다했음을 보여 주는 물증으로 여겨지고 있어서, 맑스주의 운운하는 사람은 '아직도'라는 핀잔의 눈초리를 각오해야만 하는 분위기이다. 이보다 더 곤혹스러운 것은, 이와 결코 무관하지 않은 맥락에서, 탈현대의 기치를 높이 세우고 통일성 대신 다원성, 논리 대신 수사, 연속성 대신 단절을 강조하는, 요컨대 이성의 문화에 억눌린 차이와 다양성을 해방시키는 다의성의 문화를 강조하는 지적 분위기가 유행처럼 번지고 있어서 합리성 운운하는 사람은 보수의 혐의를 감수해야 할 실정이라는 점이다. 이러한 분위기에서, 죽어 가는 맑스주의와 합리성을 하나로 모아 모두 다 회생시키는 기적을 일으켜 보려는 것은 핀잔에다 보수의 혐의까지 각오해야만 할 것이다.

그럼에도 불구하고 필자는 이 주제가 시급한 중요성을 갖고 있다고 보는데, 무엇보다 이제 분위기가 논증을 대신하는 비지성적 상황에서 탈피해야 할 때가 되었다는 생각에서이다. 사회주의의 몰락에 대한 우파의 정서적 고양이나 좌파의 정신적 좌절의 분위기에서 이제는 벗어나야 할 때가 되었고, 또 그 동안 분위기에 지배된 탈현대 논쟁에 대해서도 지적 논증의 칼이 필요할 때라고 보기 때문이다. 논증의 정신으로 돌아갈 때 맑스주의 위기의 원인을 진단하고 처방을 내리는 일이 중요할 터인데, 여기서 합리성의 문제를 고려하지 않으면 안 될 것이다.

이런 맥락에서 맑스주의와 합리성의 관계를 진지하게 고찰하고 맑스주의를 비판적으로 계승하려는 시도가 없는 것도 아니고, 어떤 점에서는 활발한 상태라고 볼 수 있다. 분석적 맑스주의(analytical Marxism)와 포스트맑스주의(post-Marxism)를 그 대표적 사례로 꼽을 수 있을 것이다.[1] 흥미로운 것은, 두 입장이 정반대의 진단과 처방을 내리고 있다는 점이다. 분석적 맑스주의는 맑스주의의 위기가 과학적 합리성이라는 영양분의 부족에 기인하는 것이므로 그것을 주사하면 맑스주의를 회생시킬 수 있다는 처방을 제시하고 있고, 반대로 포스트맑스주의자들은 위기의 원인이 합리성이라는 암세포에 있기 때문에 그 암세포를 수술하는 것이 유일한 길이라는 처방을 제시한다.

여기에 또 하나의 위험이 있다. 이 상반된 진단과 처방이 맑스주의와 합리성의 관계를 단순화시킨 것이 아닌가 하는 우려를, 또 그것이 과연 맑스주의의 회생을 가져올 수 있을 것인가 하는 의구심을 떨치기 어려운 것이다. 이 우려와 의구심이 이 글의 출발점이다. 물론 그 의구

---

1) 분석적 맑스주의의 기본입장에 대해서는 J. Roemer, 1986 참고. 필자는 여기서 포스트맑스주의를 맑스주의의 위기를 극복하기 위해 탈현대론의 주장을 적극적으로 수용하는 입장으로 이해한다. 이 입장에 대해서는, Laclau, E./Mouffe, C., 1990 ; 이경숙 · 전효관 편역, 1992.

심 뒤에는 제3의 길이 가능할 수도 있겠다는 생각이 깔려 있고, 그것을 찾아보려는 것이 이 글의 목적이다. 필자는 그 가능성을 하버마스의 이론적 기획과 관련하여 찾아보고자 한다. 하버마스는 이미 오래 전부터 역사적 유물론의 구성요소를 분해하여 그 의도를 좀더 잘 실현할 수 있도록 재구성하는 기획을 추진했으며, 1989년의 혁명을 목도하면서 '비판으로서의 맑스주의의 약한 부활'을 주장한 바 있다(Habermas, 1990, S.188). 그 부활이 어떻게 가능할지를 이 자리를 빌려 검토하고자 하는 것이다.

먼저, 맑스의 기획을 반성적 비판문법이라는 측면에서 재구성하고, 이 문법의 위기와 합리성의 관계를 검토하고자 한다. 이를 통해 맑스의 비판문법이 위기에 빠진 원인이 어디에 있으며, 또 분석적 맑스주의와 포스트맑스주의의 진단과 처방이 어떤 문제점을 안고 있는지를 확인할 수 있을 것이며, 새로운 처방이 어떠한 방향을 향해야 할지를 제시해 볼 수 있을 것이다.

둘째, 새로운 처방을 위해서는 맑스가 상정한 포괄적 합리성과 그것을 실현하는 사회적 노동범주간의 모순을 해결하는 것이 필요할 터인데, 의사소통 합리성의 주요 특징들을 살펴보면서 오늘의 상황에서 그것이 어떻게 가능할지를 검토하겠다.

마지막으로, 하버마스의 비판문법의 문제점을 검토하면서 그 문법이 맑스의 분석틀에 의해 보완될 필요가 있다는 점을 지적하고자 한다.

1.

맑스주의를 어떻게 이해할 것인가? 합리성 문제와 관련하여 맑스주의 위기를 진단하고 적절한 처방을 찾기 위해서는 이 질문에서 출발할 필요가 있다. 그 이해방식에 따라 진단과 처방이 달라질 터이기 때문이다. 물론 이는 맑스주의가 하나의 얼굴을 갖고 있는 것이 아니라는 것을 전제한다. 맑스의 두 얼굴이라는 오래된 주제가 보여 주었듯이, 맑스주의는 과학적 자기이해와 철학적 자기이해를 공유하고 있다. 합리성의 측면에서 맑스주의에 대해 구제비판(救濟批判)을 할 경우 이 두 가지 자기이해를 함께 다룰 수 있는 관점이 필요하다. 그렇지 않을 경우 맑스주의에서 합리성의 문제가 단순화될 위험이 있기 때문이다. 낡은 것으로 보이는 이 주제를 다시 거론하는 것은 맑스주의 역사에서 이러한 단순화의 위험이 끊이지 않았으며, 또 맑스주의에 대한 구제비판의 대표적 두 유형인 분석적 맑스주의와 포스트 맑스주의의 입장에서도 그러한 위험이 재생산되기 때문이다. 이러한 위험을 피하기 위해서는 철학으로서의 맑스주의와 과학으로서의 맑스주의를 하나의 얼굴의 두 측면으로 이해할 필요가 있다. 그 하나의 얼굴을 필자는 변증법적 비판이라는 얼굴로 이해한다. 필자로서는 오늘날 위기에 빠진 것은 이 비판으로서의 맑스주의이며, 또 우리가 약한 형태로마나 부활할 필요가 있는 것도 바로 이 비판으로서의 맑스주의라고 생각하는 편이다.

맑스주의에 대한 이러한 이해는 자의적인 것이 아니다. 오히려 필자는 이것이 맑스의 자기이해에 합당한 이해방식이라고 본다. 맑스의 주저들이 달고 있는 제목이나 부제가 말해 주듯이 맑스는 시종일관 자신의 작업을 '비판'으로 이해했다. 맑스는 이러한 자기이해를 젊은 시절 '철학의 지양과 실현'이라는 모순적인 정식으로 표현한 적이 있다. 이 테제를 요약하자면, 첫째, 이론적 측면에서 그것은 철학을 과학으로 지양하면서 실현한다는 것을 의미하며, 둘째, 실천적인 측면에서 그것은 철학을 프롤레타리아트 혁명 속으로 지양하면서 실현하는 것을 의미한다. 비록 맑스의 지적 발달사에서 인식론적 단절이 있었음을 부정할 수 없지만 이러한 자기이해에는 변동이 없었다고 할 수 있다.

합리성의 측면에서 볼 때 이 자기이해 속에는 독일 고전철학에서의 오성과 이성의 분화를 유지하려는 의도가 포함되어 있다. 이 분화는 합리성에 대한 합리적 비판을 위해 요구된 것이었다(Apel, 1984, S.18~19). 칸트와 헤겔은 각기 다른 합리성 개념을 제시하고는 있지만 똑같이 이러한 합리성의 자기분화 전략을 통하여 독단과 회의주의라는 위험, 협소한 합리성과 비합리주의의 위험을 피해 가는 반성적 비판문법을 구성하고자 했다. 맑스의 자기이해는 이 반성적 비판문법을, 좀더 특정화하자면 헤겔의 변증법적 비판문법을 유물론과 혁명의 정신 속에서 비판적으로 재구성하려는 의도를 담고 있다. 합리성의 문제와 관련하여 맑스주의가 항상 경험과학의 전통과 비합리주의 전통이라는 이중의 전선과 대결했던 것도, 또 맑스주의 자체가 항상 그 두 가지 상반된 경향으로 양분화될 위험에 처했던 것도 이 비판문법의 변증법적 구조 때문이라고 할 수 있다.

여기서 변증법적 비판문법의 발달과정과 복잡한 구조를 상세하게 다룰 수는 없지만, 그 기본구조를 다음 3개의 테제로 요약해 볼 수 있다.[2] ① 비판은 비판받는 대상으로 하여금 스스로를 비판하는 내재적 비판을 취한다. ② 비판은 자신의 정당성의 근거로서 포괄적 합리성을 필요로 한다. ③ 비판은 그 포괄적 합리성을 자신이 비판하는 시대의 중심 범주로부터 획득해야 한다.

필자는 이 기본구조에서 출발하여 맑스의 비판문법의 의도, 그리고 이 의도를 충족하는 데 요구되는 이론적 조건, 그 비판문법의 위기원인을 검토하고자 한다. 이 과정에서 우리는 맑스주의를 비판적으로 재

2) 칸트와 헤겔 비판문법의 형성과 분해에 대한 설명으로는 졸고, 1994, 1부를, 맑스에서 변증법적 비판문법의 형성과 구조에 대해서는 대해서는 같은 글, 2부를 참고.

구성하려는 분석적 맑스주의와 포스트맑스주의의 노력이 애당초 안고 있던 문제가 무엇인지를, 그리고 합당한 재구성의 방향은 어떤 것일지를 확인할 수 있을 것이다.

먼저, 맑스의 자본주의 비판의 내용은 내재적 비판의 내용에서 확인할 수 있다. 우리의 맥락에서 볼 때 이 비판은 자본주의적 합리성의 역설에 대한 두 가지 비판으로 해석할 수 있다. 첫째, 실재비판의 측면에서 맑스는 자본주의 생산양식에 내재하는 모순을 제시하는데, 이것은 자본주의적 합리성의 모순에 대한 비판으로 독해할 수 있다. 자본주의에서는 사회적 노동력의 계획적인 투자와 분배가 이루어질 수 없으며, 이로 인하여 부분적 합리성과 전체적 비합리성 사이의 모순이 발생한다. 경제적 합리성을 노동시간의 경제로 파악한다고 할 때, 이 모순은 곧 미시적인 차원에서 노동력 사용의 효율성을 극대화하려는 경향과 전체 사회적인 차원에서 나타나는 노동력 낭비 사이의 모순이라고 할 수 있을 것이다(Heim, 1983, S.64~65). 이 모순에 대한 비판은 더 이상 인간노동의 낭비가 이루어지지 않는 생산양식, 생산력의 증대를 더 이상 제약하지 않는 생산관계를 설립하려는 의도를 내포하고 있다. 다시 말해서 그 비판에는 적정 경제적 합리성이 전제되어 있다.

둘째, 내재적 비판은 인간의 사회적 관계를 사물의 사회적 관계 내지 사물의 자연적 속성으로 전환시키는 물신성에 대한 비판을 담고 있다. 이 비판은 단순히 범주 오류에 대한 비판이 아니라 자본주의 사회에서의 자유의 가상에 대한 비판을 포함하고 있다. 즉 인간의 자율성의 실현을 가로막는, 혹은 인간 자율성의 실현기회의 불평등한 분배에 대한 비판을 포함하고 있다.

그러나 맑스에서 비판은 내재적 비판에 그치지 않는다. 내재적 비판은 자본주의 사회의 모순에 대한 분석과, 그 모순을 은폐하는 이데올로기 비판을 통해 변혁의 주관적·객관적 조건을 제시하는 역할을 담당한다. 그러나 변증법적 비판은 변혁의 조건만이 아니라 변혁의 규범적 지평까지 동시에 제공할 수 있어야 한다. 이것이 변증법적 비판문법의 구성요소 중 ②의 효과였다. 만약 비판받고 있는 대상에 내재하는 합리성보다 더 포괄적인 합리성이 설정되지 않는다면, 비판의 정당한 근거를 제시하기 어려워지며, 또 왜 변혁이 요구되며, 변혁의 방향이 무엇인지를 설득력 있게 제시할 수 없게 된다. 이 포괄적 합리성이 설정될 때 비로소 합리성에 대한 합리적 비판이 가능해지는 것이다. 이는 '철학의 지양과 실현'에 내포된 오성적 합리성과 이성적 합리성의 분화가 맑스의 비판문법 속에서 작용하는 형태라고 할 수 있다. 이렇게 합리성의 자기분화를 설정할 때, 비로소 포괄적인 이성을 기초로 협소한 오성을 비판할 수 있는 것이다.

앞서 살펴본 내재적 비판의 내용은 이미 포괄적 합리성을 가리키고 있다. 즉 부분적 합리성과 전체적 비합리성의 모순을 제거하는 합리적인 경제구조를 설립하는 것과, 사회적 연대 속에서 인간자율성의 보편적 실현을 보장하는 급진적 민주주의 원리가 바로 그것이다. 맑스는 이 두 가지 텔로스를 '자유로운 생산자 연합체' 개념 속에서 통합하였다. 그리하여 생산에서의 투명한 사회적 통일성, 그리고 자유로운 개인의 발전이 만인의 발전의 조건이 된다는 테제에서 나타난 연대적 사회성이 사회주의 이념의 두 가지 의미요소로 등장한다. 그러나 현실 사회주의에서 두 가지 텔로스는 실현되지 않았다. 현실 사회주의는 생산력과 생산관계의 모순을 지양하는 경제적 효율성을 보여 주지 못하고 오히려 생산력과 생산관계의 모순의 제물이 되었다. 그리고 민주주의를 확장하려는 기획은 강한 국가주의라는 정반대의 결과로 귀착되었다. 이 아이러니의 원인은 어디에 있는 것인가?

이 아이러니의 이론적 책임을 맑스의 후예에게 돌릴 것이 아니라 맑스의 비판문법 자체에서 확인할 필요가 있다. 이를 위해서는 '자유로운 생산자 연합체'의 두 의미요소가 표현하는 두 가지 합리성과 그것을 실현하는 중심 범주인 사회적 노동범주 사이의 모순에 주목할 필요가 있다. 그 두 합리성은 해방된 사회조직에서 불가결한 것이었지만 맑스의 범주틀 속에서는 양자가 모순 없이 하나로 융합될 수 없었다. 다시 말해서, 부분적 합리성과 전체적 비합리성의 모순을 제거하는 경제적 합리성이 개인의 자유로운 발전과 만인의 발전 사이의 내적 연관을 자동적으로 보장해 주는 것은 아니다.[3] 만약 그렇게 생각한다면 그것은 자유의 의미에 대한 대단히 협소한 이해 때문이다. 이 경우 자유의 의미는 필연성의 인식으로 환원된다. 즉 자연의 인과법칙에 대한 인식을 통해 자연을 효과적으로 통제하는 것이 자유의 범형으로 간주된다. 이러한 자유개념 위에서만 경제적 합리성, 과학기술적 합리성의 실현이 자유의 실현을 보장해 준다고 할 수 있다. 그러나 자연의 효과적 통제가 인간해방, 인간자율성의 증대와 일치하는 것이 아니라 오히려 오히려 인간예속, 자율성의 상실을 가져온다는 것은 오늘에 와서는 부인하기 어려운 사실이 되었다.

맑스도 '자유로운 생산자 연합체' 개념의 두 의미요소 사이의 긴장을 인식하고 있었다. 이는 그가 필연의 왕국과 자연의 왕국을 구별했다는 데에서 잘 나타난다. "이 영역(필연의 영역 — 필자)에서 자유는 오직 다음과 같은 것에서만 있을 수 있다. 즉 사회화된 인간, 연합된 생산자들이 어떤 맹목적인 힘에 의해 지배당하듯이 자신과 자연간의 물질대사에 의해 지배당하는 대신, 이 물질대사를 합리적으로 규제하고

3) 만델은 이렇게 말한다. "궁극적으로, 자본주의의 부분적 합리성과 전체적 비합리성 사이의 모순은 자본의 가치증식의 극대화와 인간의 자기실현 사이의 모순이다". 이 정식은 맑스주의의 일반적 입장을 적절히 대변해 주는 동시에 그 입장이 상이한 발달논리를 갖는 두 개의 영역, 즉 필연의 영역의 논리와 자유의 영역의 논리를 하나로 융합하고 있다는 것도 함께 보여 준다.

자신들의 공동의 통제하에 두는 것이다. 그러나 이것은 여전히 필연의 왕국에 머물러 있을 뿐이다. 이 왕국의 저편에 자기목적으로 간주되는 인간의 힘의 발전이, 즉 진정한 자유의 왕국이 시작된다"(MEW 25 : 827).

여기서 맑스는 생산영역에서의 투명성을 보장하는 경제적 합리성이 진정한 자유를 보장하지 못한다는 점을 분명히 했다. 그러나 맑스는 자유의 영역을 이미지의 상태로만 제시했지 그 이미지를 개념화하지 못했다. 자신의 언어를 갖지 못한 자는 자신이 받은 상처를 언어화할 수 없고, 언어화되지 못한 상처는 상처로 지각되기 어렵다. 다시 말해서 필연의 영역의 논리가 자유의 영역의 논리를 침해하는 부정적 현상이 인지될 수 없었다. 이것이 맑스의 민주주의 기획의 아이러니를 설명해 준다. 맑스에서 민주주의의 기획은 종래 정치영역에만 국한되었던 민주주의의 원리를 생산의 영역까지 확장하는 데 그 목표가 있었다. 그러나 민주주의 원리의 외연적 확장에 민주주의 원리의 내적 확장이 뒤따르지 못했다. 자본주의적 경제의 등장과 근대 민주주의적 원리의 발생적 동시성에 치중한 나머지 양자가 상이한 발달논리를 가질 수 있다는 점을 간과했기 때문이다. 그 결과 민주주의의 핵심을 형성하는 자유로운 의사, 의지형성 절차의 제도화 문제를 진지하게 고려하지 못했고, 따라서 관료적으로 조직되는 필연의 영역의 논리가 자유의 영역의 논리를 침해하는 현상을 막을 수 있는 제도적 장치도 맑스의 틀 속에서 제공되기 어려웠다.

이러한 결함은 우연적인 것이 아니라 맑스의 비판문법의 구조적 결과였다고 할 수 있다. 변증법적 비판문법에서 포괄적 합리성의 논리는 비판받는 시대의 중심적인 조직원리로부터 획득되어야 했다. 그러기에 맑스는 포괄적 합리성을 사회적 노동범주로부터 도출할 수밖에 없었다. 그러나 사회적 노동에 내재해 있는 합리성의 잠재력은 구조적으로 제한되어 있었다. 그것은 행동 합리성의 측면에서 기술적 합리성이나 전략적 합리성에 국한되어 있다. 그리고 행동 합리성을 넘어선 체계합리성, 즉 투명한 사회적 통일성의 이념 속에 내포된 합리성의 잠재력을 고려한다고 하더라도 그것은 맑스가 포괄적 합리성으로 의도한 것을 모두 실현하지는 못한다. 푸코의 '시선의 권력(Foucault, 1980, p.181쪽)'이 지적하듯이, 투명한 사회적 통일성은 감시권력의 투명한 실현형태일 수 있는 것이다. 그렇다고 초기 맑스의 노동개념 속에 들어 있던 낭만주의적 표현성의 원리를 복구하여 해방의 전망을 마련하려는 것도 경험적인 측면에서나 범주적인 측면에서 그 한계가 분명했다(Honneth, 1980 ; Habermas, 1985, S.75~86, S.95~103).

포괄적 합리성의 두 측면과 그것을 실현할 사회적 노동범주의 협소한 합리적 잠재력 사이의 모순은 맑스주의의 비판적 재구성의 방향이 어떠해야 할 것인지를 암시해 준다. 분석적 맑스주의와 포스트맑스주의가 보여 주는 재구성 방향은 이 암시를 좀더 분명히 해 주는 반면교사의 역할을 해 준다.

분석적 맑스주의는 그 동안 맑스주의를 지배했던 전체론적이고 기능적인 분석틀, 그리고 역사철학적 전망에 대한 반성으로부터 출발하여 '합리적 선택' 이론을 도입하여 행위자들의 현실적인 행동의 논리, 특히 집합적 행동의 논리를 설명하려 했다는 점에서 중요한 공헌을 했다고 할 수 있다(Honneth, 1988, S.216~217). 그러나 합리적 선택이론에 전제된 합리성, 즉 전략적 합리성은 맑스가 설정하고 있는 포괄적 합리성의 전망을 제공하지 못한다.[4] 전략적 합리성은 주어진 게임구조 속에서 행위자의 합리적 행동을 설명해 주긴 하지만, 그 게임구조를

---

4) 목적합리성의 사회적 확장형태로서의 전략적 합리성의 범주적 한계에 대해서는 K. O. Apel, 1982. 전략적 행동모델의 한계에 대해서는 Habermas, 1988, S.68~75.

넘어서는 전망을 제공하기 어렵다. 설령 자본주의적 합리성을 넘어서는 전망을 제시한다고 하더라도 그것은 최적 경제합리성의 실현으로 끝날 공산이 크다. 그러한 한, 맑스가 포괄적 합리성의 이미지 속에 포함시켰던 또 다른 요소는 시야에서 사라진다. 이들의 분석틀 속에서, 새로운 사회운동의 배후에 깔려 있는 새로운 유형의 지배가 포착되기 어려운 것도 결코 우연은 아닌 것이다.

포스트맑스주의는 맑스주의 실패원인을 전략적 합리성이라는 의미에서의 합리성의 부족에서 찾는 것이 아니라 오히려 과도한 합리성에서 찾는다. 여기서도 역사철학적 객관주의에 대한 부정이 출발점이다 (Laclau/Mouffe, 1985). 그러나 이들은 합리성과 지배구조 사이의 내적 연관에 주목함으로써 분석적 맑스주의의 합리성 개념의 소박함을 넘어선다. 또 새로운 형태의 자유의 침해에 대한 감수성도 예민하다. 그러기에 이들은 자본주의 게임틀을 넘어서는 급진적인 전망을 제시할 수 있는 장점을 갖는다. 그러나 그 전망의 배후에는 합리성 일반에 대한 부정이 전제되어 있으며, 이로 인해 분석적 맑스주의에 못지않은 문제점이 나타난다. 우선, 이들의 변혁전략에서는 변혁의 조건에 대한 과학적 분석이 뒤따르지 않고 있다. 그리고 이들이 암암리에 상정하는 급진적 변혁의 규범적 기초를 제시하지 못한다. 그러한 한, 맑스가 자유의 영역의 논리를 개념화하지 못함으로써 빠져들었던 문제점이 재생산될 우려가 있다. 즉 이들이 꿈꾸는 자유를 어떻게 제도화할 것인가 하는 문제가 시야에서 사라질 위험이 있는 것이다.

여기서 우리는 위의 두 입장이 맑스의 비판문법의 구조와 의도를 양분화하고 있음을 확인할 수 있다. 과학적 분석과 해방적 전망의 내적 연관이 양분화되었으며, 경제적 합리성과 미해명 상태의 자유의 왕국이 양분화되었다. 그러한 한, 이 두 입장은 맑스주의의 위기를 극복한다기보다는 그 위기를 좀더 분명한 형태로 재생산한다고 할 수 있다.

이러한 사실은 맑스주의의 비판적 재구성이 어떤 방향으로 이루어져야 할 것인지를 보여 준다. 즉 그것은 맑스의 변증법적 비판문법의 구조를 유지하는 가운데 그 의도를 충족하는 방향을 취해야 할 것이다. 우리가 하버마스에 주목할 필요가 있는 것도 이 때문이다. 하버마스의 비판문법은 그 구조에서 맑스를 따르고 있다. 먼저, 비판의 규범적 기초를 마련하려는 하버마스의 일관된 노력은 비판이 포괄적 합리성을 요구한다는 조건을 충족하기 위한 것이다. 하버마스는 이 포괄적 합리성을 통해 맑스가 미해명 상태로 남긴 자유의 왕국의 논리를 해명하고, 또한 합리성의 억압적 구조를 폭로하는 탈현대론의 합리적 핵심을 수용하면서 그 딜레마를 제거하고자 한다. 둘째, 내재적 비판이라는 이론적 요구는 합리화의 역설로서의 생활세계 식민화에 대한 비판적 분석과 이것의 이론적 반영인 로고스 중심주의에 대한 비판을 통해 충족된다. 셋째, 비판은 포괄적 합리성을 자신의 시대로부터 획득해야 한다는 요건도 일상적 실천에 내재하는 합리성의 잠재력을 재구성하려는 시도 속에서 충족되고 있다. 이제 이 새로운 비판문법이 과연 비판으로서의 맑스주의의 약한 부활을 성공적으로 이루어 낼 수 있는지를 검토하기로 하겠다.

2.

합리성 문제에 초점을 맞출 때, 맑스의 비판문법의 딜레마는 '자유로운 생산자 연합체' 개념이 안고 있는 모순, 즉 해방의 규범적 지평을 형성하는 포괄적 합리성과 그것을 실현하는 범주인 사회적 노동의 협소한 합리적 잠재력 사이의 모순에 기인한다고 할 수 있다. 이 모순을 해결하는 것이, 맑스의 반성적 비판문법을 새로운 조건 속에서 비판적으로 계승하는 데서 중심적인 이론적 과제라고 할 수 있을 것이다. 물론 그 모순이 오늘에 와서야 처음 인지되었던 것은 아니다. 이미 호르크하이머와 아도르노도 그 모순을 인식하고 있었다. 이들에게서 맑스의 모순은 동일시의 사유방식으로 비동일자를 파악해야 할 때 부딪히는 곤란함으로, 또 자신의 기반까지 잠식하는 도구적 이성비판의 수행적 모순으로 변형되어 나타난다. 그러나 이들은 그 모순을 적극적으로 해결하기보다는 그것을 불가피한 것으로 인정하고 그것을 안고 살아갈 수 있는 길을 찾고자 했다. 『부정적 변증법』은 그 철학적 노력의 결과였다. 그리고 맑스가 미해명 상태로 남긴 자유의 왕국은 미메시스적 종합이라는 형태로 제시된다. "화해의 상태는 낯선 것들을 철학적 제국주의의 방식으로 병합하지 않는다. 그것은 그들이 서로가 가까이 있으면서도 여전히 거리를 유지하고 상이한 것으로 남는다는 데에서, 자기와 타자의 저편에 머물러 있다는 데에서 행복을 발견한다"(Adorno, 1973, S.192).

벨머가 지적하듯이, 미메시스는 초월적 경험의 매체일 수야 있지만 그것이 사회구성의 대안적 원리일 수는 없다(Wellmer, 1985, p.49). 그러나 쉬네델바하가 적절히 지적하듯이 미메시스는 개념적 사유를 거부하는 메타포이지만 동시에 그것은 부재하는 개념적인 것을 상징하는 것이기도 했다(Schnädelbach, 1987, S.193~204). 다시 말해서 그것은 합리적 재구성을 기다리는, 새로운 사회구성의 원리를 암시하고 있는 메타포였다. 하버마스는 그 합리적 핵심을 언어적 선회를 통해 의사소통 합리성으로 재구성하고자 한다. "미메시스적 종합의 합리적 핵심은 우리가 의식철학의 패러다임, 즉 객체를 표상하고 객체를 가공하는 데 자신을 소진하는 주체의 패러다임을 버리고 언어철학의 패러다임, 즉 상호주관적 이해 혹은 의사소통의 패러다임으로 이행할 때에만, 그리고 인지-도구적 합리성을 좀더 포괄적인 의사소통적 합리성의 한 부분으로서 적절하게 자리매김할 때 드러날 수 있다"(Habermas, 1981, Bd1, S.523). 이 재구성은 사회적 노동범주를 통해 적절히 해명될 수 없었던 해방의 규범적 지평에 대한 재구성이기도 했다.

아도르노가 도구적 이성 비판의 수행적 모순을 감수해야만 할 것으로 간주하고 해방의 이념을 미학적 종합의 원리 속에서만 표현할 수 있다고 본 것이나, 분석적 맑스주의와 포스트맑스주의가 해방의 규범적 지평을 재구성하려는 시도를 아예 단념하고 전략적 합리성으로 후퇴하거나 합리성 일반을 포기하는 길을 택했던 것은 그 재구성이 형이상학으로의 후퇴를 초래할 것이라는 우려 때문이었다. 이 우려는 합리성이 '도구적·인지적 합리성'이라는 형태로만 존재한다는 생각에서 비롯된 것이기는 하지만, 어쨌든 그 우려 자체는 나름의 이유가 있는 것이었다. 그러므로 하버마스의 재구성 작업이 성공적이려면 그 동안에 있었던 형이상학 비판의 합리적 핵심을 수용하는 가운데 포괄적 합리성을 제시할 수 있어야 할 것이다. 동시에 그것은 분석적 맑스주의와 포스트맑스주의가 합리성에 대해 갖고 있는 관점이 어떤 점에서 문제를 안고 있는지도 설명할 수 있어야 할 것이다. 이러한 요건이 어떻게 충족될 수 있는지를 의사소통 합리성의 특징, 즉 ① 포괄적 합리성, ② 절차적 합리성, ③ 상황 속의 이성, ④ 주체 중심적 이성의 규정적 부정이라는 특징들을 검토하면서 살펴보기로 하겠다.

① 의사소통 합리성은 일상적 실천 속에 포함되어 있는 이성적 잠재력을 재구성한 것이다. 이것이 어떤 의미에서 포괄적인지를 이해하려면 의사소통 행동모델의 구조를 살펴볼 필요가 있다. 하버마스에서 의사소통 행동은 상호이해(Verständigung)를 행동조정 매커니즘으로 삼는 사회적 행동이다. 중요한 점은 상호이해가 단순히 의미이해에 그치는 것이 아니라 화자가 제기하는 타당성 주장에 대한 청자의 비판적

검증을 핵심요소로 내포한다는 점이다. 즉, 화자의 타당성 주장이 청자에게 근거 있는 것으로 수락될 때 비로소 상호이해에 도달할 수 있다. 타당성 주장이 제기되고 그것에 대한 검증이 이루어지는 상호주관적 맥락이 바로 의사소통 합리성이 거주하는 장소이다.

이렇게 합리성의 장소가 문장과 사태 사이의 의미론적 맥락이 아니라 문장의 사용이라는 상호주관적 행동맥락으로 확장되면서 중요한 결과가 나타난다. 우리는 언어행동 속에서 진리주장만이 아니라 정당성 주장과 진실성 주장도 함께 제기하는데, 이로써 이들도 진리주장과 동일한 위치에 자리잡고 있으며 따라서 진리주장과 마찬가지로 타당성 주장이라는 지위를 가질 수 있다. 이렇게 의사소통 행동에서 진리·정당성·진실성이라는 3개의 타당성 주장이 동시에 제기된다는 것은 의사소통 행동의 포괄적인 존재론적 기반을 말해 주기도 한다. 의사소통 행동에서 화자와 청자는 진리주장에 상응하여 사물과 사태의 총체로서의 객관적 세계 속의 그 무엇에 관하여, 정당성 주장에 상응하여 규범의 총합으로서의 사회적 세계 속의 그 무엇에 관하여, 진실성 주장에 상응하여 주관적 체험의 총체로서의 주관적 세계 속의 그 무엇에 관하여 동시에 상호이해에 도달한다. 이렇게 3개의 세계연관, 3개의 타당성 주장이 동시에 등장한다는 점에서 의사소통 행동이 포괄적인 성격을 가지며,[5] 그 행동을 인도하는 합리성이 포괄적이라는 성격을 갖는다.

이 포괄적 합리성은 합리성에 대한 합리적 비판을 가능하게 하기 위한 것이었다. 이것이 어떻게 가능해지는지를 로고스 중심주의에 대한 비판을 사례로 살펴보기로 하겠다. 포괄적 합리성에서 출발하면 데리다

---

5) 하버마스는 이 포괄성을 목적합리적 행동, 규범적 행동, 연극적 행동모델과 비교하는데, 여기서는 객관적 세계, 사회적 세계, 주관적 세계에 대한 연관이 특화되어 등장한다(Habermas, 1981, Bd1, S.114~151).

와는 다른 방식으로 로고스 중심주의를 비판할 수 있다(Habermas, 1985, S.462~467). 하버마스에서 로고스 중심주의는 의사소통 합리성의 계기들이 분열되어 각 계기들이 자신을 총체화할 수 있게 된 상황에서 발생한다. 현대에 이르러 실체적 이성의 분화가 발생하여 '인지적·도구적 영역', '규범적·도덕적 영역', '표현적·미학적 영역'이 독자적 규준을 갖고 발달하면서 각 영역들이 자신을 전체로 주장할 수 있는 가능성이 발생한다. 로고스 중심주의는 인지적·도구적 요소가 자신을 총체화할 때 발생한다. 그 결과 로고스 중심주의는 존재적 측면에서는 객관적·사회적·주관적 세계로 분리된 탈중심화된 세계개념을 축소시켜 세계를 사물과 사태의 총체로서의 객관적 세계로만 이해하며, 타당성의 측면에서는 객관적 세계에 상응하는 진리문제의 해결에만 '합리적'이라는 술어를 부여하고, 언어분석의 측면에서는 언어의 서술기능만을 특화하고 또 그 기능이 뚜렷이 나타나는 단언적 문장만을 합리적 잠재력이 있는 문장으로 간주한다. 이러한 점에서 로고스 중심주의는 "합리성의 과잉이 아니라 합리성의 부족"을 의미하는 셈이다(Habermas, 1985, S.361).

여기서 하버마스의 길이 합리적 선택이론과 탈현대론 모두에 대해 갖는 장점을 확인할 수 있다. 첫째, 하버마스처럼 로고스 중심주의를 합리성의 부족으로 이해할 때, 로고스 중심주의 해체가 가져오는 비합리주의적 결과를 피할 수 있다. 데리다의 해체는 역설을 안고 있다. 예컨대 해체의 출발점인 문자학(Grammatology)에도 '로고스(logy)'란 말이 등장한다. 이것은 암암리에 어떤 다른 합리성을 상정하는데, 그 합리성은 설명되지 않고 있다(Schrag, 1992, pp.22~23). 물론 데리다는 해체작업이 자신의 근거 자체를 무너뜨리는 수행적 모순에 빠진다는 비판 자체를 근거 없는 것으로 만들기 위해 논리로부터 수사로의 선회를 단행하지만 이것은 언어의 복합적 구조의 과도한 단순화, 철학 및 과학과 문학 사이의 유적 차이의 제거 등과 같은 또 다른 역설을 가져온다(Habermas, 1985, S.219~247). 차이의 강조가 차이의 제거를 초래하는 역설이 발생하는 것이다. 그러나 로고스 중심주의를 포괄적 합리성의 "선택적 축소와 왜곡"로 이해하면, 데리다류의 해체의 합리적 핵심을 수용하면서 이 역설을 벗어날 수 있다는 장점을 갖는다. 인지-도구적 합리성을 비판한다고 해서 합리성 일반을 부정할 필요는 없기 때문이다. 또 이 관점에서 보면 논리 중심주의와 데리다류의 해체 사이의 예기치 않은 유사성을 발견할 수 있다. 인지적·도구적 측면의 총체화에 대항하여 논리로부터 수사로 선회하는 것은 미학적·표현적 측면을 총체화하는 결과를 가져올 터이기 때문이다.

둘째, 데리다는 사회적 실천맥락과 분리된 채 철학의 깊은 내면 속으로, 즉 후설의 선험적 주관성이 자리잡고 있는 내밀한 영역으로 들어가 로고스 중심주의를 비판한다(Derrida, 1973). 그러기에 그 비판이 사회적 실천맥락과 어떤 연관을 갖는지를 해명하기 어려워진다. 이에 비해 의사소통 합리성은 사회적 실천의 구조 속에서 독해한 합리성이며, 따라서 로고스 중심주의 비판 역시 사회구조와의 연관을 갖는다. 다시 말해서 그것은 단순히 이론적 사유의 문제만이 아니라 사회구조적 양상의 표현이기도 한 것이다. 하버마스에 의하면 문화적 현대 속에서 발전된 의사소통적 합리성은 자본주의적 형태로 등장하는 사회적 현대 속에서 선택적으로 실현된다. 그렇다면 로고스 중심주의의 정점이라고 할 수 있는 주체중심적 이성은 자본주의적 현대의 발달양상을 무비판적으로 반영하는 사유형태로 독해할 수 있는 것이다.

셋째, 이 대목에서 분석적 맑스주의가 설정하는 전략적 합리성 개념의 문제점을 확인할 수 있다. 전략적 합리성은 목적합리성의 상호반성의 산물이며(Apel, 1982), 시장에서의 행동논리에 내재하는 합리성이다. 그런데 이 전략적 합리성이 사회적 상호작용에서 나타날 수 있는 유일한 사회적 합리성으로 간주되는 한, 그것은 포괄적 합리성의 선택적 축소로서의 로고스 중심주의의 사례로 비판될 수 있는 것이다. 이렇게 볼 때, 분석적 맑스주의가 자본주의적 게임규칙의 틀을 넘어서는 해방의 규범적 지평을 제공할 수 없는 것도 결코 우연은 아니다.

② 로고스 중심주의를 의사소통 합리성의 축소의 결과로 보는 관점의 배후에는 이성의 통일성이 현대적 조건 속에서도 유지될 수 있다는 전제가 있다. 그러므로 이 통일성이 어떤 성격의 것인지, 과연 그것이 형이상학으로의 후퇴를 의미하는 것은 아닌지를 보아야 할 것이다. 베버는 현대 문화가 인지적·규범적·심미적·표현적 요소들로 분화되어 더 이상 이 3계기들간의 통일성을 찾을 수 없다고 진단한다. 이것은 전통적 이성철학이 전제했던 이성의 통일성이 이제 불가능하다는 것을 의미한다. 하버마스도 베버의 진단이 문화적 현대의 핵심적인 특징을 지적하고 있음을 인정한다. 그도 진리타당성, 규범적 정당성, 진실성 주장을 다루는 전문화된 담론들이 각기 고유한 논리에 따라 발전해 간다는 것을 인정한다. 그러나 그는 이들 사이의 약한 통일성을 상정한다. 의사소통적 합리성에서 '의사소통'은 이성의 3계기들 사이의 '의사소통'이 가능함을 상징하는 메타포이기도 하다. 하지만 그 의사소통을 가능하게 하는 것은 합리성의 3측면에 내재되어 있으면서 그 3영역과 구별되는 어떤 공통의 실체적 통일성이 아니라 타당성 주장을 검증하는 논증 절차에서의 통일성이다. "오늘날 전문적 문화의 차원에서 이성적인 정향이 서로 분리되어 있어서, 진리 문제, 정당성 문제, 취향 문제에 대한 반성적 가공이 각기 고유한 논리를 따른다는 것은 의심의 여지가 없다. 그러나 이 차원에서 이성의 통일성은 절차적으로 보장된다. 다시 말해서 타당성 주장의 논증적인 검증의 절차를 통해 보장된다. 형식적 화용론에서 출발하는 논증이론은 의사소통 행동 속에서 타당성 주장이 담당하는 상이한 역할과 관련하여 논술의 상이한 형식들

을 구별하면서 동시에 이들 논술유형들 사이의 내적 연관을 설명한다"(Habermas, 1984, S.604~605).

그럼 이 절차적 합리성의 통일성이 어떤 의미에서 형이상학적 합리성의 통일성과 구별되며, 또 과학적 합리성과 탈현대적 비합리주의에 비해 어떠한 장점을 갖는가?

형이상학적 전통에서는 존재자들에 내재하면서 세계의 통일성을 형성하는 존재라든가 또는 선험적 방식으로든 변증법적 방식으로든 세계에 통일성을 부여하는 거대주체가 합리성의 장소였다. 즉 세계자체, 또는 주체가 기투(企投)했거나 정신의 형성과정 속에서 등장한 사물의 질서가 합리적이었다. 그러나 18세기 이래 이 합리성은 근대 경험과학이 발전시킨 절차적 합리성에 의해 도전받게 되었다. 여기서는 사람들이 문제를 해결하는 절차, 즉 연구자들이 경험적·이론적 문제를 해결하는 절차만이 '합리적'일 수 있다. 이 절차적 합리성은 목적론을 부정한다는 점에서 탈형이상학적이다. 합리성을 선험적으로 보장하는 목적론을 인정하는 한, 행동의 합리성을 성공적 문제해결의 절차 속에서 찾는 것은 불가능한 일이기 때문이다. 또한 절차적 합리성은 절대적 타당성을 주장하지 않고 오류 가능성을 인정한다는 점에서 탈형이상학적이다. 합리적 절차를 통해 특정 문제를 해결했다고 해서 그것이 절대적 타당성을 갖는 것은 아니기 때문이다.

경험과학의 절차적 합리성은 총체성에 대한 관심을 특징으로 내세웠던 철학의 자기이해에 중대한 충격을 주었다. 이에 대한 여러 가지 반응이 있었는데(Schnädelbach, 1983, S.118~138), 그중 하나가 철학을 과학의 방법론으로 축소이해하는 입장이었다. 실증주의적 과학철학의 전통이 대표적인 사례이다. 다른 하나는 절차적 합리성을 포기하고 비합리주의로 선회하여 전체와의 연관을 유지하는 태도였다. 생철학적 입장이 그 대표적인 사례였고, 탈현대론의 비합리주의도 바로 이러한 맥락에 자리잡고 있다고 할 수 있다. '철학의 지양과 실현'이라는 맑스의 테제는 이러한 상황에서 어느 쪽도 아닌 비판적 길을 걸으려는 의도에서 제시되었다. 하버마스는 맑스가 걸었던 그 길을 따라간다. 하버마스는 철학이 절차적 합리성과 가류주의(可謬主義)적 자기이해를 수용해야만 한다고 본다. 그러나 동시에 "철학이 그러한 방식으로 과학체계 속에 뿌리를 내리더라도 형이상학을 특징지웠던 전체와의 연관을 완전히 포기해선 안 된다"(Habermas, 1988, S.46)는 입장을 취한다. 절차적 통일성을 유지하는 의사소통적 합리성은 바로 이 비판적 길의 표현인 것이다.[6)]

이 절차적 통일성을 통해 하버마스는 과학적 합리성과 비합리주의 모두에 대해 비판적 거리를 취할 수 있게 된다. 의사소통 합리성은 한편으로는 경험과학의 절차적 합리성을 공유하지만 그 합리성을 객관적 세계와 관련된 문제해결의 절차에 국한시키지 않고, 규범적·미학적·표현적 측면에서의 문제해결 절차에까지 확장한다.[7)] 다른 한편 비합리

6) 하버마스는 이 비판의 길이 가능해지는 이유를 철학과 생활세계의 반성적 관계에서 찾는다(Habermas, 1988, S.46). 철학은 항상 생활세계의 자명하고 전이론적인 전체성에 대한 관계를 유지하지만, 일상의식과는 달리 항상 분석적이고 반성적이고 비판적인 정신을 통해서 생활세계와 관계를 맺는다. 생활세계의 전체성에 대한 관계 때문에 철학이 과학체계에 뿌리내려도 과학으로 환원될 수 없다는 것이다. 그러니까 생활세계의 전이론적 총체성을 절대화하지 않으면서 이론적 차원에서 실현하는 것이 바로 의사소통 합리성의 절차적 통일성인 셈이다.

7) 그렇다고 하버마스에서 절차적 합리성이 경험과학이나 추상적 도덕이론에서의 절차적 합리성과 완전히 동일한 것은 아니다. 우선 의사소통 합리성의 절차적 형식성은 추상적 도덕이론이 취하고 있었던 형식논리학의 형식성과 구별된다(Wellmer, 1985, pp.52~53). 형식논리에서 형식성은 의미론의 수준에서 진술의 진위를 이송하는 규칙에 관한 것인 데 반해 하버마스에서 형식성은 의미론적 차원이 아니라 화용론적 차원에 자리잡고 있기 때문이다. 사실 규범적 문제에 대한 합리적 해결가능성이 설정될 수 있는 것도 이 때문이라고 할 수 있다. 또한 하버마스의 절차적 합리성이 갖는

주의가 전체에 대한 연관을 유지하는 대가로 합리적 인식을 보장하는 절차적 합리성을 포기하는 데 비해 하버마스의 의사소통 합리성은 절차적 합리성 속에서 전체에 대한 관심을 유지한다. 과학적 합리성의 협소성을 비판하면서 동시에 비합리주의로 후퇴하는 위험을 방지하는 것이다.

③ 형이상학 전통에서는 일상적 실천으로부터 분리된 순수이론의 영역에서만 합리성이 관철될 수 있다는 입장이 지배적이었다. 따라서 합리성은 항상 사회적·역사적 맥락과 분리된 초월적 장소에 거주하고 있었다. 이러한 입장은 19세기에 들어와 이성의 사회적·역사적 발생맥락에 대한 반성이 나타나면서 무너졌다. 맑스는 이 과정에서 결정적인 역할을 담당하면서 '상황 속의 이성'이라는 중요한 통찰도 함께 제공했다. 이 통찰의 핵심은 이성이 실천의 사회적·역사적 맥락에 의존하면서 동시에 그 맥락을 초월한다는 데 있다. 진리는 자신의 현실성·힘을 실천 속에서 증명해야 한다는 테제와, 철학에서 중요한 문제는 세계를 변혁시키는 것이라는 테제는 실천적 맥락 속에 자리잡은 이성의 두 가지 성격을 말해 준다. 하버마스는 언어적 선회 속에서 맑스의 이 통찰을 계승한다. "언어적 상호이해의 가능성에서 우리는 '상황 속의 이성' 개념을 독해할 수 있다. 이 이성은 맥락에 종속되어 있는 타당성 주장과 맥락을 초월하는 타당성 주장을 동시에 제기하는 목소리를 갖고 있다"(Habermas, 1988, S.179).

이 이성 개념을 통해 하버마스는 역사적·사회적 발생맥락을 지워

가류주의적 성격도 분석철학에서 상정하는 논리적 가류주의와 다른 성격을 갖는다. 형식논리에서 출발하는 포퍼류의 가류주의는 거짓말쟁이의 역설을 피하기 어렵다. 이에 비해 화용론적 차원에서 제시된 '문법적 사실로서의 가류주의'는 논리적 가류주의의 딜레마를 역사적 이성의 생산적 변증법으로 전환시킨다. 이에 대해서는, 졸고, 1994, 300~334쪽.

버리고 보편성만을 강조하는 형이상학적 이성 개념을 지양하는 동시에, 역사적·사회적 맥락을 과도하게 강조한 나머지 맥락을 초월하는 합리성의 힘을 부정하는 급진적 맥락주의의 함정을 모두 피해 가는 길을 열어 가고자 한다. 이것이 어떻게 가능한지를 그의 형식적 화용론의 의도에서 출발하여 살펴보기로 하겠다.

형식적 화용론은 의미와 타당성의 내적 연관을 사회적 행동맥락 속에서 해명한다는 의도에서 출발한다(졸고, 1994, 253~277쪽). 분석철학의 전통은 의미의 문제를 행동맥락 속에서 해명하지 않는 의미론적 추상을 범하고 있었다. 행동맥락으로의 선회는 비트겐슈타인에 의해 마련된다. 의미사용이론의 관점에서 언어적 표현의 의미는 그 사용규칙 속에서 이해되어야 하고, 또한 그 규칙의 의미는 언어적 표현을 동일하게 사용하는 데에 있다. 즉 최소한 두 사람의 주체가 동일한 규칙에 따라 언어를 사용할 때 그 언어적 표현이 동일한 의미를 가진다. 따라서 의미의 이해는 규칙의 타당성과 결합되어 있다고 할 수 있다. 그러나 비트겐슈타인은 그 타당성을 특정 사회적 제도의 인습적 효력과 같은 것으로 간주했다. 따라서 그에게서는 주어진 인습적 맥락을 초월하는 합리성 개념이 설정될 수 없었다. 그러나 이 경우 어떻게 주어진 특정 언어게임을 넘어설 수 있는지를 설명하기 곤란해진다.

맥락을 초월하는 합리성을 설정하지 않으면서 이 문제를 해결하고자 할 때 두 가지 길이 있을 수 있다.[8] 하나는, 푸코나 료타르처럼 언어게

8) 하버마스는 이 두 개의 길을 니체의 두 모티브의 계승으로 이해한다. 즉, 니체의 형이상학 비판의 모티브는 하이데거를 경유하여 데리다에로, 니체의 권력이론의 모티브는 바타유를 거쳐 푸코로 이어진다고 본다(Habermas, 1985). 필자가 추가한 료타르와 로티는 다소 다른 출발점을 보인다. 즉 이들은 언어 개념에선 비트겐슈타인의 관점에서 출발한다. 그러므로 료타르와 푸코, 데리다와 로티를 동일시할 수는 없다. 그러나 다른 출발점에도 불구하고 료타르는 권력이론적 노선을, 로티는 형이상학 비판

임을 권력게임으로 이해하는 길이다(Foucault, 1980 ; Lyotard, 1989). 이 때 타당성은 권력문제로 환원되어 '지식/권력복합체'가 등장한다. 푸코는 이 지식/권력복합체의 역사적 변동을 설명하기 위해 또 다른 권력개념을 제시하는데, 그것이 바로 종래 형이상학적 합리성이 자리잡고 있는 선험적 공간에서 운동하는 선험적・역사주의적 권력개념이다(Habermas, 1985, S.316~324). 따라서 권력게임으로서의 언어게임의 지양은 궁극적으로는 이 선험적 권력개념의 운동을 통해 설명된다. 또 하나의 길은 데리다(1973)나 로티(1989)처럼 의미의 혁신적 변화를 주도하는 시적 언어의 혁명적 힘을 특화하여 타당성을 의미로 환원하고,[9] 논리보다는 수사를 우위에 두고, 언어게임의 변동을 메타포의 변화로 이해하는 길이 등장한다.

이 두 가지 길은 권력의 격랑과 의미의 격류를 통해 특정 언어게임을 급진적으로 넘어설 수 있는 전망을 열어 주지만 언어게임의 규정적 부정을 불가능하게 만든다. 세계를 해석하는 언어와 세계 속에서 이루어지는 실천간의 상호작용이 깨어지기 때문이다. 하버마스에 의하면, 그들의 전략은 "구성적 세계이해와 구성된 세계 내적인 것 사이에 존재론적 차이가 있다는 데에서 출발한다. …… 이 차이 때문에, …… 구성적 세계이해는 …… 주체들이 세계 속의 그 무엇과 실천적으로 대면하는 과정에서 무엇을 학습하는지와는 무관하게 변화한다. 언어적 세계상의 이런 메타 역사적 변동이 존재, 차연(差延), 권력, 상상 등 그 무엇으로 간주되든 간에 …… 이 모든 개념에서 공통적으로 나타나는 점은 언어의 지평형성적 생산성이 언어체계에 의해 완전히 선판단(先判斷)된다고 여겨지는 세계 내적 실천의 결과로부터 분리된다는 점이

적 노선을 보이고 있다.

9) 후기 하이데거가 그 전형적 경우인데 이에 대해선, Tugendhat, 1970, S.363~405.

다"(Habermas, 1985, S.371).

이러한 분리 때문에 세계 속에서의 실천적 학습과정이 지니는 가치가 상실되는 결과가 발생한다. 즉 세계 속에서의 실천에 해석틀을 제공하는 의미지평이 세계 속에서의 문제해결 과정, 즉 축적된 지식, 생산력의 변화, 도덕적 통찰의 변화와 무관하게 변화하는 결과가 발생한다. 따라서 의미지평의 변화와 이 변화된 의미지평의 현실적 힘 사이의 변증법적 관계, "언어의 시적·세계해석적 기능과 산문적·세계 내적 기능간의 긴장 어린 양극성"(Habermas, 1985, S.240~241), "선행하는 의미이해를 통해 세계 내에서의 실천을 가능하게 하는 세계관의 구조와 그 세계관의 변혁 속에 누적되는 학습과정간의 변증법적 관계"(Ibid, S.372)가 시야에서 사라진다. 하버마스의 형식적 화용론은 바로 이 변증법적 관계를 복구하고자 한다.

여기서 핵심적인 것은 언어의 세계해석적 힘은 세계 속에서의 학습과정 속에서 자신의 가치를 증명해야 한다는 관점이다. 언어는 의미의 망을 통해 가능한 행동과 경험의 지평을 열어 주고, 우리는 이 의미지평 속에서 세계 속의 그 무엇을 해석한다. 바로 이 의미지평이 언어행동의 타당성 조건을 규정한다. 따라서 새로운 의미지평을 여는 시적 언어의 혁신력은 이 타당성 조건의 혁신을 가져온다. 그러나 타당성 조건과 그 충족은 다른 문제이다. 그러므로 의미지평이 변화하더라도 타당성 조건만 변할 뿐이지, 과연 그 타당성 조건이 세계 속에서 충족되고 있는지는 여전히 열린 문제로 남는다. 이 문제는 언어의 세계해석 능력에 의해 결정되는 것이 아니라, "언어체계에 의해 가능해진 세계 속에서의 실천의 성과에 달려 있다"(Habermas, 1988, S.103).

이렇게 언어의 혁신력이 타당성의 의미론적 조건의 혁신 속으로 흡수되어, 타당성 조건의 충족 여부에 대한 검증을 매개로 세계 속에서의 실천과 결합되면서, 세계구성적인 것과 세계 내에서의 실천 사이의 분리가 지양된다. 다시 말해서 세계구성적인 언어와 그 속에서 구성되는 것간의 존재론적 차이가 타당성 조건과 타당성 조건의 충족 여부에 대한 검증간의 변증법적 긴장으로 전환된다.[10] 이와 함께 언어의 세계해석적 기능이 갖고 있던 부정력은 타당성 주장의 부정력으로 흡수된다. "세계 내의 언어적 실천은 현존하는 맥락의 지평을 초월하는 타당성 주장 때문에 부정력을 가진다"(Habermas, 1985, S.242). 차연 · 존재 · 상상 등의 부정력이 존재론적 차이라는 틈을 통해, 현실 속에서의 실천과 무관하게 전개되는데 비해, 타당성 주장의 부정력은 현실의 특정 언어게임을 지양하면서도 현실적 실천과 분리되지 않는 긴장관계를 유지한다. 왜냐하면 타당성 주장은 한편으로는 맥락초월적이지만, 다른 한편으로는 그것은 지금 여기서 제기되고 승인되어야 하기 때문이다. "명제와 규범에서 주장된 타당성은 시간과 공간을 초월한다. 그러나 그 주장은 언제나 지금 그리고 여기에서, 즉 특정한 맥락 속에서 제기되고 사실적 행동 결과 속에서 수용되거나 기각된다"(Habermas, 1988, S.179).

상황 속의 이성으로서의 의사소통 합리성은 급진적 회의주의의 문제점이 어디에 있는지를 설명해 준다. 첫째, 탈현대론은 억압적인 이성에 의해 억눌린 개별자의 목소리와 시간적 흐름을 구제하고자 했다. 그러나 의미 —— 사회적 행동 —— 타당성의 연관이 무너져 버리면 "소용돌이를 일으키며 방향 없이 흘러 가는 언어의 격류에 의해 존재의 집 자체가 산산조각나는"(Ibid, S.247) 사태가 발생하고, 그 결과 합리성에 대한 "전면 전쟁"을 통해 장만한 개별자의 목소리와 시간적 역동성이 머무를 거처마저 함께 떠내려가 버린다. 상황 속의 이성은 탈현대론의 이러한 역설을 피할 수 있는 장점을 갖는다.

---

10) 이것을 변증법적이라고 부를 수 있는 이유에 대해서는 졸고, 1994, 323~333쪽.

둘째, 이 이성의 관점에서 보면 반형이상학의 기치를 들고 나온 탈현대론이 형이상학과 은밀한 공모관계에 있다는 역설이 드러난다. 형이상학에서는 세계 밖의 선험적 영역이 바로 이성의 빛이 나오는 장소였다. 존재·차연·권력 등은 그 장소의 주위를 맴돈다. 그들은 그 장소에 머물면서 그 장소의 주인만을 거대주체에서 존재·차연·권력으로 대체할 뿐이다. 그리하여 형이상학적 이성의 장소가 이성의 타자의 장소로 변하고, 이성의 빛의 원천이 비합리주의의 어둠의 원천으로 변한다. 이 동일한 장소가 형이상학적 합리주의와 탈현대적 비합리주의 사이의 은밀한 공모성을 말해 준다. 이에 반해 의사소통 합리성은 자신의 거처를 세계 밖이 아니라 세계 속으로 옮긴다. 그리고 그것이 갖는 초월성도 어디까지나 '내재적 초월성'이라는 성격을 갖는다(Habermas, 1992, S.110~156).

셋째, 형이상학과의 은밀한 공모성은 탈현대론의 또 다른 역설을 설명해 준다. 탈현대론은 일상으로의 회귀를 강조하고 있지만, 사실은 일상적 실천의 중요성을 박탈한다. 일상적 실천을 한계체험(限界體驗)의 비일상적 관점에서 해석하기 때문이다(Habermas, 1985, S.392~394). 물론 이것을 일상적 실천의 보수성을 극복하기 위한 것으로 이해할 수도 있겠지만, 그렇다고 일상적 실천의 가치상실이라는 비용이 감해지는 것은 아니다. 이에 비해 의사소통 합리성은 일상적 실천에 내재하는 타당성 주장의 부정력을 변화의 추진력으로 설정한다.

이 점에서 하버마스는 맑스의 관점을 계승한다. 그러나 맑스에서 그 부정력이 인지적·도구적 측면에 국한되고, 세계 속에서의 학습과정이 생산력의 축적이라는 형태로 나타날 뿐 도덕적·법적 형식의 변화, 주관적 표현성의 강화라는 형태로 나타나지는 않는다. 물론 맑스에서도 그러한 요소가 없는 것은 아니지만, 사회적 노동의 협소한 잠재력 때문에 그 요소들의 의미는 배후로 사라진다. 의사소통 합리성은 이러한 환원을 피하면서 맑스의 통찰을 이어가려는 노력의 결과라고 할 수 있다.

④ 마지막으로 의사소통 합리성은 주체중심적 이성, 시각중심주의에 대한 규정적 부정의 길을 열어 준다는 장점을 갖는다.[11] 오늘날 탈현대론의 합리성 비판은 그 본질에서는 헤겔에서 정점에 도달한 주체 중심적 이성에 대한 비판이라고 할 수 있다. 이 비판은 중요한 통찰을 담고 있는데, 해방의 의도가 예속의 결과로 전도되는 역설이 그것이다. 이 역설을 반성의 순환구조와 '응시권력(凝視權力)'간의 협업관계로 설명할 수 있다.

주체형성의 핵심매커니즘인 반성의 순환구조에 대해서는 투겐트하트의 다음 진술이 그 순환구조를 잘 요약해 준다. "자기의식은 '나'에 대한 의식으로 간주된다. 그러나 …… 그 무엇이 '나'가 될 수 있으려면 그것이 인식자와 인식되는 것의 동일성이란 구조를 갖고 있어야 한다. 그런데 반성이론에 따르면 자기의식은 자기로의 회귀 속에서 성취된다. 그렇다면 인식하는 것과 인식되는 것의 동일성은 이 회귀 속에서 비로소 설립되는 셈이다. 다른 한편, 그 회귀행동 속에서 돌아갈 주체는 이미 나로 간주되어 있다. 그리하여 한편으로 반성은 회귀 속에서 이미 나를 표상하고 있고, 다른 한편 나의 개념에 따를 때 나는 그 회귀행동 속에서 비로소 구성된다. …… 여기서 순환이 발생한다. 반성이론은, …… 자기관계 속에서야 구성될 그 무엇을 이미 전제하고 있는 것이다"(Tugendhat, 1979, S.62).

이 순환을 시간의 축으로 펼쳐 놓게 되면, 의식화의 손아귀를 벗어나는 사유될 수 없는 것과 그것을 끊임없이 의식화하려는 시도 사이의 무한과정으로 나타나게 된다. 그러나 아도르노가 보여 주었듯이, 대상

11) 시각중심주의 비판에 대한 체계적인 고찰로는, M. Jay, 1993, 참조.

을 객체화하는 시선 속에 대상을 통제하는 권력구조가 내포되어 있다면, 또 푸코가 인간과학적 담론의 다양한 형태와 판옵티콘의 다양한 형태에 대한 분석을 통해 밝혔듯이, 객체화의 시선이 감시와 통제의 시선과 일치한다면(Foucault, 1975 ; 1980, 181~204쪽 ; 1963, 193~214쪽) 해방의 길로 여겼던 투명한 자기동일성을 향한 도정은 자기예속의 길로 뒤바뀌고, 그 과정을 추진하는 진리와 해방의 의지는 적나라한 권력의지의 운반자로 돌변하지 않을 수 없다.

그러나 과연 이 객체화의 시선이 이성의 불가피한 운명인가? 만약 그렇다면, 탈현대론자들이 주장하듯이 이성에 대한 희망을 모두 버려야 하거나, 아도르노처럼 역설을 끌어안고 살아가는 지혜에 의존하는 길밖에 없을 것이다. 하지만 만약에 그것이 불가피한 운명이 아니라면, 다른 길이 열릴 수 있다. 하버마스에서 우리는 이 다른 길을 찾아볼 수 있다.

의사소통 패러다임으로의 선회는 고독한 주체가 객체와 대면하는 구도로부터 언어를 중심으로 질문과 대답, 언표와 반박, 입론과 반론이 이루어지는 상호주관적 관계로의 선회이다. 후자에서는 주체가 대상에게 던지는 객관적 시선의 관점이 아니라 화자와 청자의 수행적 관점이 중심을 이룬다. "우리가 …… 의사소통 지향적 행동 모델을 가정한다면, 인식주체가 세계 속의 실체뿐만이 아니라 자기자신에게도 던지는 저 '객체화의 관점'은 더 이상 특권적이지 않다. 의사소통 패러다임에서는 세계 속의 그 무엇에 관하여 서로 의사소통함으로써 행동계획을 조정하는 참여자들의 수행적 관점이 기초를 이룬다"(Habermas, 1985, S.346).

이 수행적 관점에서 출발하면 자기관계를 객관화의 강제 속으로 몰아넣을 필요도 없고 급진적 이성비판주의자들처럼 자기관계 일체를 부정할 필요도 없다. 주체의 자기관계를 다른 방식으로 이해할 수 있기 때문이다. 자기관계는 항상 타자관계에 의해 매개된다. 그런데 주체철학에서는 객관적 대상이라는 의미와 상호주관적 대화상대라는 의미가 범주상 구별되지 않는다. 주체철학에서 사회적 관계를 이해할 때 그 관계가 거대주체의 자기관계로 환원되거나, 아니면 개념화될 수 없는 개별자의 웅얼거림 속으로 분해되어 버리는 것도 이 때문이라고 할 수 있다. 이에 비해 의사소통 패러다임은 항상 화자가 세계 속의 '그 무엇'에 관하여 '타자'와 상호이해에 이른다는 이중의 구조를 갖고 있기 때문에, "상호이해의 동반자로서의 '너'와 이해의 대상으로서의 '그 무엇'이 구별된다"(Habermas, 1988, S.211). 이렇게 타자가 또 하나의 '나'로, 즉 대상이 아니라 상대로 파악된다는 점에서, 자기관계는 객체에 대한 관찰자의 객관적 시선을 자기에로 선회함으로써 등장하는 것이 아니라 화자로서의 '나'와 청자로서 '너'의 상호주관적 관계에 매개되어 발생한다. 이때 주체철학에 내재하는 소유적 개인주의의 구조도 깨어진다. 자기의식의 "자기는 나에게 속하지 않는다"(Ibid, S.209). 자기가 생성되는 개인화의 과정이 언어적으로 매개된 상호작용의 망 속에서 이루어지기 때문에, '자기'도 상호작용의 망 속으로 탈중심화된다.

자아정체성의 상호주관적 형성논리가 바로 아도르노의 미학적 종합 속에서 재구성을 기다리고 있는 합리적 핵심, 즉 차이를 제거하지 않는 언어적 종합의 화해구조를 보여 준다. "언어적 상호이해의 상호주관성에는 애초에 구멍이 많다. 그리고 언어적으로 도달된 합의는 일치 속에서 화자의 관점들의 차이를 지우지 않고 오히려 지양 불가능한 것으로 전제한다. 따라서 상호이해 지향적 행동은 사회화와 개인화를 모두 다 가능하게 하는 형성과정의 매체로 적합하다"(Ibid, S.56). 이 화해구조는 절대적 동일성이 아니라 깨어지기 쉬운 약한 동일성의 구조를 갖고 있으며, 또 연속적인 직선이 아니라 차이를 배제하지 않는 단속적인 점선의 구조를 갖고 있다. 상호이해의 매커니즘이 의미와 타당성의 내적 연관을 내포하므로 이 동일성의 구조도 두 측면에서 확인할 수 있다.

첫째, 의미이해의 차원에서 볼 때, 하버마스는 모든 이해가 항상 오해임을 인정하며, "화자의 의도는 항상 사용하는 표현의 표준적 의미와 다르며"(Ibid, S.56), 이 차이의 그림자가 모든 언어적 동의에 드리워져 있다는 사실을 인정한다. 그러나 동시에 언어행위자들은 같은 표현을 동일한 의미로 사용해야 한다. 이런 반사실적 전제가 없이는 대화는 불가능해진다. 이 두 가지 점을 인정하기에 상호주관적 동일성이 차이를 배제하지 않는다.

둘째, 약한 동일성의 구조는 타당성 주장의 상호승인에서도 확인할 수 있다. 소유적 개인주의를 탈피한 상호주관적 '나'에서 확인되는 자기관계는 타자에 의한 승인관계를 통해 형성되고 확인된다는 점에서 실천적 자기관계이다. 중요한 점은 여기서 승인되고 확인되는 '나'의 자율성 주장이 내가 언어행동에서 제기하는 타당성 주장과는 범주상 구별된다는 사실이다. 예컨대 화자의 타당성 주장을 청자가 부정했다고 할 때 청자가 부정한 것은 화자의 타당성 주장이지 화자의 자율성이 아니다. 오히려 타당성 주장의 부정에는 타자의 자율성 주장에 대한 승인이 전제된다. "화자가 타당성 지향적 행동을 할 수 있는 인물이라고 청자에게 승인된다는 점이 미리 전제되지 않는다면 화자는 자신의 언어행동에 대한 청자의 수락을 기대할 수도 없다. 청자가 화자의 언어행동에 대하여 예/아니오의 태도를 취한다는 것은 이미 화자를 책임 있는 행위자로 인정한다는 것을 의미한다. 그러므로 의사소통 행동 속에서 각자는 타자 속에서 자신의 자율성을 인식한다"(Ibid, S.230). 상호이해를 통해 형성되는 동일성은 타당성 주장의 비판적 검증을 통해서 형성된다. 이렇게 그 동일성이 비판이라는 불의 강을 거쳐 이루어질 뿐 아니라, 타당성 주장의 승인과 기각에 타자의 자율성에 대한 승인이 전제된다는 점에서, 그 동일성은 절대적 차이를 승인하는, 깨어지기 쉬운 약한 동일성이다.

이렇게 구멍 많은 동일성에 기초하기에 "의사소통 이성은 바다 위에 떠 있는 나무토막과 같다. 그러나 설령 세찬 파도 앞에서 몸을 떠는 것만이 우연성에 대처하는 유일한 방식이라 할지라도 이 의사소통 이성은 그 우연성의 바다 속에 가라앉지 않는다"(Ibid, S.185). 여기서 우리는 헤겔에서 정점에 도달한 주체중심적 이성과 이것을 추상적으로 부정하는 탈현대론자들의 반합리주의를 모두 거부하는 하버마스의 입장을 다시 확인할 수 있다. 차이와 우연성을 찻잔 속의 폭풍 정도로 간주하는 헤겔에게 하버마스는 그 찻잔이 실은 차이의 폭풍이 몰아치는 우연성의 바다 위에 떠 있음을 각성시킨다. 동시에 탈현대론자들에 대해서도 그 합리성의 찻잔이 결코 우연성의 바다에 침몰하지 않음을 환기시킨다.

3.

맑스의 비판문법의 합리적 재구성을 위해 제기되었던 중심문제는 사회적 노동범주로는 해명하기 어려운 자유의 영역의 논리를 개념화할 수 있고, 따라서 '자유로운 생산자 연합체'에 내재하는 모순을 해결할 수 있는 포괄적 합리성을 형이상학으로의 후퇴 없이 어떻게 마련할 수 있는가 하는 문제였다. 의사소통 합리성의 약한 절차적 통일성, '상황 속의 이성'이라는 성격 등은 포괄적 이성을 재구성하려는 노력이 형이상학으로의 후퇴를 가져올 것이라는 우려를 불식시킬 수 있으며, 또 이 우려에서 비롯된 과학주의적 경향과 탈현대적 비합리주의의 경향의 문제점이 어디에 있는지를 보여 준다. 또한 그 두 가지 경향의 맑스주의적 변형태라고 할 수 있는 분석적 맑스주의와 포스트맑스주의의 진단과 처방이 어떤 문제를 안고 있는지를 보여 준다. 하버마스의 입장을 수용한다면, 맑스주의의 질병의 원인은 포스트맑스주의에서 생각하듯이 '합리성'이라는 암세포에 있는 것이 아니라 '합리성'이라는 영양소의 부족에 있지만, 맑스주의에 주사되어야 할 영양소는 분석적 맑스주의가 생각하듯이 발암성분을 포함하고 있는 '전략적 합리성'이 아니라 '포괄적 의사소통 합리성'인 셈이다. 이렇게 두 입장의 문제점을 동시에 비판할 수 있는 관점을 제공해 준다는 점에서 의사소통 합리성은 역으로 이 두 입장의 상반된 처방 속에서 양분화된 맑스의 비판문법을 합리적으로 재구성할 수 있는 규범적 지평을 제공해 줄 수 있으리라고 본다. 필자는 이것이 하버마스가 맑스주의의 약한 부활에 기여하는 가장 중요한 측면이라고 본다.

그러나 그 부활은 비판의 규범적 지평의 측면만이 아니라 현실분석의 측면에서도 검토되어야 할 것이다. 하버마스의 비판문법도 해방의 전망에 대한 제시와 아울러 해방적 실천의 조건에 대한 분석을 동시에 필요로 하므로 이 측면에서의 검토는 불가결한 것이기도 하다. 이 맥락에서 우리는 하버마스의 비판문법의 딜레마를 확인할 수 있을 것이다.

이 검토를 위해서는 비판문법에서의 미묘한 차이에서 시작할 필요가 있다. 이미 지적했지만 하버마스는 맑스의 비판문법의 구조를 따르고 있다. 그러나 비판문법을 조직하는 중심범주가 사회적 노동에서 의사소통 행동으로 전환되면서 미묘한 차이가 나타난다. 맑스가 파괴자의 논리에서 출발한다면 하버마스는 파괴되는 지역의 논리에서 출발한다. 맑스의 비판문법이 가해자의 변증법에 기초한다면 하버마스의 비판문법은 피해자의 변증법에 의존한다. 이 차이가 나타나는 이유를 도구적 이성에 대한 하버마스의 다음 평가에서 찾아볼 수 있다. "도구적 이성이 '주관적'인 것은 그것이 주체와 객체의 관계를 인식하고 행동하는 주체의 전망에서 표현하지, 지각되고 관리조정되는 대상의 측면에서 표현하지 않기 때문이다. 그러므로 도구적 이성은 권력에 의해 관리되고 왜곡된 생활맥락의 전망에서 볼 때 역사적이고 심리적 관계의 도구화가 무엇을 의미하는지를 설명할 수 있는 수단을 제공하지 못한다"(Habermas, 1981, Bd1, S.522). 하버마스가 비판의 규범적 기초를 마련하는 데 주력한 이유도 여기에 있다.

이러한 출발이 유익할 수 있다는 것은 분명하다. 비판이 가해자의 변증법에만 의지할 경우 두 가지 위험이 있을 수 있다. 우선, 그 입장은 가해자의 논리가 필연적으로 피해자의 저항을 불러일으켜 스스로 붕괴하는 변증법을 설정한다. 그러나 그 변증법이 그렇게 필연적인 것은 아니다. 그 변증법은 예컨대 무임승차 문제에 의해 논리적으로 반박되었고, 산업노동적 성격의 강화에 의해 경험적으로 반박되었다. 그리고 가해자의 논리를 파악했다고 해서 피해자의 논리를 파악하는 것은 아닌 만큼, 가해자의 변증법이 가해자의 논리로부터의 단절이 아니라 그 논리의 완수로 끝날 위험이 있다. 그렇다면 지적 게으름과 실천적 위험을 무릅쓰고 가해자의 변증법적 자기부정에 모든 것을 맡기고 기다릴 것이 아니라, 파괴되는 지역의 논리를 재구성하여 파괴자의 논리에 대항하는 전략이 더 생산적이고 적극적일 수도 있는 것이다.

그러나 피해자의 변증법에 의존하는 것에도 위험이 있다. 관념론이라는 의혹을 받기 십상이기 때문이다. 하버마스의 경우, 이 의혹을 불식하려면 비판대상의 모순을 의사소통 행동범주를 통해서 설명할 수 있어야 한다. 사실 이것은 비판문법의 요구, 즉 해방의 규범적 전망이 현실적 모순에 대한 분석과 내적으로 연결되어 있어야 한다는 변증법적 비판문법의 요구를 충족하는 길이기도 하다. 하버마스는 그 모순을

'합리화의 역설'로 묘사한다. 이 역설은, 자본주의 경제와 정치체계의 출현이 생활세계의 합리화 위에서 가능하지만, 그 하위체계의 명령이 생활세계 속으로 침투하여 생활세계의 재생산 논리를 파괴한다는 테제로 요약할 수 있다(Habermas, 1985, S.412~413). 비판문법의 요구를 충족하면서 이 역설을 설명할 수 있으려면, 체계의 자립화 매커니즘과 그것이 생활세계로 침투하는 매커니즘을 다른 범주가 아니라 의사소통 행동범주를 통해 설명할 수 있어야 한다. 하버마스는 루만(Luhman)의 『체계이론』을 도입하여 그 과정을 설명하는데, 흥미로운 것은 체계영역의 자립화 과정 자체가 문제를 일으키는 것이 아니라 자립화된 체계 영역의 논리가 생활세계에 침투할 때에만 병리적 문제가 발생한다는 하버마스의 견해이다. 하버마스의 비판문법의 문제점은 바로 이 대목에서 나타난다. 그 문제점을 맑스와 비교하면서 살펴보기로 하겠다.

비교를 위해 맑스의 내재적 비판의 내용을 다시 한 번 보자. 맑스의 내재적 비판은 크게 두 측면으로 나뉘어진다. 하나는 경제적 측면에서 부분적 합리성과 전체적 비합리성의 모순에 대한 비판이다(1). 다른 하나는 자본주의 체계에서의 자유의 가상에 대한 비판이었다. 이 비판은 다시 두 가지로 나눌 수 있다. 하나는 체계의 논리에 내재하는 억압구조에 대한 비판이다(2). 다른 하나는 맑스가 명시하지는 못했지만 필연의 영역과 자유의 영역 사이에서 나타날 수 있는 지배의 문제이다(3). 이것을 준거로 하여 하버마스의 설명논리를 검토해 보자.

① 우선, 하버마스가 체계의 자립화 자체를 문제시하지 않은 것은 체계영역의 분화가 가져온 기능적 이점을 무시할 때 사회의 물질적 생산·재생산 과제와 관련하여 부정적 결과가 발생한다는 점을 고려했기 때문이다. 하버마스는 그 분화를 인정하는 것이 경제적 합리성의 규준을 충족하는 데 용이하다고 본다. "만약 사회가 시장에 의해 조절되는 경제의 자기조정 기능을 남겨 두지 않는다면, 현대의 복잡한 사회는

결코 자신을 재생산할 수 없을 것이다. 현대 사회는 행정체계와 함께 화폐라는 매체를 통해 조정되는 경제체계를 분화시켰다. 이들의 상이한 기능은 서로를 보충하는 밀접한 연관을 갖고 있다. 그러나 어느 쪽도 다른 쪽에 포섭되어선 안 된다"(Habermas, 1990, S.197). 사실, 부분적 합리성과 전체적 비합리성 사이의 모순을 순수 경제적 의미에서 생각한다고 할 때, 경제영역의 직접적 규제를 통해 경제논리를 철폐하는 것보다는 경제에 대한 간접적 규제를 행하는 것이 그 모순을 해결하는 데 효과적일 수 있다. 현실 사회주의의 실패라는 역사적 경험에 비추어 볼 때, 그리고 방법론적 전체론의 문제점을 고려할 때, 이러한 관점이 설득력을 가질 수도 있다.

그럼에도 불구하고 하버마스의 분석틀은 문제점을 안고 있다. 경제적 모순을 국가조절의 방식으로 해결하는 것이 경험적으로 더 효과적이었다고 해서, 경제적 모순에 대한 설명의 과제가 불필요해지는 것은 아니다. 국가개입에 의한 조절이 경제적 비합리성을 완전히 제거한 것은 아니기 때문이다. 국가개입에 의한 위기관리가 경제적으로 위기에 직면할 수 있다. 신보수주의 경제정책이 말해 주듯이, 국가개입에 의한 조절은 항상 철회의 위험을 안고 있는 불안정한 구조이다. 그렇다면, 경제적 위기의 발생을 설명할 수 있는 분석틀이 있어야 할 것이다. 더욱이 하버마스에 따르면 경제위기를 해결하기 위한 정치적 개입이 생활세계 식민화를 가져오는 매커니즘, 즉 체계의 명령이 생활세계에 침투하는 매커니즘으로 설정되고 있다. 그렇다면 하버마스의 생활세계 식민화 테제 자체를 위해서라도 경제위기의 발생에 대한 설명틀이 필요하다. 그러나 하버마스의 의사소통 행동범주는 그 위기를 설명할 수 있는 분석틀을 제공하지 못한다. 하버마스는 맑스의 사회적 노동범주, 자본/임노동 분석틀로는 파괴되는 지역의 논리를 설명하지 못한다는 이유에서 의사소통 행동범주, 체계/생활세계 분석틀로 이행했다. 그러나 반대로 하버마스의 기본범주와 분석틀은 가해자의 논리, 즉 생활세계의 식민화를 가져오는 매커니즘을 설명하지 못한다는 문제를 안고 있다. 하버마스에서 경제적 위기는 설명요인로서 전제되기만 할 뿐 설명되지 않고 있다. 이것이 하버마스의 현실분석의 공백지대이고, 또 이곳이 맑스의 분석틀의 유효성이 남아 있는 지대이다.

② 생활세계/체계의 분석틀에서 출발할 때 맑스의 필연의 영역과 자유의 영역 사이에 잠재되어 있는 자유의 억압의 문제를 명시적으로 해명할 수 있다. 사실 하버마스의 분석틀이 갖는 가장 큰 장점은 여기에 있다고 할 수 있다. 하버마스는 체계/생활세계 사이의 상호침투와 대립에 주목함으로써 자본/임노동의 틀 속에서는 적절하게 파악될 수 없었던 새로운 자유의 문제에 주목할 수 있었다. 물론 새로운 미묘한 지배의 문제를 하버마스만 지적한 것은 아니다. 푸코의 권력이론이 주목받는 것도 사실은 그 새로운 지배형태를 세밀하게 분석했기 때문이다. 그러나 푸코의 권력이론은 사회구조와의 연계가 부족했기 때문에, 왜 새로운 지배형태가 오늘에 와서 광범위하게 지각되고 쟁점화되는지를 설명하기 어려운 점이 있다. 이에 반해 하버마스는 후기 자본주의에서 뚜렷해지는 생활세계 식민화 테제를 통해 그것이 발생하는 사회구조적 맥락을 보여 줄 수 있다는 장점을 갖는다.

그러나 시선을 체계와 생활세계 사이에서 나타나는 지배가 아니라 체계 내 지배구조로 돌려보면 사정은 달라진다. 하버마스는 체계의 자립화 과정을 생활세계가 합리화되면서 첨예해진 이중의 우연성 문제를 해결하는 과제와 관련하여 설명한다. 인습적 규제가 무너지고 우연성의 영역이 확장되면서 의사소통적 자유가 증대하지만 동시에 사회적 통합의 문제와 관련하여 과도한 비용이 발생한다(Habermas, 1985, S.405). 즉 의사소통적 자유의 증대와 더불어 의견의 차이, 대립이 등장하는데, 이것을 의사소통 행동 자체를 통해 해결하고자 할 때에는 많은 비용이 든다는 것이다. 특히 물질적 생산의 영역에서는 이 문제가 절실해지는데, 이 비용을 절감하기 위해서 화폐와 권력이라는 비언어적 매체가 요구되고, 이 매체들에 의해 조절되는 경제체계·행정체계가 등장하게 된다는 것이다. 이렇게 사회적 통합에 드는 과도한 비용을 줄인다는 기능적 관점에서 보면, 체계의 출현은 문제 있는 현상이 아니라 기능적으로 이득을 가져오는 현상으로 파악되지 않을 수 없다. 또 하버마스로서는 이러한 설명이 불가피한 것이었는데, 비판문법의 요구상 의사소통 행동범주에서 출발하여 체계의 등장을 설명할 수밖에 없었기 때문이다. 그러나 이것은 실재추상에 대한 맑스의 분석에 담겨 있던 중요한 이론적 통찰을 제거하는 결과를 가져온다.

맑스도 가치형식을 분석하면서 화폐의 발생을 설명한다. 이것도 경제외적 강제가 소멸된 생산영역에서 전략적으로 행동하는 행위자들의 이중의 우연성을 어떻게 조절할 것인가라는 문제에 대한 자본주의적 해결방식을 비판적으로 설명한 것으로 독해할 수 있다. 그러나 이 설명에서 맑스는, 하버마스와는 달리, 경제체계가 일상생활의 맥락으로부터 자립화된다는 것을 설명할 뿐 아니라 나아가 화폐에 의해 조절되는 자립화된 체계 속에, 그리고 그 체계의 재생산 구조 속에 내포된 지배구조도 함께 설명한다.

"화폐는 …… 상품교환의 매개형식에 그치는 것이 아니다. 그것은 유통과정으로부터 발생한 교환가치 형식이며, 개인들이 유통과정에서 서로 맺는 관계 속에서 산출된 사회적 생산물이다. 금과 은이 (혹은 다른 어떤 상품이라도) 유통수단의 가치척도로서 (이것이 육체적 형식으로 존재하든 상징으로 대체되든 간에) 발전하는 순간, 그것은 사회의 개입이나 의지와 무관하게 화폐가 된다. 그것의 권력은 하나의 사실로서 나타난다. …… 그것은 우선 화폐 속에, 그것도 가장 추상적이고 따라서 무의미하고 몰개념적인 형식 속에 존재한다. 이 형식 속에서는 모든 매개가 지양되어 있으며, 또 이 형식 속에서 상호적인 사회적 관계가 개인들을 포섭하는 고정되고 압도적인 사회적 관계로 전환되는 과정이 발생한다. 그리고 그 현상이 오직 생산에서 상호적인 욕구만을 통하여 서로 관계를 맺는 자유롭고, 자의적이고 원자적인 사적 개인이라는 전제로부터 발생하는 만큼 더욱 강력한 현상이 된다"(GR, S.928).

여기서 맑스는 화폐가 교환관계 속에서 자신을 재생산하고, 행위자의 의지와 의식의 저편에서 작용하는 체계적인 행동조정 매커니즘이며, 이와 함께 규범과 가치 등에 의해 매개되는 개인들의 상호주관적 관계로부터 자립화된 체계영역이 등장할 뿐만 아니라, 더 나아가 이 체계영역이 개인들을 자신의 명령에 포섭시키는 지배구조가 발생하며, 이 지배구조는 "자유롭고 자기의지적인 원자적·사적 개인들이라는 전제" 위에서 발생하는 것이기 때문에 한층 더 강화된다는 사실을 지적하고 있다. 그러니까 맑스가 비판하는 상품물신성·화폐물신성·자본물신성은 단순히 이데올로기 비판에 그치는 것이 아니라 자본주의적 경제체계 속에 내포되어 있는 현실적인 지배구조에 대한 정치적 비판이기도 한 것이다. 이를 통해 맑스는 시장체계 속에서 전략적 합리성을 발휘할 수 있는 기회가 사회구조적으로 불평등하게 배분되어 있으며, 자본주의적 조건 속에서는 전략적 행동의 망으로서의 체계의 논리가 지배구조를 내포한다는 보여 주었다.[12] 하버마스의 분석틀에서는 자본/임노동 관계 속에서 가장 구체적인 형태로 나타나는 이 체계 내 지배구조가 해명되지 않는다. 이 점은 하버마스가 실재추상을 체계의 자립화로만 해석한다는 사실에서 이미 나타난다.

"맑스는 실재추상의 과정을 사회적으로 통합된 행동맥락의 사물화를 통해 설명했다. 이 사물화는 상호작용이 더 이상 규범, 가치를 통해

12)이에 대해서는 특히 C. Offe, 1985, pp.10~52, 170~220 참조.

혹은 이해도달의 과정을 통해 조절되지 않고 교환가치라는 매체를 통해 조절될 때 발생한다. 이 경우 행위자들은 주로 자신의 행동의 결과에만 관심을 갖는다. 그들이 목적합리적 방식으로 가치를 지향하는 한 ── 마치 가치가 제2의 자연의 사물이기라도 한 양 말이다 ── 그들은 서로에 대해 그리고 자기자신에 대하여 객관적인 태도를 취하게 된다. 이런 점에서 구체적 노동에서 추상적인 노동력에로의 변형은 공동체적이고 개인적인 삶이 물상화되는 과정이다"(Habermas, 1981, Bd2, S.494).

체계 내 지배구조라는 문제틀의 제거는 생활세계 식민화 테제에 중요한 결함을 가져온다. 하버마스에 따르면 생활세계 식민화는 계급투쟁의 제도화 과정을 매개고리로 삼고 있다. 즉 체계 내 지배구조의 부정적 결과를 완화시키려는 복지정책이 관료화의 확대를 가져오고, 이것이 체계와 생활세계 사이에서 새로운 형태의 지배를 확산시킨다. 그러나 여기서도 체계 내 지배구조는 설명논리에서 전제되어 있기만 할 뿐 설명되지 않는다. 다시 말해서 하버마스는 생활세계의 식민화라는 현상을 서술할 수는 있지만 정작 그것을 발생시키는 매커니즘에 대한 설명은 제시하지 못한다. 물론 생활세계 식민화는 체계 내 지배구조로부터 직접 발생한다기보다는 그 문제를 완화시키려는 노력에서 발생한 것이긴 하다. 그러니까 그것은 '위기관리의 위기'의 형태인 것이다. 그러나 그것이 이차적 위기의 성격을 갖는다고 해서 일차적 위기에 대한 설명이 불필요해지는 것은 아니다.

물론 하버마스는 이러한 비판에 대비한 답변을 갖고 있다. 체계 내 지배구조에 대한 맑스의 분석이 "체계분화의 수준과 그것의 계급적 제도화 형태를" 구별하지 못하는 결과를 가져온다는 것이 그것이다 (Habermas, 1991, Bd2, S.500~501). 그러나 이것은 적절한 대답이 되기 어렵다. 맑스가 자본주의적 조건에서 체계의 논리가 내재적으로 계급적 제도화 형식을 취한다는 것을 밝혔다고 해서 맑스가 체계분화의 기능적 수준과 그것의 계급적 제도화의 형식을 구별하지 못했다는 결론이 나오는 것은 아니다. 그런 추론이 타당하려면 맑스가 비계급적 형태의 체계논리를 상정하지 않았음이 입증되어야 한다. 그러나 맑스는 체계논리의 비계급적 관철형식이라고 할 수 있는 필연의 영역을 제시하고, 그것을 자유의 영역으로부터 구별하였다. 그러니까 맑스에서 계급구조의 철폐는 자본주의적 체계논리의 철폐이지, 체계논리 일반의 해체가 아닌 것이다. 이렇게 본다면 생활세계/체계분석틀이 치루는 비용은 분명하다. 하버마스 자신의 말로 표현한다면, 그 분석틀은 체계의 기능적 분화수준과 계급적 제도화의 형식을 분명히 구별하고 있긴 하지만 그 반대급부로 체계의 기능적 분화수준이 자본주의적 조건하에서 계급적으로 제도화되는 논리를 설명하지 못하는 것이다. 하지만 그 설명은 하버마스의 생활세계 식민화 테제를 위해서도 불가결하게 요구된다. 이것이 하버마스의 비판문법의 내재적 딜레마이고, 또 이곳이 맑스가 여전히 현실성을 갖는 부분이다.

지금까지 우리는 하버마스의 비판문법의 딜레마를 확인하였다. 요컨대 맑스가 파괴자의 논리를 해명했지만 파괴되는 지역의 논리를 적절히 해명하지 못한 데 반해, 하버마스는 파괴되는 지역의 논리를 해명하고 있지만 파괴자의 논리를 적절히 해명하지 못하고 있는 것이다. 이것은, 하버마스의 자기이해와는 달리, 맑스의 비판문법의 합리적 재구성이 사회적 노동 패러다임으로부터 의사소통 패러다임으로의 '대체'라는 형태만이 아니라 '상호보완'이라는 형태를 취하기도 한다는 사실을 말해 준다. 맑스의 비판문법은 하버마스의 의사소통 합리성에 의해 보완될 때 그 딜레마를 해결할 수 있다. 반대로 하버마스의 비판문법도 맑스의 분석틀에 의해 보완될 때 비로소 그 딜레마에서 벗어날 수 있다. 비판의 규범적 기초의 측면에서는 패러다임 선회가 요구되지만,

현실분석의 측면에서는 상호보완이 요구되는 것이다. 이 보완을 통해 하버마스의 비판문법의 분석적 결함이 보충되면서 맑스의 비판문법이 확장될 수 있다. 애초 하버마스가 노동과 상호작용의 구별을 통해 맑스의 이론틀을 재구성하고자 했을 때의 의도도 이때 비로소 충족될 수 있을 것이다. 또 이때 맑스주의의 약한 부활의 진정한 의미가 살 수 있을 것이다.

이 보완은 역사적으로 요구되는 것이기도 하다. 왜냐하면 오늘의 국면은 체계/생활세계 분석틀 속에서 적절히 파악할 수 있는 새로운 지배유형과 이에 대한 저항이 출현하고 있지만, 그렇다고 맑스가 분석했던 고전적 지배유형이 사라진 것은 아니기 때문이다. 하버마스는 사회민주주의적 타협구조가 오늘날 모든 정치가 출발해야 할 기초라고 말한다(Habermas, 1990, S.197). 그러나 그 기초는 그렇게 안정스럽지 못하다. 신보수주의 경제정책이 증거하듯이, 그 타협은 경제적 논리에 따라 언제든지 철회될 위험을 안고 있다. 더욱이 일부 선진국가를 제외한 다수의 나라에서는 그 불안한 타협으로 가는 길조차 험난하기 그지없다. 이것은 노동운동의 과제가 현실성을 잃어버리지 않았음을 의미한다. 새로운 사회운동, 그리고 새로운 지배유형은 이 불안스러운 타협구조에 그 타협구조로는 해결하기 어려운 새로운 정치적 문제가 중첩되고 있음을 말해 준다. 그러니까 그 타협은 이중의 위기를 안고 있다. 그러므로 오늘날 좌파의 정치적 과제도 이중적일 수밖에 없다. 신보수주의적 경향에 대항하여 사회국가의 타협구조를 안정시키는 동시에 그 타협구조가 발생시킨 새로운 문제를 해결해야만 하는 것이다. 바로 이 이중의 위기구조가 노동운동과 새로운 사회운동의 연대를 요구하는 객관적 조건이다. 또한 이것이 사회적 노동 패러다임과 의사소통 행동 패러다임의 보완을 요구하는 조건이기도 하다

객관적으로 요구되는 이 연대를 위해서는 노동운동과 새로운 사회

운동의 공통의 규범적 지평도 요구된다. 두 개의 사회운동이 규범적 전망에서 연대할 수 있을 때 객관적 조건이 정치적 연대로 이어질 수 있을 터이기 때문이다. 여기서 의사소통 합리성이 중요한 역할을 담당할 수 있다.

우선 노동운동은 자신의 규범적 지평을 더 이상 역사철학적으로 보장하려는 시도를 버리고 의사소통 합리성을 도입할 필요가 있다. 여기에는 이미 검토한 이론적 이유만이 아니라 실천적 이유도 있다. 왜냐하면 노동운동 역시 경제주의, 관료화의 경향으로 인한 내적 식민지화의 병폐에 노출될 위험이 강하기 때문이다. 이를 방지하기 위해서는 노동운동의 조직에 의사소통 합리성의 논리가 관철될 수 있어야 할 것이다. 오페(Offe)가 적절히 지적하고 있듯이, 자본가의 이익표출은 독백적인 구조를 갖고 있는 데 반해 노동계급의 이익접합은 대화적 구조를 갖고 있다(Offe, 1985, p.193). 이 구조는 노동운동과 의사소통 합리성의 만남이 단순한 병합이 아님을 말해 준다. 사실상 맑스주의 전통에서는 노동운동의 연대의 논리가 제시되지 않고 단순히 역사철학적으로 보장되었다. 그러나 독백구조를 가진 역사철학적 정당화는 내재적으로 관료화의 경향을 초래할 수 있다. 노동자들 사이의 연대 자체가 노동자들의 의사소통 구조 속에서 보장될 수 있을 때 그 관료화의 경향을 방지할 수 있을 것이며, 경제주의적 경향도 방지할 수 있을 것이다. 이 의사소통 구조 속에서는 노동자의 계급이익이 선험적으로 특권화되지 않는다. 따라서 새로운 사회운동과의 연대의 고리도 마련될 수 있다.

새로운 사회운동도 노동운동과의 연대가 없을 경우 자신의 운동이 출발하는 불안정한 물적 기반의 동요를 막기 힘들다는 점을 인식할 필요가 있을 것이다. 또한 새로운 사회운동은 자신의 저항을 과도하게 미학화할 때 발생하는 위험을 경계할 필요가 있으며, 다양한 목표들을 파편화시키지 않고 하나로 담아낼 수 있는 규범적 지평을 마련할 필요가 있다. 의사소통 합리성은 이러한 규범적 지평을 제공할 수 있는 하나의 자원이 될 수 있을 것이다. 그것은 절차적 통일성 속에서 다양한 목소리들 사이의 의사소통을 허용할 수 있기 때문이다. 또한 이 절차적 통일성 속에서 새로운 사회운동과 노동운동은 서로가 공유할 수 있는 공통의 규범적 지평을 마련할 수도 있을 것이다. 이 지평 위에서 형성되는 연대는 맑스주의와 자유주의의 연대이다. 그러나 여기서 자유는 시장의 자유가 아니라 일상적 삶과 공적 영역에서의 의사소통적 자유이다. 이 의사소통적 자유는 맑스가 이미지로 표현했던 자유의 왕국의 자유에 대한 또 다른 이름이기도 하다. 그런 점에서 노동계급에게 그 연대는 부르주아적 자유라는 과거와의 연대가 아니라 맑스가 그렸던 노동운동의 미래와의 연대이기도 하다.

4.문헌 소개

1) 하버마스의 저서들

1981 *Theorie des kommunikativen Handelns*, Bd 1. 2, Suhrkamp.

1984 *Vorstudien und Ergänzungen zur Theorie des kommunikativen Handelns*, Suhrkamp.

1985 *Der philosophische Diskurs der Moderne*, Suhrkamp.

1988 *Nachmetaphysisches Denken*, Suhrkamp.

1990 *Die nachholende Revolution*, Suhrkamp.

1991 *Texte und Kontexte*, Suhrkamp.

1992 *Fatizität und Geltung*, Suhrkamp.

2) 연구서

박영도, 「현대 사회이론에서의 비판 패러다임의 구조변동」, 서울대학교 박사학위논문, 1994.

이경숙・전효관 편역, 『포스트맑스주의?』, 민맥, 1992.

Adorno, T. W., *Negative Dialektik*, Suhrkamp, 1973.

Apel, K. O., "Lässt sich ethishen Vernunft von strategischer Zweckrationalität unterscheiden?", W. v. Reijen/K. O. Apel(Hg), *Rationales Handeln und Gesellschaftstheorie*, Germinal, 1982.

_______, "Das Problem einer philosophischen Theorie der Rationalitäts-typen", H. Schnädelbach(Hg), *Rationalität*, Suhrkamp, 1984, S.15~31.

Derrida, J., *Speech and Phenomena*, Northwestern Uni. Press, 1973.

_________, *Of Grammatology*, The Johns Hopkins Uni. Press, 1977.

Foucault, M.(1963), 홍성민 역, 『임상의학의 탄생』, 인간사랑, 1993.

_________(1975), *Discipline and Punish*, Vintage Books, 1979 ; 오생근 역, 『감시와 처벌』, 나남, 1994.

_________(1980), 홍성민 역, 『권력과 지식』, 나남, 1991.

Heim. R, "Rationalität, Mythos, Ideologie", *Studia Philosophica* Vol. 42, 1983, S.62~82.

Honneth, A, "Arbeit und instrumental Handeln", A. Honneth U. Jaeggi(Hg), *Arbeit, Handlung und Normativität*, Suhrkamp, 1980.

_________(1988), 정창호 역, 「지배와 예속」 한국헤겔학회 편, 『헤겔 연구 4』, 213~229쪽.

Honneth, A. H.(Hg), *Kommunikatives Handeln*, Suhrkamp, 1986.
Jay. M , *Downcast Eyes*, University of California Press, 1993.
Laclau, E & Mouffe, C.(1985), 김성기외 역, 『사회변혁과 헤게모니』, 터, 1990.
Lyotard. J-F., *Der Widerstreit*, Wilhelm Fink Verlag, 1989.
Marx, K., *Grundrisse der kritik der Politischen Ökonomie*, Diez(GR로 약칭).
Marx, K & Engels, F., *Werke,* Diez(MEW로 약칭).
Offe, C., *Disorganized Capitalism*, The MIT Press, 1985.
Roemer, J., *Analytical Marxism*, Cambridge University Press, 1986.
Roty. R., *Contingency, irony, and solidarity,* Cambridge University Press, 1989.
Schrag, C, O., *The Resources of Rationaltity*, Indiana University Press, 1992.
Schnädelbach, *Philosophie in Deutschland 1831~1933*, Suhrkamp, 1983.
____________, *Vernunft und Geschichte*, Suhrkamp, 1987.
Tugendhat, E., *Der Wahrheitbegriff bei Husserl und Heidegger,* WG, 1970.
____________, *Selbstbewußtsein und Selbstbestimmung*, Suhrkamp, 1979.
Wellmer, A., "Reason, Utopia and the *Dialectic of Enlightenment*", R. J. Bernstein(Ed.), *Habermas and Modernity,* MIT, 1985, pp.35~66.